Richard Pageau
Econ. 240

Institutions Economiques Canadiennes

Du même auteur: *Croissance et Structure Economiques de la Province de Québec*. Ministère de l'Industrie et du Commerce, Québec 1961. 657 pages.

Institutions Economiques Canadiennes

André Raynauld

Docteur (en sciences économiques) de
l'Université de Paris.

Professeur agrégé au Département des
sciences économiques de l'Université de Montréal.

Beauchemin

La maquette de ce volume a été réalisée par Chester Paprocki

Table des matières

Préface

Le titre de cet ouvrage appelle une brève explication. Institution s'entend ici dans un sens large. Quand un fait économique est qualifié d'institutionnel, on veut généralement dire qu'il s'explique par certaines circonstances particulières de temps ou de lieu, que le phénomène a pris une certaine couleur pour l'occasion. Dans cet ouvrage, tous les sujets sont traités sous l'aspect particulier qu'ils ont pris au Canada à un certain moment; c'est dans ce sens qu'ils sont traités sous une optique institutionnelle.

Avant tout, ce sont des raisons pédagogiques qui expliquent l'origine et la nature du présent exposé. Dans les circonstances où nous sommes placés au Canada, l'enseignement économique repose forcément sur des ouvrages étrangers. Il est excellent qu'il en soit ainsi au niveau de l'analyse; il est bon également que chacun travaille dans les meilleurs ouvrages sous quelque enseigne qu'ils se présentent. Cependant la situation comporte l'inconvénient que l'étudiant canadien connaît très mal l'économie de son pays. Les exemples ou les applications de la théorie générale, sont anglais, américains ou français, mais rarement canadiens. Nous avons donc voulu combler la lacune sans renoncer aux avantages. Aussi cet ouvrage consiste-t-il d'abord en *un complément élémentaire à tel ou tel manuel* courant d'analyse économique.

Si ce sont surtout les besoins de l'enseignement et de l'analyse économique qui ont présidé au choix du matériel descriptif, l'ouvrage apparaît aussi, finalement, comme une étude assez générale de l'économie canadienne. A le considérer sous cet aspect, l'ouvrage n'est pas tout à fait satisfaisant. Dans l'analyse économique par exemple, on attache encore peu de poids à la structure de la production, tandis que dans une description adéquate de l'économie d'un pays, ces problèmes devraient occuper une très large place. Par contre, l'importance que nous avons donnée aux méthodes de comptabilité nationale semblerait excessive à cet égard. Complément à un manuel d'introduction à la science économique, l'ouvrage s'adresse aux étudiants en premier lieu. Aux étudiants qui se destinent à la carrière d'économiste, mais aussi aux étudiants des collèges classiques, aux étudiants des diverses facultés de l'Université qui désirent s'informer des questions économiques et connaître davantage leur pays. Ce livre intéressera en outre, nous l'espérons, tous les citoyens que préoccupe la chose publique.

Les lectures recommandées sont indiquées dans les notes infra-marginales.

Depuis quelques années, les circonstances nous avaient amené à faire préparer par des assistants de recherche au Département de science économique de l'Université de Montréal, un grand nombre de tableaux statistiques et divers documents auxquels, en certains cas, des professeurs avaient aussi collaboré. L'idée initiale a été de réunir ces textes sans façon, mais les exigences du sujet nous ont ensuite forcé la main. A ceux qui nous ont entraîné dans ce guet-apens, nous voulons dire merci tout de même : aux professeurs Sylvia Ostry, Gilles Beausoleil, (le marché du travail) et Gérald Marion (les coalitions); parmi les assistants, à Madame Danièle Tuchmaïer (dépenses publiques), M. François Lacasse (les coalitions) M. Robert Lévesque (le marché monétaire) et M. Serge Vachon (le marché du capital). Madame Monique Des Rochers mérite des remerciements particuliers parce qu'elle a fait des recherches à la fois sur le régime fiscal, les dépenses publiques et la sécurité sociale. Enfin je désire faire une mention toute spéciale de mon ami Henripin pour la bienveillance avec laquelle il a accepté de faire reproduire ici, joint à une mise à jour, un excellent article sur un sujet que je n'aurais pu aborder moi-même.

Mes remerciements s'adressent d'autre part à *La Revue Française* pour son autorisation à reproduire le chapitre : l'Industrialisation du Québec, à la revue *Le Magazine Maclean* pour le chapitre : les Caisses populaires et *l'Actualité Economique* pour l'article de J. Henripin sur les questions démographiques.

Il me fait plaisir d'adresser un dernier remerciement au Conseil des Arts du Canada et à l'Université de Montréal qui m'ont permis de prendre un congé académique d'un an. Quoique le but du congé n'avait rien à voir à cet ouvrage, et que la rédaction en était déjà très avancée à ce moment là, j'ai pu terminer le travail plus rapidement qu'au milieu de mes activités habituelles.

Janvier 1964.

Partie 1 : revenus et production

CHAPITRE 1 LES COMPTES NATIONAUX

A. Production et revenu national

1. les productions finales
2. les dépenses
3. la formation des revenus
4. les revenus de transfert
5. prix du marché et coût des facteurs
6. produit national brut et produit national net
7. le revenu national
8. produit national et produit intérieur
9. les liaisons entre les divers concepts du produit national

B. Le système comptable

1. règles générales
2. les agents
3. les opérations
4. le circuit économique

C. Développement de la comptabilité économique canadienne

La partie B de ce chapitre traite de la technique comptable : on peut la laisser de côté au moment d'une première lecture.

Les comptes nationaux

1

Parmi les instruments de travail d'un économiste, celui de la comptabilité nationale est un des plus utiles. Dans plusieurs cas, il est indispensable. Selon une définition déjà ancienne, la comptabilité nationale est une « *technique qui se propose de présenter sous une forme quantitative, un tableau d'ensemble de l'économie d'un pays*[1] ».

L'économiste français E. Malinvaud, propose une définition analogue, mais plus concrète : « *la comptabilité nationale est la présentation, suivant un cadre comptable rigoureux, de l'ensemble des informations chiffrées relatives à l'activité économique de la nation. Elle décrit les phénomènes fondamentaux de la production, de la distribution, de la répartition et de l'accumulation des richesses. Elle enregistre les transactions entre les grands ensembles qui constituent la nation. Ses résultats se présentent sous une forme propre à faciliter les comparaisons et les études synthétiques* [2] ».

La comptabilité nationale est de nature économique et statistique; elle diffère à plusieurs égards importants de la comptabilité privée. Le système de classification des activités économiques est basé sur les préoccupations et les exigences de la théorie économique. De même en

(1) Définition de l'Organisation Européenne de Coopération Economique (O.E.C.E.) devenue maintenant l'Organisation de Coopération et de Développement Economiques.

(2) *Initiation à la Comptabilité Nationale,* édition revisée et mise à jour, P.U.F. 1960, p. 73.

est-il des concepts utilisés de sorte qu'on a parlé, à bon droit, à ce sujet, de modèles économiques descriptifs.

A vrai dire, la comptabilité nationale s'est développée à partir des travaux théoriques sur le revenu national qui ont renouvelé la science économique entre les deux guerres et qui sont associés pour toujours au nom de Lord Maynard Keynes.

La comptabilité nationale est par conséquent récente. Si son origine remonte assez loin, c'est à la fin de la guerre, en 1944, que les Etats-Unis, l'Angleterre et le Canada ont adopté les règles essentielles de la comptabilité nationale actuelle et en 1947, que les Nations-Unies ont proposé des standards internationaux uniformes. Il s'est encore accompli des progrès remarquables depuis 1947 dans le domaine de l'intégration des informations statistiques. Aux comptes nationaux du début, on a joint progressivement les échanges interindustriels, les statistiques de la balance des paiements, les opérations financières et ainsi de suite. Nous avons aujourd'hui, une image très nette du système complet, cohérent et intégré, qui sera utilisé d'ici quelques années dans la plupart des pays.

Il n'est pas nécessaire d'insister ici sur l'usage que les économistes font de la comptabilité nationale. C'est une denrée de consommation quotidienne; cet ouvrage en sera rempli. Malinvaud, que nous avons cité, consacre une partie de son étude aux emplois qu'on peut en faire. Les titres de chapitres suffisent à en montrer l'importance : études sur la croissance économique, comparaisons internationales, analyses structurelles, (échanges entre les industries et changements dans la composition des industries) conjoncture et budjets économiques[1].

En plus de fournir l'information nécessaire à l'analyse économique, la comptabilité nationale met cette information en ordre et concilie les diverses estimations particulières. Enfin elle est un instrument indispensable à l'élaboration de la politique économique.

Mettons-nous maintenant au travail.

(1) *Initiation à la Comptabilité Nationale,* op. cit.

A. Production et revenu national

Par la comptabilité nationale, nous cherchons avant tout une évaluation aussi complète que possible de *l'ensemble* des activités économiques du pays. La mesure globale et synthétique de cet ensemble s'appelle le produit national. Il se définit comme *la somme de tous les biens et de tous les services produits au cours d'une période de temps.* Comme on l'imagine bien, il n'a pas été facile de faire cette colossale addition sans se tromper. Heureusement, il y a trois façons différentes de mesurer le produit national, de sorte que les réponses servent de vérification les unes aux autres. Ces trois méthodes sont les productions finales, les dépenses et les revenus.

1 - Les productions finales

A chaque produit fabriqué et à chaque service rendu correspond un prix, grâce auquel on peut exprimer les quantités les plus disparates par le même vocable : la valeur en dollars. La coupe de cheveux peut donc entrer dans le produit national au même titre que l'automobile, le papier, ou les pommes de terre. Cependant il ne convient pas d'additionner la valeur des produits fabriqués par toutes les entreprises du pays, parce qu'alors on compte les mêmes choses à plusieurs reprises. En effet, un grand nombre de produits servent à fabriquer d'autres produits et dans le prix de vente de chacun, on trouve la valeur accumulée des produits consommés au cours du processus de transformation.

Il faut donc éliminer des calculs, tous les produits ou services intermédiaires, et ne retenir que ce qu'on est convenu de désigner de *productions finales,* i.e., *les produits ou les services arrivés au dernier stade de leur transformation.* Une deuxième façon de résoudre la difficulté consiste à déduire, de la valeur totale de la production de toutes les entreprises, la somme des achats intermédiaires, ce qui donne la valeur ajoutée(1). La figure et l'exemple suivants feront comprendre :

(1) *La valeur ajoutée est donc la différence entre la valeur des biens et des services produits et la valeur des biens et des services consommés par cette production au cours d'une période de temps.*

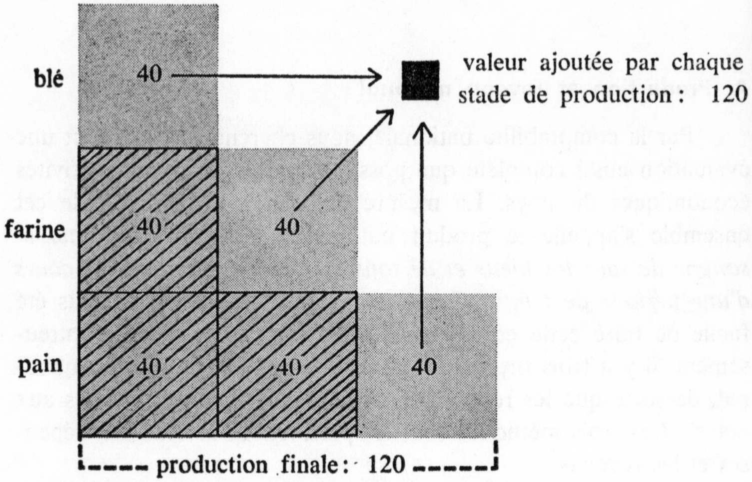

Supposons trois stades de production et trois entreprises représentés par le blé, la farine et le pain. Si on additionnait la production des trois entreprises, soit, sur la figure, $40 + 80 + 120 = 240$, il est clair qu'on compterait le blé trois fois et la farine deux fois, parce que dans le prix du pain est déjà inclus le prix de la farine qui a été utilisée. Pour établir la production nationale, on peut donc ne retenir que la production finale, celle du pain dans notre exemple, ou encore, on peut retrancher de la production totale de chaque entreprise, l'utilisation que celle-ci a faite des produits des autres entreprises.

Dans ce cas-ci, le producteur de blé n'a rien acheté par hypothèse; par suite la valeur du blé lui appartient en totalité, soit 40; le meunier a acheté pour 40 et vend pour 80, de sorte que la transformation (la valeur ajoutée) qu'il a fait subir au blé est de 40. Enfin, le boulanger a acheté pour 80 et vend pour 120 : ses services valent 40. Qu'on fasse la somme des valeurs ajoutées ou qu'on ne compte que les productions finales, on obtient la même réponse correcte : 120.

La somme des productions finales ou des valeurs ajoutées par chacune des industries, permet donc d'obtenir le produit national[1].

(1) Pour être incluse dans le produit national, toute activité économique (toute production) doit avoir un prix. Certaines n'en ont pas, telle que la production agricole consommée sur place, l'occupation de la maison par son propriétaire (le loyer n'est pas explicite), les services de la femme au foyer. Dans les deux premiers cas, on évalue d'office les produits ou le service suivant les prix qui existent ailleurs sur ces mêmes produits. Dans le dernier cas, on exclut complètement l'activité du produit national.

Désignons le produit national par Y et les valeurs ajoutées des industries par y_i; alors:

$$Y = \sum y_i \quad (i = 1, 2, \ldots n \text{ industries}) \qquad (1)$$

La valeur ajoutée permet de connaître la contribution réelle de chaque industrie ou groupe industriel à l'ensemble de l'économie. Le tableau 1 fournit ces renseignements pour le Canada[1].

TABLEAU 1

Valeur ajoutée par groupe d'industries Canada 1962

	en millions de dollars	en % du total
1. agriculture	1,976	5.5
2. forêts	390	1.1
3. pêche et chasse	116	0.3
4. mines, carrières et extraction du pétrole	1,550	4.3
5. manufactures	9,370	26.1
6. construction	1,906	5.3
7. transports	2,281	6.3
8. entreposage	87	0.2
9. communications	857	2.4
10. électricité, gaz, et conduites d'eau	1,249	3.5
11. commerce de gros	1,583	4.4
12. commerce de détail	3,257	9.1
12. finance, assurance et immeuble	3,690	10.3
14. administration publique et défense nationale	2,665	7.4
15. services	4,956	13.8
Produit intérieur brut au coût des facteurs	35,931	100.0

Nous revenons plus loin sur l'expression « produit intérieur brut au coût des facteurs ».

2 - Les dépenses

Une deuxième mesure du produit national consiste à faire la somme des dépenses qui ont été effectuées sur les productions finales.

(1) A moins d'indication contraire, tous les tableaux de ce chapitre sont tirés des Comptes Nationaux de 1962, Bureau Fédéral de la Statistique.

Au lieu de considérer les produits et les services au moment où ils se créent, on les considère au moment où on les emploie. A quoi servent, en effet, les biens et les services qui ne sont pas consommés par les entreprises au moment de la production ? Ils servent à la consommation des ménages, ils sont achetés par les gouvernements, ils servent à l'investissement, enfin ils peuvent être exportés. Telles sont les catégories usuelles des dépenses nationales.

Reprenons chacun des termes:

Consommation

La consommation est la destruction des biens par l'usage. Les principales dépenses de consommation sont la nourriture, le vêtement, le loyer, l'entretien, le transport et les services personnels. Les biens durables achetés par les familles, comme l'ameublement, les automobiles, l'équipement ménager, ne sont pas une consommation au sens strict du terme, puisqu'ils durent longtemps, mais au sens de la comptabilité nationale, ils sont traités comme s'ils en étaient une. L'achat d'immeubles ou de maisons, cependant, n'est pas une dépense de consommation.

Dépenses gouvernementales de biens et de services

L'expression *« dépenses gouvernementales de biens et de services » désigne toutes les dépenses des gouvernements, fédéral, provinciaux et municipaux, que ce soit pour fins de consommation ou d'investissement.* Les salaires payés, l'équipement de bureau, les nouveaux édifices publics, les nouvelles routes, les soldes militaires sont des dépenses gouvernementales typiques. Parmi les dépenses gouvernementales, on distingue d'ordinaire les dépenses de consommation des dépenses d'investissement.

Investissement

L'investissement est un concept central en analyse économique.

Dans son sens général, *il désigne les additions au capital (ou au patrimoine) réel du pays:* il comprend les nouveaux bâtiments résidentiels ou commerciaux, les transformations aux bâtiments existants et les équipements, outillages, machines, camions, et le reste. Cet ensemble s'appelle l'investissement en capitaux fixes ou encore, la formation de capital fixe. Comme l'investissement public est inclus au paragraphe précédent, celui-ci est limité à la formation de capital fixe par les entreprises.

Stocks

A la notion *d'investissement appartient aussi l'augmentation des stocks ou des inventaires,* quelle que soit la nature des produits détenus: matériel, matières premières, produits semi-finis, produits finis et non vendus. La comptabilité nationale enregistre la valeur des changements physiques subis par les stocks, calculés suivant un prix moyen (et non les gains réalisés ou les pertes encourues). Les variations dans les stocks servent à trouver la production effective de l'année. Si les ventes sont de 100 et que les stocks ont diminué de 20 entre la fin et le début de la période, la production n'a été que de 80.

Exportations moins importations

Dans une économie ouverte sur l'étranger, il faut tenir compte enfin des exportations et des importations. Comme il s'agit de recenser la production du pays, les produits et les services vendus à l'étranger doivent être ajoutés aux catégories précédentes. Pour la même raison, il faut soustraire les dépenses qui sont faites sur les produits ou les services importés. Exportations et importations sont prises ici dans un sens large, et comprennent tous les postes de la balance des comptes courants (pas seulement ceux de la balance du commerce, par conséquent).

Désignant le produit national, comme auparavant, par Y, les dépenses de consommation par C, les dépenses gouvernementales par G, les dépenses d'investissement (y compris les changements dans les stocks) par I, les exportations par E, et les importations par M, nous pouvons écrire:

$$Y = C + G + I + E - M \tag{2}$$

L'importance concrète de chacune de ces composantes du produit national est indiquée pour l'année 1962, au tableau 2.

TABLEAU 2

Composantes du Produit National — Canada 1962

	en millions de dollars	en % du total
1. Dépenses de consommation des particuliers	25,749	63.7
2. Dépenses gouvernementales pour les biens et les services	7,721	19.1
3. Formation brute de capital fixe par les entreprises	6,954	17.2
4. Valeur du changement physique dans les stocks	565	1.4
5. Exportations de biens et de services	8,224	20.4
6. Importations de biens et de services	—9,033	—22.4
7. Erreur restante d'estimation	221	0.6
Produit national brut au prix du marché	40,401	100.

Les dépenses de consommation contribuent à près des deux tiers du produit national brut, les dépenses des gouvernements, à 19% et l'investissement, à 17%. La balance nette des échanges courants avec l'étranger est négative. Le produit national brut atteint les quarante milliards.

3 - La formation des revenus

La troisième optique avec laquelle on peut envisager et établir le produit national est de faire la somme des revenus créés au cours de la production. Bien entendu, il s'agit de la même production que précédemment; il s'agit, par conséquent, *de la production finale. Or la valeur de cette production est nécessairement égale à l'ensemble des revenus des facteurs de production* (1). On entend en effet par facteurs de production, tous les agents qui ont contribué à la production. La valeur du produit est donc égale, en bref, aux salaires payés et aux profits réalisés par l'entrepreneur. Les salaires sont la rémunération du facteur travail, les profits, la rémunération du facteur capital. Dans le cas du capital, il faut encore ajouter les intérêts payés parce qu'une partie du capital est généralement emprunté par les entreprises.

(1) Nous faisons abstraction des impôts indirects, pour le moment.

L'utilisation de bâtiments amènera également le producteur à payer des loyers et l'utilisation de terrains, des rentes. Nous avons ainsi les principales catégories de revenus : les salaires, les profits, les intérêts, les loyers et les rentes. Les salaires mis à part, les autres revenus peuvent être groupés sous le nom de revenus de placement.

4 - Les revenus de transfert

On aura remarqué que les revenus dont nous avons parlé jusqu'à maintenant sont des prestations versées par le producteur en échange d'un service ou d'une contribution à la production. *Il existe divers autres revenus qui ne correspondent à aucune production, comme par exemple, les allocations familiales, les allocations de chômage, les pensions de vieillesse. Ces revenus sont des revenus de transfert.* Ils sont désignés ainsi parce que pour le pays dans son ensemble, ils ne sont qu'une redistribution des revenus: l'Etat a prélevé des impôts des uns pour en donner le produit à d'autres. D'où le terme: transfert. Si on veut conserver l'égalité entre production et revenu, il est clair qu'on doit exclure les revenus de transfert des calculs du produit national.

Les exemples de transferts ci-dessus ne soulèvent aucune ambiguïté. Il en est d'autres que certains trouveront difficiles à définir à cet égard. Rappelons donc que le gain réalisé sur la vente d'un édifice existant est un revenu de transfert, mais que le revenu de l'agent immobilier correspond à une production réelle; les héritages et les dons sont des transferts, de même que les subventions (subsides) et les prestations d'assistance. Il en est de même des gains réalisés sur tous les échanges de titres existants, comme les actions ou les obligations, et ainsi de suite.

5 - Prix du marché et coût des facteurs

Le produit national peut être évalué suivant les prix que le consommateur paie, i.e. suivant les prix du marché. Mais ces prix, dans bien des cas, comprennent un impôt indirect frappant le produit et qui est versé à l'Etat. Le prix payé par le consommateur ne revient donc pas entièrement au producteur. Autrement dit, il existe un prix du marché et un second prix qui est celui qu'avait fixé le vendeur, la différence entre les deux étant l'impôt indirect.

Le prix du vendeur est celui qui correspond à la somme des revenus des facteurs de production, comme nous l'avons expliqué précédemment. C'est pourquoi en comptabilité nationale, on désigne ce système de prix par l'expression « au coût des facteurs ». *Par la soustraction de tous les impôts indirects du produit national évalué aux prix du marché, on obtient donc le produit national au coût des facteurs.*

6 - Produit national brut et produit national net

Une usine, une pièce d'équipement quelconque, n'est pas entièrement consommée par la fabrication d'une unité de produit, mais elle subit une certaine usure qui doit figurer dans le coût de fabrication et dans le prix de vente. Elle y figure sous le nom de provisions ou de réserves pour l'amortissement du capital, dans la comptabilité d'entreprise. A l'échelle nationale, la notion d'amortissement est reprise dans la distinction entre l'investissement brut et l'investissement net. On écrit:

investissement brut = investissement net + amortissement

Seul l'investissement net représente une addition réelle au patrimoine du pays. L'amortissement, en effet, ne sert qu'à compenser l'usure que le capital existant a subie au cours de la production de la période envisagée. Les mêmes notions de brut et de net s'appliquent également au produit national. *Le produit national brut comprend l'amortissement et le produit national net ne le comprend pas.*

7 - Le revenu national

On réserve le nom *de revenu national à la somme des revenus correspondant au produit national net au coût des facteurs,* tandis que *le produit national désigne généralement la somme des dépenses nationales brutes au prix du marché.*

Les catégories du revenu national qui ont été retenues dans la comptabilité du Canada sont:

1. les traitements, salaires et autres revenus de la main-d'oeuvre;
2. les soldes et allocations militaires;
3. les profits des sociétés avant l'impôt (avant le paiement des impôts directs);

4. les loyers, intérêts et divers revenus de placement;
5. le revenu net des exploitants agricoles;
6. le revenu net d'entreprises non-agricoles et non-constituées en sociétés (y compris le revenu net des professionnels indépendants).

Telles sont les six catégories que nous avons groupées antérieurement en deux, par les expressions: revenus du travail et revenus de placement.

Connaissant maintenant quelques notions supplémentaires, nous pouvons préciser que si on ajoute au revenu national, tel que défini ci-dessus, les impôts indirects (moins les subventions) et l'amortissement, nous obtenons le produit national brut au prix du marché. Désignons par W les revenus de travail, par P les revenus de placement, par T les impôts indirects moins les subventions et par A l'amortissement. Nous pouvons écrire:

$$Y = W + P + T + A \tag{3}$$

La sommation des revenus créés par la production nous donne bien une troisième méthode d'évaluer le produit national. Voyons donc la distribution réelle de ces revenus pour l'année 1962.

C'est le tableau 3.

8 - Produit national et produit intérieur

Le *produit national mesure la production et les revenus qui sont attribuables aux personnes résidant généralement au Canada.* Le statut de citoyenneté fait donc place au statut de résidence. L'étudiant, le touriste, l'employé d'une ambassade canadienne, qui se trouvent à l'étranger sont comptés parmi les résidents du Canada, tandis que les étrangers qui sont au Canada pour les mêmes raisons, sont des « non-résidents ». A cette notion de production nationale, on oppose la notion de *production intérieure (ou production domestique) qui réfère à la production effectuée à l'intérieur des frontières du pays.* Le résident de Windsor qui travaille à Détroit, contribue à la *production intérieure* des Etats-Unis, mais à la *production nationale* du Canada.

TABLEAU 3

Revenu National et Produit National Brut
Canada 1962

	en millions de dollars	en % du revenu national
1. traitements, salaires et autres revenus de la main-d'oeuvre	20,359	66.5
2. soldes et allocations militaires	586	1.9
3. profits des sociétés avant l'impôt	3,254	10.6
4. loyers, intérêts et divers revenus de placement	2,768	9.0
5. revenu net des exploitants agricoles	1,391	4.6
6. revenu net d'entreprises non-agricoles et non-constituées en sociétés	2,380	7.8
7. rectification de l'évaluation des stocks	— 132	—0.4
8. *REVENU NATIONAL*	30,606	100.0
9. impôts indirects moins les subventions	5,261	
10. amortissements	4,755	
11. erreur restante d'estimation	— 221	
Produit national brut au prix du marché	40,401	

En pratique, la distinction entre le produit national et le produit intérieur ne tient compte que des revenus de placement et des revenus de voyage. Du produit intérieur, on enlève ces paiements versés aux non-résidents, on y ajoute les paiements reçus des non-résidents et on obtient le produit national.

9 - Les liaisons entre les divers concepts du produit national

Il n'est sans doute pas inutile de placer côte à côte, les trois optiques suivant lesquelles nous avons considéré le produit national, pour mieux saisir les multiples correspondances qui existent. Ces trois optiques sont, en somme, trois façons différentes de décomposer le produit national. Le tableau 4 reproduit schématiquement les trois tableaux précédents [1].

(1) On trouvera partout une erreur d'estimation. Cette erreur ne cache rien de mystérieux. Au Canada, on établit le produit national par la méthode des revenus et par la méthode des dépenses. Comme ce sont deux estimations largement indépendantes, on trouve deux réponses. La différence entre les deux est soustraite pour moitié du chiffre le plus élevé et ajoutée pour moitié au chiffre le plus bas, ce qui donne finalement, une seule estimation du produit national. En 1962, l'estimation par les revenus dépassait l'estimation par les dépenses de 442 millions. On trouve donc + 221 du côté des dépenses et — 221 du côté des revenus.

TABLEAU 4

Les trois optiques du Produit National — Canada 1962 en millions de dollars

La production		Les dépenses		Les revenus	
industries primaires	4,032	consommation des particuliers	25,749	rémunération des salariés	20,945
manufactures	9,370	dépenses gouvernementales	7,721	revenus de placement	6,022
construction	1,906	formation brute de capital fixe par les entreprises (y compris les changements dans les stocks)	7,519	revenus nets des entreprises individuelles	3,771
commerce	4,840	balance des échanges avec l'étranger	—809	rectification de l'évaluation des stocks	—132
services	13,018				
administration publique	2,665				
Produit intérieur brut au coût des facteurs	35,931			*Revenu national*	30,606
impôts indirects moins les subventions	5,261			impôts indirects moins les subventions	5,261
paiements nets versés aux non-résidents	—570			amortissements	4,755
erreur restante d'estimation	—221	erreur restante d'estimation	221	erreur restante d'estimation	—221
***Produit national brut** au prix du marché*	40,401	***Produit national brut** au prix du marché*	40,401	***Produit national brut** au prix du marché*	40,401

Le tableau 4 fait ressortir les différences entre: *revenu national, produit national brut* et *produit intérieur brut au coût des facteurs.* Le lecteur vérifiera s'il peut aussi trouver le *produit intérieur net au coût des facteurs, le produit intérieur brut au prix du marché, le produit national net au prix du marché, le produit national brut au coût des facteurs.* Ces expressions peuvent être tirées aisément du tableau et des explications précédentes.

B. Le système comptable

Dans la première section de ce chapitre, nous avons défini des concepts se rapportant à *l'ensemble* des activités économiques du pays. Nous avons cherché à connaître le tout. Nous allons maintenant examiner les parties et les relations d'échanges qui s'établissent entre elles. Dans le cadre statistique, les parties sont des sous-ensembles ou des groupes qu'on tente de faire aussi homogènes que possible, de façon à réduire la complexité et le nombre des activités économiques, tout en faisant ressortir les phénomènes significatifs et importants.

1 - Règles générales

Le classement de l'activité économique s'effectue suivant la nature des agents et suivant la nature des opérations. Les agents sont les responsables de l'activité économique, v. g., les entrepreneurs, et les opérations sont la manifestation de cette activité, v.g., la vente d'un produit.

Supposons qu'un consommateur achète un meuble d'une entreprise et le paie en argent. Nous avons deux agents, deux biens. On peut enregistrer la transaction par rapport à chacun des agents et par rapport à chacun des biens, comme suit:

a. Compte des agents

Compte du consommateur	débit = bien reçu	crédit = bien offert
achat du meuble	10	—
argent versé	—	10
total	10	10

Compte de l'entreprise	débit = bien reçu	crédit = bien offert
vente du meuble	—	10
argent versé	10	—
total	10	10

b. Compte des biens

Compte du bien meuble

	débit = bien reçu	crédit = bien offert
achat du meuble	10	—
vente du meuble par l'entreprise	—	10
total	10	10

Compte du bien argent

	débit = bien reçu	crédit = bien offert
argent versé	—	10
argent reçu	10	—
total	10	10

Observations :

1. Chaque transaction donne lieu à quatre inscriptions, comme on le voit, aux comptes des agents et aux comptes des biens. La comptabilité nationale est, pour ainsi dire, une comptabilité à quadruples entrées. Le débit et le crédit sont nécessairement égaux, aux comptes des biens, puisque l'achat de l'un est la vente de l'autre. Si l'achat n'est pas payé, l'acheteur contracte une dette et le vendeur consent un prêt. Dette et créance remplacent alors l'inscription du versement de l'argent. Pour chaque agent, le débit égale aussi le crédit, puisque nous avons fait une double inscription de la transaction concernée : l'une pour ce qui a été offert et l'autre pour ce qui a été accepté en échange.

2. Les expressions *débit* et *crédit* prêtent toujours à confusion. Dans l'exemple ci-dessus, on doit placer au débit le bien reçu et au crédit, le bien offert. Mais de plus en plus, on remplace ces termes par des titres plus descriptifs, dont voici les principaux :

> Crédit = ressources, recettes, emprunts, dettes;
> Débit = emplois, dépenses, prêts, créances.

Ressources et emplois sont les deux termes que la comptabilité nationale française utilise; recettes (ou revenus) et dépenses sont ceux de la comptabilité canadienne. Nous dirons désormais, quant à nous, ressources et emplois [1].

(1) A plusieurs reprises nous aurons l'occasion de constater que le vocabulaire manque d'homogénéité et de consistance dans la comptabilité nationale du Canada. En plus de débit et crédit encore employés, on utilise, suivant les comptes, income, receipts, revenue, source et origine pour désigner des ressources et expenditure, payments, disposition, uses, pour désigner des emplois.

c. Tableau économique

Au Canada, la comptabilité nationale comprend quatre comptes d'agents comme ci-dessus et deux comptes d'opérations seulement, soit le compte d'opérations d'investissement et le compte d'épargne nationale [1].

En pratique, en effet, aucun pays n'a trouvé utile, (c'est d'ailleurs souvent impossible à cause du manque d'information), de constituer des comptes d'opérations parallèles aux comptes d'agents. En France cependant, on a jugé bon de résumer les comptes d'agents et les comptes d'opérations en un tableau économique donnant une vue d'ensemble commode qui fait défaut dans la comptabilité canadienne. L'exemple précédent est trop simplifié pour faire ressortir toutes les qualités et les limitations d'un tableau économique de ce genre, mais le principe de la construction s'y trouve néanmoins. On procède de la façon suivante:

Schéma d'un tableau économique

	emplois			ressources		
	Consommateurs	Entreprises	Total	Consommateurs	Entreprises	Total
meuble	10	—	10	—	10	10
argent	—	10	10	10	—	10
total	10	10	20	10	10	20

Les colonnes reproduisent les comptes d'agents et les lignes, les diverses catégories d'opérations. On place les emplois à gauche, les ressources, à droite; observons que les inscriptions sont bien identiques aux quatre comptes que nous avions précédemment. Pourtant le tableau est sans contredit plus difficile à lire. En effet, il est plus abstrait. Au lieu d'achat et de vente d'un meuble, nous avons « meuble » seulement, puisque sur la même ligne, on enregistre l'achat sous la colonne des emplois et la vente, sous la colonne des ressources.

(1) Ce compte est consolidé pour tous les secteurs (agents) à la fois.

2. Les agents

Dans la comptabilité canadienne simplifiée [1], les agents économiques ont été divisés en quatre groupes qu'on appelle secteurs :

1 - Les consommateurs

Le secteur des consommateurs comprend non seulement les particuliers, en tant que consommateurs, mais aussi les institutions et sociétés sans but lucratif, comme les universités ou les syndicats; il comprend aussi les fonds de pension privés et divers comptes relatifs à l'assurance et à la fiducie. (Ce secteur s'appelle « ménages » en France.)

2 - Les entreprises

Ce secteur comprend les sociétés incorporées (les corporations), les entreprises individuelles, les professionnels indépendants et les entreprises publiques de nature commerciale. A ce secteur appartiennent donc tous les individus et sociétés opérant en vue d'un profit.

3 - Les gouvernements

Les activités non-commerciales des gouvernements, fédéral, provinciaux et municipaux, sont placées dans le secteur gouvernemental.

4 - L'extérieur

Le secteur extérieur comprend toutes les opérations qui s'effectuent entre les résidents et les non-résidents du Canada, qu'ils soient individus, sociétés commerciales ou gouvernements [2].

Dans la comptabilité détaillée des « Transactions Nationales » on a retenu onze secteurs, plutôt que quatre. Ce sont :

1. les consommateurs,
2. les entreprises individuelles,

---

(1) Par comptabilité simplifiée, nous désignons les comptes nationaux publiés sur une base trimestrielle et annuelle. Ils sont décrits dans la publication : *National Accounts, Income and Expenditure 1926-1956*. Par comptabilité détaillée, nous désignerons : *les Comptes des Transactions Nationales* qui furent établis pour les années 1946 à 1954, puis abandonnés. Ces derniers comptes sont beaucoup plus complets que les premiers. Voir plus loin le paragraphe sur le développement de la comptabilité canadienne.

(2) Ce secteur n'est pas un groupe d'agents économiques au sens où le sont les groupes précédents.

3. les sociétés non-financières,
4. les entreprises publiques,
5. les banques,
6. les sociétés d'assurance-vie,
7. les autres institutions financières,
8. le gouvernement fédéral,
9. les gouvernements provinciaux,
10. les gouvernements municipaux,
11. le reste du monde.

Par rapport aux quatre secteurs précédents, on peut voir que les secteurs 1 et 4 restent les mêmes, que le secteur « entreprises » a été décomposé en six et le secteur « gouvernements », en trois. Parmi les six groupes d'entreprises, trois sont des entreprises non-financières et trois, des entreprises financières.

Le classement des agents vise à constituer des groupes dont le comportement est aussi homogène que possible, du point de vue des phénomènes qui intéressent l'analyse économique. Par exemple, les consommateurs et les producteurs doivent être clairement distingués. De même, parce que l'investissement est une fonction primordiale aux yeux de l'économiste, la statistique doit chercher à l'isoler des autres fonctions, et à grouper ensemble tous ceux qui investissent, de manière à en connaître davantage sur le sujet [1]. L'application de ce principe soulève en pratique d'innombrables difficultés. Faut-il classer les entreprises commerciales publiques dans le secteur « gouvernements » ou dans le secteur « entreprises » ?

Dans la comptabilité simplifiée, le nombre de secteurs est nettement trop réduit pour que nous ayions des groupes homogènes, quel que soit l'angle sous lequel on se place pour en juger. Les onze secteurs de la comptabilité détaillée posent même encore plusieurs problèmes. Ainsi le secteur des banques comprend la Banque du Canada, entreprise publique chargée de régulariser le marché, les banques à charte, qui sont des entreprises privées et

(1) Pour isoler des fonctions, on est amené à diviser des agents: le consommateur devient entreprise, dans la comptabilité canadienne, quand il construit une maison, et l'entrepreneur individuel devient consommateur à plusieurs égards. Jean Marchal, pour un, dans ses *Nouveaux Eléments de Comptabilité nationale française* (Cujas 1962), s'insurge contre cette règle. A ses yeux, l'unité de l'agent prime les multiples fonctions qu'il peut exercer. Cette question est le sujet de vives controverses.

le Fonds du change étranger qui est sous la responsabilité du ministère des Finances.

Pour illustrer un compte d'agent ou de secteur, nous reproduisons, dans le tableau suivant, la statistique relative aux consommateurs pour l'année 1962 au Canada.

TABLEAU 5

Revenus et dépenses des consommateurs Canada 1962 en millions de dollars

EMPLOIS = DEPENSES		*RESSOURCES = REVENUS*	
dépenses de biens et de services	25,749	traitements et salaires	19,543
		soldes militaires	586
impôts directs personnels	2,714	revenus nets des entreprises individuelles	3,782
épargne personnelle nette	2,331	intérêts, dividendes et loyers perçus par les particuliers	3,186
		revenus de transfert	3,697
total	30,794	total	30,794

Il convient de souligner que les comptes des secteurs ne s'additionnent pas pour donner directement le revenu ou le produit national, parce que certains échanges entre les secteurs s'annulent, en cours d'agrégation. Sur le tableau 5, nous voyons des revenus de transfert qui sont exclus du revenu national, comme nous l'avons dit précédemment, mais qui sont inscrits au niveau du secteur. Cette particularité des comptes partiels de ne pas conduire au tout, par simple sommation, est importante [1].

3 - Les opérations

Les activités économiques sont classées, de leur côté, suivant

(1) Pour passer au revenu national, il faut enlever les paiements de transfert ci-dessus et une autre tranche de transferts s'élevant à 1,274, comptés parmi les intérêts et ensuite ajouter tous les autres revenus du pays qui n'ont pas été versés aux personnes, soit 4,738. Le résultat de ces opérations donne 30,606, le revenu national.

leur nature. On distingue généralement quatre catégories de transactions :

a) les échanges relatifs aux produits et aux services;
b) les échanges relatifs aux facteurs de production;
c) les échanges sur les valeurs et les créances, comme les actions ou les obligations;
d) enfin, les échanges unilatéraux : les transferts. Dans ce dernier cas, les paiements sont effectués sans contrepartie.

Ces échanges sont regroupés, sans perdre leur identité, en un certain nombre de comptes d'opérations, qui sont établis pour chacun des secteurs identifiés précédemment. En principe, un système comptable complet (1) comprendrait cinq comptes différents d'opérations, dont le contenu et l'enchaînement seraient ceux du tableau 6, (pour le secteur des entreprises), soit :

un compte de production,
un compte d'exploitation,
un compte d'affectation,
un compte des opérations financières,
un compte de capital.

1 - Le compte de production

Le compte de production consiste dans un tableau économique d'échanges interindustriels. Seule la France, à notre connaissance, incorpore ces échanges à sa comptabilité nationale annuelle. Au Canada, on a construit un tel tableau pour l'année 1949, et un autre est en préparation pour l'année 1961. Quoique les concepts retenus soient consistants avec ceux de la comptabilité nationale traditionnelle, le contenu de chaque secteur (notamment les secteurs gouvernements et entreprises) n'est pas le même, de sorte qu'on tient en fait les échanges interindustriels séparés du système comptable. Il ne fait pas de doute cependant qu'ils en sont partie intégrante. Les échanges interindustriels décrivent, comme les mots l'indiquent, les relations techniques qui unissent les industries les unes aux autres.

---

(1) Un système comptable complet devrait enregistrer non seulement les flux ou les changements qui surviennent au cours d'une année, ce à quoi nous nous limitons ici, mais aussi le patrimoine ou la richesse détenue. Ceci n'a encore été accompli dans aucun pays.

TABLEAU 6

Schéma des comptes d'opérations du secteur des entreprises non-financières

EMPLOIS	RESSOURCES
1. *compte de production*	
achats intermédiaires	
solde: valeur ajoutée brute	production totale
2. *compte d'exploitation*	
salaires versés impôts indirects intérêts et loyers versés	valeur ajoutée brute
solde: revenu brut d'exploitation (profits)	
3. *compte d'affectation*	
dividendes impôts directs	revenu brut d'exploitation (profits)
solde: profit brut non réparti = (épargne brute des sociétés)	
4. *compte des opérations financières*	
variations des éléments de l'actif:	variations des éléments du passif:
monnaie et dépôt achats d'actions achats d'obligations	émissions d'actions émissions d'obligations
solde: endettement net	
5. *compte de capital*	
investissement net amortissements achats d'actifs réels	profit brut non réparti endettement net

Ces tableaux montrent les achats et les ventes de produits et de services courants qu'une industrie particulière effectue auprès des autres industries, par exemple: le tabac, le papier, l'énergie, le carton, que l'industrie de la cigarette consomme. Ce compte de production recense une partie des échanges, ceux qui sont relatifs aux produits et aux services courants.

L'intérêt principal de chacun de ces comptes réside *dans le solde qu'ils font ressortir et qui est reporté d'un compte à un autre.* La différence entre la production totale et les achats intermédiaires est la valeur ajoutée (ou la production finale). Un emploi dans le compte de production, la valeur ajoutée devient une ressource dans le compte qui suit.

2 - Le compte d'exploitation

Le *compte d'exploitation* nous est plus familier, puisqu'il porte sur les opérations qui entrent dans le produit national. *Comme ressources nous avons la vente des produits* et *comme emplois, les principales catégories qui désignent l'utilisation des ressources,* soit les salaires versés, les loyers, les intérêts, les impôts indirects payés, les paiements de transfert, etc. *Le solde est la différence entre la valeur ajoutée et tous les paiements aux autres secteurs de l'économie, soit le revenu brut d'exploitation,* dans le cas des entreprises.

Pour les entreprises, le compte de production et le compte d'exploitation peuvent être combinés en un seul. Dans ce cas, le solde du compte de production disparaît, et comme ressource, nous avons la production totale seulement.

3 - Le compte d'affectation

Au compte d'affectation appartiennent la formation et la destination des revenus. Le solde du compte d'exploitation constitue les ressources de ce compte et les emplois sont les dividendes versés et les impôts directs. *Le solde est ce qui reste à l'entreprise, à savoir, les profits (bruts) non répartis, ou plus généralement, l'épargne du secteur.*

Bien entendu, la nomenclature de ces comptes s'applique au secteur des entreprises que nous avons pris comme exemple. Le secteur des consommateurs au Canada n'a, ni compte de production, ni compte d'exploitation. On passe directement au compte d'affectation et ceux qui ont l'oeil vigilant l'auront reconnu dans le tableau 5. Le solde est l'épargne personnelle. Le solde du secteur des gouvernements est le surplus ou le déficit budgétaire, et le solde du secteur extérieur est le surplus ou le déficit de la balance des comptes courants.

Dans la comptabilité détaillée des « Transactions Nationales », le compte de production a été omis complètement et les deux autres (exploitation et affectation), sont combinés en un seul qu'on appelle : « compte des opérations courantes » (1).

4 - Le compte des opérations financières

Le *compte des opérations financières enregistre les opérations de financement dans l'ensemble de l'économie*. On y trouve les secteurs qui prêtent et les secteurs qui empruntent : on y trouve dans chaque secteur, du côté des ressources, l'augmentation de la dette, et du côté des emplois, les prêts consentis ou encore l'achat des créances. Le solde est porté au compte de capital.

La comptabilité détaillée du Canada retient neuf catégories d'opérations financières et quatorze sous-catégories. La liste des catégories est la suivante :

1. monnaie et dépôts,
2. comptes débiteurs et crédit à tempérament,
3. prêts,
4. créances sur les entreprises associées,
5. hypothèques,
6. obligations,
7. actions,
8. assurances et pensions,
9. héritages étrangers et fonds des migrants.

Le classement des opérations financières est basé *sur la liquidité des titres;* la liste précédente, en principe, suit un ordre de liquidité décroissante. Mais le lecteur exigeant aura vite fait de découvrir plusieurs anomalies dans l'application de la règle. Les hypothèques ne sont certainement pas plus liquides que les bons du Trésor compris dans les obligations. On peut aussi regretter que les prêts et les obligations sont plutôt classés suivant des ca-

(1) Dans la première version des comptes, le titre correspondant était « compte des revenus et des dépenses ».

ractéristiques institutionnelles que suivant la durée de leur terme (1).

5 - Le compte de capital

On classe au compte de capital les opérations d'investissement de chaque secteur. *Les ressources du compte consistent dans le solde du compte d'affectation et dans celui des opérations financières.* Ces ressources sont employées à l'investissement net, aux amortissements et à l'achat d'actifs réels.

Observons que les opérations d'investissement portent sur des biens et des services qui sont compris dans le produit national, mais que les achats d'actifs réels correspondant à l'endettement, ne sont qu'une sorte particulière de transferts entre les secteurs, du point de vue de l'ensemble de l'économie. Dans l'ensemble, en effet, il faut bien que la somme des prêts soit égale à la somme des emprunts. Pour cette raison, ces derniers sont exclus du calcul du produit national.

La nature de chacun de ces comptes d'opérations, nous permet de constater que la comptabilisation du produit national n'est qu'une partie de la comptabilité économique. On peut mieux comprendre maintenant ce qui signifie production finale, puisque par là on exclut le compte de production, qui enregistre les échanges intermédiaires entre les industries, et le compte des opérations financières, qui a trait au financement de l'activité économique.

*

* *

Dans le système comptable simplifié du Canada, nous avons quatre secteurs et fort peu de comptes d'opérations.

Comptabilité simplifiée du Canada

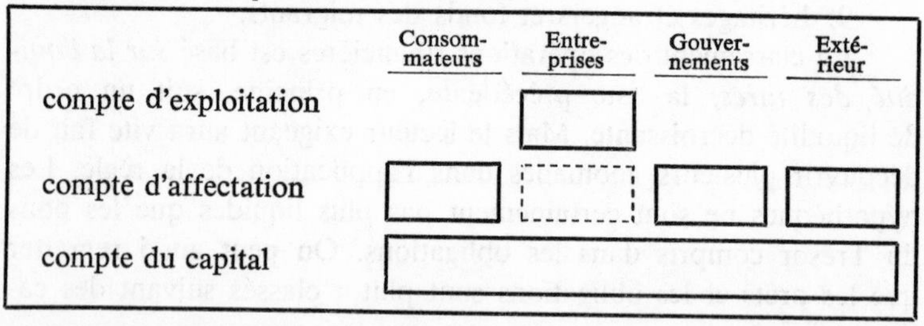

(1) Nous revenons sur le compte des opérations financières au chapitre 11.

Six comptes seulement sont établis de façon régulière: un compte d'exploitation pour le secteur des entreprises, quatre comptes d'affectation [1], et un compte de capital consolidé pour l'ensemble de l'économie.

Dans le système détaillé des « Transactions nationales », le compte de production a été éliminé, mais les quatre autres s'y trouvent. Le compte des opérations financières et le compte de capital sont établis pour chacun des onze secteurs. Toutefois, le compte courant (exploitation et affectation) ne se rapporte qu'à six secteurs (les six secteurs des entreprises ayant été combinés en un seul).

4 - Le circuit économique

Un des principes fondamentaux de la vie économique consiste dans l'interdépendance qui existe entre tous les agents. La comptabilité nationale illustre ce principe, très nettement. Les chiffres qui suivent permettront, en outre, d'approfondir et de vérifier ce que nous savons maintenant de la comptabilité nationale.

Le tableau reproduit les opérations courantes qui se sont effectuées au Canada en 1962. *Les opérations courantes, faut-il le rappeler, comprennent le compte d'exploitation et le compte d'affectation.* La partie (a) du tableau consiste dans le compte de chacun des quatre secteurs de la comptabilité canadienne simplifiée. La nomenclature des postes est telle qu'on peut établir les échanges entre les secteurs tout en sauvegardant les concordances nécessaires, et en faisant ressortir les soldes propres à chaque compte. La partie (b) est un tableau économique répartissant les opérations de chaque secteur suivant la nature des opérations. Et les secteurs et les catégories d'opérations sont en équilibre.

(1) Le compte d'affectation des entreprises est représenté par une ligne pointillée, parce qu'en fait, il s'agit d'un compte d'opérations (plutôt qu'un compte de secteur) relatif aux revenus de placement des entreprises et de l'extérieur.

TABLEAU 6 (a)

Echanges inter-secteurs — Canada 1962 en milliards de dollars

Emplois		Ressources		Emplois		Ressources	
1. Consommateurs				**2. Entreprises**			
1. services directs	0.98	salaires	0.98	1. salaires et revenus des entreprises individuelles	19.89	ventes de produits	24.02
2. achats de produits	24.02	salaires et revenus des entreprises individuelles	19.89				
3. impôts directs	3.53	salaires	3.85	3. impôts et transferts	7.18	ventes de produits	3.86
		transferts	3.69				
4. importations de services	0.74			4.		exportations	8.01
						importations	—7.51
						investissement	7.51
		revenu de placement	3.18	revenu de placement	3.69		
				erreur restante	—0.22	erreur restante	0.22
Solde: épargne	2.33			Solde: épargne	5.59		
Total	31.61	Total	31.61	Total	36.13	Total	36.13
3. Gouvernements				**4. Extérieur**			
1. salaires	3.85	impôts	3.53	1.		importations	0.74
transferts	3.65						
2. achats de produits	3.86	impôts	7.13	2. exportations	8.01	importations	7.51
intérêts sur la dette	1.27	revenus de placement	1.21	intérêts et dividendes	0.21	intérêts et dividendes	0.78
Solde: déficit budgétaire	—0.77			Solde: déficit sur comptes courants	0.80		
Total	11.87	Total	11.87	Total	9.03	Total	9.03

Note : Les chiffres en tête de lignes se rapportent aux secteurs.

TABLEAU 6 (b)

Echanges inter-secteurs — Canada 1962 en milliards de dollars

	Emplois					Ressources				
	C 1	E 2	G 3	EXT. 4	Total	C 1	E 2	G 3	EXT. 4	Total
Traitements, salaires et revenus des entreprises individuelles	0.98	19.89	3.85	—	24.72	24.72	—	—	—	24.72
Biens et services (dont formation de capital)	24.76	—	3.86	8.01	36.64	—	35.91 (7.51)	—	8.25	44.16 (7.51)
Revenus de placement	—	3.69	1.27	0.21	5.17	3.18	—	1.21	0.78	5.17
Transferts et impôts	3.53	7.18	3.65	—	14.36	3.69	—	10.66	—	14.36
Epargne brute	2.33	5.59	—0.77	0.80	7.74					
Erreur restante		—0.22					0.22			
Total	31.61	36.13	11.87	9.03	88.65	31.61	36.13	11.87	9.03	88.65

Tableau 6 (c)

Echanges inter-secteurs — Canada 1962 en milliards de dollars

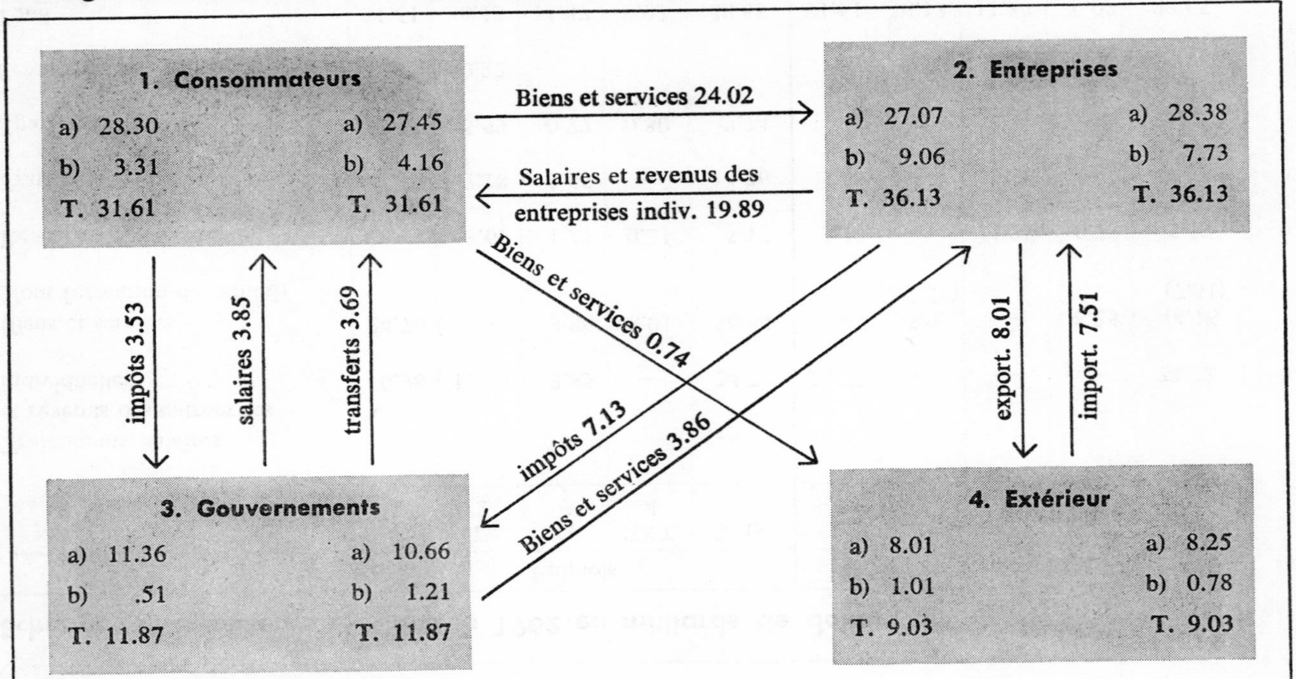

légende: a) sommes réparties sur les flèches
b) sommes non-réparties
T. total du compte suivant le tableau **6a**

A. Observations sur le tableau 6

Le tableau est construit sur la base des *Comptes de Transactions Nationales;* Les réaménagements sont indiqués aux pages 515 à 517 de l'ouvrage de W. Hood: « Le financement de l'activité économique au Canada ».

Les revenus de placement ne sont pas répartis entre les secteurs, parce que ce ne sont pas des paiements à des facteurs de la production courante. Ce sont une catégorie de transferts qui s'annulent par l'agrégation de tous les secteurs.

Quant aux soldes, ils représentent l'épargne de chaque secteur. Au total ils sont par définition égaux à l'investissement, comme nous l'avons fait ressortir à la partie (b) du tableau. Les chiffres sont en milliards de dollars. Les décimales n'ont pas été ajustées.

1 - Consommateurs

Le total excède celui des comptes nationaux (C.N.) du montant des contributions aux assurances sociales (816 M.).

2 - Entreprises

Le total est inférieur à celui des C.N. du montant des importations, qui sont soustraites des exportations plutôt que comptées parmi les emplois du secteur. Cette procédure vise à montrer que ce ne sont pas seulement les entreprises qui importent de l'étranger, même si on affecte arbitrairement celles-ci à ce secteur. L'erreur d'estimation est aussi imputée en entier aux entreprises.

3 - Gouvernements

Le total est celui des C.N. [1]. Le solde est évidemment le déficit ou le surplus budgétaire.

4 - Extérieur

Le total est celui des C.N. plus le déficit du Canada (809 M.).

Enfin, la partie C du tableau est un diagramme qui illustre les échanges entre les secteurs.

(1) On observera que « impôts et transferts » au débit des entreprises est de 7.18, et que « impôts » en provenance des entreprises est de 7.13 au crédit des gouvernements. De même, les transferts au crédit des consommateurs sont de 3.69, et les transferts au débit des gouvernements sont de 3.65. Ces deux différences sont les dons des entreprises aux consommateurs, soit un transfert privé.

B. Commentaires

Ce tableau appellerait des pages de commentaires. Limitons-nous aux plus importants:

1. Seuls les consommateurs ont prêté aux autres secteurs en 1962. L'épargne est de 2,330 millions. Les entreprises ont dû emprunter près de 2 milliards pour financer leurs investissements, puisque ces derniers s'élèvent à 7,519 millions, et l'épargne interne à 5,591 millions. Les gouvernements ont encouru un déficit de 770 millions, dont on peut dire qu'il a été entièrement financé par l'étranger. En effet, le secteur extérieur a fourni une épargne de 807 millions. L'épargne totale est égale à l'investissement total: c'est ce qu'on peut lire sur la partie (b) du tableau.

2. Chacune des catégories de la partie (b) peut être reconstituée grâce à la partie (a). Des cinq catégories, trois seulement apparaissent dans les échanges inter-secteurs. Les revenus de placement et les soldes ne sont pas répartis.

3. Le circuit des échanges est décrit par la partie (c) du tableau. On observera surtout que les flèches sont moins nombreuses que sur les diagrammes analogues de plusieurs manuels courants. La raison en est que souvent on néglige d'observer la consistance entre les comptes. Les consommateurs perçoivent des salaires, des traitements, des revenus de placement et des revenus de transfert. Ils utilisent ces ressources par l'achat de biens et de services, par le paiement des impôts et par l'épargne. Les entreprises fabriquent des biens et rendent des services pour lesquels, elles versent des revenus et réalisent des bénéfices. Les gouvernements perçoivent des impôts d'un côté, versent des salaires, achètent des produits et accordent des subventions ou allocations diverses, de l'autre. Enfin, on enregistre les échanges courants entre les Canadiens et les résidents des pays étrangers dans le secteur extérieur.

C. Développement de la comptabilité économique canadienne

La première estimation du produit national au Canada date de 1919. Jusqu'à la fin des années trente, cette estimation a été basée sur les valeurs ajoutées par les industries. Pendant la dernière guerre, on a d'abord cherché des substituts à la méthode des valeurs ajoutées, puis on s'est préoccupé de construire un système qui fût intégré et consistant. Ces efforts ont conduit à la publication des « Comptes Nationaux » annuels, à partir de 1947. En 1951 a paru une série historique remontant à 1926. Puis celle-ci fut revisée dans une publication importante: *National Accounts: Income and Expenditure 1926-1956* (1958). Cette publication contient non seulement les séries statistiques, mais aussi une description complète des méthodes et des sources. Aucune modification importante n'a été apportée depuis. C'est ce système comptable que nous avons décrit précédemment sous le nom de comptabilité simplifiée.

En effet, ces comptes nationaux ne sont pas complets. Comme nous l'avons indiqué déjà, il manque à ces comptes les échanges interindustriels et les flux financiers.

Dans le domaine des échanges interindustriels, on a construit un tableau de quarante-deux secteurs pour l'année 1949 qui fut publié en 1956 en prix au consommateur, puis en 1960, en prix au producteur. Un second tableau est en cours de préparation, portant sur 1961, mais ne sera probablement pas achevé avant l'automne 1966 (1).

Le travail est un peu plus avancé en ce qui concerne les opérations financières. Il avait d'ailleurs débuté plus tôt. Dès la fin de la guerre, certains s'étaient préoccupés des flux financiers, et en 1955, la Banque du Canada a publié des estimations directes de l'épargne personnelle, suivant la méthode des variations des actifs et de l'endettement. Ces estimations s'appliquaient aux années 1939 à 1954. La même année en 1955, le personnel de recherche de la Commission Royale d'Enquête sur les Perspectives Economiques du Canada commençait des travaux sur la comptabilisation des opérations financières. En 1956, un autre service gouvernemental mettait au point les statistiques financières relatives aux échanges extérieurs, dans le cadre de la balance des paiements. C'est ainsi qu'en 1959 la Commission Royale a pu compléter ses « Comptes des Transactions Nationales », pour les années 1946 à 1954. Ces comptes sont les plus complets qui aient

(1) Un tableau d'échanges interindustriels a été construit pour la province de Québec par l'auteur. Voir A. Raynauld, *Croissance et Structure Economiques de la province de Québec*. Ministère de l'Industrie et du Commerce, Québec, 1961, p. 111-165.

été construits au Canada. Voilà pourquoi nous les avons désignés de comptabilité détaillée dans ce chapitre. Il est fort regrettable cependant que ces travaux n'aient pas été poursuivis. A l'heure actuelle, nous n'avons rien de plus, sur les opérations financières, que ce qui se termine à l'année 1954.

BIBLIOGRAPHIE SOMMAIRE

Piatier A. : *Statistique et Observation économique,* tome second, titre III. Paris, P.U.F. 1961.

Malinvaud E. : *Initiation à la comptabilité nationale*. Paris P.U.F. et Imprimerie Nationale, édition revisée et mise à jour, 1960.

Marchal Jean : *Nouveaux Eléments de Comptabilité nationale française*. Paris, édition Cujas, 2e édition 1962.

National Accounts, Income and Expenditure, 1926-1956. Ottawa B.F.S. 1958.

Read L. M. : « The Development of National Transactions Accounts ». *The Canadian Journal of Economics and Political Science*. Février 1957, p. 4-47.

Hood W. : *Le financement de l'activité économique au Canada*. Commission royale sur les Perspectives Economiques du Canada 1959.

CHAPITRE 2 — LA CROISSANCE ÉCONOMIQUE

1 - Notions

2 - Variables stratégiques

a) la population active

b) le capital

c) l'efficacité

3 - La croissance économique du Canada

a) la population

b) le produit national par habitant

c) la formation du capital

d) la structure économique régionale

La croissance économique

2

1 - Notions

La croissance économique, dans son sens le plus général, *désigne l'accroissement de la production totale au cours d'une période de temps.* On entend aussi par croissance économique *l'accroissement de la production par habitant,* qui est une notion beaucoup plus restrictive impliquant une idée de progrès. En effet la production peut augmenter à un rythme inférieur à celui de la population : dans ce cas, la croissance économique existe dans son sens général, mais le standard de vie diminue tout de même. Quand au contraire on adopte la production par habitant comme indice de croissance économique, on dira qu'un pays est en période de croissance seulement quand l'augmentation de la production est plus rapide que l'augmentation de la population.

Quoique étroitement liée à la notion de croissance, la *notion de développement économique* est différente. Celle-ci évoque *l'idée d'un seuil au-delà duquel le pays est développé et en deçà duquel le pays est sous-développé. La notion de développement est très proche de la notion de révolution industrielle* et implique des transformations majeures dans les structures économiques et sociales d'un pays. En application de ces distinctions, on réserverait le terme croissance économique à l'évolution des cent dernières années aux Etats-Unis ou en Angleterre, mais on emploierait développement économique pour désigner les changements qui se produisent à l'heure actuelle dans la plupart des pays de l'Amérique latine ou de l'Asie. Ceci dit, il faut convenir qu'on emploie très souvent dans le même sens croissance et développement.

Le processus du développement économique est fort complexe et une foule de phénomènes peuvent le représenter. On sait par exemple que la croissance s'accompagne d'industrialisation, d'urbanisation, de changements dans la composition de la demande globale et de la structure des industries et ainsi de suite. H. Leibenstein [(1)] a dressé une liste de trente-cinq propriétés du développement (ou du sous-développement) qu'il a divisées en quatre classes: économiques, démographiques, culturelles et politiques, enfin technologiques et diverses. Cette façon d'envisager le développement satisfait la curiosité, mais n'est pas très utile à l'analyse, parce qu'elle confond causes, conséquences et traits institutionnels particuliers. Elle n'est pas commode non plus parce qu'aucun pays, à ce compte-là, n'est développé ou sous-développé. Le Canada serait un pays sous-développé à plusieurs égards parce qu'il exporte surtout des matières premières, parce qu'il importe des capitaux, parce que le secteur manufacturier est relativement moins important qu'aux Etats-Unis dans le produit national, enfin parce que les entrepreneurs sont étrangers dans une bonne mesure.

Il convient à nos yeux de restreindre le nombre de critères par lesquels juger du degré de développement d'un pays. Nous proposons deux mesures seulement: le revenu per capita et la proportion d'investissement dans le revenu national.

Le revenu total per capita est l'indice le plus répandu. Comme le revenu réel est toujours égal à la production [(2)], *le revenu per capita mesure la quantité de biens que le système économique offre par personne au cours d'une période de temps.* L'augmentation de l'indice, d'une année à une autre, signifie qu'une plus grande quantité de biens est disponible pour chacun, soit immédiatement dans le cas des biens de consommation, soit pour l'avenir dans le cas des biens de production; cette hausse manifeste par

---

(1) *Economic Backwardness and Economic Growth*, p. 40-41.
(2) En économie fermée.

conséquent un progrès économique, comme nous l'avons dit, et aussi un progrès social si on fait abstraction des phénomènes de répartition. Comme l'indice du revenu per capita met en rapport la production des biens et la population, la mesure est fort significative, car elle comprend deux variables-clefs qui apparaissent dans toutes les explications ou tous les modèles de croissance économique. Le revenu per capita n'est pas seulement une mesure, c'est une notion de croissance économique. Par contre, son utilisation dans des comparaisons internationales soulève des difficultés presque insurmontables. Les unités monétaires des pays étant différentes, les habitudes de consommation et les niveaux de prix l'étant aussi, un indice comme le revenu per capita, exprimé en dollars par exemple, n'a à peu près aucune valeur statistique. C'est principalement pour cette raison qu'on a aussi proposé de considérer comme pays développé, celui qui parvient à consacrer au moins 10 à 12% de son revenu national à l'investissement. Cette seconde mesure nous paraît supérieure à la première pour comparer, selon les pays, non pas le degré de développement déjà atteint, mais du moins le rythme de transformation. Le niveau de développement de l'U.R.S.S., par exemple, est bien inférieur à celui des Etats-Unis, mais comme l'U.R.S.S. consacre 25% à 30% de son revenu national à l'investissement et les E.U., de 16% à 17%, nous savons que l'U.R.S.S. rattrape progressivement le temps perdu. Enfin, nous verrons plus loin que l'investissement est une condition indispensable à la croissance économique. Cette mesure a donc aussi une valeur explicative précieuse.

Si on s'en tient à la notion la plus générale de la croissance économique dont il a été question au début, il suffit de calculer les accroissements de la production nationale (brute ou nette) d'année en année. A cette fin, on corrige habituellement les valeurs courantes pour exclure les variations des prix. On obtient des taux de croissance réelle.

2 - Variables stratégiques

Il existe une unanimité exceptionnelle parmi les économistes — leurs divergences d'opinion sont en effet célèbres — sur les facteurs qui commandent ou expliquent la croissance de la production. Dans une première catégorie fourre-tout, plaçons ce que les philosophes appelleraient les causes lointaines et ce que l'historien Rostow a désigné du terme de « *propensions* ». Celles-ci comprennent *l'ensemble des réactions d'une société* aux motivations d'ordre économique; du point de vue de l'individu, elles comprennent *le conditionnement social et historique* dans lequel son action s'inscrit, conditionnement marqué par le système prédominant des valeurs, par les institutions politiques, juridiques et autres et l'efficacité avec laquelle elles remplissent leurs fonctions, par *les attitudes en face de la connaissance* et *le tempérament national.* Enfin ces propensions veulent englober *les valeurs personnelles des individus,* comme l'esprit d'initiative et d'innovation, l'ardeur au travail, etc. C'est ce qu'on entend, faute d'expression plus adéquate, par le « climat social » chez Schumpeter ou encore par le « spirit of the people » chez Alfred Marshall.

Dans une seconde catégorie de facteurs déterminant la croissance de la production, nous inclurons les variables proprement économiques. Nous en retiendrons trois : (a) *l'augmentation de la population active,* (b) *l'augmentation du stock de capital réel,* i.e. les bâtiments industriels, commerciaux ou résidentiels et l'équipement sous forme de machines et d'outils, enfin, (c) *la productivité générale des unités de production.* Examinons la contribution de chacun de ces facteurs à la croissance économique. Les statistiques qui portent sur ce sujet s'appliquent aux Etats-Unis, mais il y a tout lieu de croire qu'elles décrivent également bien la situation canadienne.

a) La population active

La production d'un pays augmente, en premier lieu et principalement, grâce à l'augmentation de la population active. Comme les salaires forment environ 65% du revenu national, un accroissement de 10% de la main-d'oeuvre, au même salaire moyen, accroîtrait le revenu national de 6.5%. Les études faites aux Etats-Unis montrent qu'entre 1929 et 1957, la quantité de main-d'oeuvre a contribué à 31% de la croissance totale [1].

Il faut observer que compte est tenu du fait que les heures de travail par semaine et par an ont diminué de 18% depuis 1929

(1) Ces statistiques sont tirées de E. F. Denison : *The Sources of Economic Growth in the United States and the Alternatives Before Us.* Committee for Economic Development, Paper no 13, 1962, 300 pages.

et qu'évidemment ceci représente, en partie, une diminution de la production (1). On a pu mesurer aussi l'importance du niveau d'éducation de la population active et, à notre connaissance, l'étude à laquelle nous nous reportons est la seule qui ait dessiné une image aussi claire de la contribution de l'éducation à la croissance économique. Aux Etats-Unis, la qualité de la main-d'oeuvre a augmenté de 30% depuis 1929, ce qui représente un apport de 23% à la croissance du produit national brut (PNB) ou, encore, un apport de 42% à l'accroissement de la productivité (soit le produit national brut per capita). Observons que le facteur travail contribue à 54% de la croissance économique, si on additionne sa quantité à sa qualité.

b) Le capital

En plus du travail, on trouve le capital, comme deuxième facteur de production, et sa rémunération, le profit. L'accroissement du capital dans l'économie a été très rapide depuis deux siècles, beaucoup plus rapide en fait que l'accroissement de la population. Pourtant sa contribution à la croissance économique est mineure. Les statistiques montrent qu'on ne peut attribuer plus de 15% de la croissance à l'investissement matériel. Cette observation semble contredire l'insistance sur le capital qu'on trouve dans toutes les études théoriques. Pour notre part, nous croyons que cette insistance est bien fondée et que la mesure statistique sous-estime l'importance réelle du capital. La raison en est qu'on traite comme consommation plutôt que comme investissement plusieurs catégories de dépenses dont, notamment, les dépenses publiques comme les routes, les ponts, l'éducation, la santé. C'est ainsi qu'on peut placer l'éducation tout aussi bien dans la catégorie du capital que de la main-d'oeuvre, et de ce fait, nous considérerions qu'une partie des salaires et des traitements consiste dans le rendement d'un investissement, plutôt que dans la rémunération d'un travail en tant que tel.

Dans un pays sous-développé, la main-d'oeuvre est généralement très abondante, mais le niveau de production reste bas. Si

(1) L'estimation de Denison (p. 40) est que la réduction des heures de travail de 18% a diminué la production de 6% seulement, par suite de la relation positive qui existe entre la réduction des heures de travail et l'augmentation de la productivité du travail.

la main-d'oeuvre suffisait à la croissance, la Chine serait le pays le plus riche au monde. *Ce sont donc la rareté relative du capital et l'absence de « know-how » qui freinent la croissance économique; c'est l'équipement matériel et humain qui fait défaut.* Autant dire que le capital ne s'accroît pas suffisamment vite, que l'investissement est trop faible à chaque année pour accumuler des richesses ou pour augmenter la capacité de production du pays. Allons plus loin et demandons-nous comment il est possible d'assurer ainsi la formation de capital nouveau. Un instant de réflexion nous fournit la réponse : c'est de ne pas consommer entièrement la production courante. C'est d'en épargner une partie et d'investir celle-ci dans des biens de production, dans cet équipement matériel et humain dont nous venons de parler. De cette manière, les revenus futurs pourront augmenter à leur tour.

On en arrive ainsi à la conclusion que dans les pays sous-développés, c'est l'épargne qui est insuffisante par rapport à l'augmentation de la population. Une telle conclusion paraît forcément vieux jeu depuis que pour combattre une dépression et le chômage, on nous recommande de dépenser davantage à percer des trous et à les remplir, si l'imagination manque pour trouver mieux à faire, et de recourir au crédit bancaire au besoin. C'est ici qu'une distinction essentielle s'impose: dans une dépression, l'épargne existe mais personne ne veut l'investir, tandis que dans un cas de sous-développement structurel, l'épargne n'existe pas.

On pourra se demander à bon droit où nous plaçons les ressources naturelles parmi les facteurs de croissance. Elles font partie du stock de capital. Le rendement qu'on en tire est un revenu de placement ou un profit. La raison pour traiter ainsi les ressources naturelles, c'est qu'elles ne deviennent une ressource au sens économique du mot qu'au moment où elles sont exploitées et qu'elles créent un revenu. Le stock de capital dans l'industrie de la pêche, ce ne sont pas tous les poissons de la mer, ce sont, là comme ailleurs, les bâtiments et l'équipement disponibles pour pêcher. Si une ressource naturelle est très riche, si, par exemple, la terre est très fertile, le rendement sur le capital investi sera élevé et inversement.

En bref, le capital contribue à 15% du taux de croissance et la population active (y compris la qualité de la main-d'oeuvre) à 54%. Il reste à trouver la source d'une dernière tranche d'environ 30%. Ce sera, en un mot, la *productivité,* non pas séparément la productivité du travail ou la productivité du capital, *mais la production par unité de tous les facteurs à la fois* (1).

Ce phénomène peut être désigné d'efficacité.

c) L'efficacité

L'efficacité, ainsi définie, se rapporte donc aux accroissements de production qui ne sont pas attribuables au travail ou au capital, mais à des phénomènes plus généraux.

Le facteur le plus connu sous ce rapport est celui des économies de dimension. Dieu sait si au Canada, les industries se plaignent de la petite dimension du marché. A en entendre certains, ce serait la raison principale de l'inefficacité relative des entreprises canadiennes. Pourtant, en dépit d'efforts soutenus de plusieurs années, on n'a jamais pu citer autre chose que des exemples particuliers. Les études statistiques générales n'ont jamais décelé aucune relation significative entre l'échelle du marché et les niveaux de productivité des établissements, sauf à un très faible degré. Les travaux fort documentés de J. S. Bain, Marvin Frankel, Rostas, Verdoon et plusieurs autres, tendent à montrer qu'on en a beaucoup exagéré l'importance. Les études de la Commission Royale sur les Perspectives Economiques du Canada y attachent par contre une attention considérable, mais seulement, de nouveau, sur le témoignage de cas particuliers. Leur conclusion générale, à l'effet que les trois quarts de la différence de productivité entre les E.U. et le Canada sont attribuables à des effets de dimension dans l'industrie manufacturière n'est pas fondée à notre avis. Le fait est qu'on s'accorde maintenant pour fixer à 9% la contribution de la dimension du marché à la croissance générale. Kuznets, Kendrick et Denison aux E.-U. (2), le professeur Allais en France, utilisent le même chiffre dans leurs estimations. Parmi les autres facteurs susceptibles d'être mesurés et qui influenceraient la pro-

(1) L'expression anglaise correspondante est "*total factor productivity*".

(2) Kendrick et Kuznets emploient 10% apparemment. Voir Denison, *op. cit.*, p. 266.

ductivité, on a retenu la vitesse d'adaptation de la main-d'oeuvre aux changements d'emplois, le chômage déguisé et les monopoles. Mais tous ces facteurs ensemble ne contribueraient guère à plus de 6 ou 7% de la croissance générale et la contribution de certains d'entre eux est négative. Du 30% de la croissance qu'il restait à expliquer, environ 20%, soit le cinquième de la croissance générale, ne sont attribuables à aucun phénomène identifié et mesurable. On appelle ce résidu, la contribution de l'avancement général des connaissances ou le progrès technologique. Vu sous un autre angle, le résidu est « la mesure de notre ignorance » comme quelqu'un a dit. On peut placer dans ce 20% tout ce que l'on désire. Les Américains y mettent le progrès technique et les connaissances, certains auteurs européens y mettent ou bien la contribution de l'Etat, ou bien l'efficacité du système capitaliste suivant l'idéologie à laquelle ils souscrivent. Lewis et Rostow y verraient sûrement le « spirit of the people », dont nous avons parlé au début.

Le tableau suivant résume les mesures statistiques donnant la contribution de chacun des facteurs à la croissance économique générale.

TABLEAU 1

Contribution de plusieurs facteurs à la croissance économique — Etats-Unis, 1929-1957

	Taux annuel de croissance	% du total
Croissance globale	2.93	100
1. Augmentation des facteurs travail et capital	2.00	68
a) TRAVAIL	1.57	54
nombre de travailleurs et réductions des heures de travail	0.80	27
changements dans la structure d'âge et le sexe de la main-d'oeuvre	0.10	4
éducation	0.67	23
b) CAPITAL	0.93	32
2. Efficience	0.43	15
a) économie de dimension	0.27	9
b) distribution non optimale des ressources	— 0.07	— 2
c) autres sources identifiées et mesurées	0.15	5
d) résidu : les connaissances	0.58	20

Note: Les erreurs sont dues aux fractions qui ont été négligées.
Source: E. F. Denison, *op. cit.*, p. 266.

3 - La croissance économique du Canada

En ce qui concerne les facteurs qui contribuent à la croissance économique, la situation du Canada diffère peu de celle des Etats-Unis auxquels les observations précédentes s'appliquent. Nous n'y revenons pas.

Il convient toutefois de décrire la croissance économique canadienne elle-même. Nous nous limiterons à une esquisse très

TABLEAU 2

Population, Canada et Provinces 1871-1961 en milliers

Provinces	1871	1901	1911	1921	1931	1941	1951	1956	1961
Terre-Neuve							361.4	415.0	458.0
Ile-du-Prince Edouard	94	103.2	93.7	88.6	88.0	95.0	98.4	99.2	105.0
Nouvelle-Ecosse	388	459.5	492.3	523.8	512.8	577.9	642.5	694.7	737.0
Nouveau-Brunswick	286	331.1	351.8	387.8	408.2	457.4	515.6	554.6	598.0
Québec	1,192	1,648.8	2,005.7	2,360.5	2,874.6	3,331.8	4,055.6	4,628.3	5,259.0
Ontario	1,621	2,182.9	2,527.2	2,933.6	3,431.6	3,787.6	4,597.5	5,404.9	6,236.0
Manitoba	25	255.2	461.3	610.1	700.1	729.7	776.5	850.0	922.0
Saskatchewan		91.2	492.4	757.5	921.7	895.9	831.7	880.6	925.0
Alberta		73.0	374.2	588.4	731.6	796.1	939.5	1,123.1	1,332.0
Colombie-Britannique	36	178.6	392.4	524.5	694.2	817.8	1,165.2	1,398.4	1,629.0
Yukon		27.2	8.5	4.1	4.2	4.9	9.0	12.1	14.0
T. N. O.	48	20.1	6.5	8.1	9.3	12.0	16.0	19.3	23.0
Canada	3,700	5,371.3	7,206.6	8,787.9	10,376.7	11,506.6	14,009.4	16,080.7	18,238.0
Taux annuel moyen d'accroissement		1.5%	3.4%	2.1%	1.8%	1.08%	2.1%	2.9%	2.68%

Source: *Annuaire du Canada* 1961, p. 151 et bulletins du recensement.

générale dans la présente section car tous les chapitres de cet ouvrage étudient un aspect particulier de cette description.

a) Population

En 1867, la population du Canada s'élevait à trois millions et demi d'habitants. En 1961, elle atteint 18.2 millions; la population a doublé deux fois en quarante ans. Le taux séculaire d'accroissement est de 1.67% par an [1], qui est un taux relativement élevé pour la période considérée. L'immigration a joué un rôle très important au Canada de sorte que les accroissements de la population ont été fort sensibles à la conjoncture économique du pays. Ces accroissements sont substantiels en périodes de prospérité et lents en période de stagnation ou de dépression. C'est ainsi que de 1870 à 1890, la population du Canada a augmenté relativement peu; il en a été de même au cours des années 30. Par contre, l'accroissement le plus rapide a été de 1890 à 1910, au moment où l'activité économique a été la plus intense. Au cours de la période 1946-1956, la population a également augmenté à un rythme rapide. Ces observations sont tirées du tableau 2.

b) Produit national par habitant

Il serait long et fastidieux de décrire tous les changements qui se sont produits au Canada depuis la Confédération. Ces changements sont ceux de tous les pays qui se sont industrialisés et qui ont connu une longue période de prospérité. Limitons-nous à quelques indices seulement.

En dollars courants, le produit national brut du Canada a été multiplié par 100 depuis 1867, passant de 419 millions à 40 milliards. A cause de l'augmentation des prix cependant, cette mutiplication signifie peu de chose. Une fois corrigée pour l'effet des prix, l'augmentation du PNB est quand-même très impressionnante. Elle est de 3.39% par an pour la période allant de 1867 à 1953. Prenant des périodes plus courtes, nous constatons un accroissement de 3.55% de 1929 à 1957. Ce chiffre se compare avec celui de 2.93% que nous avons reproduit dans le ta-

(1) O. J. Firestone: *Canada's Economic Development*, Bowes and Bowes, Londres, 1955.

bleau 1 et qui s'applique aux Etats-Unis. Pour l'après-guerre, soit de 1946 à 1957, l'augmentation annuelle est de 4.25% au Canada et de 3.4% aux Etats-Unis. On peut donc observer que la croissance économique du Canada a été légèrement plus rapide que celle des Etats-Unis depuis 1929.

Plus haut, nous avons dit que la population avait doublé tous les quarante ans. Maintenant nous constatons que la production, de son côté, a doublé tous les vingt ans depuis la Confédération. Il s'ensuit que le citoyen canadien a nettement amélioré son standard de vie et qu'il est beaucoup mieux partagé aujourd'hui qu'autrefois. En fait, le PNB par habitant a augmenté de 1.65% par année au cours de l'ensemble de la période. Une augmentation du revenu de 1.65% par an ne fait pas concret. Mais on saura maintenant qu'une telle augmentation représente un doublement à tous les quarante ans (38 ans exactement), puisque nous avons fait la correspondance plus haut. Si cette tendance continue, comme il y a lieu de le croire fort aisément, les Canadiens gagneront deux fois plus que maintenant, en l'an 2000 et ains de suite. Insistons sur le fait que ce doublement est réel dans le sens qu'il implique réellement deux fois plus de biens et de services à la disposition de chacun. Quand on y songe, en se reportant aux millénaires d'histoire que le monde a connu, ce progrè est extraordinaire au sens fort du terme, tellement extraordinair qu'on imagine mal qu'il puisse se maintenir plusieurs siècles encore. On se représente plus facilement la catastrophe que la ri chesse ou le bonheur.

Dans le passé les hommes n'ont jamais eu l'expérience d concevoir un univers d'abondance. Ceux qui la tentent aujourd'hu (Jack Galbraith: The Affluent Society) sont encore l'exception S'il est aussi difficile d'entrevoir « l'opulence », c'est en grand partie parce que dans le passé le progrès n'a jamais été continu Au contraire, l'évolution économique est très instable. Aux pério des de famine qui caractérisent l'ère préindustrielle, ont succéd les dépressions économiques dans tous les pays développés et ce avec une régularité qui est déconcertante.

Il en a été ainsi au Canada. La période de prospérité qu nous avons connue de 1896 à 1913 (le PNB a augmenté d

5.3% par an de 1900 à 1910) a été suivie d'une longue crise pendant les années 30. Si nous désignons le niveau du PNB de 1929 par l'indice 100, on observe qu'en 1933, le PNB avait baissé à 70 et que par conséquent les Canadiens avaient perdu près du tiers de leurs revenus, en moyenne (on sait que ces changements ne sont jamais également répartis). Ce n'est qu'en 1939, dix ans plus tard, que le PNB rattrapait le niveau de 1929 et ce, malgré une population plus considérable (en fait en 1939, le PNB par habitant était encore de 6% inférieur à celui de 1929).

De même, plus près de nous. A un après-guerre de grande prospérité pendant lequel le taux de croissance a été de 4.25% par an jusqu'en 1956 ont succédé cinq années de stagnation pendant lesquelles le PNB par habitant est passé (en prix de 1949) de $1,480 en 1956 à $1,431 en 1961. L'année 1962, enfin, a marqué une reprise inespérée et d'une vigueur exceptionnelle puisque le PNB a augmenté de 6% en termes réels (1).

c) La formation du capital

Un deuxième indice très répandu de la croissance économique est l'investissement annuel exprimé en pourcentage du produit national brut. Nous disposons d'excellentes statistiques sur ce point au Canada depuis l'année 1926, mais pour les années antérieures les estimations laissent à désirer.

Quoi qu'il en soit, il semble que le Canada ait consacré un pourcentage élevé de ses ressources à l'investissement depuis la Confédération. D'autre part, une augmentation très nette apparaît en 1910 et cette augmentation sert de fondement, parmi d'autres observations, à la thèse de Rostow, un historien que nous avons déjà cité, suivant lequel le Canada a traversé une période de démarrage rapide avant la première guerre mondiale dans la course à la croissance et à l'expansion de l'économie. O. J. Firestone donne deux séries statistiques d'investissement qui sont reproduites au tableau 3 (2).

(1) Les fluctuations économiques sont décrites au chapitre 4.

(2) On peut en citer une troisième: l'investissement net en pourcentage du produit national net en dollars constants: 1870: 4.7%; 1890: 6.3%; 1900: 3.2%; 1910: 9.5%; 1920: 10.9%; *op. cit.*, p. 112.

TABLEAU 3

Investissement brut en % du PNB 1870 - 1920

	Investissement privé y compris les changements dans les inventaires	Investissement privé non compris les changements dans les inventaires
1870-1900	14.6	12.9
1910-1920	24.8	18.2

Source: O. J. Firestone: *Canada's Economic Development*. La 1ère colonne est tirée de la p. 72, la seconde, de la p. 100.

Pour la période plus récente, il suffit de remarquer au tableau 4 que les investissements varient suivant la conjoncture, ce que chacun sait déjà, et qu'en général ils ont contribué à un pourcentage élevé des ressources totales. Certains vont jusqu'à dire que les dépenses d'infrastructure au Canada furent longtemps excessives et qu'elles l'ont été jusqu'à récemment. A l'appui de cet avancé on cite souvent le cas des doubles lignes de chemins de fer qui traversent le pays. Mais « bygones are bygones » disait déjà S. Jevons en 1864 : il ne sert à rien de s'apitoyer sur le passé dans la vie économique. Ou plutôt si, cela sert à commettre des erreurs de calcul.

Le tableau 4 comprend également deux chiffres différents sur l'importance de l'investissement dans le produit national. Mais ce ne sont pas les mêmes que ceux du tableau 3. Cette fois, il s'agit de l'investissement privé dans un cas et de l'investissement privé et public dans le second.

TABLEAU 4

Investissement brut en % du PNB 1926 - 1962

	Investissement privé	Investissement total (privé et public)
1926	16.3	18.2
1933	4.1	6.4
1946	14.5	17.1
1956	25.7	29.8
1961	17.3	21.4
1962	18.6	23.0

Note: Aux investissements proprement dits, on a ajouté les changements dans les inventaires.

Source: Comptes Nationaux 1926-1956 pour 1926 à 1946 et Comptes Nationaux 1962 pour 1956 à 1962.

TABLEAU 5

Investissements bruts publics et privés

	1956		1961	
	en millions	en % du total	en millions	en % du total
1. Agriculture et pêche	488	6.07	521	6.42
2. Forêts	76	0.90	49	0.60
3. Mines, carrières et extractions du pétrole	542	6.70	451	5.56
4. Manufactures	1,394	17.30	1,024	12.62
5. Electricité, gaz et conduites d'eau	914	11.37	771	9.51
6. Construction	200	2.48	132	1.62
7. Transport, entreposage et communications	810	10.12	892	11.00
8. Commerce de gros et de détail	325	4.04	329	4.05
9. Finance, assurances et immeubles	124	1.54	307	3.78
10. Institutions	402	5.00	615	7.58
11. Habitations	1,575	19.60	1,467	18.09
12. Gouvernements	1,012	12.60	1,329	16.38
13. Services commerciaux	162	2.01	221	2.72
14. Total des investissements bruts	8,034	99.73	8,109	99.93
15. Total des investissements bruts en pourcentage des dépenses nationales brutes	26.3		21.7	

Note : La ligne 15 diffère de la colonne 2 du tableau 4 à cause des inventaires.
Source : *Investissements privés et publics au Canada, perspectives 1962.*

Le tableau 5 donne enfin une répartition des investissements en capitaux fixes par secteur industriel. On y lit d'une part que les principaux postes de dépenses sont la construction résidentielle, la voirie et les édifices publics (sous « gouvernement »), puis les industries manufacturières. D'autre part, la comparaison entre 1956 et 1961 révèle que le secteur manufacturier a diminué considérablement ses investissements en 1961 et que ce sont les gouvernements qui ont suppléé à la carence des entrepreneurs. Ce phénomène de compensation, illustre, on ne peut mieux, la doctrine keynésienne suivant laquelle les dépenses publiques doivent soutenir la demande globale et compenser les réductions du secteur privé. On se rappellera en effet que 1956 était une année d'expansion rapide sinon excessive et que 1961 était une année de stagnation et de chômage.

d) La structure économique régionale

La thèse la plus élaborée qui existe sur le développement économique du Canada est la théorie du produit de base [1]. Pour expliquer son développement nous devons considérer le Canada comme une région particulière au sein d'un ensemble économique très large qu'on peut désigner d'ensemble atlantique (pour inclure à la fois les Etats-Unis, la Grande-Bretagne et la France). A ce vaste ensemble, le Canada a été essentiellement un fournisseur de matières premières, matières premières dont la nature a changé au cours du temps en fonction de la demande « atlantique » et des ressources disponibles sur place. De cette théorie générale résumée en un mot, nous ne voulons retenir ici qu'un aspect : comme ce sont les ressources naturelles qui ont servi de *base* à l'économie du pays et que ces ressources sont par définition localisées dans des endroits très précis du territoire national, le développement économique du Canada a été caractérisé à chaque étape par la *conquête de nouveaux espaces*. La croissance s'est faite par *extension territoriale*. Ainsi en fut-il de la fourrure, du bois, des céréales, des mines, ou des puits de pétrole.

Ce type de développement est sans doute propre aux pays dont le territoire est très étendu et la population, de faible densité.

(1) Voir les principaux ouvrages de Harold Innis et l'article de M. Watkins, *A Staple Theory of Economic Growth*, C.J.E.P.S., mai 1963, p. 141-159.

Il a pour conséquences immédiates que l'économie nationale est très ouverte sur l'extérieur et qu'elle manque de cohésion et d'intégration internes. Ce phénomène dure aussi longtemps que les bases du développement économique restent les mêmes; aussi longtemps donc qu'il y a des ressources et des territoires nouveaux à exploiter et aussi longtemps que la population est trop clairsemée pour se substituer à la demande extérieure comme source principale d'expansion.

Sans doute l'économie canadienne a-t-elle déjà atteint un certain palier d'intégration; elle s'est dotée progressivement d'un support ou d'une infrastructure d'origine domestique, surtout dans la partie centrale du pays, en Ontario et en Québec. Dans la mesure où cette évolution s'est produite, le schéma initial du développement économique est moins pertinent qu'il n'était. C'est ainsi qu'on a pu observer depuis 1926, une baisse de l'importance du commerce extérieur dans le revenu national jointe à un taux séculaire d'expansion relativement élevé. Il s'en suit que l'expansion ne peut pas être attribuée exclusivement aujourd'hui à la demande mondiale pour les ressources canadiennes. Néanmoins, nous croyons que le Canada est encore caractérisé principalement par sa structure économique d'origine. Nous entendons par là une structure liée de très près à l'exploitation de ressources naturelles pour le marché extérieur. L'évolution la plus marquante des trente dernières années ne nous paraît pas constituée par l'importance accrue du marché intérieur, mais par le rétrécissement du marché extérieur du Canada. Le marché atlantique de naguère est devenu le marché américain. De même, si l'intégration a fait des progrès à l'intérieur, il est toujours aisé de distinguer très nettement, suivant les ressources naturelles, des structures économiques régionales bien différenciées.

C'est ce dernier aspect que nous illustrerons ici, puisque nous réservons l'examen du commerce extérieur à la dernière partie de l'ouvrage. Le meilleur moyen de mesurer le degré d'intégration d'une économie consisterait dans l'intensité des échanges à l'intérieur des frontières par comparaison avec les échanges extérieurs. Malheureusement, nous ne disposons pas d'information sur le commerce inter-régional. Ce que nous pouvons montrer par les

TABLEAU 6

Production industrielle
Valeur ajoutée en % du total de chaque région — Canada 1959

	Provinces maritimes (1)	Québec	Ontario	Provinces des Prairies	Colombie	Canada
1. agriculture	9.5%	5.8%	6.4%	28.2%	4.7%	9.8%
2. forêts	4.6	3.6	1.4	0.8	12.7	3.2
3. pêche et trappage	5.2	0.1	0.1	0.3	1.9	0.6
4. production minérale	8.3	5.6	6.1	16.4	4.5	7.9
5. électricité	5.4	4.5	3.5	3.4	4.7	4.0
6. manufactures	39.1	62.2	66.7	24.5	46.4	54.8
7. construction	27.8	18.2	15.8	26.2	25.1	19.7
8. production industrielle en millions de dollars	775.	4,819.	7,992.	3,178.	1,830.	18,840.
9. production industrielle par habitant	$553.	$960.	$1,338.	$1,045.	$1,174.	$1,077.
10. indice de la production industrielle par habitant	51	90	124	97	109	100

Note (1) : Terre-Neuve est exclue.

TABLEAU 7

Industrie manufacturière
Valeur ajoutée en % du total de chaque région — Canada 1959

	Provinces de l'Atlantique	Québec	Ontario	Provinces des Prairies	Colombie	Canada
1. aliments et boissons	28.2%	13.8%	13.5%	31.4%	15.5%	15.6%
2. tabac, caoutchouc et cuir	0.3	6.0	4.5	0.4	0.2	4.0
3. textiles et vêtements	2.6	15.4	5.6	4.7	1.3	7.9
4. bois et papier	37.4	21.6	15.0	17.9	53.1	21.1
5. fer, acier et équipement de transport	20.0	16.3	31.7	16.5	11.5	24.0
6. métaux non-ferreux, pétrole, minéraux non-métalliques	2.5	12.2	11.7	19.0	11.9	12.4
7. appareils électriques et produits chimiques	1.6	12.2	14.8	6.8	5.4	12.2
8. divers	6.4	2.2	2.9	3.2	0.8	2.3
9. production manufacturière en millions de dollars	361.	3,000.	5,332.	780.	848.	10,321.
10. production manufacturière par habitant	$196.	$597.	$893.	$256.	$543.	$590.
11. indice de la production manufacturière	33	101	151	43	92	100

statistiques, c'est seulement que la structure économique est encore dominée par les ressources naturelles de chaque région (à l'exception d'une route étroite qui va de Hamilton à Montréal). A cette fin, nous avons établi les tableaux 6 et 7. Le Canada est divisé en cinq régions : les Provinces de l'Est, Québec, Ontario, les Provinces des Prairies et la Colombie. Dans le tableau 6, la structure économique est représentée par sept secteurs d'activité comprenant la production des biens, mais à l'exclusion des services. Le tableau 7 porte sur la structure de l'industrie manufacturière seulement. Il reprend donc en détail une des lignes du tableau 6. La comparaison s'effectue sur la base de la valeur ajoutée par chacun des secteurs productifs. Dans l'examen qui suit, nous ajouterons d'autres renseignements qui aideront à l'interprétation des tableaux eux-mêmes. Quelle est donc l'image que nous pouvons tracer de la structure économique des cinq régions que nous avons distinguées ?

Provinces de l'Atlantique :

Le secteur primaire contribue au tiers de la production industrielle dans les provinces maritimes. Parmi les industries manufacturières, les produits du bois et du papier dominent avec 37% du total; puis la deuxième industrie, par ordre d'importance, est le traitement du poisson (compris dans aliments et boissons). A Terre-Neuve, l'industrie manufacturière est centrée sur le bois et le poisson (65% du total). Dans l'Ile du Prince-Edouard, c'est l'agriculture et la pêche qui dominent. En Nouvelle-Ecosse, l'économie est plus diversifiée : à des ressources naturelles relativement riches, telles que l'agriculture, la forêt, le poisson et les mines de charbon, se sont aussi ajoutées plusieurs industries de transformation. Mais 40% de l'industrie manufacturière est encore basée sur le traitement de produits de base. Au Nouveau-Brunswick, la pulpe et papier et les scieries, à elles seules, fournissent 40% de la production manufacturière. Une telle structure économique est peu productive. La production industrielle par habitant ne s'élève qu'à la moitié de la moyenne nationale. Quant à l'industrie manufacturière proprement dite, elle ne s'élève, par habitant, qu'au tiers de la moyenne nationale, et au cinquième de l'Ontario.

Québec et Ontario :

Du point de vue de la structure économique, Québec et Ontario sont deux régions assez semblables. L'industrie manufacturière compte pour près des deux tiers de la production industrielle et pour 80% de la production manufacturière du pays. Dans l'ensemble, la structure économique s'éloigne donc assez d'une structure de produits de base. L'extraction minière, l'agriculture et la forêt cèdent le pas à de nombreuses industries de transformation. Cependant, un examen plus approfondi laisse percer, d'abord, des divergences notables entre les deux provinces, ensuite une structure manufacturière, surtout dans le Québec, qui reste en quelque sorte dans le prolongement des ressources naturelles de la région. Les deux industries manufacturières du Québec sont en effet la pulpe et le papier, puis l'affinage des métaux non-ferreux. Les deux groupes 4 et 6 du tableau 7 comptent pour le tiers du total. L'agriculture donne aussi lieu à d'autres industries importantes telles que les salaisons et les produits laitiers. Par contre, on trouve dans le Québec un grand nombre d'industries légères de biens de consommation dont le développement ne s'explique pas par la demande étrangère, mais par l'élargissement progressif du marché intérieur (et par les tarifs). Telles sont les industries des groupes 2 et 3 et à un moindre degré, les industries du groupe 7. En Ontario, la structure des industries manufacturières est encore plus diversifiée. C'est la Province où le capital et les connaissances techniques d'une part et le marché d'autre part expliquent mieux la structure industrielle que la nature et l'abondance des ressources naturelles. Il n'y a qu'à observer la place qu'occupent les secteurs 5 et 7 (46.5% de l'ensemble) pour s'en convaincre. Pour être plus précis, ajoutons que l'Ontario détient plus de 80% de la production canadienne dans des industries comme l'automobile, l'équipement électrique lourd, les instruments aratoires, plusieurs industries d'équipement ménager, les outils, les bicyclettes, l'équipement de bureau, etc. En dépit de ce qui précède cependant, les ressources naturelles ne sont pas encore loin, dans la liste des industries importantes; après l'automobile suivent immédiatement : fer et acier primaire, affinage des métaux non-ferreux, pulpe et papier, abattoirs et salaisons. L'Ontario est, de loin, la Province la plus industrialisée du pays. Par habitant, la production manufacturière s'élève à l'indice 151.3 (Canada = 100). C'est Québec qui suit l'Ontario, avec l'indice 101.1.

Provinces des Prairies :

Avec les trois Provinces des Prairies, nous retrouvons l'exploitation sur une grande échelle des ressources naturelles. Il n'est pas nécessaire d'insister sur l'importance du blé. Mais il convient d'observer que 50% de la production industrielle vient du secteur primaire, par comparaison avec 17% et 19% en Ontario et en Québec. A la culture des céréales s'ajoutent l'élevage des bestiaux et l'industrie laitière, comme le montre l'importance des industries manufacturières des abattoirs et des salaisons, puis du beurre et du fromage. Enfin, l'agriculture est maintenant relayée en Alberta et en Saskatchewan par le pétrole. Dans l'ensemble de la région, les céréales, l'élevage, les produits laitiers et le pétrole fournissent l'essentiel de l'activité économique. L'industrie manufacturière est largement dominée encore par les ressources naturelles : les quatre principales industries manufacturières de la région sont en effet, dans l'ordre : les abattoirs et salaisons, le pétrole[1], le beurre et le fromage, les moulins à farine. Ces industries contribuent à 43% de la production manufacturière totale. Contrairement aux provinces de l'Est, cette région est prospère. La production industrielle par habitant est très proche du niveau national en dépit d'une faible production manufacturière.

Colombie-Britannique :

On a coutume de rapprocher la Colombie à l'Ontario, parce que le revenu moyen des deux provinces est semblable. Par la structure de leur économie cependant, elles ne sont guère comparables. Alors que l'économie ontarienne est la plus diversifiée du Canada, celle de la Colombie repose essentiellement sur l'exploitation de la forêt. Nulle part ailleurs trouvons-nous une telle concentration : 53.1% de la production manufacturière se compose des produits du bois et du papier et 12.7% de la production industrielle vient de l'abattage (tableau 6, forêts).

(1) La présence des raffineries de pétrole dans l'Ouest du pays s'explique autant par les besoins de l'équipement aratoire (demande) que par l'offre de pétrole brut. C'est une réserve importante à l'interprétation donnée ci-dessus.

Si la réalité n'a pas été trop déformée par ce bref examen des traits saillants de la structure économique dans les cinq régions du pays, nous devrions retrouver une nette prédominance des ressources naturelles dans les exportations du Canada vers l'étranger. Si les statistiques étaient adéquates nous trouverions également, parce que c'est une conséquence directe de ce qui précède, que les produits exportés représentent des voies de spécialisation de certaines régions nettement délimitées [1].

(1) En plus des ouvrages cités, on pourra lire: W. C. Hood et A. S. Scott, *Production travail et capital dans l'économie canadienne.* « Rapport de la Commission Royale d'Enquête sur les Perspectives Economiques. » Ottawa 1957; R. E. Caves et R. H. Holton, *The Canadian Economy; Prospect and Retrospect.* Cambridge 1961.

CHAPITRE 3 L'INDUSTRIALISATION DU QUÉBEC

L'industrialisation du Québec

3

Il fut un temps où la province de Québec formait à elle seule le Canada. C'est à partir des villes de Québec et de Montréal que les expéditions partaient pour la reconnaissance et la conquête du territoire. Ce n'est que 80 ans après le départ de la France, vers 1840, que la population de l'Ontario égalisa puis surpassa la population du Québec. A cette époque, l'économie du Québec était à prédominance agricole et artisanale. Jusqu'en 1850, en effet, on peut caractériser le développement du pays comme ayant appartenu à l'exploitation du type colonial. Le Canada exportait, vers la métropole principalement, la fourrure, et le bois. La construction des navires était aussi florissante. Puis, sous l'influence des modifications profondes de la technologie et à la suite de la révolution industrielle en Angleterre, la demande étrangère pour les produits de base du Canada (les fameux « staple products ») s'est peu à peu tarie.

De 1870 à 1890, la conjoncture mondiale est à la baisse; on traverse une période de stagnation plus ou moins prononcée. Au Canada, on se tourne alors résolument vers le marché domestique. On entend d'abord créer un vaste "hinterland" qui serve de débouché à la production des provinces centrales, l'Ontario et le Québec; on y parvient par le grandiose dessein politique de la Confédération; puis grâce à d'énormes investisse-

Article paru dans *La Revue Française,* août 1961. Revisé.

ments dans les communications; ainsi, le chemin de fer relie Montréal à l'océan Pacifique en 1885. Enfin, en 1879, on adopte la *« politique nationale » qui consiste à protéger l'industrie naissante contre la concurrence étrangère au moyen de tarifs douaniers.*

Cet ensemble de mesures aussi bien politiques qu'économiques ont préparé la scène pour le grand jeu à venir. Les conditions préalables à la croissance économique ont été réunies. A partir de 1896 et jusque vers 1920, on assiste à une première vague d'industrialisation au Canada et, par conséquent aussi, dans le Québec. La période qui va de 1896 à 1913 au Canada est l'illustration idéale du concept du "take-off" de Rostow. On observe par exemple une augmentation *en volume* de 76% dans la production manufacturière du Québec entre 1900 et 1910. Comme la population n'a crû que de 21% au cours de la même décennie, la production per capita a augmenté de 4.2% par année, soit de plus du double de la croissance moyenne de longue durée au Canada (celle-ci est de 1.65%). Pour le pays tout entier on observe également qu'en dollars courants, la proportion de l'investissement au produit national brut passe de 12.6% par an, de 1870 à 1900, à 18.2% en 1910. Le revenu par habitant au Canada était déjà en 1910 égal à la moyenne du revenu de 1953 pour 55 pays du monde. C'est dire que dès la première guerre mondiale, le Québec appartenait à la catégorie des pays ou régions développés et industrialisés.

Au-delà des mesures préparatoires dont nous avons parlé plus haut, le décollage s'explique par une mise en chantier spectaculaire de l'Ouest du Canada et par un afflux considérable de capitaux étrangers. Les cinq principales villes des provinces des Prairies passent de 12,000 à 130,000 habitants en dix ans; la ville de Winnipeg, à elle seule, augmente sa population de 42,000 à 136,000 habitants, de 1900 à 1910. Or, ce sont les provinces centrales du pays, notamment le Québec, qui ont fourni l'équipement et l'épargne nécessaires. Axée sur des foyers d'impulsion de source domestique, et protégée contre la concurrence étrangère, l'industrialisation de cette époque a été marquée par la prédominance très nette de l'industrie de transformation légère. Ce type de structure s'est perpétué jusqu'à maintenant dans ses lignes essentielles. En 1910, les industries manufacturières les plus importantes de la province de Québec étaient le bois qu'on exportait vers l'Ouest du pays, l'équipement de chemin de fer, puis les industries protégées par excellence, le vêtement, la chaussure, le textile, le tabac. Enfin, on trouvait deux industries importantes additionnelles basées sur l'agriculture, soit les moulins à farine et le beurre et le fromage. Ensemble, ces industries contribuaient à plus de la moitié de la production manufacturière.

Mais depuis la première guerre mondiale, on peut distinguer une deuxième vague d'industrialisation dont le point culminant, mesuré par le rythme de la croissance, se situerait vers 1956. Particulièrement depuis 1935, l'économie du Québec a subi de profondes transformations dans sa structure. L'industrie légère de transformation, quoiqu'encore très importante, a marqué le pas et les secteurs en expansion sont des industries qui exploitent les ressources naturelles de la région à l'intention et à l'échelle du monde entier. *Si la phase antérieure de développement était axée sur le marché domestique, la seconde est tournée vers l'extérieur; si la première a favorisé les industries à haute intensité de travail pour absorber les surplus considérables de main-d'oeuvre, la seconde est basée sur les industries à haute intensité de capital. Ce renversement des tendances s'explique par l'évolution de la technologie*. Au début du siècle, c'était le triomphe du charbon dont la province de Québec est privée; mais aujourd'hui, les sources d'énergie se sont diversifiées et l'électricité, dont la Province dispose, presque en surabondance, est largement utilisée. De même, on a trouvé des substituts à l'acier qui ont permis à la Province d'exploiter comme jamais auparavant la richesse de son sous-sol. Qu'il suffise de mentionner, à titre d'illustration, l'aluminium, l'amiante, le nickel, le cuivre. Enfin, les forêts du Québec ont trouvé dans le papier la large base d'utilisation qui convenait. En un mot, la technologie moderne favorise la province de Québec parce qu'elle est fondée sur des ressources naturelles qui s'y trouvent en abondance, notamment le pouvoir hydraulique, les mines et la forêt (1).

(1) M. Lamontagne et A. Faucher, *History of Industrial Development*. Essais sur le Québec Contemporain, P.U.L. 1953, p. 23-54.

Il ne sera donc pas surprenant de constater que c'est maintenant dans le Québec où le prix de l'électricité est le plus bas au monde et que les deux principales industries manufacturières sont d'un côté la pulpe et le papier et de l'autre, la fonte et l'affinage des métaux non-ferreux. A elles seules, ces deux industries contribuent à près de 20% de la production manufacturière totale. Elles constituent, au surplus, pour l'ensemble de la Province, des pôles de croissance vigoureux grâce aux multiples réseaux d'échanges qu'elles créent et qu'elles alimentent autour d'elles.

Ilôt de culture et de langue étrangères sur le continent américain, la province de Québec est souvent représentée comme une enclave économique, un territoire de frontière relativement autarcique et peu développé. La perspective historique et « continentale » que nous venons d'esquisser montre qu'il en est tout autrement, mais il convient d'apporter quelques précisions statistiques supplémentaires.

Nous recourrons aux classifications familières de Colin Clark que Jean Fourastié a largement répandues en France. Les industries primaires au Canada contribuaient à 45% du produit national en 1870, au moment de la Confédération, elles y contribuent maintenant pour 11% à peine (1960); le secteur secondaire est passé de 22% à 33% quand on inclut le bâtiment; enfin, le secteur tertiaire a augmenté sa contribution du tiers à plus de la moitié du produit national. Le Québec a connu une évolution analogue. A cet égard d'ailleurs, les Québécois ne peuvent se glorifier d'aucune marque particulière de distinction. La transformation de leur économie est celle des grands pays industriels du monde, marquée comme aux Etats-Unis, en Angleterre ou en Europe continentale, par la diminution de l'importance relative du secteur primaire, une lente progression du secteur secondaire (lente en termes d'emploi surtout, par suite de l'accroissement de la productivité) et par la montée rapide du secteur tertiaire.

Le tableau suivant reproduit ces données statistiques.

TABLEAU 1

Origine de la production intérieure brute au coût des facteurs

	primaire	secondaire	tertiaire
1870	45%	22%	33%
1926	23	26	51
1950	17	34	49
1960	11	33	56

Source: J. O. Firestone, *Canada's Economic Development*, Bowes & Bowes, London, p. 189, pour l'année 1970. (Tous les ajustements sont portés au secteur tertiaire.) Pour les autres années, Comptes Nationaux.

Ce qui *distingue peut-être Québec de l'ensemble du pays à l'égard de la structure de la production, c'est l'étroitesse de sa base agricole.* Rares sont ceux qui réalisent qu'avec la Colombie britannique la province de Québec est la moins agricole de toutes. Le fait ressort clairement des calculs, soit à l'aide des chiffres de l'emploi, soit à l'aide de ceux de la production. La valeur ajoutée par l'agriculture rapportée au produit intérieur brut donnait un pourcentage de 5% dans le Québec, en 1949. Ce chiffre se comparait alors à celui de 10.7% pour l'ensemble du pays. Si nous prenons la population active plutôt que la valeur de la production comme base de calcul, nous observons que dans le Québec en 1961, l'agriculture ne retient que 8% de la population active totale et le Canada, sans le Québec, 12%. Le Québec est devenu si peu agricole et la population se détourne à un tel rythme de l'agriculture depuis vingt ans, que l'équilibre économique pourrait en être menacé. Du moins est-il certain que l'abandon des campagnes n'est pas étranger à la persistance du surplus de main-d'oeuvre que nous rencontrons dans la province de Québec.

Le tableau 2 complète l'examen de la structure économique. L'importance de l'agriculture est basée sur la valeur ajoutée rapportée à la production industrielle (plutôt qu'au produit intérieur). Le tableau 6 du chapitre 2 donne les chiffres comparables pour les autres régions du pays. Mais ce qui nous intéresse surtout

TABLEAU 2

Evolution de la structure économique du Québec de 1935 à 1959

En % du total de chaque catégorie

	1935	1959	variation
A. Production industrielle : valeur ajoutée			
1. agriculture	12.4	5.8	—6.6
2. forêts	3.8	3.6	—0.2
3. pêche et trappage	0.5	0.1	—0.4
4. production minérale	3.0	5.6	2.6
5. électricité	8.0	4.5	—3.5
6. manufactures	57.8	62.2	4.4
7. construction	14.3	18.2	3.9
total	99.8	100.0	
B. Industrie manufacturière : valeur brute			
1. aliments et boissons	20.4	17.7	—2.7
2. tabac, caoutchouc et cuir	9.3	5.3	—4.0
3. textiles et vêtements	23.9	14.7	—9.2
4. bois et papier	18.1	18.6	0.5
5. fer, acier et équipement de transport	8.4	13.4	5.0
6. métaux non-ferreux, pétrole, minéraux non-métalliques	13.0	17.9	4.9
7. appareils électriques et produits chimiques	6.2	10.2	4.0
8. divers	0.7	2.2	1.5
total	100.0	100.0	

Note : Les statistiques de 1935 manquent pour établir la comparaison de la section B suivant la valeur ajoutée comme au chapitre précédent.

Source: B.F.S., *Survey of Production* 1926-1956 et 1960.

ici, ce sont les changements qui se sont produits depuis 1935. A la partie A du tableau 2 ci-dessus, on observe que les reculs relatifs de l'agriculture et de la production d'électricité ont été compensés par une importance accrue de la production minérale, des manufactures et de la construction. La partie B du tableau se rapporte à la structure de l'industrie manufacturière. Les groupes les plus importants sont les produits du bois et du papier, suivis de près par les métaux non-ferreux, les minéraux non-métalliques d'un côté et par les aliments et boissons de l'autre.

Viennent ensuite les textiles et le vêtement, puis les produits du fer, de l'acier et l'équipement de transport. Enfin, nous voyons les produits chimiques, les appareils et fournitures électriques, et pour terminer, les industries du tabac, du caoutchouc et du cuir. Par rapport à l'avant-guerre, la structure manufacturière s'est modifiée profondément. Les trois premiers groupes du tableau 2 qui comptaient pour plus de la moitié de la production manufacturière ont perdu de l'importance. L'évolution est particulièrement marquée dans le cas du textile et du vêtement. Ces industries sont toutes des industries légères de biens de consommation non-durables dont l'expansion date de la fin du siècle dernier. La seconde vague d'industrialisation dont nous avons parlé précédemment et qui est plus récente, est illustrée par les secteurs qui sont en expansion depuis 1935, i.e. les groupes 5 à 7 de notre tableau. Quant aux produits du bois et du papier, ce sont des industries importantes depuis longtemps et qui ont maintenu leur position. Il ressort de ces chiffres que la production manufacturière du Québec s'est tournée davantage vers les biens de consommation durables et les biens de production; dans, plusieurs cas, ce changement va de pair avec la transformation, le traitement ou l'utilisation accrue de ressources naturelles de la Province.

Dans l'ensemble, l'industrialisation de la province de Québec s'est faite à un rythme accéléré. La production manufacturière, par exemple, s'est accrue à un taux annuel de 5.58% depuis 1870; et la production minérale, à un taux de 8.2% par an depuis 1899. Le revenu réel a augmenté de 3.39% par an et le revenu réel per capita, de 1.65%, de telle sorte que le standard de vie du citoyen canadien et québécois a plus que triplé depuis 90 ans. Et si depuis cinq ans, le rythme d'expansion s'est ralenti, le ralentissement a suivi une période d'accélération extrêmement rapide qui va de 1935 environ à 1956, période pendant laquelle le taux d'accroissement du produit national en prix constants dépasse 4% par an.

Les conséquences sociales de l'industrialisation ont été les mêmes dans la province de Québec que partout ailleurs. Les mesures changent, mais les phénomènes sont semblables. *Les passages d'une économie agricole et pré-capitaliste à une économie industrielle s'accompagnent généralement d'une hausse du niveau de vie, du gonflement des villes et la désertion des campagnes, d'une hausse des standards des consommateurs en matière d'instruction et de sécurité sociale, d'une baisse des taux de natalité compensée d'ordinaire par une baisse des taux de mortalité et ainsi de suite.*

Nous connaissons suffisamment l'insistance avec laquelle en France, François Perroux distingue la croissance, le développement, le progrès et les progrès pour que nous soyons tant soit peu fixés sur la transformation de toutes les structures sociales. La difficulté pour l'esprit est d'éviter d'imputer à l'industrialisation dans son sens précis, des phénomènes dont l'origine est ailleurs. C'est ainsi qu'on confond généralement industrialisation et accroissement du revenu réel. Et les conséquences de la hausse du revenu sont attribuées, faussement à notre avis, à l'industrialisation. Quoiqu'il en soit, pour notre part, nous restreindrons la portée du phénomène à un transfert des activités économiques de l'agriculture et de l'artisanat à l'industrie. Un tel changement dans le mode d'exploitation déplace sans aucun doute les populations vers les villes où il est plus avantageux de rassembler les usines; il produit en outre un effet de dimension considérable sur les unités d'exploitation : les manufactures sont plus grandes que les fermes ou les ateliers antérieurs. L'habitat urbain, à son tour, abaisse partout les taux de natalité et modifie par conséquent les structures d'âge de la population. Voyons ces différents points.

La population du Québec s'élève en 1961 à 5.2 millions d'habitants et celle du Canada à 18.2 millions, soit une proportion d'environ 29% de la population canadienne. Le taux d'accroissement séculaire de la population du Québec est de 1.67% par an, mais depuis 1946 surtout, l'accroissement est beaucoup plus rapide. Entre 1946 et 1956, soit en dix ans, la population canadienne et québécoise a augmenté de plus de 27%. Voilà ce qui fait que le Canada compte parmi les pays dont la population croît le plus rapidement (sixième pays au monde en 1959). A cette augmentation remarquable de la population, contribuent aussi bien l'accroissement naturel que l'immigration, mais dans le cas des Canadiens de langue française, des taux de natalité très élevés ont constitué nettement l'influence prédominante. En 1926, par exemple, le taux de natalité des Canadiens français était de 34 pour mille et celui des Canadiens de descendance britannique, de 19.7 pour mille. Mais ces différences s'amenuisent progressivement : en 1951, les taux de natalité étaient passées respectivement à 31.9 et à 24.1[1].

Comme dans tous les pays, l'industrialisation exerce une influence indiscutable sur la natalité et sur les autres caractéristiques démographiques. Dans le Québec le rapport du nombre d'enfants de moins de cinq ans au nombre de femmes mariées de 15 à 44 ans est de 87 dans les régions urbaines et de 154 dans les régions rurales agricoles en 1951.

Quant au mouvement d'urbanisation, il s'est avéré très rapide.

TABLEAU 3

Population rurale en % de la population totale Québec et Canada

	Québec	Canada
1870	77	80
1901	62	63
1911	54	56
1921	48	52
1931	40	46
1941	38	43
1951	33	37
1956	30	33

Note : Le chiffre de 1870 n'est pas rigoureusement comparable à ceux des années postérieures.
Source : Bureau fédéral de la Statistique.

En 90 ans, les proportions des habitants des villes et des régions rurales se sont à peu près renversées. En 1870, près de 80% de la population vivait dans les campagnes et aujourd'hui, nous

(1) Voir le chapitre 8 pour plus de précisions.

en trouvons 70 à 75% dans les villes. A cet égard, le Québec a évolué plus rapidement que l'ensemble du Canada. En 1951, les villes du Québec comptaient 67% des habitants, mais dans le Canada tout entier, elles n'en comprenaient que 63%. La ville de Montréal est même devenue ce que Paris représente pour l'ensemble de la France, puisque 40% de la population de la Province s'y trouve concentrée.

Un dernier phénomène étroitement lié à celui de l'industrialisation consiste dans la dimension croissante des établissements manufacturiers. Depuis 1917 seulement, l'établissement moyen est devenu six fois plus grand qu'il n'était, si on en juge par la valeur de la production. Aujourd'hui, l'établissement manufacturier moyen du Québec transforme des produits d'une valeur de $600,000. par année[1].

(1) Nous ne reprenons pas dans ce chapitre les analyses plus précises que nous avons faites sur Québec et qui sont d'accès facile, notamment: A. Raynauld, « Les problèmes économiques de la Province de Québec », *L'Actualité Economique,* oct-déc 1959, p. 414-421 et « Croissance et Structure Economiques de la Province de Québec » *op. cit.*

CHAPITRE 4 LES FLUCTUATIONS ÉCONOMIQUES

1 - Les leçons du passé

2 - La prévision à court terme

a) les indicateurs

b) les modèles mathématiques conjoncturels

c) les budgets économiques

Les fluctuations économiques

4

La croissance économique que nous avons décrite dans les deux chapitres précédents est réconfortante. A y regarder de haut et de loin, le progrès matériel des économies capitalistes impressionne. Et l'impression est juste. Si on laisse le télescope cependant et qu'on observe le réel à l'oeil nu, on découvre bien vite qu'avances et reculs vont de pair. Il est typique de la croissance économique de manquer de continuité, et d'y manquer même par principe pourrait-on dire, s'il est vrai que les phases d'expansion et de contraction se suivent de façon tant soit peu régulière. Or voilà bien ce qui s'est produit depuis la révolution industrielle. Les fluctuations dans l'activité ne sont peut-être pas suffisamment uniformes, elles n'obéissent peut-être pas assez aveuglément à une quelconque loi d'évolution pour qu'elles condamnent l'avenir à perpétuer les échecs du passé, du moins ont-elles existé et existent-elles encore incontestablement.

1 - Les leçons du passé

Parce que ceci dépend de tout cela dans la vie sociale, bien peu de phénomènes échappent à une telle évolution plus ou moins cyclique. Que nous prenions les salaires, les prix, le revenu national, l'emploi ou la production (on peut vérifier la chose sur plusieurs centaines de séries statistiques), nous observons d'un trimestre à un autre ou d'une année à une autre, des tendances à la hausse suivies de tendances à la baisse, toutes tendances plus ou moins prononcées suivant les cas et les circonstances. On peut donc représenter l'activité économique par un graphique comme le suivant :

GRAPHIQUE 1

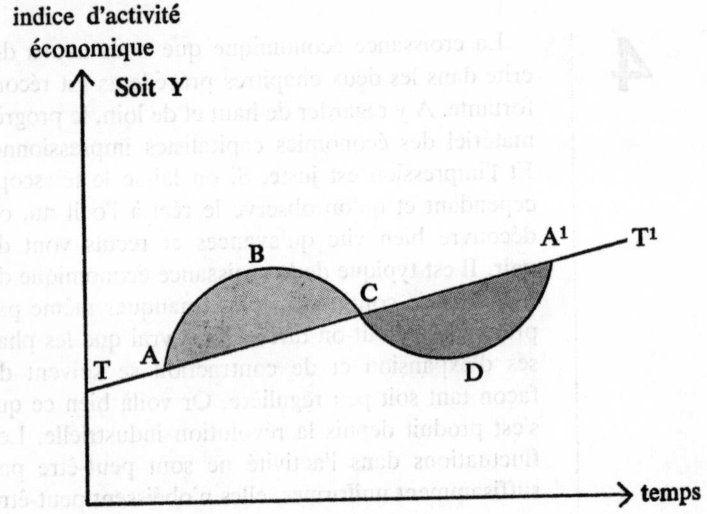

En abscisse, on place le temps : des mois ou des années par exemple; en ordonnée, on place l'indice par lequel on mesure l'activité économique, disons Y, la valeur de la production industrielle. La ligne TT^1 exprime une tendance centrale à l'expansion : en dépit des reculs et tous comptes faits, la production augmente. Mais cette ligne TT^1 n'est pas une observation, c'est un calcul. Ce qu'on observe, c'est la ligne $ABCDA^1$ sur laquelle on peut distinguer quatre phases qui définissent un cycle complet. AB est la phase d'expansion, BC, la phase de récession, CD, la phase de dépression et DA^1, la phase de reprise. Le point B est un sommet, le point D, un creux. Ces deux « points de retournement » servent à identifier les cycles; la distance qui les sépare mesure l'amplitude (ou l'importance) des fluctuations sur l'axe de l'ordonnée et la durée du cycle sur l'axe de l'abscisse [1].

(1) Les séries sont corrigées des variations saisonnières.

On distingue le *cycle spécifique qui exprime l'évolution d'une série statistique particulière* (v.g. le prix des actions cotées en bourse) et le *cycle de référence* qui *s'applique à l'ensemble de l'économie*. Quoique les études conjoncturelles soient peu développées au Canada, nous connaissons à peu près correctement les sommets et les creux principaux dans l'activité économique générale depuis 1919. Le tableau 1 résume la situation à cet égard.

TABLEAU 1

Dates de référence et durée des cycles Canada 1919 - 1961

Dates				Durée en mois		
sommets		creux		expansion	contraction	cycle complet
		avril	1919			
juin	1920	septemb.	1921	14	15	29
juin	1923	août	1924	21	14	35
avril	1929	mars	1933	56	47	103
juillet	1937	octobre	1938	52	15	67
		février	1946			
octobre	1948	septemb.	1949	32	11	43
mai	1953	juin	1954	44	13	57
avril	1957	mars	1958	34	11	45
novembre	1959	février	1961	22	16	38

Sources : 1919-1954 : E. J. Chambers, Canadian Business Cycles since 1919. *The Canadian Journal of Economics and Political Science,* mai 1958, p. 180. 1957-1958 : Department of Trade and Commerce, *Dating the 1957 Peak and the 1958 Trough of the Canadian Reference Cycle.* Ottawa miméo. 1959-1961 : B.F.S., *National Accounts, Income and Expenditure* 1962, p. 8.

Partant de 1919 et nous arrêtant à 1938, nous enregistrons quatre cycles de très inégale longueur. Les sommets de prospérité sont juin 1920, juin 1923, avril 1929 et juillet 1937. Les creux sont avril 1919, septembre 1921, août 1924, mars 1933 et octobre 1938. Nous avons trois cycles courts (voir plus loin) et un cycle moyen comme suit : deux ans et demi, trois ans, huit ans et demi, cinq ans et demi.

Depuis la guerre et jusqu'au début de 1961, nous observons quatre cycles courts allant de trois ans à près de six ans, avec des sommets en octobre 1948, mai 1953, avril 1957 et novembre 1959.

Si les phases de contraction [1] et d'expansion ont une durée très variable, l'amplitude des fluctuations varie également. *L'amplitude mesure la sévérité ou la rigueur des contractions de même que l'intensité des phases d'expansion*. Pour en avoir une idée, il suffit de calculer les pourcentages de variation des valeurs entre un sommet et un creux et réciproquement. Si l'emploi, par exemple, a diminué de 10% au cours d'une contraction et de 25% au cours d'une autre, on dira que la seconde a été plus sévère que la première. En effectuant de tels calculs sur certaines séries statistiques, nous pouvons comparer la sévérité des contractions que nous avons connues au Canada depuis 1920. Le tableau 2 donne le résultat de la comparaison.

Il ressort de ce tableau que la crise de 1920-21, quoique de courte durée, fut très prononcée. La plus profonde et la plus longue évidemment fut la dépression de 1929 à 1933. Celle de 1937-38 dura un an et fut moins rigoureuse que celle de 1920-21. Enfin la récession de 1953-54 est légère par rapport à celles d'avant la guerre. Cette dernière observation confirme plusieurs autres études qui ont montré dans plusieurs pays que les fluctuations sont beaucoup moins prononcées depuis 1946.

(1) Nous employons le terme contraction pour désigner la dépression ou la récession.

TABLEAU 2

Pourcentages de diminution de certains indices d'activité économique au cours des périodes de contraction[1] de 1920 à 1954 - Canada

	1920-21	1929-33	1937-38	1953-54
Production industrielle	21.0	53	8.2	4.3
Prix de gros	32.2	31	10.2	1.5
Exportations	45.2	66	32.5	(7.1)
Construction	40.7	90	52.0 (2)	51.0 (3)
P.N.B. (4)	(14.)	(42)	(2.)	(2.7)

Notes: (1) Les taux s'appliquent aux sommets et aux creux suivants: mars 1920 à juillet 1921, mai 1929 à mars 1933, juillet 1937 à juillet 1938, avril 1953 à juin 1954.
(2) Avril 1937 à février 1938.
(3) Avril 1953 à janvier 1954.
(4) Les taux entre parenthèses mettent en comparaison les années plutôt que les sommets et les creux.

Sources: Ces chiffres sont tirés de I. Brecher et S. S. Reisman, *Les Relations Economiques Canado-américaines,* partie 1 : la propagation au Canada des Cycles économiques américains, p. 11 à 90. Commission Royale d'Enquête sur les Perspectives Economiques du Canada.
Les dates de référence ne sont pas exactement les mêmes que celles de E. J. Chambers reproduites au tableau 1.

Pour les années plus récentes, nous avons construit un tableau qui décrit l'activité économique d'une façon plus générale sans nous reporter aux points précis de retournement de la conjoncture.

Moins rigoureux quant à la méthode, le tableau 3 et le graphique 2 suggèrent peut-être davantage :

TABLEAU 3

Croissance du produit national brut en dollars constants (1949) hausse des prix et chômage. Taux annuels

		PNB	Chômage	Prix
1.	1946	—2.0	3.0	2.1
	1947	1.2	1.9	9.7
	1948	1.9	2.0	12.8
	1949	3.8	2.7	4.0
2.	1950	6.9	3.2	3.1
	1951	6.1	2.4	10.6
	1952	8.0	2.9	5.0
	1953	3.8	3.0	0.4
3.	1954	—2.9	4.6	2.0
4.	1955	7.1	4.4	0.0
	1956	8.0	3.4	3.8
5.	1957	1.3	4.6	3.0
	1958	1.1	7.1	1.8
	1959	3.4	6.0	2.6
	1960	2.2	7.0	1.6
	1961	2.6	7.2	0.6
6.	1962	6.0	6.0	1.6

Note : L'indice des prix ci-dessus se rapporte aux prix implicites du PNB.

Sources : Comptes Nationaux et la Main-d'oeuvre.

GRAPHIQUE 2

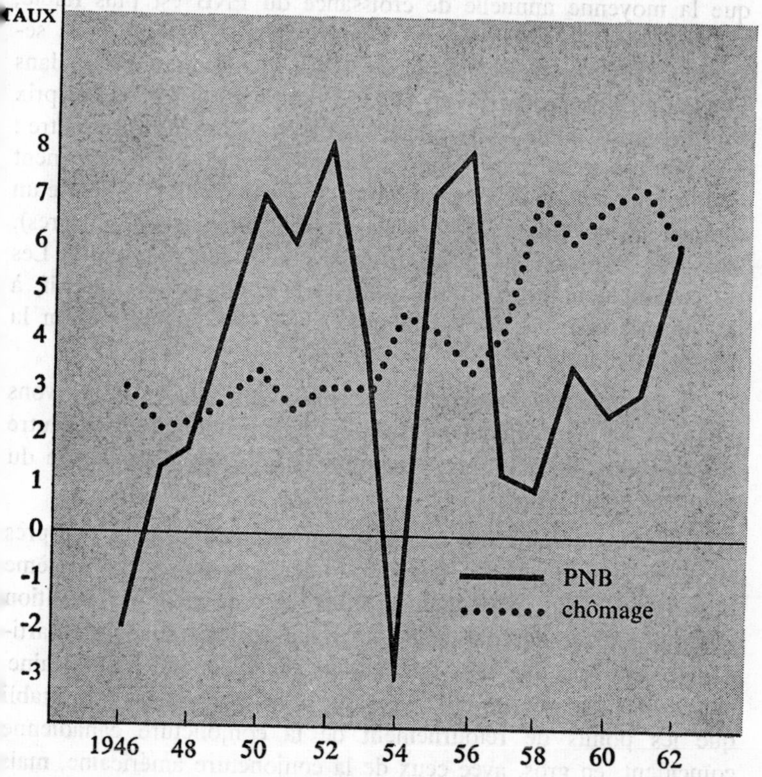

L'évolution du PNB peut être divisée en six phases depuis 1946. De 1946 à 1949, la croissance est très lente. En fait, le revenu réel par tête reste stationnaire [1]. C'est une période de reconversion de l'économie par suite de la guerre; la pression sur les prix est très forte, notamment en 1947 et 1948 et le chômage est peu élevé. De 1950 à 1953 l'économie traverse une période de nette prospérité pendant laquelle la croissance du PNB est très rapide. L'année 1951 est une année d'inflation, mais en 1952

(1) Comme la population augmente à un taux d'environ 2% par an, le PNB doit augmenter de plus de 2% pour que le revenu par habitant marque un progrès.

la hausse des prix est maîtrisée, en dépit d'une production en flèche. Un sommet est atteint en mai 1953 (tableau 1), de sorte que la moyenne annuelle de croissance du PNB est plus faible; les prix sont stables. 1954 est l'année d'une récession assez sérieuse : c'est une troisième phase (1). La quatrième consiste dans une flambée de prospérité en 1955, 1956 et début 1957. Les prix sont contenus, mais le chômage n'a pas le temps de disparaître : il diminue à peine par rapport à la récession de 1954. Viennent ensuite cinq années de stagnation (au cours desquelles on décèle un sommet en novembre 1959, mais un sommet d'années maigres), alors que le revenu par habitant cesse tout à fait de monter. Les prix augmentent peu naturellement, et le chômage est excessif, à un taux de 6 à 7% de la main-d'oeuvre. 1962 marque enfin la reprise attendue.

Le graphique 2 reproduit les chiffres du tableau. Observons d'un côté les larges fluctuations de l'activité économique, de l'autre la persistance du chômage, ou plutôt la tendance à la hausse du chômage depuis 1946.

Les fluctuations économiques sont un phénomène à peu près universel, parce qu'elles tiennent fondamentalement au système concurrentiel des pays industrialisés. A cause de sa position géographique et du courant de ses échanges, le Canada est particulièrement sensible aux fluctuations de l'économie américaine. Des études qui ont été effectuées sur ce sujet(2), il est bien établi que les points de retournement de la conjoncture canadienne coïncident, en gros, avec ceux de la conjoncture américaine, mais que l'amplitude des fluctuations est moins grande au Canada.

La méthode des dates de référence pour l'identification des cycles est basée exclusivement sur le comportement des séries statistiques. Si on se rapporte plutôt aux grandes catégories d'explication des cycles, on distinguera généralement *les cycles courts* d'une durée d'environ trois ans qui tiennent aux variations des

---

(1) L'imprécision de la méthode apparaît assez nettement ici : si le sommet est mai 1953 et le creux, juin 1954 (tableau 1), la 2ème partie de 1954 est une période d'expansion et non de récession.

(2) I. Brecher et S.S. Reisman, *op. cit.*, E. J. Chambers, art. cité, W. A. Beckett : *Indicators of Cyclical Recessions and Revivals in Canada* publié dans *N.B.E.R.*, Business Cycle Indicators, Vol. 1 édité par G. Moore, New-York 1961. Sur les cycles canadiens on doit encore citer : V. W. Malach : *International Cycles and Canada's Balance of Payments 1921-33*, Toronto 1954.

stocks; *les cycles moyens* (cycles de Juglar, du nom de celui qui les a découverts en 1857) d'une durée d'environ huit ans qui tiendraient aux variations de l'investissement; *les cycles longs* (cycles de Kondratieff) d'une durée d'environ cinquante ans qui s'expliqueraient par des innovations majeures.

Au tableau 1, nous avons remarqué le cycle court qui est le cycle privilégié par la méthode utilisée. Nous avons rencontré une fois le cycle moyen. Il convient d'illustrer celui-ci davantage. Nous le ferons par des statistiques américaines. C'est le tableau 4.

TABLEAU 4

Cycles moyens du volume de production des biens durables. Etats-Unis 1865 - 1938

	creux à creux	nombre d'années	sommets à sommets	nombre d'années
1er	1865-1876	11	1872-1882	10
2e	1876-1885	9	1882-1892	10
3e	1885-1896	11	1892-1907	15
4e	1896-1908	12	1907-1920	13
5e	1908-1921	13	1920-1929	9
6e	1921-1932	11	1929-1937	8
7e	1932-1938	6		

Sources: A. Burns et C. Mitchell, *Measuring Business Cycles, N.B.E.R.*, New-York, 1946, cité par A. Hansen, *Business Cycles and National Income*, Norton 1951, p. 24.

Les creux que nous citons ici représentent des années de sévères dépressions, qui n'ont rien de commun avec les récessions de l'après-guerre que nous avons citées au tableau 1. Pour fixer les idées disons qu'en aucun cas, la diminution de production entre un creux ci-dessus et le sommet précédent n'a-t-elle été inférieure à 25%. Entre 1929 et 1932, la diminution de la production atteint 69%.

On illustre souvent les cycles longs à l'aide des prix de gros en Angleterre ou aux Etats-Unis :

1er cycle : 55 à 60 ans.
hausse 1790-1815-20
baisse 1820-1845-50

2e cycle : 45 à 50 ans.
hausse 1845-50-1873
baisse 1873-1895

3e cycle : 45 ans.
hausse 1895-1920
baisse 1920-1940.

Le sens commun enseigne qu'une dépression au cours d'un mouvement long en expansion durera moins longtemps et sera moins prononcée qu'au cours d'un mouvement long à la baisse. La sévérité de la dépression de 1882 à 1885 et de celle des années trente s'explique en partie de cette façon.

2 - La prévision à court terme

L'étude des fluctuations économiques est orientée principalement vers la prévision à court terme, vers la « *prévision du présent* » suivant l'expression de A. Sauvy. Cette prévision n'est pas commune au Canada. Les politiques gouvernementales semblent davantage commandées par les retards du passé; on corrige les situations, on ne les anticipe pas. Bien plus, le peu de prévision qui existe dans certains organismes privés et dans les cercles gouvernementaux est tenu dans le plus grand secret, comme s'il s'agissait d'une arme mystérieuse dont le diable pourrait s'emparer.

Mais comme il arrive souvent, ces secrets d'Etat recèlent fort peu de choses et la section présente sera courte, en ce qui concerne le Canada.

a) Les indicateurs

La prévision économique à court terme date de la première guerre mondiale, avec les travaux de W. M. Persons à l'Université Harvard. Ces travaux ont abouti à la construction *d'un baromètre, i.e. des fameuses courbes A, B, C,* qui devaient prédire les prochains retournements de la conjoncture économique. La courbe A représentait trois séries d'indices précurseurs (indices de spéculation), la courbe B, cinq séries d'indices concomitants (indices des affaires) et la courbe C deux séries d'indices postérieurs aux points de retournement (indices du marché monétaire). Ce baromètre a prédit correctement la courte crise de 1920 et la reprise de 1922. Mais elle a connu un échec retentissant en 1929. Quoique réhabilité par la suite, le baromètre de Harvard a fait place à d'autres techniques, parmi lesquelles il faut citer celles des indices de diffusion d'indicateurs sensibles. Des baromètres de Harvard, on a retenu l'idée de trier des *séries statistiques qui annoncent, qui coïncident ou qui retardent* par rapport aux points de retournement. Mais ensuite, on calcule *un indice de diffusion en comptant, chaque mois, le nombre des séries qui sont en expansion et en divisant ce nombre par le nombre total des séries considérées. Quand le pourcentage est au-dessous de 50%, on a la contraction et inversement.* Approche essentiellement mécanique comme celle du baromètre, elle a le désavantage sérieux de ne pas annoncer quand elle fera défaut.

La *Revue Statistique du Canada* publie chaque mois l'évolution d'un certain nombre de séries statistiques reconnues pour être de bons indicateurs de la conjoncture courante. Mais on est très éloigné au Canada de la sophistication des travaux américains sur le sujet. A la méthode des indicateurs se rattache l'identification des cycles de référence dont nous avons fait état dans la première section de ce chapitre.

Un bureau d'études de Toronto, « General Research Associates Limited » publie un rapport mensuel sur la conjoncture dans lequel les indices de diffusion servent d'instruments de prévision.

Le rapport se fonde sur quatre indices de diffusion:

1) Les indices précurseurs:

1. les prix des actions industrielles communes;
2. les permis de construction résidentielle;
3. les permis de construction commerciale;
4. heures hebdomadaires de travail (manufactures);

5. profits des sociétés (trimestriellement);
6. prix de gros des biens de production;
7. nouvelles commandes de biens d'équipement.

2) Les indices concomitants :

8. emploi industriel;
9. nombre de chômeurs;
10. production industrielle;
11. produit national brut (non-agricole, trimestriellement);
12. chèques encaissés;
13. produits importés;
14. produits exportés;
15. transport ferroviaire;
16. prix de gros.

3) Les indices en retard :

17. gains horaires moyens (manufactures);
18. commerce de détail;
19. inventaires (manufactures);
20. taux d'intérêt des prêts au jour le jour;
21. crédit à tempérament au consommateur.

4) L'ensemble des indices ci-dessus.

Si nous donnons la liste des séries statistiques, c'est pour faire observer qu'à l'exception des nos. 13 et 14, ces séries sont les mêmes que celles de G. Moore du National Bureau of Economic Research pour les Etats-Unis (1). L'analyse est conduite de façon mécanique.

Une dernière méthode de prévision est celle des *« tests conjoncturels » qui consiste en des sondages ou des enquêtes effectuées sur les intentions des entrepreneurs et des consommateurs.* Beaucoup plus répandues en Europe (2), elles se limitent au Canada à l'enquête biannuelle du Ministère du Commerce sur les projets d'investissements. Cette enquête importante est publiée sous le titre: « Investissements privés et publics au Canada, perspectives ».

(1) On trouve deux ou trois autres divergences mineures. Au printemps 1961, G. Moore a publié une série revisée d'indicateurs, composée de vingt-six séries statistiques, dont douze indices précurseurs, neuf concomitants et cinq en retard.

(2) Ces tests sont largement utilisés en France depuis 1951. Voir à ce sujet: J. Méraud, Analyses des tendances récentes, indices précurseurs et tests conjoncturels. *Cahiers de l'Institut de Science Economique Appliquée.* Supplément no 116, août 1961, 108 pages.

b) Les modèles mathématiques conjoncturels

Le Ministère du Commerce a construit un modèle économétrique général, pour la prévision sur une base trimestrielle, des principales mesures de l'activité économique. Nous ne sommes pas en mesure de décrire ce modèle pour les raisons invoquées précédemment, mais il convient d'expliquer brièvement en quoi consiste la méthode.

Un modèle économétrique est essentiellement l'expression d'un système chiffré de relations entre des phénomènes. Contrairement aux indicateurs précédents qui sont choisis en dehors de tout enchaînement logique, *le modèle mathématique essaie de prédire l'événement à partir de certains faits connus puis des relations qui existent entre ces faits connus et ceux qu'on recherche.* Ainsi la propension à consommer est une relation entre la consommation et le revenu. Si le revenu et la relation sont connus, par un simple calcul, on trouve la consommation. De même, si les importations sont une fonction stable et connue du niveau de la production, le chiffre de la production permet de connaître celui de l'importation. Souvent la liaison caractéristique entre deux variables comporte un décalage par rapport au temps. La consommation d'aujourd'hui peut dépendre du revenu d'hier plutôt que du revenu courant; l'investissement est souvent décrit comme étant une fonction de la consommation d'une période antérieure. Ces décalages sont très utiles pour la prévision quand ils sont connus et stables, puisqu'évidemment dans ces cas, la connaissance du jour conduit directement à la connaissance du lendemain. En général, les modèles économétriques exploitent, à fond et sous une forme rigoureuse, les relations d'interdépendance (1) qui existent en grand nombre dans l'activité économique. Aux Pays-Bas, aux Etats-Unis et en Angleterre, l'économétrie est un instrument de prévision très répandu. Il le sera encore davantage dans l'avenir, soit pour la construction de modèles généraux, soit pour la construction de modèles partiels.

---

(1) L'expression s'entend dans un sens large et comprend aussi les relations de dépendance ou de causalité entre les variables, relations qui caractérisent les modèles récursifs. Pour une très brève introduction aux modèles économétriques on lira avec intérêt les articles de P. Maillet et de J. Tinbergen dans les *Cahiers du Séminaire d'Econométrie*, no 3, C.N.R.S. Paris, 1955.

c) Les budgets économiques

Depuis 1946, les gouvernements du Canada et des Etats-Unis sont tenus, par la loi, à combattre le chômage et l'inflation, et à prendre toutes les mesures nécessaires à la stabilité économique du pays. Le Gouvernement s'acquitte quotidiennement de cette lourde responsabilité, mais le véhicule par lequel il en rend compte au Parlement et au peuple est le Discours annuel du Budget au Canada et le Rapport Economique du Président aux Etats-Unis.

Ces deux documents ont pour objet essentiel d'annoncer la politique économique que le Gouvernement entend appliquer au cours des prochains mois. Il conviendrait que cette politique fût fondée sur une synthèse d'études conjoncturelles et d'études prévisionnelles complètes et cohérentes. Si l'examen de la situation courante est adéquat dans le « Livre blanc » [1] accompagnant le Discours du Budget, les pronostics sur le proche avenir font au contraire défaut. C'est pourquoi nous avons dit précédemment que la politique de l'Etat était faite en fonction du passé plutôt qu'en fonction de l'avenir, comme cela devrait être. Les documents budgétaires comprennent deux parties: la première est une revue de la situation économique de l'année venant de s'écouler et la seconde, une analyse des Comptes de l'Etat. Quant à l'exposé du Ministre des Finances sur la politique gouvernementale, il n'est accompagné d'aucun document, sauf les projets de loi eux-mêmes. Par comparaison, aux Etats-Unis où la prévision systématique n'est pas davantage retenue dans le Rapport Economique du Président, on trouve par contre une analyse détaillée des effets attendus de la politique économique qui est proposée. Cette analyse est contenue dans le rapport du « Council of Economic Advisors » [2].

Dans le Discours Canadien du Budget, on trouve néanmoins une hypothèse quant au taux de croissance attendu du produit national brut. Pour l'année 1963, ce taux est 5% [3]. Mais il

---

(1) Un livre blanc est un document qui est déposé à la Chambre des Communes et publié en annexe aux comptes rendus des débats.

(2) Economic Report of the President Transmitted to the Congress. Jan. 1963, together with the Annual Report of the Council of Economic Advisers. Washington.

(3) Aux Etats-Unis, le taux prévu est 4.5% pour 1963.

semble que ce taux ne soit avancé que pour fournir la base du calcul des recettes fiscales, puis du surplus ou du déficit budgétaire anticipé.

Les budgets économiques français feront voir maintenant à quel point les méthodes canadiennes de prévision sont limitées.

Un budget économique est une prévision d'ensemble des activités économiques du pays tout entier (et non seulement des recettes et des dépenses gouvernementales). La prévision est faite dans le cadre de la comptabilité nationale [1]. *En somme on calcule à l'avance les comptes nationaux*. En plus d'être nombreux, comme on le pense bien, les calculs sont également poussés et raffinés. Depuis 1960, au surplus, de tels budgets sont préparés trois ou quatre fois au cours de l'année. Voici, en très gros, comment on procède:

1. Le point de départ consiste dans l'identification et la mesure des contraintes. Ces contraintes sont celles de la conjoncture étrangère, celles qui sont imposées par des décisions gouvernementales antérieures, tels que les objectifs du plan, ou celles qu'on s'impose sur le moment: le plein emploi, la stabilité des prix ou l'équilibre de la balance des paiements. Ces contraintes changent évidemment suivant les circonstances. Pour 1961, on a fixé d'abord les importations et les exportations pour les 65 catégories principales des produits en fonction surtout de la conjoncture étrangère, puis les investissements publics requis par le plan; enfin on a imposé au modèle que les prix restent approximativement stables.

2. Dans la deuxième étape, on fait une 1ère hypothèse quant à la croissance du produit intérieur brut selon quatre catégories;

3. On passe ensuite à l'établissement de comptes d'agents simplifiés, côté ressources et côté emplois:

   a) *gouvernements,* soit les dépenses et les recettes publiques.
   b) *l'extérieur.*

(1) « Comptes nationaux prospectifs qui permettent d'expliciter les objectifs et les prévisions économiques du gouvernement pour l'année à venir ». J. Mayer, Réponses à quelques questions sur les budgets économiques. *Etudes de Comptabilité Nationale*. No 2, 1962, p. 3-28.

c) *les entreprises non-financières:* la production a déjà été estimée en 2. Quant aux revenus créés, on fixe les salaires nominaux ou réels en recourant à divers coefficients de productivité ou de salaire-production, puis les autres composantes de la valeur ajoutée sont estimées par extrapolation.

d) *les ménages:* les ressources étant connues (par 3 a, b, c) on établit la consommation et l'épargne suivant des coefficients de propension à consommer déjà connus par catégories professionnelles.

e) *les institutions financières:* les postes sont surtout pourvus ici par extrapolation.

4. A ce stade peuvent apparaître des incompatibilités entre I et 2 d'une part et 3 d'autre part. On les résoud par l'établissement d'un compte d'opération-biens et services, dans lequel la production plus l'importation doivent finir par égaler l'exportation plus la consommation plus l'investissement.

5. On passe ensuite à la décomposition des comptes précédents par produits et par secteurs (industries) tant pour la consommation que pour la production. Les étapes 1 à 5 constituent la phase préparatoire du budget économique.

6. Ces informations très détaillées en mains, les techniciens soumettent leurs prévisions à plusieurs centaines de personnes directement concernées, et un « dialogue » s'établit au cours duquel, et les techniciens et les agents, apportent des corrections à leurs anticipations. C'est une phase d'information.

7. Ces changements ayant de nouveau semé l'incohérence dans le système, on procède aux ajustements requis au cours d'une phase de synthèse, et on livre enfin le tableau à l'opinion publique par la publication, et aux ministres pour les décisions à prendre.

Dans cette approche, c'est la comptabilité nationale qui fournit le cadre de synthèse (et un cadre rigoureux puisque les incohérences apparaissent inéluctablement) auquel toutes les prévisions partielles viennent aboutir, que ce soit celles des divers ministères, celles des bureaux d'étude ou des entrepreneurs euxmêmes. A l'intérieur de ce cadre, les nombreuses méthodes de prévision occupent toutes une place et c'est une deuxième caractéristique importante des budgets économiques français. Les modèles économétriques servent à suppléer au manque d'information et à corriger au besoin cette information au cours de la phase préparatoire. Mais on recourt tout aussi aisément aux enquêtes, aux sondages, aux tests de compatibilité et le reste. Enfin, ces prévisions sont transmises d'un côté aux usagers qui ajustent ou maintiennent leurs projets initiaux, et aux pouvoirs publics pour qui elles sont devenues un instrument essentiel de gouvernement (1).

Le budget économique ne donne pas encore de prévisions exactes. Tant s'en faut. Les importations et les exportations notamment, sont toujours des sources importantes d'erreurs comme dans tous les autres pays. Du moins pouvons-nous faire état d'un effort original dont, à notre avis, le Canada pourrait s'inspirer (2).

---

(1) Outre la *Revue Statistique* et *Etudes Financières* qui renferme les comptes prévisionnels, on peut lire sur le sujet: J. Marchal, *Nouveaux Eléments de comptabilité nationale française,* Editions Cujas, 2e édition 1961, 2e partie, chap. 6. J. Dumontier, *Politique et Prévision Economiques INSEE,* 1958 (cet ouvrage a déjà vieilli). J. Mayer, *op. cit.* Pour une évaluation de l'exactitude des prévisions, A. Barjonet, Etude des Comptes de la Nation, comparaison des prévisions aux résultats 1953-1960. Rapport au Conseil Economique et Social, *Journal officiel* no 9-1961.

(2) Le département de Science économique de l'Université de Montréal publie une revue mensuelle, *Conjoncture Economique Canadienne,* basée sur l'examen de plusieurs centaines de séries statistiques tenues constamment à jour. Plusieurs autres organismes privés publient des analyses régulières de la conjoncture canadienne. Le National Industrial Conference Board, de même que plusieurs maisons de courtage le font.

Le premier modèle économétrique canadien, de type général, à être publié a paru au moment où nous allions sous presse: T. M. Brown, *A Forecast Determination of National Product, Employment and Price Level in Canada, from an Econometric Model.* In Models of Income Determination. Studies in Income and Wealth, vol. 28, N.B.E.R., Princeton University Press 1964, p. 59-97.

CHAPITRE 5 LA RÉPARTITION DES REVENUS

1 - Détermination des revenus

2 - L'inégalité économique : problème éthique et économique

3 - Richesse et pauvreté au Canada

4 - Les riches et les pauvres au Canada

5 - L'Etat corrige l'inégalité des revenus

6 - Quelques facteurs d'explication aux différences de revenus

La répartition des revenus

5

1 - Détermination des revenus

La répartition des revenus entre les hommes est essentiellement un problème de prix. Quoique le travail ne soit pas une marchandise, les notions d'offre et de demande sont indispensables pour comprendre ce phénomène et adopter des vues plus lucides sur l'inégalité économique. *Les traitements et les salaires s'expliquent donc par l'offre et la demande pour le travailleur. L'offre tient lieu ici du principe plus général de la rareté.* Plus un produit est rare plus sa valeur est grande. De même en est-il du travail. Toutes choses égales par ailleurs[1], le travailleur de l'espèce la plus rare gagnera le plus. Un Babe Ruth, un Maurice Richard étaient des personnages rares dans leur métier: ils pouvaient gagner cher. Le médecin et l'ingénieur sont probablement plus rares par rapport aux besoins que le manoeuvre. Ceux-la gagneront plus que celui-ci. *Du côté de la demande, on trouve le concept de la productivité marginale, i.e. de la contribution à la valeur du service produit qui peut être attribuée à chaque travailleur.* Celui qui contribue davantage à l'augmentation de la valeur de la production reçoit une rémunération plus élevée, toutes choses égales par ailleurs. Si un service ou un produit est plus apprécié qu'un autre par le consommateur, sa valeur augmente et entraîne une hausse dans le revenu de celui qui l'a offert. La productivité ou la demande du

(1) Notamment quant aux qualifications de chaque travailleur.

travail ne dépend pas sourtout de la qualité personnelle du travailleur, mais de la demande pour le produit ou le service du travailleur. Quelle que soit l'habilité avec laquelle l'artisan fabrique un objet, l'objet sera sans valeur économique et l'artisan sans le sou si personne ne veut de cet objet. Pour accroître son revenu, chacun doit donc augmenter sa productivité s'il le peut dans le sens indiqué plus haut, ou se faire plus rare. Comme il est souvent plus facile d'agir sur l'offre que sur la demande, plusieurs groupes, métiers ou professions, cherchent souvent à restreindre leur nombre de façon à augmenter leurs revenus. Il est facile en effet d'imposer des examens plus sévères aux candidats, d'interdire la profession aux étrangers et ainsi de suite. *Productivité et rareté sont donc les deux facteurs fondamentaux qui expliquent la rémunération du travail* et par suite la répartition des revenus et des biens entre les travailleurs.

La plupart des différences de revenus que nous constatons dans la réalité peuvent être attribuées à des différences de productivité. Par exemple, un travailleur de quarante ans gagne généralement plus qu'un travailleur de vingt ans. C'est que l'expérience accroît le rendement. De même, l'instruction commande un certain prix parce qu'elle augmente aussi le rendement. Les différences de salaires entre les femmes et les hommes sont attribuables en partie à des différences de productivité (à cause de l'âge et des types d'occupations). Il en est de même des différences de salaires entre les industries et les occupations.

2 - L'inégalité des revenus: problème éthique et économique

Une foule de gens refusent que la répartition des biens soit faite en fonction de la rareté et de la productivité. De tout temps, les adversaires du système capitaliste ont attaqué l'inégalité de la répartition des biens. « A chacun selon ses besoins » devait remplacer le slogan capitaliste par excellence: « à chacun selon ses oeuvres » ! Si l'inégalité des revenus ne posait qu'un problème d'éthique sociale, elle eût été corrigée, nous osons l'espérer, dès le paradis terrestre. Malheureusement, il n'en est pas ainsi, pas plus au nouveau paradis soviétique que chez les réactionnaires capitalistes. Il arrive au contraire qu'une plus grande égalité dans la répartition diminue l'épargne et l'investissement et, par suite, le taux de croissance de l'économie. Prenons $50,000 à diviser entre deux individus A et B. Dans le premier cas, chacun dispose de $25,000 et consomme $10,000. La consommation totale est de $20,000 et l'épargne $30,000. Dans le second cas, A reçoit $5,000 et B, $45,000. La consommation de A est réduite à $5,000 et celle de B, par hypothèse, demeure à $10,000. Cette fois la consommation totale est de $15,000 et l'épargne de $35,000. *Un conflit est par conséquent posé entre les aspirations sociales et les aspirations économiques.* Un gâteau également réparti *peut* diminuer avec le temps, tandis qu'un gâteau inégalement réparti *peut* s'accroître plus rapidement (soulignons le mot « peut » puisqu'il existe des exceptions à la règle). C'est seulement en période de dépression qu'une répartition plus égalitaire ne risque pas de compromettre d'autres objectifs, parce qu'à ce moment là, l'épargne est excessive. On peut donc la réduire sans inconvénient.

Ces observations générales permettront d'apprécier plus correctement les statistiques que nous présentons maintenant sur la répartition.

3 - Richesse et pauvreté dans le monde

Voyons d'abord la répartition des revenus dans l'ensemble du monde. Chacun sait déjà que c'est à cette échelle que les revenus sont le plus inégalement répartis. En 1949, les Etats-Unis disposaient de 42% des revenus mondiaux avec 7% de la population mondiale. A l'autre extrême, les vingt-cinq pays les plus pauvres ayant un revenu moyen inférieur à $100, comptaient pour 54% de la population du globe et pour 9% des revenus. La situation n'a pas été modifiée de façon appréciable depuis.

Au tableau 1, nous avons reproduit des statistiques sur le revenu national par habitant de quelques pays. Il ne faut pas s'attacher aux chiffres absolus, mais seulement à leur comparaison les uns avec les autres. Même à les comparer, ces chiffres sont si grossiers et les bases de calcul si fragiles qu'il convient d'ajouter du « plus ou moins » aux conclusions auxquelles on arrive. Il ressort de ces chiffres que les Etats-Unis ont un revenu moyen d'environ trente fois celui de la Chine ou de l'Inde, quatre fois celui de l'U.R.S.S., trois fois celui de la France ou de l'Allemagne. Parmi les pays les plus riches, on trouve, outre les Etats-Unis, le Canada, la Suède, l'Australie, la Suisse, la Nouvelle-Zélande etc . . .

TABLEAU 1

Revenu national par habitant de divers pays en dollars américains, 1953 et 1957

	1953	1957		1953	1957
Etats-Unis	$1,908	$2,108	U.R.S.S.	$441	$500
Canada	1,318	1,472	Irlande	416	451
Suisse	995	1,244	Italie	307	404
Suède	910	1,171	Argentine	366	402
Australie	921	1,075	Satellites de l'U.R.S.S.	369	385
Grande-Bretagne	930	955	Japon	197	252
Danemark	740	869	Mexique	207	233
France	600	720	Inde	60	64
Allemagne Occidentale	482	711	Chine	60	64

Source : P. A. Samuelson, *Economics*, 4e édition, p. 67 pour 1953 — 5e édition, p. 118 pour 1957.

De préférence au revenu national par habitant, les Nations-Unies publient maintenant des statistiques sur le taux de croissance du produit intérieur de chacun des pays. Ces statistiques sont plus fiables, mais plus discrètes. Elles n'expriment pas le niveau de revenu déjà atteint, mais seulement les taux de changement d'une certaine période.

TABLEAU 2

Taux annuel de croissance du produit intérieur brut par habitant de divers pays en $ constants

Etats-Unis	1951-59	1.1
Canada	1951-59	0.9
Suisse	1955-58	2.8
Suède	1951-59	2.8
Royaume-Uni	1951-59	2.1
France	1951-59	3.2
Allemagne	1951-59	6.1
U.R.S.S. (1)	1951-59	8.5
Irlande	1954-59	1.6
Italie	1951-59	5.2
Argentine	1951-59	— 0.1
Satellistes de l'U.R.S.S.	1951-59	6.4
Japon	1954-59	7.2
Inde	1951-58	1.3
Chine	1953-58	9.5

Note : (1) Produit intérieur matériel.
Source : Nations-Unies: *Annuaire Statistique des Comptabilités Nationales* 1961, p. 303.

Les différences de revenus qu'on observe entre les pays sont avant tout des différences dans le degré de développement économique. Certains pays sont au stade préindustriel et d'autres ont «*doublé*» le cap de l'industrialisation il y a longtemps. C'est entre ces pays que les différences sont énormes; on pourrait dire que ce sont des différences de nature. Entre les pays industriels eux-mêmes, les écarts sont minimes relativement aux écarts précédents.

4 - Les riches et les pauvres au Canada

De même qu'entre les pays les revenus sont inégalement répartis, de même entre les diverses régions d'un même pays les revenus le sont-ils aussi. La distribution du revenu personnel suivant les provinces est donnée au tableau 3. La situation à cet égard est bien connue. L'Ontario et la Colombie ont les revenus les plus élevés, les provinces de l'Ouest viennent ensuite. Le Québec se situe au centre de la distribution et les provinces de l'Atlantique sont les plus pauvres.

TABLEAU 3

Répartition géographique du revenu personnel par habitant — 1956 et 1961

	1956		1961	
	en dollars	en % de la moyenne nationale	en dollars	en % de la moyenne nationale
1. Terre-Neuve	749	55.	904	58.8
2. Ile-du-Prince-Edouard	788	57.9	952	61.9
3. Nouvelle-Ecosse	971	71.3	1,191	77.4
4. Nouveau-Brunswick	895	65.7	1,054	68.5
5. Québec	1,149	84.4	1,332	86.6
6. Ontario	1,594	117.1	1,829	118.9
7. Manitoba	1,325	97.3	1,476	95.9
8. Saskatchewan (1)	1,392	102.2	1,184	77.0
9. Alberta	1,456	106.9	1,582	102.8
10. Colombie-Britannique	1,667	122.5	1,809	117.6
11. Yukon et T.N.O.	1,387	101.9	1,243	80.8
12. Canada	1,361	100.	1,538	100.

Note : Le revenu par habitant de la Saskatchewan varie beaucoup d'une année à une autre. En 1962, il est de nouveau supérieur à la moyenne nationale.

Source: B.F.S. : *National Accounts, Income and Expenditure* 1961.

Quand nous parlons de la répartition des revenus, ce n'est pas surtout la répartition géographique qui fait l'objet des analyses, mais la répartition entre les citoyens suivant la classe de revenus à laquelle ils appartiennent.

Dans ce sens, on peut dire que le Canada compte parmi les pays où la répartition des revenus est la moins inégale. Plusieurs cependant la trouveront peu satisfaisante sur le plan social, et avec raison. Le revenu médian par ménage (1) en 1959 est de $3936, ce qui signifie que 50% des ménages gagnent moins et 50% gagnent plus que ce chiffre. Cette moitié de la population gagne approximativement 24% de tous les revenus personnels. Ces chiffres sont tirés du tableau 4. On peut y lire au surplus que plus du tiers des ménages gagnent moins de $3000., soit 12% environ des revenus totaux. Dans un pays riche comme le Canada et compte tenu du niveau général des prix, on s'étonnera sans doute que le tiers de la population gagne moins de $3000. par an. En fait, la situation est pire, parce que ces statistiques sont restreintes aux ménages non-agricoles. Si ces derniers avaient été inclus dans les calculs, il est certain que la répartition des revenus eût paru plus inégale encore.

La représentation de l'inégalité des revenus est plus nette si on trace ce qu'on appelle une courbe de Lorenz, comme nous faisons ci-après.

---

(1) Le ménage comprend ici à la fois les familles complètes et les individus vivant seuls ou vivant avec des personnes sans lien de parenté.

TABLEAU 4

Répartition des revenus — Canada 1959

Classes de revenus en dollars	Ménages: Nombre en milliers 1	Ménages: % du total 2	Ménages: % cumulatifs 3	Revenus: Somme en millions 4	Revenus: % du total 5	Revenus: % cumulatifs 6
Moins de $1000	460	10	10	233	1.1	1.1
$1000 à $2000	550	11.9	21.9	724	4.0	5.1
$2000 à $3000	599	12.9	34.8	1,408	7.2	12.3
$3000 à $4000	741	16.1	50.9	2,574	12.4	24.7
$4000 à $5000	699	15.2	66.1	3,119	14.9	39.6
$5000 à $8000	1,122	24.4	90.5	6,961	33.4	73.0
$8000 à $10,000	230	5.0	95.5	2,079	10.0	83.0
$10,000 à $15,000	143	3.1	98.6	1,791	8.6	91.6
$15,000 et plus	65	1.4	100	1,758	8.4	100
	4,609	100		20,847	100	

Moyenne du revenu : $4,521.
Médiane du revenu : $3,936.

Source: B.F.S., *Distribution of Non-Farm Incomes in Canada by Size,* 1959.

Inégalité des revenus : Courbe de Lorenz

Canada 1959

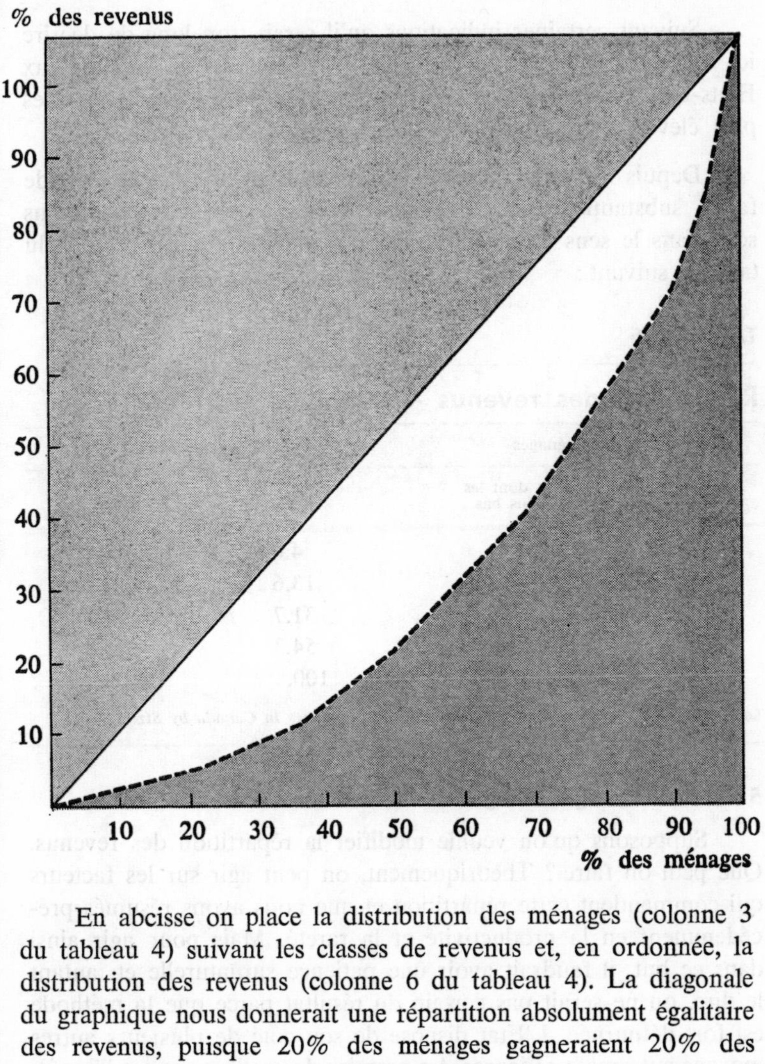

En abcisse on place la distribution des ménages (colonne 3 du tableau 4) suivant les classes de revenus et, en ordonnée, la distribution des revenus (colonne 6 du tableau 4). La diagonale du graphique nous donnerait une répartition absolument égalitaire des revenus, puisque 20% des ménages gagneraient 20% des revenus, 70% des ménages gagneraient 70% des revenus, etc.

Ces deux points sont en effet sur la diagonale. La répartition réelle des revenus est indiquée par la seconde ligne du graphique, à droite de la diagonale. Plus l'écart est large entre les deux courbes, plus les revenus sont inégaux.

Suivant certaines indications qu'il serait trop long de décrire ici, les revenus sont répartis plus également au Canada qu'aux Etats-Unis, surtout en ce qui concerne les classes de revenus les plus élevées.

Depuis 1951 au Canada, la répartition n'a pas changé de façon substantielle. Les changements qu'on observe néanmoins sont dans le sens d'une plus grande égalité, comme il ressort du tableau suivant :

TABLEAU 5

Répartition des revenus — Canada 1951 et 1959

% des ménages	% des revenus	
en partant de ceux dont les revenus sont les plus bas	1951	1959
20%	4.0	4.4
40%	13.6	16.2
60%	31.7	33.3
80%	54.3	56.6
100%	100.	100.

Source: B.F.S., *Distribution of Non-Farm Family Incomes in Canada by Size*, 1959.

5 - L'Etat corrige l'inégalité des revenus

Supposons qu'on veuille modifier la répartition des revenus. Que peut-on faire ? Théoriquement, on peut agir sur les facteurs qui commandent cette répartition et que nous avons résumés précédemment en la productivité et la rareté. Mais pour agir ainsi dans ce but, il faudrait avoir une patience surnaturelle et, autant le dire, on ne serait pas certain du résultat parce que la méthode est fort détournée. L'Etat dispose de son côté de plusieurs autres moyens autrement efficaces. Le premier de ces moyens est l'impôt.

Au Canada, c'est surtout l'impôt sur le revenu qui affecte la répartition. En changeant la structure de cet impôt, l'Etat peut corriger à loisir l'inégalité des revenus. Il le fait d'abord en fixant l'impôt à payer sur une base de pourcentage des revenus de sorte qu'à 10% par exemple, le revenu de $1000. est taxé de $100. et celui de $5000 est taxé de $500. L'Etat va plus loin : il fixe des taux progressifs, i.e. des taux d'impôts qui augmentent avec l'augmentation des revenus. Le revenu de $1000. est taxé à 10% disons, et celui de $5000. à 20%. Dans le premier cas, on paie $100 d'impôts, dans le second, $1000 d'impôts. Tous les pays industrialisés et « capitalistes » corrigent l'inégalité des revenus par l'impôt en enlevant plus aux riches qu'aux pauvres.

Le tableau 6 donne une mesure exacte de cette correction.

TABLEAU 6

Effet de l'impôt sur la répartition des revenus — Canada 1960

Classes de revenus en dollars	Répartition des individus ayant fait rapport en % du total 1	Répartition des revenus en % du total 2	Répartition de l'impôt sur le revenu en % du total 3	Répartition des revenus disponibles 4
moins de $1000	12.1	1.6	—	1.8
$ 1000 à 2000	18.0	7.7	2.0	8.2
$ 2000 à 3000	19.5	14.0	7.1	14.4
$ 3000 à 4000	18.3	18.2	12.5	18.9
$ 4000 à 5000	14.0	17.9	14.8	18.0
$ 5000 à 8000	13.9	23.6	25.6	22.8
$ 8000 à 10,000	1.9	5.0	7.0	5.3
$10,000 à 15,000	1.5	5.0	8.9	4.6
$15,000 et plus	0.5	7.0	21.7	5.7

Source: Calculs tirés de *Statistique Fiscale 1962*, Ministère du Revenu National, Ottawa.

Les colonnes 1 et 2 sont analogues aux colonnes 2 et 5 du tableau 4. Mais les données sur lesquelles elles sont basées ne se comparent pas. C'est surtout la comparaison des colonnes 2 et 3 qui montre comment l'impôt diminue l'inégalité des revenus. Ceux qui ont gagné un revenu de $15,000 et plus ont contribué à 7% des revenus et ont payé 21.7% des impôts. C'est donc trois fois plus que leur part des revenus. Inversement, si on calcule l'impôt que versent les plus pauvres, disons de ceux qui ont gagné moins de $3000., on voit que pour des revenus égaux à 23.3% des revenus totaux, l'impôt perçu ne s'élève qu'à 9.1% des impôts totaux. La colonne 4 peut aussi être comparée à la colonne 2. Dans ce cas on trouve la répartition des revenus une fois l'impôt payé. Ce sont les revenus disponibles. L'inégalité est passablement réduite.

L'Etat dispose de plusieurs autres moyens de modifier la répartition des revenus, soit dans un sens plus égalitaire, soit dans le sens opposé. La hausse des taux d'intérêt sur les obligations gouvernementales de même que l'inflation accentuent l'inégalité des revenus, en règle générale. La structure des dépenses gouvernementales, et en particulier les paiements de transfert comme la sécurité sociale, favorise au contraire les moins fortunés.

6 - Quelques facteurs d'explication aux différences de revenus

Nous ne pouvons pas rendre compte de tous les facteurs qui expliquent les différences de revenus entre les citoyens. Donnons seulement quelques indications statistiques sur l'influence que certains d'entre eux exercent.

a) L'âge

Le tableau 7 porte sur la relation qui existe entre l'âge et le revenu.

TABLEAU 7

Revenu des familles suivant l'âge du chef de famille — Canada 1959

Âge	Revenu médian
29 et moins	$4,117
30 — 39	4,630
40 — 49	4,944
50 — 64	4,697
65 et plus	2,525
toutes les familles	4,423

Source: B.F.S., *Distribution of Non-Farm Incomes in Canada by Size,* 1959.

b) L'éducation

Le tableau 8 répartit les revenus suivant le degré d'instruction des individus. L'écart maximum est de 1 à 6. Si on exclut ceux qui sont sans instruction aucune, sans doute peu nombreux, l'éventail de la médiane va de 1 à 2.6.

TABLEAU 8

Instruction et revenu chez les hommes Canada 1959

	Revenu médian
Aucune instruction	$ 973
Education primaire partielle	2,331
Education primaire complète	3,292
Education secondaire partielle	3,769
Education secondaire complète	4,180
Education universitaire partielle	4,246
Education universitaire complète	6,045
Tous les individus	3,356

Source: la même que pour le tableau 7.

c) Les occupations

Parmi les autres facteurs qui influent sur la répartition ou sur la structure des traitements, on cite le plus souvent les occupations et les industries. Mais ce sont là des facteurs dérivés, dans le sens que ce n'est pas l'occupation en tant que telle qui fait qu'un taux de salaire est élevé ou bas, mais certains caractères de cette occupation. Par exemple, le médecin peut gagner relativement plus dans un pays que dans un autre parce qu'il est plus rare et que l'assurance-santé est payée à même le revenu consolidé de l'Etat ! Si une occupation demande un traitement plus élevé, c'est souvent parce que le niveau requis de qualification est plus élevé, l'explication réside alors dans le niveau de qualification plutôt que dans l'occupation.

Ceci est également vrai dans le cas des différences de salaires entre les industries. Pour les expliquer, il faut aller au-delà des industries, s'enquérir du capital par employé, s'enquérir de nouveau des niveaux de qualification, s'enquérir de la taille des établissements et ainsi de suite.

Au total il semblerait qu'une bonne partie des différences de revenus sont attribuables du côté de l'offre, au niveau de compétence donnée par l'éducation et l'expérience, du côté de la demande, au capital par employé et à l'efficacité économique générale.

Les lectures recommandées sont indiquées dans les notes infra-marginales.

CHAPITRE 6 L'ORGANISATION INDUSTRIELLE

1 - Types d'entreprises

2 - La dimension des entreprises

3 - La concentration dans l'industrie

L'organisation industrielle

6

La production des biens et des services s'effectue au sein des entreprises. *Les entreprises peuvent être définies comme des centres de décision et se distinguent, pour cette raison, des établissements ou des usines proprement dites.* Une entreprise peut ainsi compter plusieurs établissements. Le magasin Steinberg est un établissement; l'entreprise Steinberg est la somme de tous les établissements soumis à l'autorité du conseil d'administration. *Il convient de distinguer aussi l'entreprise de l'industrie. L'industrie est formée de tous les établissements fabriquant un produit identique ou rendant un service identique.* On dira l'industrie du vêtement pour désigner toute la production des vêtements dans le pays. Une entreprise peut facilement appartenir à plusieurs industries à la fois puisqu'une grande entreprise fabrique une multitude de produits : il suffit de penser par exemple aux cafeterias ou aux camions dont une brasserie peut se servir. Même un établissement particulier peut être subdivisé en plusieurs catégories pour le classements de ses activités.

1 - Types d'entreprises

Il existe plusieurs espèces d'entreprises. D'un côté, on a l'entreprise publique, ou mieux les sociétés d'Etat, de l'autre, l'entreprise privée. Parmi les sociétés d'Etat, on trouve au Canada, les corporations de département, les corporations de mandataire et les corporations de propriétaire.

Nous expliquerons ces termes plus loin. Parmi les entreprises privées, on distingue les entreprises individuelles, les sociétés en nom collectif et les sociétés par actions, enfin les entreprises coopératives. Voici l'importance des diverses sortes d'entreprises privées dans l'industrie manufacturière.

TABLEAU 1

Types d'entreprises dans l'industrie manufacturière. Canada 1959, en % du total

	Nombre d'établissements	Emploi	Valeur des expéditions
sociétés individuelles	38.4%	4.3%	2.1%
sociétés en nom collectif	10.8	2.2	1.2
sociétés par actions	48.2	92.6	95.2
coopératives	2.6	0.9	1.5

Source : *General Review of the Manufacturing Industries of Canada,* 1959.

Ce classement traditionnel n'offre pas beaucoup d'intérêt. Non seulement parce que pour l'analyse économique, les types de propriété ne sont pas importants en soi, mais au surplus parce que la production et l'emploi sont maintenant concentrés à un tel point dans les sociétés par actions que les autres entreprises sont négligeables. En effet, on trouve que plus de 95% de la production manufacturière provient des sociétés par actions, comme on le voit au tableau 1. Comme les sociétés par actions sont plus grandes que les autres entreprises, il est normal qu'au point de vue du nombre (colonne 1), les sociétés individuelles, par exemple, comptent encore pour 38.4% du total.

La comparaison des colonnes 2 et 3 est cependant utile, car elle révèle le niveau relatif de productivité des entreprises. Les sociétés individuelles ont besoin de 4.3% de la main-d'oeuvre pour fabriquer 2.1% des produits vendus. De même en est-il des sociétés en nom collectif : elles contribuent à un plus haut pourcentage de la main-d'oeuvre que de la production. Inversement, les sociétés par actions et les coopératives sont plus productives que les deux premières catégories d'entreprise.

La prédominance des sociétés par actions est sans cesse plus marquée depuis plusieurs années. En 1946, par comparaison, les sociétés individuelles comptaient 47.3% de tous les établissements, les sociétés en nom collectif, 16%, les coopératives 3.3%; par contre, les sociétés par actions représentaient seulement 33.4% des établissements. Signalons que ces statistiques s'appliquent aux industries manufacturières, à l'exclusion du commerce et des services où, sans doute, parmi certains d'entre eux, *l'entreprise individuelle* conserve encore une place de choix[1]. Dans la production manufacturière, la technologie est tellement avancée aujourd'hui que les capitaux requis excèdent nettement les possibilités ou la richesse d'un seul individu. C'est là, d'ailleurs, l'inconvénient majeur de cette sorte d'entreprise. *La société en nom collectif* dans laquelle deux ou trois personnes se partagent la responsabilité et les profits, soulève apparemment plusieurs difficultés: le capital n'étant pas « transférable ». Il faut fonder une nouvelle société à chaque fois qu'on change de partenaire; la responsabilité illimitée de chacun n'est logiquement compatible qu'avec l'égalité complète des associés (tant au point de vue de la richesse personnelle de chacun que des parts dans l'entreprise).

La société par actions est l'innovation par excellence du système capitaliste. L'entreprise n'est plus une société de personnes, mais une société de capitaux. Les actionnaires sont très nombreux et se recrutent, pour ainsi dire, sur le parquet de la bourse. Une telle entreprise, si elle a la confiance du public, peut mobiliser des capitaux considérables. Elle est en outre immortelle puisque les actions s'échangent librement. L'entreprise appartient aux porteurs d'actions communes; ils ont le droit de vote aux assemblées et le rendement sur les actions dépend des profits. L'entreprise peut émettre des actions privilégiées qui ne confèrent pas le droit de vote, mais qui comportent le droit d'être rembour-

(1) En 1951, l'entreprise individuelle contribuait à 3.3% des ventes dans les manufactures, mais 11% dans le commerce de gros, 38.3% dans le commerce de détail et 37.5% dans les services. Ces chiffres sont tirés de R. Bellan: *Principles of Economics and the Canadian Economy*, McGraw Hill, 2nd édition, p. 29.

sées avant les actions communes. Enfin, la société par actions (en ceci elle ne se distingue pas des autres entreprises) émet des obligations. Ce sont des emprunts portant un taux d'intérêt fixe qui ne donnent pas le droit de vote. Les obligations doivent être remboursées avant les actions, en cas de dissolution. Le rendement sur ces trois catégories de titres est inversement proportionnel au risque couru. De 6 à 15% sur les actions communes, il est d'environ 5% sur les actions privilégiées et de 4% sur les obligations.

Dans les entreprises qui précèdent, le producteur et le consommateur du produit sont des personnes distinctes de l'entrepreneur. Dans *la coopérative* au contraire, ces rôles sont confondus. L'entrepreneur est celui qui consomme le produit dans le cas d'une coopérative de consommation; l'entrepreneur est celui qui vend ses produits ou ses services dans le cas d'une coopérative de producteurs.

Les *sociétés d'Etat* dont nous parlerons ici sont celles relevant du Gouvernement fédéral. Elles sont désignées habituellement par « Corporations de la Couronne ». Les *Corporations de départements,* au nombre de dix, sont chargées « de service d'administration, de surveillance ou de réglementation d'un caractère gouvermental »[(1)]. Parmi les plus connues, on trouve la Commission d'assurance-chômage, l'Office Fédéral du Charbon, la Commission de contrôle de l'énergie atomique, le Conseil national de recherches. Ces organismes n'ont pas une source propre de revenus et émargent pour cette raison au budget de l'Etat. Les *corporations de mandataire* font des opérations de commerce ou rendent des services sur une base quasi-commerciale. Ceci signifie probablement que les activités de ces sociétés sont déficitaires de droit. Elles sont au nombre de douze, parmi lesquelles on reconnaît le Conseil des Ports Nationaux, Defence Construction Ltd., Canadian Arsenals Ltd.

Enfin *la corporation de propriétaire* est une entreprise industrielle, commerciale ou financière qui est ordinairement tenue

(1) Les citations sur les sociétés d'Etat sont tirées de Guy Favreau : *Les Corporations de la Couronne dans Le Rôle de l'Etat,* les Editions du Jour, Montréal 1963.

de conduire ses opérations sans crédits budgétaires. Au nombre de treize, elles comprennent les sociétés les mieux connues du public, telle que la société Radio-Canada, Air-Canada, les Chemins de fer Nationaux, la Société centrale d'hypothèques et de logement, l'Administration de la Voie Maritime du St-Laurent.

D'autres sociétés d'Etat sont constituées en vertu de lois spéciales et ne sont pas incluses dans les listes précédentes. Telles sont la Banque du Canada, le Conseil des Arts, la Commission canadienne du blé, etc.

2 - La dimension des entreprises

Beaucoup plus que les différences dans les modes de propriété, ce sont les phénomènes de dimension et de concentration qui doivent retenir l'attention de l'économiste. Considérons d'abord la dimension. A tort ou à raison, on attache une grande importance à la dimension des établissements dans l'explication de la productivité. L'expression est même consacrée : « *les économies de dimension* ». En deçà d'un certain volume de production les coûts d'opération seraient plus élevés qu'au delà. A l'autre extrémité de la distribution, on imagine aussi qu'un établissement pourrait être trop grand; on aurait alors des « *déséconomies de dimension ou d'échelle* ». *Il y a donc également une taille optimum que les entrepreneurs ont intérêt à rechercher et à adopter.* Les établissements sont de plus en plus grands en général depuis plusieurs années. On attribue ce phénomène aux transformations de la technologie, à l'élargissement des marchés (accroissement de la population et des revenus), à l'accroissement des épargnes et des capitaux, à l'efficacité accrue des méthodes d'administration, à la sécurité qu'offre la diversification des activités, enfin aux avantages de la spécialisation(1).

(1) D'autres objectifs de la grande dimension sont néfastes. Tel est par exemple, l'objectif de supprimer la concurrence et d'élever les prix. De soi, la grande entreprise n'est pas une preuve d'efficacité et de dynamisme.

TABLEAU 2

Dimension des établissements manufacturiers, Canada 1949 et 1959

Classes en milliers de $	1949		1959	
	% du nombre des établissements	% de la production totale	% du nombre des établissements	% de la production totale
0 — 25	45.0	1.1	33.1	0.5
25 — 50	13.6	1.4	13.2	0.7
50 — 100	12.5	2.5	13.5	1.5
100 — 200	10.0	4.1	12.1	2.6
200 — 500	9.0	8.0	12.4	6.0
500 — 1,000	4.1	8.3	6.5	7.0
1,000 — 5,000	4.1	25.3	7.1	24.0
5,000 et plus	1.1	49.0	2.1	57.3
TOTAL	99.4	99.7	100.0	99.6

Source: *General Review of the Manufacturing Industries.*

Les deux mesures de dimension les plus couramment employées sont le nombre des employés et la valeur de la production. Prenons la seconde. La mesure sera d'abord relative plutôt qu'absolue. La façon dont le tableau est construit nous fournit en fait une mesure d'inégalité de la dimension des établissements.

On peut lire sur les deux colonnes de droite qu'en 1959, moins de 10% des établissements (9.2%) fabriquaient des produits pour une valeur dépassant 1 million de dollars, mais ces 10% des établissements fabriquaient, ensemble, 81% de la production manufacturière au Canada. Une autre façon de dire la même chose est d'observer qu'on pourrait supprimer 90% des établissements manufacturiers dans le pays, soit 32,800 et on réduirait la production de 19% seulement(1).

Du côté des petits établissements, on trouve que pour obtenir 5.3% de la production totale, il faut mobiliser 72% des établissements (somme des quatre premières lignes). Un calcul d'inégalité analogue a été fait pour 1949, mais les différences sont négligeables, ce qui signifie que les petits établissements se sont agrandis autant que les grands, au cours de la période. La valeur moyenne de la production par établissement a été de $645,000 en 1959 et de $349,000 en 1949. Comme les prix ont augmenté de 49%, la valeur de la production de 1959 est de $433,000 en prix de 1949, ce qui fait une augmentation réelle de dimension égale à 24% depuis dix ans.

Quand on prend pour mesure de dimension le nombre des employés plutôt que le volume de la production, la réponse diffère dans la mesure où la productivité elle-même diffère suivant la dimension des établissements. Quant à la comparaison dans le temps, le nombre des employés ne tient pas compte de l'accroissement de cette productivité. Ainsi, on sait que le nombre moyen d'employés par établissement est 36.0 en 1959 et de 32.7 en en 1949. L'augmentation n'est donc que de 10%. On peut déduire que la différence entre le 24% précédent et le 10% actuel est due à l'accroissement de la productivité entre 1949 et 1959.

(1) C'est une façon d'illustrer les statistiques; comme les établissements sont interdépendants dans une grande mesure pour la production, on ne devrait évidemment pas donner suite à cette suggestion...

Nous avons fait observer que *l'inégalité des établissements est une mesure de dimension relative*. Il existe évidemment, par ailleurs, plusieurs mesures de dimension absolue. Telle entreprise vend pour 1 million de dollars, tel établissement compte 100 employés, sont des mesures absolues. Une information de cette nature n'est pas utile pour l'explication de phénomènes économiques, mais elle l'est beaucoup pour satisfaire la curiosité.

Le tableau qui suit donne une liste de quelques-unes des plus grandes entreprises au Canada, et de la valeur des actifs qui y sont engagés. La liste n'est pas complète, parce que nous n'avons pas toujours trouvé l'information nécessaire.

TABLEAU 3

Quelques grandes entreprises au Canada. 1961

	Valeur des actifs en millions de dollars
La Banque Royale du Canada	4,954
La Canadian Imperial Bank of Commerce	4,584
Les Chemins de Fer Nationaux	4,424
La Banque de Montréal	3,949
Les Chemins de Fer Pacifique Canadien	2,785
La Sun Life Assurance Company	2,480
La Banque de Nouvelle-Ecosse	2,269
La Banque Toronto-Dominion	2,126
La Cie de Téléphone Bell	1,983
La Cie Aluminum Ltd.	1,362
Brazilian Traction Ltd.	1,072
La Manufacturers' Life Assurance Ltd.	1,053
Imperial Oil Co. Ltd.	938
La London Life Assurance Company	870
La Great West Assurance Company	854
La Banque Canadienne Nationale	823

Source : *Survey of Industrials*. The Financial Post.

A notre connaissance, la plus grande entreprise du pays est la Banque Royale du Canada qui dispose d'actifs d'une valeur de 5 milliards de dollars. Signalons, pour comparer, que le budget de la province de Québec est d'environ 1 milliard et celui du Gouvernement fédéral de 6 milliards. Au deuxième rang, une deuxième banque. Nous avons relevé une douzaine d'entreprises dont l'actif dépasse le milliard. Il est frappant de voir qu'à deux exceptions près, il n'y a pas d'entreprises manufacturières dans cette liste : on trouve des banques, des sociétés d'assurance et des services publics.

Cette observation nous amène à examiner de plus près la mesure de dimension que nous donne la valeur des actifs. Si nous avions la valeur des ventes (ou plus précisément les recettes totales de l'année) la liste eût été très différente. *C'est que le rapport entre l'actif et les recettes n'est pas le même entre les industries. Ce rapport s'appelle le coefficient de capital.* Pour les Chemins de Fer Nationaux, le coefficient est 4 (pour 4 milliards d'actifs, on a 1 milliard de recettes en 1961). Mais pour les sociétés d'assurance, le coefficient de capital est 5.7 et pour les banques, 18. Par contre en 1960, l'ensemble des industries manufacturières avaient apparemment un coefficient de capital de 0.8. Plus le coefficient de capital est élevé, plus on surestime l'importance de l'entreprise relativement à une mesure fondée sur les recettes de l'année. Le cas est particulièrement net en ce qui concerne les banques et, à l'autre extrême, en ce qui concerne les entreprises manufacturières. Pour produire un revenu annuel de $1.00 il faut, en gros, un capital de $1.00 dans l'industrie manufacturière et de $18.00 dans le commerce bancaire. Le coefficient de capital est très important dans l'analyse économique.

3 - La concentration dans l'industrie

Si la dimension des entreprises soulève de l'intérêt à cause de son influence sur le coût de production et plus généralement sur l'efficacité des entreprises, la concentration est toute aussi importante à cause de l'influence qu'elle exerce sur la nature et l'intensité de la concurrence. La concentration est une mesure de l'importance d'entreprises ou d'établissements particuliers dans une industrie. *La concentration est plus élevée dans une industrie quand le nombre des établissements* (ou des entreprises) *est plus petit.* A la limite, la concentration est maximum si on ne compte qu'un seul fournisseur.

La concentration se mesure de plusieurs façons. Quant à l'objet de la mesure, on choisit l'établissement de préférence à l'entreprise parce que le produit ou le service est plus homogène; on peut choisir d'autre part, entre le nombre des employés, la valeur des ventes ou la valeur des actifs. Quant aux mesures elles-mêmes, il y en a deux parmi les plus courantes :

(a) Le nombre des établissements nécessaires pour rendre compte d'un pourcentage donné de la production de l'industrie. Pour obtenir 80% de la production dans une industrie A, il suffit des deux plus grands établissements et dans une industrie B, il en faut 50 : l'industrie A est plus concentrée que l'industrie B.

(b) La seconde mesure est l'inverse de la première. C'est le pourcentage de la production de l'industrie détenue par un nombre donné d'établissements. Les trois plus grands établissements d'une industrie C produisent 95% de la valeur des produits de l'industrie et dans une industrie D, ils produisent 60% de la valeur des produits de l'industrie : l'industrie C est par conséquent plus concentrée que l'industrie D.

Le tableau 4 reproduit des calculs de concentration pour des industries manufacturières importantes de la province de Québec en 1956.

TABLEAU 4

La concentration dans le Québec — 1956

Nombre d'établissements requis pour représenter 80% de l'emploi de l'industrie

Avions et pièces	1.9
Matériel roulant de chemin de fer	2.8
Produits du pétrole	3.0
Fonte et affinage des métaux non-ferreux	3.6
Produits chimiques divers	4.8
Produits du coke et du gaz	4.8
Acides, alcools et sels	4.9
Fer et acier primaire	6.6
Confiserie et biscuits	7.0
Articles en caoutchouc	7.0
Produits du laiton et du cuivre	7.3
Filés et tissus de coton	8.6
Abattoirs et salaisons	9.2
Appareils et fournitures électriques	13.4
Impression et édition	15.9
Tôlerie	16.8
Moulins à farine et provendes	20.1
Pulpe et papier	23.2
Quincaillerie, outils et coutellerie	23.4
Boîtes et sacs de papier	25.6
Produits divers du fer et de l'acier	28.6
Machinerie et ateliers d'usinage	29.4
Tricots	52.0
Provendes préparées	123.1
Meubles	151.6
Beurre et fromage	196.4
Impression et reliure	196.7
Pain et autres produits de boulangerie	236.0
Vêtements	607.9
Scieries	619.4

Source : A. Raynauld, *Croissance et Structure Economiques de la province de Québec* p. 226-227. Une erreur s'est glissée dans le tableau original, puisqu'on trouve deux fois l'industrie de la pulpe et du papier. L'avant-dernière ligne du tableau devrait se lire : fer et acier primaire, 14.9, 17.8, 6.6 et 3.6 pour chacune des colonnes.

La concentration est un phénomène plus complexe qu'il ne paraît au premier abord. Pour trouver les multiples facteurs qui influent sur le degré de concentration d'une industrie, il est nécessaire de comprendre les rapports arithmétiques qui existent entre les grandeurs qui sont incorporées dans la mesure de la concentration. Celle-ci fait intervenir quatre facteurs: le nombre d'établissements que nous désignons par N, la dimension des établissements par E, la taille de l'industrie par I, et l'inégalité dans la dimension des établissements par D[1]. La concentration est désignée par C.

Signalons que la concentration et l'inégalité sont plus élevées quand C et D sont plus petits.

On peut écrire :

$$E = \frac{I}{N} \qquad (1)$$

La dimension des établissements est égale à la dimension de l'industrie divisée par le nombre des établissements. C'est une définition. D'autre part, et par définition aussi :

$$N = \frac{C}{D} \qquad (2)$$

le nombre des établissements dans une industrie est plus élevé si C est grand et que la concentration est faible, pour une valeur donnée de D; N est plus élevé si D est petit et que l'inégalité est grande pour une valeur donnée de C. Supposant C = 4, N sera égal à 5 si D = .80. Mais si D était égal à .5 (l'inégalité serait plus grande) N serait égal à 8 pour la même valeur de C.

La transformation de l'expression (2) donne

$$C = N\ D \qquad (3)$$

En vertu de l'expression (1), on peut encore écrire :

$$C = \frac{I \times D}{E} \qquad (4)$$

C est plus élevé, et la concentration est plus faible, quand l'industrie est importante, quand la dimension relative des établissements est du même ordre de grandeur (D est élevé), enfin, quand les établissements sont petits (E).

Si on pose la question de savoir de quels facteurs dépend la concentration qu'on observe dans les industries, il convient de

(1) Rappelons que l'inégalité est le % des établissements qui est requis pour obtenir 80% de l'emploi de l'industrie. Si ce pourcentage est faible, l'inégalité est élevée et inversement.

répondre que ce sont tous ceux qui agissent directement sur I, D et E. Un exemple suffira. On a dit précédemment que la technologie avait eu pour effet d'accroître la dimension optimale des établissements. Suivant notre équation (4), C diminue sous cette influence, de telle sorte qu'indirectement, l'évolution de la technologie s'avère en partie responsable de la tendance qu'on observe à l'accroissement de la concentration. D'autres facteurs agissent en sens inverse, comme celui de la hausse des revenus puisque dans ce cas, I a tendance à s'élever.

Le niveau de la concentration sur le marché entraîne des conséquences importantes sur la concurrence. Il n'est pas certain que l'intensité de la concurrence soit inversement proportionnelle au niveau de la concentration, comme on le suppose souvent. Ce qui ne fait pas de doute cependant, c'est que la concurrence se transforme. Pour faciliter la discussion, disons que le nombre des concurrents est de 500 d'un côté et de 5 de l'autre, ce qui est assimilable facilement à une faible et à une haute concentration. Par rapport à un marché de 500 concurrents, celui de 5 concurrents représente des circonstances tout à fait différentes dans lesquelles la concurrence s'exerce. Les réactions attendues des concurrents sont primordiales, alors que dans l'autre cas, elles sont tenues pour négligeables. Il suit que les dangers de collusion sont infiniment plus grands; le recours aux pratiques monopolistiques sous toutes les formes imaginables est probable : direction de prix, partage du marché, publicité sur l'hétérogénéité (purement symbolique souvent) du produit plutôt que sur le prix, concurrence sur la localisation, sur des avantages marginaux et accessoires qui sont liés au produit de façon artificielle (achetez le savon « Sale » vous trouverez la coutellerie inoxydable « nette »), maintien du prix de revente, entente sur les prix, fusion des entreprises et ainsi de suite.

Par contre, il est également probable que dans une industrie à forte concentration on trouvera de nouveaux produits beaucoup moins chers que les anciens, de nouvelles méthodes plus économiques, une productivité accrue grâce à la recherche et à l'équipement, enfin bref, un dynamisme qui tourne en définitive à l'avantage du consommateur.

CHAPITRE 7 LA LÉGISLATION CONTRE LES COALITIONS

1 - Historique

2 - La loi actuelle

A. Procédures

a) responsabilité administrative

b) procédures d'enquête

c) rapport de la commission

d) juridiction et recours spéciaux

B. Pratiques interdites

a) ententes

b) monopole et fusion

c) pratiques commerciales

C. Sanctions

3 - Brève appréciation

A. Le caractère essentiel de la loi

B. Son efficacité

7 La législation contre les coalitions

1 - Historique

La première législation contre les coalitions date de 1888 au Canada. A cette époque, les pressions exercées sur le Parlement par les petits commerçants aboutissent à la formation d'une Commission d'enquête sur les coalitions. Confirmant les dires et les craintes de petits fournisseurs, les enquêteurs mettent à jour une série d'ententes entre divers grands producteurs. L'éventail des mesures restrictives est apparemment très large, allant du sucre aux cercueils, en passant par le fil de fer barbelé.

A la suite de cette enquête, le Parlement édicte une loi à l'effet de « prévenir et supprimer les coalitions formées pour gêner le commerce ». Cette loi devait s'avérer totalement inopérante jusqu'en 1900. En effet, les législateurs avaient pris la précaution de spécifier que, pour enfreindre la loi, un individu devait agir illégalement, au sens du « Common Law ». Cette loi ne créait donc aucun acte criminel nouveau.

En 1900, on amende la loi en éliminant la clause échappatoire mentionnée ci-haut. La restriction à la concurrence devient de soi une offense criminelle. La loi sur les pratiques restrictives est alors partie intégrante du Code criminel.

Entre 1909 et 1912 une vague de fusions déferle sur l'économie canadienne, peu après une vague semblable aux Etats-Unis : 58 entreprises et un capital de 361 millions y sont impliqués. Devant l'émoi de l'opinion publique, on introduit une « loi à l'effet de pourvoir à l'institution d'enquête sur les coalitions, monopoles, trusts et syndicats ».

Il s'agit d'une législation complémentaire aux articles 409 à 412 du Code criminel. Essentiellement, la loi de 1910 ajoute aux dispositions antérieures, un mécanisme d'application de la loi : désormais, sur demande de six citoyens, un juge peut ordonner qu'une enquête soit instituée par une commission *ad hoc* de trois membres. Le rapport de cette enquête doit être publié et, s'il y a réellement infraction, des poursuites seront intentées. Il faut souligner que cette dernière étape n'est franchie que si l'inculpé persiste dans son attitude.

Sous la poussée inflationniste des années d'immédiat après-guerre (1920-21), deux lois ont été votées pour remplacer celle de 1910 qui s'était avérée inefficace en raison, surtout, du caractère transitoire des commissions d'enquête. La « loi de la commission du commerce » prévoyait la formation d'un organisme permanent chargé de faire respecter les dispositions législatives contre les coalitions. La « loi des coalitions et des prix raisonnables » ajoutait aux dispositions de 1910 l'interdiction de stocker indûment des biens nécessaires à la vie, ainsi que de réaliser des profits exagérés au moyen de prix déraisonnables. Ces lois donnaient également au gouvernement fédéral le pouvoir d'émettre des ordonnances au civil, ce qui les a fait, toutes deux, déclarer inconstitutionnelles par le Conseil Privé (1921). Désormais, le gouvernement fédéral restreindra son action en ce domaine aux dispositions du Code criminel. On en revient aux termes de la loi de 1910.

C'est en 1923 que la législation canadienne à ce sujet se stabilise. La « loi des enquêtes sur les coalitions », mise en vigueur cette année-là, se perpétuera jusqu'à aujourd'hui dans ses parties les plus importantes.

On y complète la législation de 1910 en nommant un officier permanent chargé d'appliquer la loi et le Code criminel. Le commissaire enquête sur demande de six citoyens ou de son propre chef; il établit et juge la preuve et remet son rapport au ministère concerné (au Ministère du Travail jusqu'en 1946 et au Ministère de la Justice depuis lors). A partir de 1937, le rapport doit être rendu public. Pendant la dépression des années trente, sous l'influence des politiques de Roosevelt aux Etats-Unis, on tenta de permettre certaines ententes sur les prix dans le commerce et l'industrie, mais la loi fut rejetée par la Cour Suprême comme ultra-vires. Les modifications au texte de 1923, pour nous amener à la législation actuelle, datent de 1952 et 1960.

2 - La loi actuelle

Examinons maintenant la nature et la structure de la loi anti-coalition telles qu'elles sont aujourd'hui, compte tenu des amendements apportés en 1952 et en 1960.

A) Procédures

Jusqu'en 1960, la législation anti-trust du Canada comprenait à la fois les articles 411 et 412 du Code criminel et la loi particulière relative aux Enquêtes sur les Coalitions. En 1960, on a consolidé les deux textes législatifs en un seul en faisant passer les dispositions du Code criminel dans la Loi relative aux Enquêtes sur les Coalitions.

a) Responsabilité administrative

Depuis la mise en vigueur des recommandations du rapport McQuarrie, en novembre 1952[1], la Division des Coalitions du Ministère de la Justice est scindée en deux agences distinctes : l'une, dirigée par le Directeur des enquêtes et recherches, est responsable des recherches sur les pratiques restrictives et de l'obtention des documents de la preuve [2], l'autre la Commission des Pratiques Restrictives, est chargée de l'évaluation de la preuve soumise par le Directeur, de l'audition des témoins ou personnes visées ou mises en cause par toute allégation contenue dans le

(1) S.C., 1960, Ch. 45, Art 5 et 6.
(2) S.R.C., 1952, Ch. 314, Art. 5.

document donné par le Directeur, enfin de la rédaction du rapport à soumettre au Ministre de la Justice[1]. On reprochait en effet au Ministère de la Justice qu'en vertu de la loi antérieure, il était à la fois juge et partie au différend. Cet argument est fort discutable puisqu'en définitive le juge n'a jamais été le Ministère de la Justice mais le Tribunal. L'amendement de 1952 ajoute donc une instance supplémentaire à celle des cours régulières.

b) Procédures d'enquête

Le Directeur du Bureau des Enquêtes commence ses recherches, de son propre chef, sur la demande du Ministère de la Justice ou sur celle de six (6) citoyens canadiens.

Habituellement, dans une première étape, il utilise les renseignements déjà disponibles. Après quoi, il peut entreprendre une enquête formelle approfondie et établir la preuve de la violation de la loi. A cette fin, les fonctionnaires du Ministère de la Justice peuvent faire enquête sur les lieux et saisir tout document. Le Directeur des enquêtes ou ses mandataires, assigne des témoins, demande des rapports assermentés s'il y a lieu. Il prépare l'exposé de la preuve et le soumet à la Commission des Pratiques Restrictives et aux parties mises en cause.

c) Rapport de la Commission

La Commission des Pratiques Restrictives, au reçu de cet exposé du Directeur, fixe la date de l'audition de la cause et, le moment venu, le Directeur des Enquêtes vient présenter les arguments à l'appui de son exposé. De leur côté, les personnes visées par les allégations du rapport du Directeur ont le droit de se faire entendre devant la Commission. Tous ces éléments lui servent à rédiger son propre rapport qui est ensuite soumis au Ministre fédéral de la Justice.

Tout rapport de la Commission doit, dans les trente jours de sa réception par le Ministre, être rendu public, sauf sur recommandation contraire de la Commission.

(1) S.C., 1960, Ch. 45, Art. 16.

d) Juridiction et recours spéciaux

Les tribunaux supérieurs des Provinces peuvent être saisis des causes en matière de coalition et de monopole.

Cependant, depuis 1960, la Cour de l'Echiquier possède une juridiction commune avec les cours supérieures. Elle devient l'enceinte judiciaire où les causes sur les arrangements monopolistiques ayant de fortes implications économiques seront entendues et jugées. Elle remplace ainsi, dans ces derniers cas, les tribunaux provinciaux qui jadis avaient seuls juridiction en cette matière. Cette partie de la loi permet, en outre, de prendre des injonctions quand un délit est sur le point de se commettre.

B) Pratiques interdites

a) Ententes

La loi défend aux fournisseurs de s'entendre entre eux pour fixer le prix, limiter la production ou la distribution ou encore fermer l'entrée dans le commerce. La forme de ces ententes importe peu : *leur illégalité réside dans l'entorse faite à l'intérêt public par la limitation même de la concurrence que comportent ces pratiques.* Nonobstant l'illégalité « per se » des ententes, la loi permet explicitement aux entreprises, depuis 1960, de s'entendre entre elles en vue de procéder à l'échange de statistiques, à l'uniformisation des produits, à l'échange de renseignements sur le crédit, à la collaboration en matière de recherche, à la restriction de la réclame commerciale. Mais le législateur ajoute que de telles pratiques ne doivent pas conduire à une diminution indue de la concurrence, sinon elles tombent sous le coup de la loi !

b) Monopole et fusion

La législation interdit les fusions et les formations de monopole qui sont de nature à léser l'intérêt public. Le législateur définit la fusion comme étant toute acquisition par une ou plusieurs personnes d'un contrôle sur la totalité ou quelque partie de l'entreprise d'un concurrent, de débouchés ou de sources d'approvisionnement, moyennant quoi la concurrence a été réduite, au détriment ou à l'encontre de l'intérêt public.

Quant au terme « monopole », il se rapporte aux entreprises qui contrôlent une grande part ou la totalité d'un commerce ou d'une industrie et ce, à l'encontre de l'intérêt public.

c) Pratiques commerciales

Sous ce titre, on peut grouper quatre pratiques commerciales qui sont interdites : i — *Les articles sacrifiés* (« loss-leaders »). *La* loi défend à un fournisseur de vendre des produits à un prix déraisonnablement bas en vue de nuire à un concurrent. ii — *La discrimination.* Un fournisseur ne saurait offrir à un client des facilités de prix non accessibles à ses autres clients disposés à faire des achats identiques. De plus lorsqu'un marchand ou un fournisseur accorde des remises pour fins publicitaires, il doit en accorder à tous ses fournisseurs qui se font concurrence et cela, à des conditions équivalentes. Enfin, un fournisseur ne saurait varier ses prix de vente selon les régions du pays aux seules fins de nuire à un concurrent opérant sur un marché régional. iii — *Prix de rapine.* Un article de la loi défend à un fournisseur de faire, dans sa réclame, un exposé essentiellement trompeur quant au prix réel d'un produit ou au prix auquel le produit est ordinairement vendu. iv — *Prix de revente.* Il est défendu à tout marchand ou fabriquant de fixer un prix spécifique ou un prix minimum pour la revente de ses produits, défendu de fixer un rabais, spécifique ou non, supérieur à un rabais maximum pour la revente d'un produit, défendu d'établir une majoration spécifique ou une majoration non inférieure à une majoration minimum.

C) Sanctions

Les sanctions prévues par la loi sont les suivantes :

1) publication des rapports;
2) condamnation à l'amende ou à la prison;
3) diminution ou suppression des tarifs douaniers;
4) révocation des brevets;
5) ordonnance de cesser et de discontinuer (introduite en 1952);
6) dissolution dans le cas de fusion, trust ou monopole.

La publication des rapports alerte l'opinion publique et expose les compagnies incriminées à des pertes de prestige considérable. « I am quite confident . . . that publicity itself will operate in the majority of cases to cause a monopoly or association which is acting against the public interest, to change its habits [1] ». Dans l'esprit des parlementaires canadiens, la publicité avait aussi le plus grand poids, surtout pour M. King qui avait présenté les lois de 1910 et 1923.

Condamnations:

L'emprisonnement maximum est de deux ans; les amendes ne sont plus fixées depuis 1952; elles sont laissées à la discrétion du Tribunal. Auparavant les amendes maximum étaient de $10,000 et de $25,000. pour les personnes et les corporations respectivement. C'était beaucoup trop bas. Mais il faut observer que, depuis 1952 aucune amende dépassant $25,000 n'a été imposée. De même, la peine de prison est restée lettre-morte.

Le recours à l'abaissement des tarifs et à la révocation des brevets a été très limité. Dans le cas des produits d'optique (1948 à 1952), une entente sur les brevets a été condamnée. La dissolution n'a jamais été ordonnée encore par les Tribunaux. Enfin nous connaissons deux cas (1953 et 1959) où un ordre « de cesser et de discontinuer » a été prononcé.

3 - Brève appréciation

A) Le caractère essentiel de la loi

L'offense criminelle existe, selon les lois canadiennes, dès que la concurrence est réduite de façon substantielle. Le régime de la concurrence apparaît aux législateurs canadiens comme le seul pouvant apporter à la population à la fois efficacité et justice, et c'est par référence au maintien de la concurrence que les pratiques commerciales sont évaluées, plutôt que par référence directe à un intérêt public qui aurait été défini au préalable.

Ainsi l'argument du caractère raisonnable des prix fixés par les cartels a été maintes fois soulevé par les défenderesses, mais

(1) Président du Board of Trade de l'Angleterre cité par F. A. McGregor dans E. H. Chamberlin: *Monopoly, Competition and Their Regulation*, p. 372.

les juges ont tous statué qu'une telle considération n'était pas du ressort de la Cour. Un jugement sur le caractère « raisonnable » des prix doit relever, non de tribunaux judiciaires, mais d'un organisme gouvernemental en mesure de connaître parfaitement l'évolution de l'ensemble de l'économie. Les autres arguments économiques comme la stabilisation de l'industrie, le bas niveau du profit, le caractère non restrictif des ententes, de même que l'efficacité des entreprises ont été pareillement rejetés par les tribunaux canadiens.

On peut reconnaître que ces attitudes sont défendables du point de vue économique. Comme l'a montré le professeur Machlup[1], la coalition ne règle en rien les problèmes de capacité de production excédentaire et ceux de l'instabilité de la production et des prix. En effet, souligne-t-il, dans le premier cas nous sommes souvent en présence d'une industrie en expansion; donc vraisemblablement, il y a ici des producteurs plus efficaces que d'autres. Ainsi une coalition ne ferait que protéger les producteurs dont le coût de production est plus élevé. Dans le second, où il s'agit surtout de matières premières et de produits agricoles, ce n'est pas la concurrence qui est à l'origine de l'instabilité et par conséquent ce ne sont pas les ententes qui agiront sur ses causes. Quant à servir de palliatifs ou de remèdes, les ententes sont beaucoup moins efficaces dans les circonstances que les autres types d'intervention.

C'est aussi par référence au maintien d'un régime de concurrence qu'il faut juger des autres pratiques qui sont interdites par la loi. Ainsi la discrimination des prix entre plusieurs vendeurs ou plusieurs acheteurs, quand elle n'est pas justifiée par des motifs économiques comme les différences de volume dans les commandes, est illégale. En effet, il est contraire à l'essence même de la concurrence qu'un dollar n'ait pas le même pouvoir d'achat selon l'individu qui le détient. De plus, de pareilles politiques visent toujours, en fin de compte, à s'assurer une position monopolistique ou monopsonique sur un marché. Un raisonnement similaire explique l'interdiction de fixer au commerçant des prix

(1) F. Machlup, *The Political Economy of Monopoly,* The John Hopkins Press, 1952, p. 56 et suivantes.

de revente. Le système concurrentiel ne peut fonctionner que si chaque agent économique, quelle que soit sa position dans le circuit économique, est libre de ses décisions.

La législation anti-trust aux Etats-Unis puise son inspiration à la même source que la législation canadienne. Toutes deux acceptent comme critère de l'offense criminelle le fait « per se » de restreindre la concurrence. En général les lois américaines prévoient des sanctions plus sévères que les nôtres contre les coupables. En Grande-Bretagne, au contraire, il n'y a pas de pratique commerciale interdite comme telle. La Commission sur les pratiques restrictives juge en fonction de critères économiques (prix et profits raisonnables, efficacité, non-restriction à la production etc.). L'administration de la législation n'en est pas facilitée, mais présente l'avantage de s'inscrire dans le cadre d'une politique économique globale.

B) Son efficacité

L'efficacité de la législation canadienne sur les coalitions est assez restreinte, pour plusieurs raisons. La principale tient au fait que le Gouvernement fédéral ne peut fonder sa législation que sur le Code criminel puisque le domaine civil relève des Provinces. Il s'ensuit que ceux qui violent une telle loi doivent appartenir à la catégorie des criminels. On comprend que les tribunaux soient réticents à condamner, comme criminel le président d'une grande société qui a fixé un prix avec son concurrent au cours d'une partie de golf ou qui a décidé d'acheter une entreprise qui l'ennuyait. En un sens, ces pratiques sont trop répandues pour qu'on puisse poursuivre efficacement tous les présumés criminels à la fois. On comprend aussi que pour obtenir des condamnations de type criminel on exige des preuves irréfutables. Or la nature des offenses rend cette preuve extrêmement difficile à établir : les ententes, par exemple, sont la plupart du temps verbales. Quelqu'un a dit à ce propos que les seuls à se faire prendre sont les nigauds ou ceux qui veulent de la publicité. En somme, plusieurs observateurs sont d'avis que les poursuites au criminel dans ce domaine sont inappropriées et inefficaces. Par contre, les poursuites au civil sont impossibles à l'heure actuelle au niveau fédéral.

D'autre part, les sanctions sont bénignes au Canada. Les amendes n'ont jamais dépassé $25,000. pour les sociétés. La condamnation la plus coûteuse a été celle des compagnies de papier en 1960 quand le Tribunal a imposé une amende globale de $240,000. à 17 compagnies pour s'être concertées dans l'achat du bois de pulpe.

En partie à cause du manque de ressources financières attribuées au Ministère de la Justice, en partie à cause des difficultés d'application de la loi, l'activité gouvernementale dans la recherche des infractions à la loi et des poursuites à intenter ne forme pas un dossier très fourni.

Au cours des dix dernières années (1952-1962), on a soumis 48 rapports au Ministère de la Justice, soit une moyenne de 4.8 par année[1]. De 1923 à 1940, la moyenne était de 1.5 par an. La plupart des enquêtes ont porté sur des ententes, mais on tend à plus de diversification depuis quelques années. Dans le cas des fusions, le succès a été mince : trois cas sont maintenant terminés : ceux des industries des allumettes, de la bière et du sucre; seul le premier cas a conduit à une condamnation.

Pour les 21 rapports soumis au Ministre de la Justice entre le 24 juillet 1957 et la fin de mars 1962, 4 ont conduit à des condamnations, 1 à l'acquittement, 7 à un abandon des procédures (par manque de preuve, parce que la Commission n'a pas recommandé de poursuivre et, dans un cas, parce que la situation a été corrigée volontairement) et 9 sont encore en suspens à un stade ou à un autre des procédures[2]. Ce bilan des cinq dernières années ne satisfait personne évidemment. On ne peut s'empêcher de penser que les Canadiens sont décidément très vertueux, ou sinon, qu'on cherche peut-être dans une fausse direction. Les professeurs Rosenbluth et Thorburn sont de cet avis. Ils ont montré que les poursuites intentées n'ont toujours touché qu'un très faible pourcentage des marchés canadiens susceptibles d'être dominés par les cartels ou les monopoles. Ils en déduisent la règle suivant laquelle le Gouverne-

(1) Report of the Director of Investigation and Research. Combines Investigation Act. 1962. p. 34.

(2) Rapport cité, Appendice II.

ment canadien serait plus préoccupé par les violations mineures à la loi que par les violations graves impliquant les industries et les sociétés les plus importantes au pays [1] [2].

(1) G. Rosenbluth et H. G. Thornburn; Canadian Anti-Combines Administration, 1952-1960. *Canadian Journal of Economics and Political Science,* nov. 1961, p. 498-508. Voir aussi l'ouvrage sous le même titre publié en 1963 par Uni. of Toronto Press. 106 p.

(2) Sur la politique canadienne relative aux monopoles, on pourra lire: L. A. Skeoch, The Combines Investigation Act. *The Canadian Journal of Economics and Political Science,* février 1956; E. H. Chamberlin (ed), Monopoly, Competition and their Regulation: le chapitre de V. Bladen, Monopoly and Competition in Canada, p. 3-20 et celui de F. A. McGregor, Preventing Monopoly: *Canadian Techniques.* p. 359-385. G. Marion, *La Politique canadienne sur les monopoles.* Editions Bellarmin, Montréal, 1957. 88 p. La majeure partie de ce chapitre est tirée d'un texte beaucoup plus détaillé que le professeur Marion avait préparé pour la session 1962 de l'Institut Canadien des Affaires Publiques et basé sur l'ouvrage cité ci-dessus.

Partie 2: population et main-d'oeuvre

CHAPITRE 8 OBSERVATIONS SUR LA SITUATION DÉMOGRAPHIQUE DES CANADIENS-FRANÇAIS

Observations sur la situation démographique des Canadiens français

8

Il ne s'agit pas, ici, de dresser un tableau complet des caractères démographiques de la population canadienne-française. Nous voulons simplement tenter de montrer l'ampleur de l'un des caractères majeurs de notre population : son taux de croissance; nous examinerons ensuite quelques-uns des problèmes que pose probablement un tel taux de croissance; enfin nous essaierons d'entrevoir ce que nous réserve l'avenir en nous basant sur les tendances récentes du mouvement de la population.

On peut évaluer qu'il naît présentement un Canadien français toutes les 3⅓ minutes, qu'il en meurt un toutes les 14 minutes et donc que l'accroissement naturel donne un Canadien français de plus toutes les 4⅓ minutes, soit 121,300 par an.

Comment se faire une idée du *taux de croissance* actuel des Canadiens français ? La première méthode qui se présente — et la plus grossière — c'est le calcul de l'accroissement naturel, basé sur la différence entre le nombre des naissances et le nombre des décès. Voyons ce que donne ce calcul. Entre 1941 et 1951, le taux annuel d'accroissement naturel des Canadiens français a été de 22.7 pour mille (p. mi.) en moyenne, ce qui correspond à un doublement de la population en 30 ans. Pendant ce temps, le reste de la population cana-

Article de J. Henripin, paru dans *L'Actualité Economique*, jan.-mars 1957, Montréal.

dienne avait un taux d'accroissement naturel annuel égal à 13.6 p. mi. environ (doublement en 50 ans)(1).

L'écart est moins grand pour les cinq dernières années (1951-55) : Canadiens français : 24.4 p. mi. (doublement en 28 ans) et autres Canadiens : 17.8 p. mi. (doublement en 39 ans). On voit cependant que la différence reste appréciable. Et elle dépend surtout de la différence de natalité entre les deux groupes. Le taux de natalité annuel moyen des Canadiens non français était de 26.7 p. mi. pour cette période; celui des Canadiens français, de 32 p. mi. La natalité des Canadiens français, au cours des dernières années, n'a pas suivi de tendance claire; après une espèce de palier s'étendant de 1948 à 1954, le taux de natalité a baissé en 1955. Et cette baisse a été plus forte dans la province de Québec que dans l'ensemble du Canada.

Le tableau 1 donne les taux de natalité du Canada, des Canadiens français et de la province de Québec, de 1941 à 1955. Pour la période 1952 à 1955, les taux des Canadiens français ont été évalués en majorant les taux québécois de 2.3 p. mi. Cette majoration correspond à la différence moyenne observée entre les taux du Québec et ceux des Canadiens français, de 1941 à 1951. Les taux observés ou évalués sont représentés sur le graphique 1.

---

(1) Ces taux sont le résultat d'évaluations établies d'après les renseignements que fournissent le *Recensement de 1951* et la *Statistique de l'état civil*. Cette dernière publication présente le grand inconvénient de ne plus donner, depuis 1951, la distribution des naissances suivant l'origine ethnique.

TABLEAU 1

Taux de natalité, Canada, province de Québec et Canadiens français, 1941 - 1955

(taux pour 1,000)

Années	Canada	Province de Québec	Canadiens français
1941	22.4	26.8	29.2
1942	23.5	28.0	30.3
1943	24.2	28.6	30.8
1944	24.0	29.2	31.1
1945	24.2	29.3	31.2
1946	27.2	30.7	32.8
1947	28.9	31.1	34.3
1948	27.3	30.3	32.6
1949	27.3	30.1	32.1
1950	27.1	30.0	32.5
1951	27.2	29.8	31.8
1952	27.9	30.3	32.6 (1)
1953	28.2	30.2	32.5 (1)
1954	28.7	30.4	32.7 (1)
1955	28.3	29.5	31.8 (1)

Note (1): Evaluations; voir le texte.
Sources: B.F.S., *Statistique de l'état civil, 1954* et *Revue statistique du Canada*, sept. 1956.

Cependant ces phénomènes sont complexes et peuvent être perturbés assez fortement par des fluctuations accidentelles. C'est le cas en particulier pour la natalité des Canadiens non français des dernières années. La natalité dépend en effet surtout de la composition par âge d'une population, de la nuptialité, de la variation de la nuptialité et du comportement des couples au point de vue fécondité. Il y a donc intérêt à dissocier ces divers facteurs.

On peut éliminer l'influence de la composition par âge des différentes populations, en calculant des taux de fécondité suivant l'âge des mères. Le calcul du taux de fécondité par âge consiste à rapporter aux femmes d'un âge déterminé, les naissances qui

GRAPHIQUE 1

Taux de natalité, Canada, province de Québec et Canadiens français, 1941 à 1955

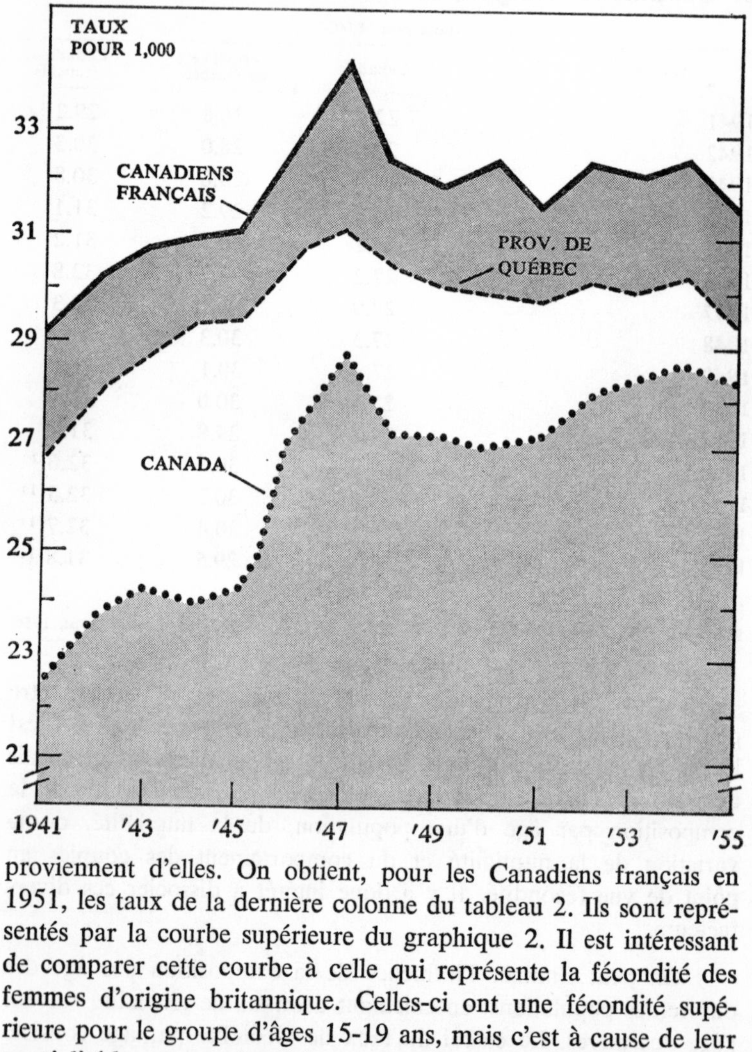

proviennent d'elles. On obtient, pour les Canadiens français en 1951, les taux de la dernière colonne du tableau 2. Ils sont représentés par la courbe supérieure du graphique 2. Il est intéressant de comparer cette courbe à celle qui représente la fécondité des femmes d'origine britannique. Celles-ci ont une fécondité supérieure pour le groupe d'âges 15-19 ans, mais c'est à cause de leur nuptialité beaucoup plus précoce, comme nous le verrons plus loin.

TABLEAU 2

Taux de fécondité suivant l'âge des mères, 1951

nombre annuel de naissances pour 1,000 femmes de certains âges
Canadiennes britanniques, Canadiennes françaises et Canada

Âge des mères	Canada	Canadiens d'origine britannique	Canadiens d'origine française
15-19 ans	47.9	57.8	36.2
20-24 ans	188.5	178.4	194.8
25-29 ans	198.7	176.3	229.4
30-34 ans	144.4	123.1	180.6
35-39 ans	86.4	66.4	123.7
40-44 ans	30.8	20.1	51.1
45-49 ans	3.0	1.4	5.6

Après 20 ans, les Canadiennes françaises ont une fécondité plus forte que les Canadiennes britanniques. La différence, par rapport au niveau des Canadiennes françaises, est de 8.4 p.c. pour le groupe 20-24 ans, puis elle va croissant à mesure que l'âge croît :

Âge	Différence de fécondité, en pourcentage, par rapport au niveau des Canadiens français
20-24 ans	8 p.c.
25-29 ans	23 p.c.
30-34 ans	32 p.c.
35-39 ans	46 p.c.
40-44 ans	60 p.c.
45-49 ans	75 p.c.

C'est donc surtout pour les âges élevés que la différence de fécondité est forte entre Canadiennes françaises et britanniques.

Cette image de la fécondité est relativement complexe, puisqu'elle fait intervenir 7 chiffres (1 pour chaque groupe d'âges de 5 ans). On peut simplifier cette image en ramenant la comparaison à ce qu'on appelle la *fécondité totale*. La fécondité totale, c'est le nombre d'enfants qu'aurait une femme qui, de 15 à 50 ans, serait soumise à la nuptialité et à la fécondité du groupe qu'elle représente. Si elle avait été soumise aux conditions de nuptialité et de fécondité en 1951, une Canadienne française aurait eu 4.1 enfants

GRAPHIQUE 2

Taux de fécondité suivant l'âge des mères, 1951

nombre annuel de naissances pour 1,000 femmes d'un âge déterminé
Canadiennes britanniques et Canadiennes françaises

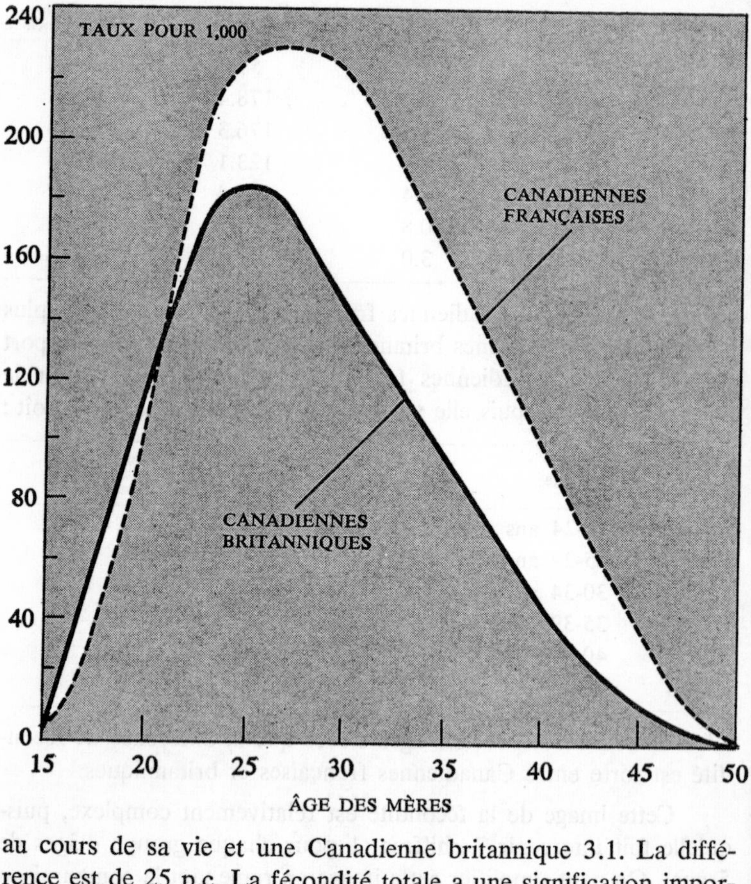

au cours de sa vie et une Canadienne britannique 3.1. La différence est de 25 p.c. La fécondité totale a une signification importante : elle permet de calculer le taux de reproduction des générations.

C'est le *taux net de reproduction* qui donne la meilleure idée de la reproduction des générations. Le taux net de reproducion est le chiffre par lequel il faut multiplier les effectifs d'une génération pour obtenir les effectifs de la génération à laquelle la première a donné naissance. Entre deux générations, il s'écoule environ 30 ans. Si, par exemple, le taux net de reproduction est de 2, une génération est remplacée, 30 ans plus tard, par une autre génération 2 fois plus nombreuse qu'elle. On peut évaluer ce taux à 1.83 pour les Canadiens français et à 1.44 pour les Canadiens britanniques. Soit une différence de 20 p.c. environ (par rapport au niveau des Canadiens français).

Remarquons en passant que ce dernier indice de croissance (taux net de reproduction = 1.8) correspond à une « vitesse » de reproduction moins élevée que celle que laissait entendre, tout à l'heure, le taux d'accroissement naturel de la période 1951-55, lequel correspondrait, s'il était maintenu, à un doublement de la population en 28 ans. Ce dernier taux est gonflé par une situation accidentellement favorable. Le taux net de reproduction de 1.8, qui donne une idée plus juste, correspond à un doublement tous les 36 ans environ. Pour que cela se réalise, il faudrait que la nuptialité et la fécondité des couples se maintiennent aux niveaux actuels, ce que l'on peut estimer improbable, au moins pour la fécondité des couples.

Quoiqu'il en soit, cette capacité de reproduction des Canadiens français est remarquable. Elle est passablement plus grande que celle du Canada, et l'on sait que notre pays a lui-même un taux de reproduction qui dépasse celui de tous les autres pays dont l'industrialisation est comparable à la sienne. Pour les peuples occidentalisés les plus féconds, on trouve les taux nets de reproduction suivants [1], en 1951 ou 1952:

	Taux net de reproduction	Période de doublement
Pays-Bas	1.39	63 ans
Australie	1.47	54 ans
U.S.A.	1.52	50 ans
Canada	1.66	41 ans
Canadiens français	1.83	35 ans

(1) Nations-Unies, ***Annuaire démographique, 1954,*** tableau 21, p. 456.

Nous reviendrons plus loin sur les conséquences possibles d'un tel taux de reproduction. Le taux de croissance relativement élevé de la population canadienne-française est donc un fait bien établi. Il serait intéressant de voir si cette situation dépend d'une forte nuptialité ou d'une forte fécondité des personnes qui se marient. Nous n'avons pas, jusqu'à maintenant, isolé ces deux phénomènes : nuptialité et fécondité des couples. Rappelons que les taux de fécondité et de reproduction que nous avons utilisés dépendent, et de la nuptialité et de la fécondité des couples. Qu'en est-il de ces deux phénomènes ? Voyons d'abord la nuptialité.

Etant donné qu'au Canada, 96 p.c. des enfants naissent de mères mariées, la nuptialité de la population exerce une forte répercussion sur les naissances. Un fait à signaler, c'est l'espèce de renversement qui s'est produit, au cours des 50 dernières années, et surtout depuis 1920, dans les positions respectives des représentants des deux cultures du Canada. En 1891, le Québec avait la plus forte nuptialité au Canada; en 1941, il occupait le dernier rang parmi les provinces. Le Québec était également, en 1941, la seule province ayant subi une diminution de la proportion des mariés, par rapport à 1891[(1)]. Signalons aussi que la nuptialité canadienne-française a été plus sensible à la conjoncture économique des années 1930 que la nuptialité des Canadiens non français. Cela s'explique : les Canadiens anglais peuvent s'ajuster à la conjoncture économique en n'ayant pas d'enfant (ou moins d'enfants) au cours d'une période difficile, en recourant à la contraception. Les Canadiens français eux, qui y recourent beaucoup moins, s'ajustent en ne se mariant pas ou en se mariant moins. Par contre, c'est la nuptialité québécoise qui est la moins affectée par la dernière guerre.

On peut se faire une idée de la nuptialité relativement faible des Canadiens français — et surtout des Canadiennes françaises — de deux façons. D'abord en examinant les taux de nuptialité sur les graphiques 3 et 4. Les courbes représentent les taux de nuptialité[(2)], par âge, de la population célibataire des provinces de

(1) *Recensement du Canada, 1941*, vol. 1, p. 139.

(2) Un taux de nuptialité est le rapport du nombre des nouveaux mariés d'une certaine catégorie, au cours d'une année, à la population de la même catégorie.

GRAPHIQUE 3

Evaluation des taux de nuptialité par âge, pour les célibataires du sexe féminin, Ontario et Québec, 1951

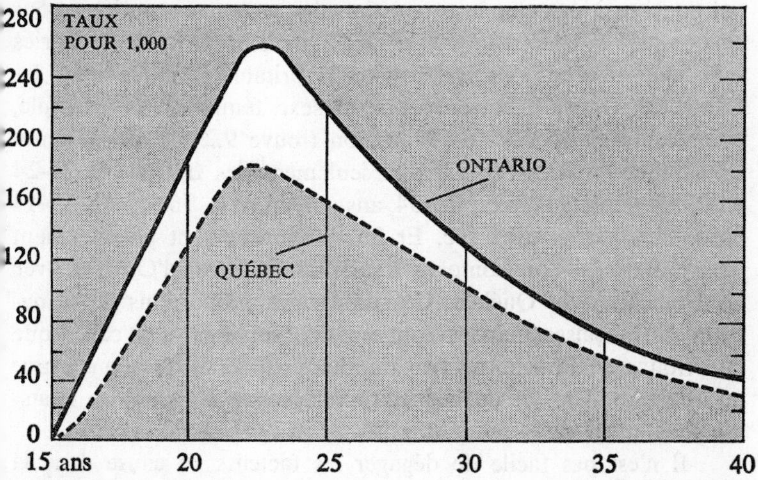

GRAPHIQUE 4

Evaluation des taux de nuptialité par âge, pour les célibataires du sexe masculin, Ontario et Québec, 1951

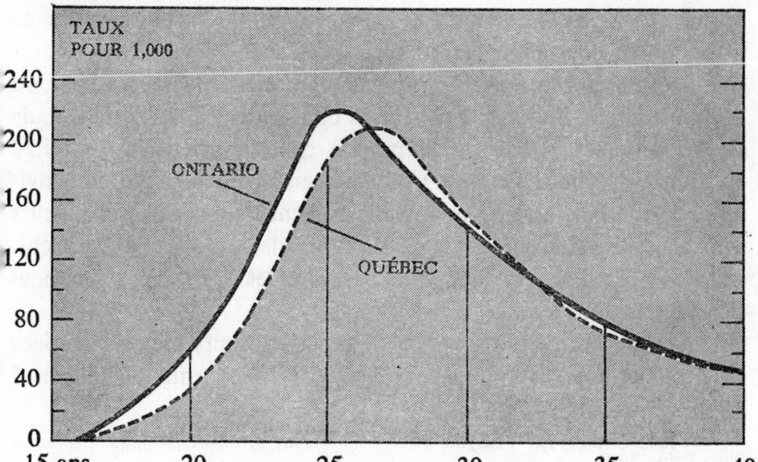

Québec et d'Ontario, pour chacun des sexes. On voit que la différence est très forte pour les célibataires du sexe féminin. Cela est confirmé par une autre façon d'approcher le problème et qui consiste à calculer la proportion des personnes mariées, pour chaque sexe et chaque groupe d'âges. Or ces proportions de mariés sont plus élevées pour les Canadiens britanniques que pour les Canadiens français, surtout pour le sexe féminin. Par exemple, pour le groupe d'âges 15-19 ans, on trouve 9.2 p.c. des femmes britanniques mariées et 5.8 p.c. seulement des françaises; 20-24 ans : 55 p.c. et 44 p.c.; 25-34 ans : 82 p.c. et 76.5 p.c.; 35-44 ans : 84.6 p.c. et 80.1 p.c. Et les différences sont passablement plus grandes si l'on compare les Britanniques de l'Ontario avec les Françaises du Québec. Ces différentes proportions de Canadiennes françaises mariées sont un peu supérieures à celles que l'on trouve en France, un peu inférieures à celles que l'on trouve au Royaume-Uni, et de beaucoup inférieures à celles des Etats-Unis[(1)].

Il n'est pas facile de dégager les facteurs en cause dans la faible nuptialité canadienne-française. Il semble, d'après une étude de Mme Enid Charles[(2)], que la religion catholique soit un facteur de persistance dans le célibat. L'instruction jouerait un rôle plus important, surtout chez les Canadiennes françaises. Mais l'étude de Mme Charles porte sur des femmes qui se sont mariées surtout entre 1905 et 1925, et les constatations qu'elle a faites ne s'appliquent peut-être plus maintenant. Cependant, on peut penser que l'adhésion à la morale conjugale catholique peut constituer un certain frein au mariage. En effet, la charge des enfants qui découle de l'observance stricte de la morale catholique et l'impossibilité de rompre le mariage sont probablement de nature à faire envisager le mariage un peu moins allègrement ! Nous allons d'ailleurs voir tout de suite que ces charges familiales ne sont pas une chimère, en étudiant la fécondité des couples ou plus exactement des femmes mariées.

On mesure cette fécondité en rapportant aux femmes mariées de certains âges, les naissances qui en proviennent. Le tableau 3

(1) Nations-Unies, *Annuaire démographique 1954*, tableau 4, p. 136.

(2) Enid Charles, *The Changing Size of the Family in Canada*, Ottawa, Imprimeur de la Reine, 1948.

GRAPHIQUE 5

Taux de fécondité légitime suivant l'âge des mères

nombre annuel de naissances pour 1,000 femmes mariées d'un âge déterminé
Canadiens britanniques et Canadiens français, en 1951; Canadiens, XVIIIe siècle

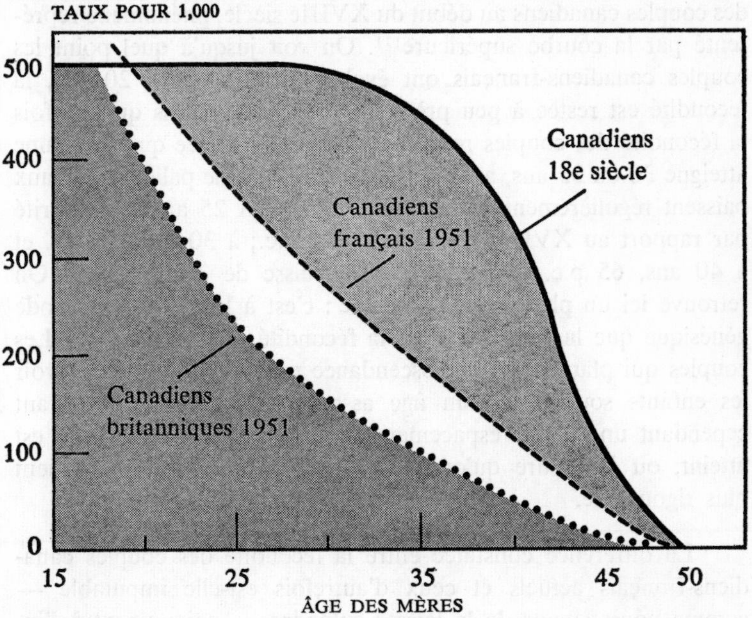

TABLEAU 3

Taux de fécondité légitime suivant l'âge des mères

nombre annuel de naissances pour 1,000 femmes mariées de certains âges
Canada au XVIIIe siècle, Canadiens britanniques et Canadiens français en 1951

Âge des mères	Canada XVIIIe siècle	Canadiens d'origine britannique, 1951	Canadiens d'origine française, 1951
15-19 ans	493	476.0	537.6
20-24 »	509	303.2	423.3
25-29 »	496	176.9	266.1
30-34 »	484		
35-39 »	410	52.9	111.9
40-44 »	231		
45-49 »	30	—	—

et le graphique 5 montrent les taux obtenus pour les Canadiennes françaises et les Canadiennes britanniques, en 1951. Ils permettent aussi de se faire une idée de ce que serait une fécondité naturelle, c'est-à-dire une fécondité spontanée ou instinctive : celle des couples canadiens au début du XVIIIe siècle, phénomène représenté par la courbe supérieure[1]. On voit jusqu'à quel point les couples canadiens-français ont évolué : vers l'âge de 20 ans, la fécondité est restée à peu près la même. Mais tandis qu'autrefois la fécondité des couples restait constante jusqu'à ce que la femme atteigne 30 ou 35 ans, aujourd'hui il n'y a plus de palier et les taux baissent régulièrement dès l'âge de 20 ans. A 25 ans, l'infériorité par rapport au XVIIIe siècle est de 30 p.c.; à 30 ans, 50 p.c. et à 40 ans, 65 p.c. Dans l'ensemble, baisse de 35 à 40 p.c. On retrouve ici un phénomène classique : c'est à la fin de la période génésique que la diminution de la fécondité est la plus forte. Les couples qui planifient leur descendance préfèrent en général avoir les enfants souhaités à un âge assez jeune, tout en respectant cependant un certain espacement. Quand le nombre souhaité est atteint, ou à mesure qu'on s'en approche, la restriction devient plus rigoureuse.

La différence constatée entre la fécondité des couples canadiens-français actuels et ceux d'autrefois est-elle imputable — comme nous venons de le laisser entendre — uniquement à l'intervention volontaire des époux ? Nous croyons que c'est là le principal facteur. Il reste que d'autres phénomènes peuvent être en cause et en particulier le fait que la vie urbaine, avec ses nombreuses distractions, favorise sans doute moins que la vie rurale les rapprochements conjugaux pouvant donner lieu à une fécondation. Soixante pour cent des Canadiens français sont maintenant urbanisés et près de 50 p.c. vivent dans des villes de plus de 10,000 habitants. L'urbanisation paraît d'autant plus importante, pour expliquer la diminution de la fécondité des couples, qu'en 1951, les couples ruraux agricoles canadiens-français du Québec semblent avoir la même fécondité que celle de leurs ancêtres.

(1) J. Henripin, *La population canadienne au début du XVIIIe siècle*, Paris, P.U.F., 1954, p. 60 et 124.

Nous allons revenir tout de suite sur ces différences entre la ville et la campagne. Auparavant, nous voudrions signaler les différences qui existent entre la fécondité légitime[1] canadienne-française et celle des Britanniques canadiens. Par rapport au niveau des Canadiens français, la différence en 1951 est de 23 p.c. à 20 ans, 30 p.c. à 25 ans, 33 p.c. à 30 ans et 54 p.c. à 40 ans. Dans quelle mesure ces différences, constatées en 1951, sont-elles permanentes ou accidentelles ? Etant donné que la conjoncture favorable de 1951 semble avoir influé davantage sur les couples britanniques on peut penser que la différence inter-ethnique de 1951 est plutôt sous-évaluée par rapport à ce qu'elle serait sans cette restauration, temporaire pour une bonne part, de la fécondité britannique. Quoiqu'il en soit, la différence observée, en 1951, est d'environ 30 p.c.

Venons-en aux différences entre la ville et la campagne. Les statistiques de l'état civil publiées ne permettent pas de procéder aux mêmes calculs que précédemment. Pour mesurer la fécondité des couples mariés, nous nous servirons de l'indice suivant : le rapport entre le nombre des enfants âgés de 0 à 5 ans au nombre des femmes mariées de 15 à 45 ans, chiffres fournis par le recensement. Pour les Canadiens français vivant sur les fermes du Québec, on comptait, en 1951, 160 enfants de 0-5 ans pour 1,000 femmes mariées âgées de 15-45 ans; pour les Canadiens français de Montréal, on en trouve 75. La différence entre la campagne agricole et la ville de Montréal est donc d'un peu plus de 50 p.c. Pour la ville de Québec, on trouve 92 enfants de 0-5 ans pour 1,000 femmes mariées de 15-44 ans et pour Toronto, 52.5.

Les couples montréalais canadiens-français ont donc une fécondité réduite de moitié par rapport à celle des agriculteurs. Il serait extrêmement intéressant de savoir par quel processus psychologique ou sociologique, les Canadiens français de Montréal en arrivent à un comportement tellement différent du comportement traditionnel, apparemment encore conservé en milieu agricole. Je pense qu'il peut y avoir là une différence assez profonde dans la façon d'envisager la vie. Il semble que dans un cas, on se

(1) C'est-à-dire celle des couples mariés.

soumet à la nature et que dans l'autre, on la contrôle avec un certain succès.

On peut être étonné de voir que nos possibilités de reproduction ont tellement diminué. Mais peut-être faut-il s'étonner autant du fait que nous ayons conservé une aussi grande partie de notre fécondité, malgré une industrialisation qui, chez toutes les autres populations, a produit des effets bien plus grands. Et ceci nous distingue certainement beaucoup plus que cela.

Comment expliquer ces variations de la fécondité ? Madame Charles, étudiant, d'après le recensement de 1941, des femmes qui avaient complété leur famille et qui avaient eu leurs enfants surtout depuis la première guerre mondiale jusqu'à 1935, a essayé de dégager l'influence de certains facteurs. La religion, la langue et l'habitat rural ou urbain semblaient jouer un rôle d'importance comparable. Cette constatation est à retenir, parce qu'elle suggère que la religion n'explique pas tout dans le comportement des couples canadiens-français. On ne sait pas très bien ce que recouvre « la langue » comme valeurs psycho-sociologiques, mais une réalité semble jouer un rôle appréciable sous cette appellation. Madame Charles a trouvé que l'urbanisation jouait un rôle plus important pour les Canadiennes françaises que pour les Canadiennes anglaises. Et cela semble encore vrai aujourd'hui d'après des évaluations que nous avons tenté de faire.

Bref, nous pouvons retenir que nous avons encore aujourd'hui, et malgré une baisse appréciable, une fécondité extrêmement élevée, si on la compare à celle des peuples dont l'industrialisation est semblable à la nôtre. Cette fécondité exceptionnelle est due au comportement des couples mariés et non pas à la proportion des personnes qui se marient, ni à une nuptialité précoce.

* * *

Ces résultats ont été en général assez bien accueillis, en particulier par ceux qui se sont préoccupés de la survivance de notre peuple. Et il est certain qu'ils ont assuré jusqu'à maintenant à la population canadienne-française une quantité qu'il était important d'obtenir. Je pense que l'on ne peut douter que cette force biologique — qui n'est probablement ni exceptionnelle, ni miraculeuse, mais qui était étayée sur un système de valeurs des plus favorables: sentiment religieux, traditions et sans doute une certaine austérité — ait assuré aux Canadiens français la quantité, et c'était l'essentiel. Grâce à leur surnatalité, ils ont réussi à équilibrer l'immigration (qui s'est à peu près toute ralliée aux éléments de langue anglaise) et à conserver la place qu'ils occupent dans la population canadienne[1].

Cependant, on peut se demander quel est le prix de cette quantité (plus exactement de ce *taux de croissance)* pour une société industrielle ? On peut se demander si cette vigueur quantitative ne joue pas ou ne va pas jouer contre une certaine qualité de la population. En effet, une population croissante doit, chaque année, amputer son revenu national des « investissements démographiques destinés simplement à pourvoir les nouveaux venus d'un équipement (outillage et logement) comparable à celui des autres »[2]. Les sacrifices ainsi exigés ne peuvent-ils pas être tellement importants qu'ils forcent la société qui y est contrainte à un abaissement de son bien-être ou de sa qualité ? Et ici, c'est une véritable question que nous posons et non une forme interrogative que nous donnons à une proposition qui voudrait être une affirmation. La science de la population est bien loin d'être assez avancée pour apporter là-dessus une lumière décisive. Certains démographes — Sauvy en particulier — ont plutôt essayé de montrer un fait qui peut laisser entendre que la quantité ou la croissance ne joue pas contre la qualité : une population stagnante, estime-t-on, ne profite pas de son « épargne démographique » qu'elle « investirait» en vue d'améliorer sa situation économique et culturelle. On cite plusieurs exemples : celui de la population française stagnante et relativement pauvre en face d'une Angleterre croissante et riche; celui de l'Irlande comparée au Danemark; celui de la Gascogne peu populeuse et moins productive que la Bretagne dont la densité est forte.

---

(1) On sait en effet que la proportion des Canadiens français dans la population canadienne s'est maintenue, depuis quatre-vingts ans, autour de 30 p.c., avec de faibles fluctuations et, en tout cas, sans manifester de tendance à croître ou à décroître.

(2) Alfred Sauvy, *Théorie générale de la population,* Paris, P.U.F., 1954, tome II, p. 3.

Et il semble bien en effet qu'un certain taux de croissance est nécessaire pour stimuler les forces créatrices d'une société. « Un handicap initial, écrit Sauvy, provoque parfois une réaction suffisante non seulement pour réparer le mal, mais pour pousser plus loin et procurer un avantage positif »[1]. De même, « la pression démographique fait jaillir le progrès ».

Mais cela ne signifie pas que plus on croîtra rapidement, plus de chances on aura d'améliorer la qualité de la population. Il faut que la souffrance ou l'effort à fournir ne soient pas trop épuisants. Il doit y avoir un taux optimum de croissance, qui dépend en grande partie de la situation économique d'une société (richesses naturelles, organisation économique, etc.). Sauvy lui-même donne l'exemple du sauteur en hauteur, qui peut se dépasser si l'on relève progressivement la barre à sauter, mais qui ratera si la barre est relevée trop brusquement.

La question que nous posions revient à se demander si, étant donné notre situation propre (organisation sociale, type de richesses naturelles, qualités techniques, psychologiques et sociologiques, capitaux déjà accumulés), nous ne croissons pas à un rythme qui dépasse ce qui serait pour nous un rythme optimum.

La question n'est pas entièrement gratuite. On peut en effet être inquiété par un certain nombre de faits et je pense en particulier à notre mortalité générale et plus particulièrement infantile, à notre faible scolarité, à notre faible qualité professionnelle et à l'insuffisance de certains de nos équipements sociaux, nos hôpitaux par exemple. Voici quelques chiffres sur ces points.

Pour tous les âges et pour les deux sexes, la mortalité de la province de Québec était, en 1941, la plus élevée du pays. Du moins si on la compare à celle des quatre autres régions : Maritimes, Ontario, Prairie, Colombie-Britannique. Cette comparaison, relative à 1941, repose sur des tables de mortalité calculées avec précision par le Bureau fédéral de la statistique. Pour les années plus récentes, nous n'avons pu disposer de tables aussi précises. Mais les taux de mortalité par groupe d'âges de cinq ans, publiés dans la *Statistique de l'état civil,* suffisent à montrer qu'en 1951,

(1) A. Sauvy, *op. cit.*, t. II, p. 22.

le Québec n'avait pas encore rattrapé son retard. Cette situation est particulièrement notoire pour la mortalité infantile. En 1951, le taux de mortalité infantile du Canada était de 37.8 p. mi. Après les Indiens, qui avaient un taux de 115 p. mi., venaient les Canadiens français avec 49.5 p. mi. Le groupe ethnique qui suit, les Canadiens d'origine anglaise (à l'exclusion des Irlandais et Ecossais), avait un taux de 33.1 p. mi. Tous les autres groupes ethniques avaient des taux inférieurs à 30 p. mi.

Passons à la scolarité. D'après les chiffres du recensement de 1951, la poursuite des études, après l'âge de 14 ans, est passablement moins fréquente dans le Québec que dans les autres provinces. En Ontario, 42.1 p.c. des garçons de 16 et 17 ans étudiaient; dans le Québec, 34 p.c. Pour les filles du même âge, la marge est encore plus forte : 46.7 p.c. en Ontario et 30.3 p.c. au Québec. Voici, au tableau 4, quelques chiffres significatifs pour

TABLEAU 4

Proportion de la population «allant à l'école», au cours de la semaine terminée le 2 juin 1951, suivant le sexe et l'âge. Canada, Ontario et Québec

Âge	Sexe féminin			Sexe masculin		
	Canada	Ontario	Québec	Canada	Ontario	Québec
14 ans	89.1	94.0	79.4	88.9	91.4	84.1
15 »	75.2	83.5	57.4	72.6	78.5	62.0
16-17 ans	44.2	46.7	30.3	40.5	42.1	34.0
18-19 »	13.4	15.2	8.8	15.8	17.1	15.0
20-24 »	1.9	2.4	1.5	4.0	4.1	5.4

Source : B.F.S., *Recensement du Canada, 1951*, vol. IV, tabl. 3. La population « allant à l'école » comprend « toute personne fréquentant une maison d'enseignement où les élèves ne reçoivent aucune rétribution en espèces ou en nature ».

d'autres âges. Pour tous ces groupes d'âges, à l'exception du groupe 20-24 ans, le Québec avait en 1951 des proportions que l'Ontario dépassait déjà en 1931. Nous avons donc au moins vingt ans de retard par rapport à cette province. Cependant la scolarité québécoise croît plus rapidement que celle des autres provinces : notre retard tend à diminuer, surtout depuis 1941.

Cette faible scolarité s'accompagne, on le sait, d'une faible qualité professionnelle. Alors qu'ils constituent 79.5 p.c. de la population active masculine du Québec, les Canadiens français ne comptent que 65.1 p.c. des propriétaires et administrateurs d'entreprises; par contre, ils forment 81.9 p.c. des ouvriers et 86.1 p.c. des manoeuvres. Ces chiffres sont trop grossiers pour refléter toute l'ampleur du problème. On peut cependant cerner la réalité de plus près en ventilant ces grandes catégories. Ainsi, dans l'ensemble du Canada, les Canadiens français forment 28.4 p.c. de la population active masculine; voici la proportion qui leur revient dans la propriété et l'administration de certaines entreprises : commerce de détail : 23.6 p.c.; commerce de gros : 17 p.c.; entreprises financières : 9.5 p.c.; manufactures : 22.1 p.c. Mais ici, il faudrait pouvoir distinguer suivant l'importance des entreprises.

Parmi les ingénieurs du Canada, on ne compte que 11 p.c. de Canadiens français et pour les autres professions libérales, l'insuffisance est moins marquée, mais elle est appréciable.

Nous ne savons pas si, parmi les divers types d'équipements sociaux, il en existe pour lesquels nous sommes bien pourvus, mais il ne semble pas que ce soit le cas pour l'un des plus importants : les hôpitaux. Le nombre de lits d'hôpitaux généraux par 1,000 habitants était, en 1954, de 4.74 dans le Québec et de 5.33 dans l'ensemble du Canada (Ontario : 5.25). C'est aussi au Québec que le nombre d'heures de travail par jour-patient, dans les hôpitaux, est le plus faible : 7.9 heures contre 9.3 heures pour l'ensemble du Canada[1].

Cette situation, d'ailleurs, ne doit pas trop nous étonner, si l'on veut bien réfléchir au coût de la croissance démographique. Les évaluations qui ont été faites du coût de cette croissance présentent une grande variété. Malgré leur imprécision, on peut fixer des ordres de grandeurs qui aideront à fixer les idées.

D'après de nombreuses études, on peut évaluer que chaque nouveau travailleur requiert un équipement (outillage et logement) dont la production demande à peu près cinq ans de travail[2]. En

(1) Voir : B.F.S., *Statistique des hôpitaux, 1954,* vol. 1.
(2) Cf. Alfred Sauvy, *op. cit.,* t. I, p. 291 à 295.

d'autres termes, cela signifie qu'une population qui croît de 2 p.c. par an doit sacrifier environ 8 à 10 p.c. de son revenu national pour équiper les nouveaux venus(1). Elle doit en plus consentir à un effort supplémentaire pour élever ses enfants : nourriture, vêtements, écoles, élimination ou réduction de la possibilité, pour la femme, de travailler à la production directement économique.

Ces « investissements démographiques » s'ajoutent à la part du revenu national qui doit être consacrée au maintien de l'équipement existant et aux investissements nouveaux qu'il faut faire pour accroître la productivité ou le revenu par tête.

Supposons par exemple que nous voulions augmenter notre revenu par tête de 1 p.c. par an et que notre population croisse de 2 p.c. par an. Il faudrait, après avoir fait les efforts nécessaires au maintien en état de notre capital, épargner 12 à 15 p.c. de notre revenu et l'investir.

Il est probable que nous n'avons jamais pu faire un tel effort. Ce sont des capitaux étrangers qui ont été investis. Dans la mesure où l'on veut limiter ces capitaux étrangers, il faut consentir à une certaine austérité, c'est-à-dire à se priver d'une part appréciable de notre revenu pour l'investir en outillage, en logements, en écoles, etc. Et il n'est pas certain que cette austérité puisse être spontanée, surtout en face de l'attrait qu'exerce le haut niveau de vie de nos voisins. L'Etat pourrait être amené, soit à forcer l'épargne individuelle s'il en a les moyens, par exemple en limitant la publicité, soit à percevoir des impôts pour investir lui-même ou faciliter les prêts aux entrepreneurs.

Un exemple plus limité qui permet de voir le phénomène de façon plus simple est celui du logement. Supposons une population stationnaire. Si elle ne désire que maintenir la qualité de ses logements, il suffit qu'elle remplace les logements trop vieux. Et si, par exemple, la vie d'un logement est de 100 ans, elle devra reconstruire, chaque année, un nombre de logements égal à 1 p.c. du nombre total. Si, au contraire, la population croit de 2 p.c. par an, elle devra remplacer 1 p.c. des logements devenus trop

(1) Cf. Nations-Unies, *The Determinants and Consequences of Population Trends*, New-York 1953, p. 226 et 227.

vieux, chaque année, et construire un nombre de nouveaux logements équivalent à 2 p.c. du nombre des logements existants; soit un total de 3 p.c. De sorte que l'effort que doit consentir notre population croissante est trois fois plus grand que l'effort que doit fournir la population stationnaire.

Le problème ainsi posé, l'est certainement en termes grossiers et insatisfaisants. Mais nous pensons qu'il n'est pas imaginaire et qu'il doit nous inviter à des investigations plus poussées.

La croissance démographique ne pose pas que des problèmes de macro-économique. Au niveau des individus et des familles, elle peut constituer un handicap à la qualité de la population, spécialement pour les familles nombreuses qui, justement, sont fréquentes dans une population qui croît rapidement.

Une enquête relativement récente de la J.O.C. a montré qu'on trouvait, parmi les jeunes travailleurs issus de familles nombreuses, une proportion anormalement élevée de travailleurs non spécialisés, ce qui n'est pas de nature à nous étonner, étant donné les difficultés économiques que rencontrent ces familles[1].

D'autre part, l'étude de la mobilité sociale a montré que le passage à un statut professionnel supérieur était plus facile pour les enfants de familles de petite dimension que pour ceux de familles nombreuses[2].

Autre problème : on a aussi montré que — à l'intérieur d'une même classe socio-économique — le quotient intellectuel des enfants de familles restreintes était plus élevé[3].

Autant de sujets d'inquiétude concernant la qualité d'une population à forte fécondité.

Les solutions possibles ne sont pas nécessairement de nature malthusienne. On peut, au lieu de diminuer la croissance de la

(1) Cf. « Rapport d'une enquête sur la vie professionnelle des jeunes travailleurs du Québec», *L'Action catholique ouvrière,* octobre 1952, p. 385.

(2) Cf. Marcel Bresard, « Mobilité sociale et dimension de la famille ». *Population,* juillet-septembre 1950, p. 553 à 556.

(3) Cf. *Le niveau intellectuel des enfants d'âge scolaire,* ouvrage préparé en collaboration, Paris, P.U.F., 1950, (collection des «Travaux et documents» de l'Institut national d'études démographiques), p. 179-193.

population, épargner et investir davantage ou investir mieux. Mais l'exploration de ces solutions n'est pas faite.

* * *

Il reste deux questions majeures à nous poser : où la fécondité actuelle des Canadiens français se place-t-elle, dans un mouvement de longue durée; et que peut-on entrevoir de son avenir ? Quelques indications peuvent être données, pour répondre à ces questions; elles résultent de la considération des graphiques 6 et 7. Le premier représente la *fécondité totale*(1) des Québécois et des Ontariens de 1926 à 1954. Après une baisse très accentuée, surtout pour le Québec, la fécondité totale croît, à partir de 1940 pour cette dernière province et à partir de 1938 pour l'Ontario. Une stabilisation se dessine, pour le Québec, de 1946 à 1954, tandis que le mouvement de croissance a persisté pour l'Ontario, mais probablement ici par suite de causes temporaires qui jouent surtout pour l'Ontario. On constate aussi que, depuis une trentaine d'années, l'écart relatif entre la fécondité du Québec et celle de l'Ontario tend à se réduire. Nous croyons que cette comparaison peut être transposée sur le plan ethnique et qu'elle reflète assez bien les différences entre la fécondité des Canadiens français et celle des autres Canadiens. Une remarque cependant s'impose : il ne faut pas attacher d'importance, du point de vue qui nous occupe, au mouvement de l'après-guerre, parce que celui-ci ne reflète pas la tendance de longue durée : la réduction de l'écart est exagérée par l'avancement de l'âge au mariage, qui a surtout affecté l'Ontario. Il n'en reste pas moins qu'il est très probable que la fécondité canadienne-française se rapproche de celle des autres Canadiens.

Le graphique 7 permet d'examiner une plus longue période. Il représente l'évolution de la fécondité des couples de l'Ontario et du Québec, de 1851 à 1951. Les taux représentés sont constitués par le rapport du nombre des enfants de moins de cinq ans au nombre des femmes mariées de 15 à 44 ans. Le niveau de départ

(1) Le taux de *fécondité totale* d'une année représente le nombre d'enfants qu'aurait une femme; au cours de sa vie, si elle était soumise aux conditions de nuptialité et de fécondité de cette année-là. Source : B.F.S., *Statistique de l'état civil.*

GRAPHIQUE 6

Taux de fécondité totale, Québec et Ontario, 1926 à 1954

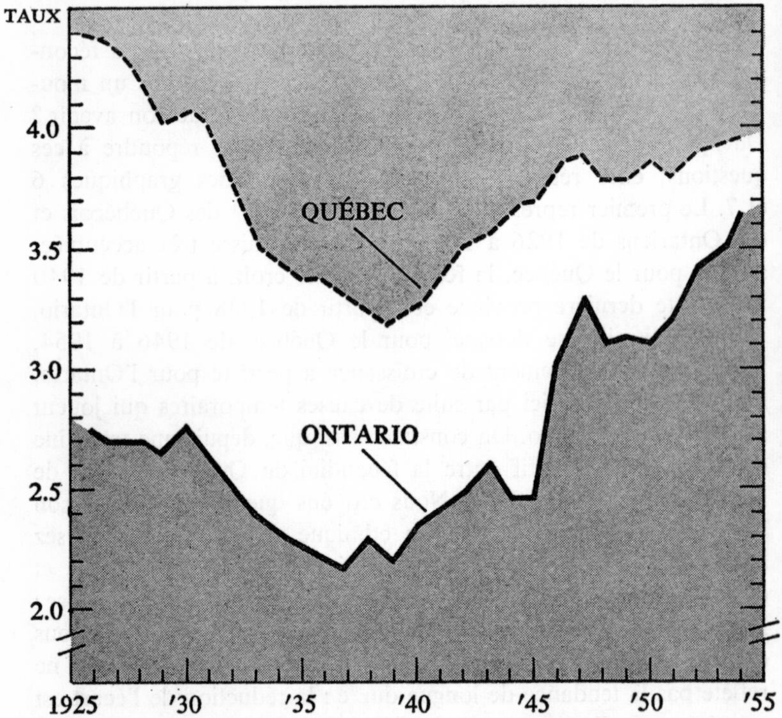

semble être à peu près le même pour les deux provinces. La baisse du taux qui suit est beaucoup plus marquée pour l'Ontario. Mais ce que nous voudrions surtout faire remarquer, c'est ceci : malgré la reprise des dix dernières années, le taux du Québec, en 1951, n'est pas éloigné du taux que l'on trouverait en prolongeant le mouvement de longue durée des cent années qui précèdent. Cela signifie que le niveau actuel de la fécondité québécoise n'est pas du tout incompatible avec la tendance séculaire à la baisse.

Si les prédictions sont impossibles, il semble au moins qu'on n'ait aucune raison de penser que quelque chose ait changé dans ce mouvement séculaire; et si aucun phénomène important ne

GRAPHIQUE 7

Fécondité légitime : nombre d'enfants de 0-4 ans pour 100 femmes mariées de 15-44 ans, Ontario et Québec, 1851 à 1951

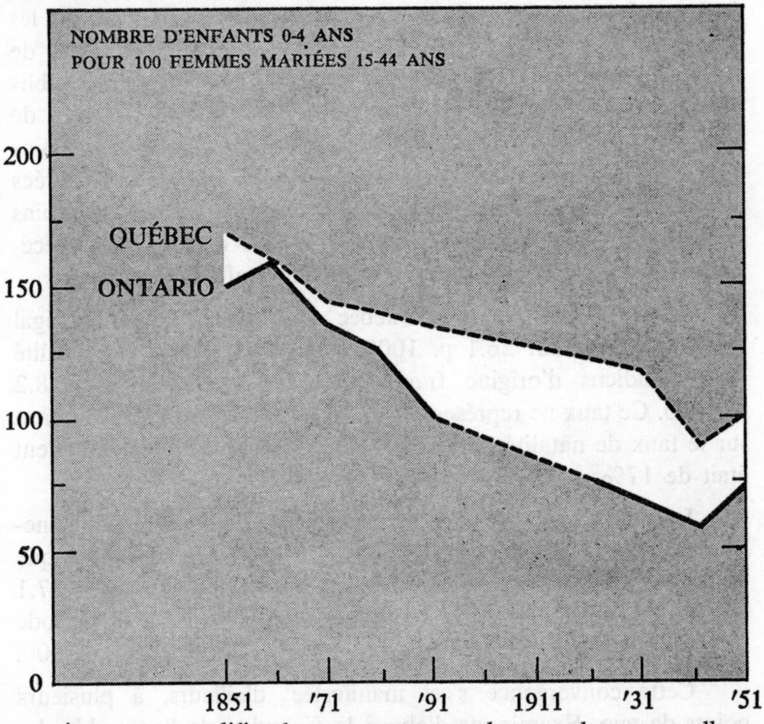

survient pour modifier le comportement des couples, nous allons probablement nous réengager, une fois passée la reprise des quinze dernières années, dans la voie d'une fécondité décroissante, dont nous ne nous sommes guère écartés encore.

L'urbanisation, l'accès de plus en plus répandu à l'éducation moyenne ou supérieure, l'influence d'un climat social où triomphe la publicité en faveur du bien-être matériel ou intellectuel, l'émancipation des prescriptions morales de la religion, le désir de contrôler les facteurs essentiels de sa vie et de mieux équiper ses enfants pour la leur, tous ces facteurs jouent dans le sens de la limitation des naissances.

Mise à jour

Depuis 1952, les statistiques de l'état civil ne classent plus les événements suivant l'origine ethnique des personnes intéressées, de sorte qu'on ne peut plus calculer de taux de natalité ni de taux de fécondité suivant l'origine ethnique. Cependant, les recensements fournissent des renseignements qui permettent ici de faire des mesures qui ne sont pas très éloignées des taux établis à l'aide des statistiques de l'état civil. Par exemple, le taux de natalité peut être remplacé par le rapport des enfants de moins de cinq ans à la population totale, ces deux données étant tirées des recensements. Remarquons toutefois que les enfants de moins de cinq ans représentent les naissances des cinq années précédentes moins les décès se rapportant aux enfants concernés.

En 1961, la province de Québec avait un taux de natalité égal à celui du Canada: 26.1 p. 1000 habitants. Le taux de natalité des Canadiens d'origine française devait être d'environ 28.2 p. 1000. Ce taux ne représente plus qu'un excédent de 5% environ sur le taux de natalité du Canada, alors qu'en 1951, cet excédent était de 17%.

Le taux d'accroissement naturel de la population canadienne-française devait être voisin, en 1961, de 21.5 p. 1000, alors que pour le reste de la population canadienne, il devait être de 17.1 p. 1000. L'écart s'est donc réduit depuis 1951. Pour la période 1951-55, les chiffres étaient respectivement de 24.4 et 17.8 p. 1000.

Cette convergence s'est manifestée, d'ailleurs, à plusieurs points de vue. Examinons d'abord la fécondité de l'ensemble des femmes de 15 à 44 ans. Ce phénomène peut être mesuré par le rapport des enfants de 0-4 ans aux femmes de 15-44 ans. Voici la valeur de ce rapport, en 1951 et en 1961, pour quelques groupes particulièrement intéressants:

	1951	1961
Canada	0.555	0.606
Québec	0.582	0.596
Canadiens français	0.623	0.639
Canadiens britanniques	0.535	0.575

Les femmes du Québec ont maintenant une fécondité moindre que celles de l'ensemble du Canada; quant aux Canadiennes françaises, l'excédent de leur fécondité n'est plus que de 5.4%, alors qu'il était de 12.2% en 1951. Cette quasi-égalité de la fécondité est le résultat d'un double phénomène: la fécondité des femmes *mariées* canadiennes-françaises est encore supérieure (peut-être de 15%) à celle des femmes mariées de l'ensemble du Canada, mais ce phénomène est en grande partie compensé par une moindre nuptialité. La fécondité des femmes mariées peut être mesurée par le rapport des enfants de 0-4 ans aux femmes mariées de 15-44 ans. Les données publiées du recensement ne permettent pas encore d'utiliser cette mesure pour les groupes ethniques, mais la comparaison du Québec et du Canada peut donner une indication. Voici la valeur de ce rapport, pour 1951 et 1961:

	1951	1961
Canada	0.862	0.896
Québec	1.020	0.985

L'excédent du Québec par rapport au Canada est passé de 18% à 10%. Comme nous venons de le dire, cela est en grande partie compensé par une plus faible nuptialité. Le Québec est la province où l'on se marie le moins. Voici la proportion des femmes mariées, pour certains groupes d'âges, au Canada et au Québec, en 1961:

Âge	Canada	Québec
15-19 ans	8.7%	5.0%
20-24 ans	59.2%	47.9%
25-29 ans	83.7%	77.2%
30-34 ans	88.1%	83.8%
35-39 ans	88.5%	84.4%

Bref, la croissance de la population canadienne-française se rapproche de celle du reste du Canada. La surfécondité des couples canadiens-français tend à disparaître et elle est partiellement compensée par une sous-nuptialité. Cette convergence, on la retrouve aussi pour les grandes villes, pour les populations urbaines et pour les populations rurales. C'est sans doute là le fait dominant de la démographie des divers segments de la population canadienne.

Examinons, pour terminer, l'évolution de certains phénomènes dont nous avons fait état, précédemment, pour caractériser le retard du Québec ou des Canadiens français sur le reste du Canada.

Pour l'ensemble de la mortalité, la province de Québec se classait au dernier rang en 1961 comme en 1951, au point de vue du taux rectifié [1] de mortalité. L'excédent de mortalité, par rapport au Canada, s'est cependant quelque peu réduit: il était de 13.3% en 1951 (10.2 contre 9.0 p. 1000) et de 10.5% en 1961 (8.4 contre 7.6 p. 1000). Quant à la mortalité infantile, le Québec se classait au 8e rang, en 1961 comme en 1951. Mais la différence relative entre le taux du Québec et celui du Canada s'est fortement réduite: elle était de 23% en 1951 (48 contre 39 p. 1000) et de 15% en 1961 (31 contre 27 p. 1000).

Voici les taux de scolarisation du Canada, du Québec et de l'Ontario en 1951 et en 1961, pour les groupes d'âges 15-19 ans et 20-24 ans:

(1) Le taux de mortalité rectifié élimine l'influence que pourraient exercer les différences de composition par âge.

TABLEAU 4 (a)

Taux de scolarisation

Âge et années	Sexe masculin			Sexe féminin		
	Canada	Québec	Ontario	Canada	Québec	Ontario
15-19 ans :						
1951	40.8%	32.7%	43.6%	40.1%	27.1%	43.8%
1961	61.2	54.1	65.9	55.7	46.0	59.9
20-24 ans :						
1951	6.4	6.6	7.1	3.3	2.6	3.8
1961	11.5	10.9	12.6	4.6	4.0	5.1

Sources : Recensement de 1951, vol. X, tableau 49; Recensement de 1961, bulletin 1.3-6.

Pour le sexe masculin, l'infériorité du Québec ne s'est pas atténuée; il y a même eu une accentuation de l'écart pour le groupe d'âges 20-24 ans. On note cependant, pour le sexe féminin, un rattrapage appréciable, surtout pour le groupe de 15 à 19 ans.

27 novembre 1963

CHAPITRE 9

LE MARCHÉ DU TRAVAIL

1 - La main-d'oeuvre

2 - Emploi et chômage

3 - Les salaires

4 - Le syndicalisme

Le marché du travail

9

Les aspects institutionnels sont particulièrement importants dans l'explication des salaires et l'affectation des ressources du travail. Le syndicalisme, en particulier, a transformé les conditions dans lesquelles l'offre du travail se manifeste sur le marché; il a introduit un certain nombre de contraintes quant au salaire et aux autres conditions de travail, de sorte que l'étude du syndicalisme est maintenant indispensable.

L'objet de ce chapitre est de décrire brièvement l'évolution de l'emploi et des salaires au Canada, puis de donner quelques indications très fragmentaires sur le syndicalisme.

1 - La main-d'oeuvre

La première question qui vient à l'esprit sur la main-d'oeuvre est celle du nombre de travailleurs et de son rythme d'accroissement. Le tableau 1 décompose la population totale pour faire ressortir la notion de main-d'oeuvre, à la ligne 4. En 1962, au Canada, on comptait 6.6 millions de personnes dans la main-d'oeuvre civile sur une population totale de 18.5 millions. *De la population totale, on soustrait d'abord tous ceux qui ont 14 ans d'âge et moins: on obtient la population active*. Comme on compte 126,000 soldats dans les forces armées, on les soustrait pour obtenir la *population active civile*. Puis, on en arrive au concept de main-d'oeuvre, par la soustraction, de la population active civile, des étudiants (de 14 ans et plus), des femmes au foyer, des vieillards et ainsi de suite. La main-d'oeuvre est ainsi définie: *c'est l'ensemble de la population qui est apte à travailler et désireuse de le faire pour en tirer un revenu.* Enfin on distingue la main-d'oeuvre au travail de la main-d'oeuvre en chômage. *Le chiffre de la main-d'oeuvre totale correspond,* dans le langage théorique, à la *quantité de travail qui est offerte à un moment donné.*

TABLEAU 1

La main-d'oeuvre, Canada 1962

	en milliers
1. population totale	18,570
2. population active	12,350
3. population active civile	12,224
4. main-d'oeuvre civile totale	6,608
5. main-d'oeuvre civile au travail	6,217
dans l'agriculture	(653)
hors de l'agriculture	(5,564)
6. main-d'oeuvre civile en chômage	391

Source : B.F.S. *La Main-d'oeuvre.*

On peut déjà tirer du tableau 1 que le nombre de travailleurs va varier d'une année à une autre sous la double influence des changements qui surviennent dans la population totale et dans ce que nous appelons les taux de participation. Voyons d'abord le facteur de la population. Nous avons déjà donné quelques indications sur le taux d'augmentation de la population au cours du chapitre 2. Nous avons montré par exemple que le taux annuel d'accroissement a été de 2.9% entre 1951 et 1956 et de 2.68% de 1956 à 1961. Ajoutons que ceci représente une augmentation de 4.2 millions d'habitants au cours des dix dernières années, soit 30% de plus.

L'augmentation de la population s'explique par l'accroissement naturel (l'excédent des naissances sur les décès) et par l'immigration nette (excédent de l'immigration sur l'émigration).

TABLEAU 2

L'accroissement de la population. Canada 1931-1961

Années	Population totale en '000	Augmentation totale	Accroissement naturel	Immigration nette
1931	10,376.8			
1941	11,506.6	1,129.8	1,221.8	— 91.9
1951	14,009.4	2,502.8 (1)	1,972.4	168.4
1956	16,080.8	2,071.4	1,471.7	599.6
1961	18,238.2	2,157.4	1,722.0 (2)	436.4 (2)

Notes : (1) L'entrée de Terre-Neuve dans la Confédération ajoute 361,000 habitants non comptés dans les deux dernières colonnes.
(2) Estimations.

Source : *Annuaire du Canada* 1961 et 1962.

Le tableau 3 donne l'importance relative de l'accroissement naturel et de l'immigration dans l'augmentation de la population depuis 1931. Avant la guerre, les mouvements de population se sont soldés par une émigration nette, puisque le chiffre correspondant du tableau est négatif. L'immigration a été la plus forte de 1951 à 1956, sans doute à cause de la prospérité du pays au cours de cette période. En 1957, le nombre des immigrants entrés au Canada a atteint un maximum de 282,164; il a diminué ensuite de 1958 à 1961: 124,851, 106,928, 104,111, 71,689. En 1962, il a été de 74,586. D'ordinaire quand les immigrants diminuent, l'émigration vers les Etats-Unis s'accentue en même temps, parce que les possibilités d'emploi au Canada sont moins bonnes. Dans ce cas, l'immigration nette est très faible sinon négative.

Le deuxième facteur qui influe sur le nombre de travailleurs est *le taux de participation, i.e. la proportion que représente la main-d'oeuvre par rapport à la population active* (1). Contrairement à ce qu'on peut penser, ces taux de participation à la main-d'oeuvre varient de façon significative aussi bien dans le temps que suivant les endroits.

TABLEAU 3

Taux de participation de la population active à la main-d'oeuvre

	hommes	femmes	total
1955	82	23.9	52.9
1958	81.7	26.3	53.9
1960	80.9	28.0	54.3
1962	79.3	29.1	54.1

Source : B.F.S. La main-d'oeuvre et le Supplément de sept. 1960.

Le taux de participation a augmenté de 1.2% de 1955 à 1962 pour l'ensemble de la main-d'oeuvre (ce pourcentage représente 66,000 travailleurs de plus en 1962). Mais ce total résulte

(1) Main-d'oeuvre civile rapportée à la population active civile. Les taux de participation de la population à la main-d'oeuvre se mesurent de différentes façons. La définition donnée ci-dessus en est une parmi plusieurs.

de tendances opposées chez les hommes et les femmes, tendances qui sont remarquables par leur ampleur.

Chez les hommes, le taux de participation diminue à cause de l'élévation des taux de scolarité et de l'abaissement de l'âge de la retraite; par contre le taux de participation augmente sensiblement chez les femmes, parce que les femmes mariées travaillent de plus en plus hors du foyer.

Des statistiques plus précises montreraient aussi que les taux de participation varient suivant l'âge. La structure d'âge d'une population, décrivant dans quelle mesure une population donnée est jeune ou vieille, qu'elle croît rapidement ou lentement, est donc importante pour comprendre l'évolution passée ou pour prévoir l'évolution future de la main-d'oeuvre d'un pays. Les taux de participation varient enfin sous l'influence de la conjoncture économique générale, surtout chez les femmes.

L'action de ces diverses influences a eu pour résultat de faire augmenter la main-d'oeuvre canadienne d'environ 142,000 personnes par année depuis 1955.

TABLEAU 4

Augmentation de la main-d'oeuvre Canada 1955-1962 en milliers

	main-d'oeuvre totale	augmentation	% d'augmentation
1955	5,610		
1956	5,782	172	3.0
1957	6,003	221	3.8
1958	6,127	124	2.0
1959	6,228	101	1.6
1960	6,403	175	2.8
1961	6,518	115	1.8
1962	6,608	90	1.3
augmentation annuelle moyenne :		142	2.5

2 - Emploi et chômage

Il convient d'examiner maintenant comment l'économie a absorbé, pour ainsi dire, ces nouveaux travailleurs. On sait malheureusement que depuis 10 ans le nombre de chômeurs est considérable. Il suit qu'en réalité, l'économie n'a pas créé suffisamment d'emplois. Le tableau 5 permet d'en juger.

TABLEAU 5

Augmentation de la main-d'oeuvre, nouveaux emplois, variation dans le nombre des chômeurs en milliers

	augmentation de la main-d'oeuvre	nouveaux emplois	variation du nombre des chômeurs
1956	172	221	— 49
1957	221	140	+ 81
1958	124	— 30	+ 154
1959	101	161	— 60
1960	175	99	+ 76
1961	115	94	+ 21
1962	90	168	— 78
Total pour la période	998	853	+ 145

Source: Tiré des chiffres de la main-d'oeuvre.

Pour l'ensemble de la période, il s'est présenté chaque année 142,000 personnes additionnelles sur le marché du travail, mais seulement 122,000 emplois nouveaux furent créés. Il a donc manqué 20,000 emplois par année, en moyenne. On comptait 246,000 chômeurs au début de la période, on en comptait donc 391,000 (+145,000) à la fin de 1962. On peut tirer du tableau 5 des calculs analogues pour chacune des années prises séparément. Ainsi en 1962, on lit que 168,000 emplois nouveaux furent créés, tandis que la main-d'oeuvre n'augmentait que de 90,000; on a donc puisé parmi les chômeurs et on en a réduit le nombre de 78,000. Ce fut une année prospère.

A ces observations, il faudrait ajouter que l'agriculture supprime 24,000 emplois par an depuis 1955, de sorte que l'absorption totale de main-d'oeuvre excède de 24,000 (par an) le nombre des emplois rapportés dans le tableau. On pourrait également déduire de ces chiffres que sans l'émigration des travailleurs agricoles vers l'industrie et les services, les nouveaux emplois eurent suffi à absorber la main-d'oeuvre nouvelle. Mais cette déduction est purement arithmétique, hâtons-nous de le souligner; il serait erroné d'attribuer le chômage aux agriculteurs qui quittent leur métier, parce que par hasard les chiffres coïncident à peu près. Par contre un tel phénomène est une indication précieuse de la nature du chômage. Nous verrons plus loin que ce cas répond exactement à la notion de chômage structurel.

Au tableau 3 du chapitre 4, nous avons donné les chiffres du chômage en pourcentage de la main-d'oeuvre. Nous observons en premier lieu que le chômage est sensible aux variations cycliques, puisqu'il est plus élevé au cours des récessions de 1954 et de 1958 que pendant les années de prospérité comme 1951 ou 1956. *Dans la mesure où il varie suivant la conjoncture économique générale, le chômage (ou le sous-emploi) est dit « cyclique »*. Ce type particulier de chômage appelle une politique économique d'expansion visant à soutenir et à encourager les dépenses. C'est le moment d'abaisser les impôts, d'accroître les dépenses gouvernementales et d'abaisser les taux d'intérêt. *Le chômage cyclique est caractérisé par une insuffisance généralisée de la demande globale.*

Le chômage est structurel d'autre part *s'il est causé par des changements durables de la demande* domestique ou étrangère des consommateurs, *par des changements technologiques* qui réduisent le coefficient de travail dans la production, *par l'épuisement des ressources naturelles* dans une région, *par des modifications à la structure de direction ou de propriété des entreprises* entraînant la disparition de certaines usines, ou encore *par le déclassement des travailleurs quant aux qualifications requises.* Théoriquement, un tel chômage est peu sensible aux variations cycliques; il persiste au cours de périodes d'expansion économique générale. De sa nature, il est localisé de façon précise, contrairement au chômage cyclique qu'on observe partout. *Il est limité à certaines régions; il est limité à certaines industries bien identifiées.* Que le chômage canadien ne soit pas seulement cyclique, on en a plusieurs preuves: ainsi, en 1962, une année d'expansion très rapide, le chômage s'est maintenu à 6% de la main-d'oeuvre. Un deuxième cas patent est celui de la transformation de l'agriculture en une industrie à plus haute intensité de capital. Cette transformation, nous l'avons vu, s'accompagne d'une diminution persistante du nombre des emplois. Un troisième cas est celui des Maritimes où des zones de chômage élevé persistent depuis plusieurs années (1). Les changements technologiques dans la fabrication des bateaux et dans la production forestière joints au remplacement du charbon par d'autres ressources énergétiques expliquent en bonne partie cette situation. Enfin, la concurrence des importations, dans *le cas du textile au Québec,* a réduit rapidement le nombre des emplois dans plusieurs villes.

Une dernière forme importante de sous-emploi au Canada est *le chômage saisonnier.* Ces variations saisonnières de l'emploi proviennent de diverses habitudes ou traditions telles que les fêtes de Noël, mais surtout de conditions climatiques qui rendent difficile le maintien de la production pendant l'hiver. Dans les Maritimes et l'Est du Québec où nombre de travailleurs sont engagés dans des industries saisonnières, la diminution de l'emploi peut entraîner aisément des taux de chômage de plus de 10% de la main-d'oeuvre. On a estimé que, même dans des conditions de plein-emploi (cyclique), le taux de chômage au milieu de l'hiver pourrait s'élever à 4% par suite du facteur saisonnier. Quand les conditions générales d'emploi se détériorent, il s'ensuit une aggravation du chômage saisonnier, puisque ces travailleurs ne peuvent trouver d'autres emplois temporaires.

Revenons maintenant à la main-d'oeuvre au travail. Celle-ci se répartit entre différents secteurs d'activité. Observons l'évolution de ces principaux secteurs depuis dix ans.

---

(1) Que le chômage soit régional au Canada, on en a pour preuve la décomposition suivante du taux national de 7.2% en 1961: Maritimes: 11.1%, Québec: 9.3%, Ontario: 5.5%, Prairies: 4.6%, Colombie-britannique: 8.5%. Tiré de *Unemployment in Canada,* B.F.S.

TABLEAU 6

Répartition de la main-d'oeuvre suivant les secteurs d'activité
Canada 1951 et 1961, en pourcentages

	1951	1961
agriculture	18.4	11.3
autres industries primaires	4.4	3.2
(1) *secteur primaire*	22.8	14.5
industrie manufacturière	26.5	24.7
construction	6.8	7.3
(2) *secteur secondaire*	33.3	32.0
(3) *secteur tertiaire*	43.9	53.5
	100.	100.

Source : B.F.S. Division des Enquêtes spéciales. Tableaux inédits.

L'importance des industries primaires, particulièrement de l'agriculture, a diminué sensiblement pendant la dernière décennie, tandis que le secteur secondaire est demeuré à peu près stable. Par contre, la main-d'oeuvre dans le secteur tertiaire ou dans les industries fournissant des services, tels que les transports, les services publics et les services gouvernementaux a augmenté considérablement. L'expansion de ce secteur a entraîné une demande accrue de main-d'oeuvre féminine. Cette évolution reflète l'augmentation de la productivité des secteurs primaire et secondaire. Le tableau précédent enfin indique jusqu'à quel point l'agriculture a cessé d'être l'industrie principale du Canada, en dépit de l'importance persistante du blé dans l'Ouest du pays.

On peut répartir la main-d'oeuvre suivant la nature des occupations. Les statistiques à ce sujet ne sont pas aussi bien faites qu'on le désire, mais le tableau 7 fournit néanmoins des renseignements utiles.

TABLEAU 7

Répartition de la main-d'oeuvre suivant les occupations. Canada 1951 et 1961 en pourcentages

	1951	1961
occupations primaires	22.0	13.8
ouvriers de la production	28.6	27.9
collets-blancs	33.4	37.9
services	7.9	10.8
transports et communications	8.1	7.7
	100.	100.

Source : B.F.S. Division des Enquêtes spéciales. Tableaux inédits.

Tel que prévu, les occupations primaires (travail de la ferme, de la forêt et de la pêche) ont perdu de l'importance au cours de la période 1951-61, tandis que la proportion des ouvriers à la production a maintenu à peu près sa place. La proportion des collets-blancs a augmenté tant à l'intérieur d'industries traditionnelles que dans des industries nouvelles exigeant une proportion élevée de ces travailleurs. En 1961, plus de 40% des collets-blancs étaient des personnes de sexe féminin. Les industries de service dont l'importance s'est accrue recrutent aussi une main-d'oeuvre en grande partie féminine.

3 - Les salaires

L'indice des salaires moyens pour l'ensemble des emplois au Canada (1949 = 100) a augmenté de 119.1 en 1951 à 180.0 en 1961. L'accroissement total au cours de la décennie a donc été de 51.1%. L'indice des prix de détail pendant la même période s'est élevé de 113.7 à 129.2, une augmentation de 13.6% seulement. Puisque les salaires nominaux se sont accrus plus rapidement que les prix de détail, le pouvoir d'achat de ces salaires a augmenté au cours de la période. Le salaire réel a passé de 104.7 en 1951 à 139.2 en 1961, soit une augmentation de 32.9%.

TABLEAU 8

Salaires réels au Canada, 1951-1962

Années	Indice : 1949 = 100
1951	104.7
1956	125.9
1957	128.4
1958	130.0
1959	134.0
1960	137.1
1961	139.2

Sources : Ministère du Travail, *Taux de salaires, Traitements et Heures de Travail* et B.F.S. : *l'indice des Prix à la Consommation.*

En longue période, la tendance des salaires réels suit les changements dans la productivité de l'économie, bien que salaires réels et productivité ne soient pas exactement parallèles à tout moment(1). Les accroissements de la productivité du travail proviennent de plusieurs facteurs dont les principaux sont les suivants :

1. le progrès technique et les connaissances générales;
2. l'accroissement du coefficient de capital dans la production;
3. la meilleure qualité de la main-d'oeuvre (éducation, entraînement);
4. le coefficient d'utilisation des capacités de production;
5. la substitution dans la production des usines moins efficaces à des usines plus efficaces;
6. les changements dans l'importance relative des industries dont la productivité est plus élevée par rapport à d'autres industries.

Parmi ces facteurs, les changements technologiques et les connaissances ont probablement contribué le plus à l'accroissement du standard de vie.

Si les salaires nominaux augmentent plus rapidement que la productivité, les travailleurs obtiennent une part plus grande du revenu national. Mais généralement une telle tendance résultera plutôt en des hausses de prix, sans que le salaire réel n'en soit accru de manière durable.

Les salaires moyens dont nous venons de parler donnent une idée très incomplète des divers aspects de la réalité économique de

(1) C'est une question débattue à l'heure actuelle que de savoir si les salaires n'ont pas eu tendance à la longue à augmenter un peu plus rapidement que la productivité.

la rémunération du travail. Ajoutons donc quelques renseignements sur la structure des salaires suivant les occupations, les industries et les régions.

Les ouvriers agricoles sont les moins bien rémunérés. Les autres groupes, par ordre de revenus croissants, sont les suivants: les manoeuvres industriels, les ouvriers semi-spécialisés, les employés, les ouvriers spécialisés et au sommet de l'échelle, les professionnels et directeurs d'entreprises. Entre 1941 et 1951 l'éventail des salaires a eu tendance à se refermer entre les occupations, et il semble que ce mouvement se soit continué au cours des années cinquante. Le facteur principal de la compression des disparités de salaires est la généralisation de l'éducation dans la société, ce qui a pour effet d'accroître l'offre du personnel spécialisé relativement à l'offre de personnel de faible scolarisation.

D'autre part, des travailleurs de talent et d'occupation similaires sur le même marché peuvent recevoir des salaires différents suivant l'industrie dans laquelle ils se trouvent. C'est ce que montre le tableau suivant.

TABLEAU 9

Gains horaires moyens des manoeuvres dans certaines industries, Canada 1962

industries	taux horaire
Brasseries	$2.22
Fer et acier primaires	2.11
Abattoirs et salaisons	1.92
Pièces de fonte	1.74
Machines — outils	1.66
Peintures et vernis	1.64
Scieries	1.63
Machines industrielles	1.63
Eaux gazeuses	1.60
Tôlerie	1.59
Produits du laiton et du cuivre	1.52
Ateliers mécaniques	1.47
Ateliers de rabotage	1.29
Meubles en bois	1.13

Source: *Taux de salaires, Traitements et Heures de Travail* 1962, Ministère du Travail.

Les industries à hauts salaires se caractérisent par de grandes entreprises, un coefficient de capital élevé, une main-d'oeuvre surtout masculine et plus spécialisée que la moyenne, etc. Les industries à faibles salaires présentent les caractéristiques contraires. Il n'y a pratiquement pas eu de compression des disparités interindustrielles au Canada au cours des années récentes.

Enfin les disparités régionales de salaires sont assez sensibles au Canada. Le tableau suivant donne quelques indications sur ce point.

TABLEAU 10

Gains horaires moyens dans l'industrie manufacturière par région — Canada 1962

régions	taux horaire
Colombie-Britannique	$2.28
Province des Prairies	1.91
Ontario	1.98
Québec	1.70
Maritimes	1.63

Source: B.F.S. *Review of Man-hours and Hourly Eearnings,* 1962.

La région où les salaires sont les plus élevés est la Colombie-Britannique qui est suivie par l'Ontario et les provinces des Prairies; l'Est du Canada constitue la zone de bas salaires par rapport à l'ensemble du pays. Les disparités régionales n'ont pas diminué de façon significative au Canada depuis plusieurs années.

4 - Le syndicalisme

Le développement du syndicalisme a entraîné des modifications majeures dans l'organisation du marché du travail depuis le XIXe siècle.

a) Importance des syndicats

Quelle est l'importance du syndicalisme au Canada? Une première mesure consiste dans *le nombre des travailleurs syndi-*

qués par rapport à l'ensemble des travailleurs. C'est ce qu'on appelle *la pénétration syndicale.*

TABLEAU 11

Effectifs syndicaux 1931-62 et main-d'oeuvre active salariée dans le secteur non-agricole Canada. Moyennes annuelles

Années	Effectifs syndicaux en milliers	Main-d'oeuvre salariée non-agricole en milliers	Proportion des syndiqués
1931	311	2,006	15.5
1941	462	2,538	18.2
1951	1,029	3,623	28.4
1954	1,268	3,840	33.0
1958	1,454	4,454	32.6
1960	1,459	4,727	30.9
1961	1,447	4,798	30.1
1962	1,423	4,978	28.6

Sources: *Organisations de Travailleurs au Canada,* Ministère du Travail, 1962. Tableau 1. *Revue Statistique du Canada.* Les chiffres de la main-d'oeuvre sont tirés de la R.S.C. et ne sont pas les mêmes que ceux cités par la première publication ci-haut.

Les syndicats se sont surtout développés au cours de la période allant de 1941 à 1951: la proportion de la main-d'oeuvre syndiquée est passée de 18.2% à 28.4% de la main-d'oeuvre salariée non-agricole. Ce pourcentage a augmenté jusqu'en 1954 et il s'est stabilisé depuis à un niveau légèrement inférieur. Les syndicats comptent dans leurs rangs un peu plus du quart de la main-d'oeuvre salariée à l'heure actuelle.

La répartition des syndiqués suivant les secteurs d'activité présentent des caractéristiques intéressantes, mais les données sont tellement approximatives (elles sont basées sur les rapports des syndicats locaux), que le Ministère du Travail a cessé de les publier en 1959. Le tableau 12 contient néanmoins des informations à ce sujet pour l'année 1958.

TABLEAU 12

Répartition des effectifs syndicaux par secteur d'activité — Canada 1958

	effectifs	en % du total
Agriculture	184	0.01
Forêts	54,823	3.78
Pêcheries	20,308	1.40
Mines	54,790	3.77
Industries manufacturières	533,037	36.66
Construction	152,782	10.51
Transport, entreposage et communications	277,959	19.11
Services publics	29,235	2.01
Commerce	37,408	2.57
Finance, assurance et immeuble	517	.03
Services	173,240	11.92
Autres	119,717	8.23
Total	1,454,000	100.

Sources: *Organisations de Travailleurs au Canada,* Ministère du Travail, 1958, Tableau 5. La publication s'intitulait alors *Syndicalisme ouvrier au Canada.*

Le syndicalisme est répandu dans tous les secteurs d'activité, comme on le voit au tableau 12. Une forte proportion des syndiqués, égale à 37%, est néanmoins concentrée dans l'industrie manufacturière.

b) Organisation syndicale

L'organisation syndicale est relativement complexe. A la base, on trouve plusieurs types différents de syndicats groupant des travailleurs de diverses catégories. Ces syndicats locaux s'associent à leur tour sur une base géographique (conseils centraux, par exemple) ou sur une base industrielle (la fédération des textiles, par exemple). A l'étage supérieur, on trouve au Canada, deux centrales syndicales. Voici d'abord les principaux types de syndicats:

1. *le syndicat de métier* est composé de travailleurs partageant le même métier. Chaque membre doit être capable d'accomplir toutes les opérations requises dans ce métier et chacun est soumis au même apprentissage. Ce syndicat ne peut donc grouper en général, qu'une partie des travailleurs d'une entreprise moderne.

2. *le syndicat de métiers multiples* inclut des travailleurs dont les métiers sont connexes. Les membres ne sont pas aptes à effectuer toutes les opérations de l'occupation concernée. Plusieurs syndicats de ce genre résultent de la fusion de syndicats de métiers.

3. *le syndicat de métiers aux cadres élargis* est celui qui a pour but de recevoir dans ses rangs des travailleurs dont le degré de compétence à l'intérieur d'un même métier est différent. L'intégration se fait sur le plan vertical et comprend des travailleurs qualifiés, semi-qualifiés et non-qualifiés. Un exemple est celui de « l'Union des machinistes et de leurs assistants ».

4. *le syndicat semi-industriel* groupe tous les travailleurs, spécialisés ou non, qui contribuent directement à la production dans une entreprise. Les travailleurs appartenant aux services auxiliaires en sont exclus.

5. *le syndicat industriel* englobe tous les travailleurs d'une entreprise sans distinction.

Ces syndicats peuvent s'associer suivant toutes les formes imaginables de métiers, d'établissements, d'industries, de régions, de provinces ou de pays. Comme les syndicats recrutent leurs membres sous une grande variété de formes, les juridictions peuvent aisément chevaucher et susciter des conflits.

On compte aujourd'hui deux centrales syndicales au Canada. Le *Congrès du Travail du Canada* (C.T.C.) qui groupe environ 1 million de membres et La *Confédération des Syndicats Nationaux* (C.S.N.) qui réunit environ 100,000 membres.

Au début du siècle, la centrale syndicale des Etats-Unis, *la Fédération Américaine du Travail* (F.A.T.) multiplia ses efforts d'organisation au Canada. Elle fut amenée à jouer un rôle important dans les cadres de la Centrale syndicale canadienne du temps, *le Congrès des Métiers et du Travail du Canada* (C.M.T.C.) fondé en 1885. Des tensions résultèrent à l'intérieur du C.M.T.C. qui entraînèrent le départ de 23 groupes syndicaux qui lui étaient auparavant affiliés. Ces syndicats formèrent donc une fédération qui devait s'appeler en 1908 *la Fédération Canadienne du Travail* dont le but principal était de sauvegarder et de promouvoir l'autonomie nationale du mouvement. La désaffiliation ultérieure des syndicats du Québec réduisit cependant cette fédération à peu de chose. Dans l'Ouest du pays, d'autres fédérations ouvrières non-affiliées au C.M.T.C. furent fondées pour divers laps de temps sans permettre la constitution d'une centrale stable importante. En 1927 néanmoins, le *Congrès Pancanadien du Travail* fut formé et ce Congrès s'allia en 1938 aux syndicats suspendus par la *Fédération Américaine du Travail* pour créer le *Congrès Canadien du Travail* (C.C.T.). Ces derniers syndicats étaient les mêmes qui formèrent aux Etats-Unis *le Congrès des Organisations Industrielles* (C.O.I.). En 1956, après vingt ans de séparation, le C.C.T. se fusionna avec le *C.M.T.C.* et donna ainsi naissance au *Congrès du Travail du Canada* (C.T.C.). En cela, on avait de nouveau suivi l'exemple américain, puisque la F.A.T. s'était aussi fusionnée avec le C.O.I., en 1955. Au Canada, la fusion fut effectuée au niveau confédéral seulement, les fédérations industrielles gardant leur liberté antérieure d'action.

La majeure partie des membres du C.T.C. actuel font aussi partie de fédérations de métiers ou de fédérations industrielles américaines. On retrouve donc le problème canadien typique de l'influence américaine. Qu'en est-il en réalité?

L'autonomie du C.T.C. à l'égard des organismes américains est non seulement reconnue en pratique, mais a fait l'objet d'une entente entre la centrale canadienne et la centrale américaine. Le C.T.C. possède toute liberté d'action et de juridiction. Dans le cas des relations entre les syndicats locaux canadiens et les fédérations américaines, par ailleurs, les problèmes sont plus complexes. La cotisation est fixée par l'ensemble de la fédération dans laquelle les syndicats canadiens ne forment qu'une minorité; cependant, les fonds sont déposés dans les banques canadiennes et il semble qu'il n'y ait pas de transferts systématiques outre-frontière des fonds syndicaux; le contraire serait peut-être le vrai. La représentation des syndicats canadiens à la direction des fédérations est souvent supérieure au nombre des membres canadiens. Le recours à la grève est une décision laissée au syndicat local; l'approbation de la fédération qui est requise pour tirer sur le fonds de grève est rarement plus que nominale. Enfin, les politiques de négociation des conventions collectives sont dans l'ensemble établies de ce côté-ci de la frontière. On peut donc conclure que la liaison formelle entre les syndicats canadiens et américains n'implique pas des limitations trop sérieuses à la liberté d'action des canadiens. Il va sans dire, par contre, que l'influence américaine se fait certes sentir sur divers plans, mais en général, c'est sans susciter d'opposition.

Un facteur propre à promouvoir l'autonomie syndicale canadienne a été l'existence, depuis 1921, de la *Confédération des Travailleurs Catholiques du Canada* (C.T.C.C.), devenue récemment la *Confédération des Syndicats Nationaux* (C.S.N.). Des syndicats catholiques se sont formés au Québec à partir du début du siècle et ont donné naissance en 1921 à la Centrale Confédérale. Au cours des années vingt, le développement du syndicalisme catholique ne fut pas spectaculaire. En 1932, la C.T.C.C. comptait 75 syndicats, huit conseils centraux et quatre fédérations professionnelles. Le nombre des membres était d'environ 26,000. C'est depuis la dernière guerre que la C.S.N. s'est développée rapidement. Grâce à une nouvelle direction, elle poursuivit une politique agressive qui lui fit jouer un rôle décisif dans des grèves importantes comme celle d'Asbestos en 1949. Au début des années 50, le nombre des membres atteignit 100,000. Il reste à peu près stationnaire depuis. (1)

---

(1) Sur la matière de ce chapitre, on lira avec intérêt H. D. Woods et S. Ostry, *Labour Policy and Labour Economics in Canada,* Macmillan Toronto 1962. L'influence de la scolarisation sur les disparités occupationnelles de salaire est traitée dans G. Marion, *L'offre de travail et la disparité occupationnelle des salaires en longue période.* L'Actualité Économique, juil.-sept. 1963, p. 199-237.

Partie 3 : monnaie et crédit

CHAPITRE 10 LE MARCHÉ MONÉTAIRE AU CANADA

1 - Nature du marché

a) Définition

b) Origine

c) Objet

d) Fonctionnement

2 - Le Ministère des Finances

3 - La Banque du Canada

a) Objectifs

b) Organisation et structure

c) Pouvoirs et fonctions

d) Instruments de gestion monétaire

4 - Les banques à charte

5 - Les courtiers

Le marché monétaire au Canada

10

1 - Nature du marché

a) Définition

Par marché monétaire, on entend l'ensemble des échanges de titres à court terme. Ces titres sont énumérés plus bas. On réserve d'ordinaire l'expression de marché financier ou celle de marché du capital aux échanges de titres à long terme.

b) Origine

Avant 1953 le marché monétaire à court terme était pratiquement inexistant au Canada. Il consistait en un volume relativement limité et fixe de titres gouvernementaux à court terme et la majeure partie de ces valeurs ne sortaient pas du système bancaire, ce qui restreignait considérablement la liberté d'action de la Banque Centrale. Depuis 1953, des changements institutionnels importants ont amené la création d'un marché à court terme authentique qui devint plus actif à partir du milieu de 1954.

Signalons :

a) l'institution de ventes hebdomadaires de bons du Trésor à 91 jours, en 1953. Les bons du Trésor ont été vendus à l'enchère pour la première fois le 1er mars 1934 et depuis 1937, les ventes étaient bimensuelles (1).

---

(1) Le Gouvernement a recouru aussi au système de certificats de dépôts entre 1942 et 1954 en vertu duquel les Banques prêtaient au Gouvernement pour de courtes périodes de temps, mais sans soumission. Les bons du Trésor ne portent aucun taux d'intérêt nominal. Ils sont vendus à escompte et remboursés au pair à la date de l'échéance. Le taux d'intérêt effectif est la différence entre le prix d'achat et le prix de vente rapportée à la période de temps couru.

b) la vente périodique de nouvelles émissions de titres gouvernementaux à court terme.

c) l'institution d'accords d'achat et de revente entre la Banque du Canada et un certain nombre de courtiers de placement canadiens [1]. De tels accords permettent à ces courtiers de devenir des « courtiers autorisés » en bons et obligations du Trésor et du Gouvernement du Canada. On compte quatorze courtiers autorisés. Ces accords donnent accès à la Banque du Canada à des maisons autres que les banques à charte ou le gouvernement pour des opérations fort semblables au réescompte. Chaque courtier obtient une ouverture de crédit renouvelable à chaque mois, mais n'a intérêt à se prévaloir du privilège qu'en dernière instance.

d) l'institution, en 1954, de « prêts au jour le jour » d'une valeur minimum de $100,000 consentis par les banques à charte aux courtiers autorisés sur la garantie de valeurs à court terme. L'intérêt sur ces prêts est en général légèrement inférieur au rendement sur les bons du Trésor mais fluctue considérablement suivant les circonstances. Il a déjà été de ⅜ de 1% d'un côté et de 6% à l'autre extrême.

e) l'accord de 1954 entre la Banque du Canada et les courtiers autorisés, en vertu duquel les courtiers peuvent emprunter de la Banque, des valeurs (bons ou obligations) d'une certaine échéance sur garantie de titres ayant une autre échéance, en vue de remplir une commande particulière.

f) l'introduction du mécanisme d'arbitrage, sorte de marché téléphonique reliant les courtiers de Montréal et de Toronto, grâce auquel on peut maintenir un prix uniforme sur les deux marchés pour des valeurs de même échéance.

L'ensemble de ces mesures, comme aussi d'autres circonstances favorables, ont fait que les bons du Trésor ont trouvé preneurs au Canada dans une mesure de plus en plus grande et auprès

(1) En vertu de ces accords « d'achat et de revente », la Banque du Canada consent à acheter des courtiers autorisés, soit des bons du Trésor à 91 jours soit d'autres obligations gouvernementales à court terme, à la condition de les revendre aux courtiers autorisés en moins de trente jours à un prix stipulé à l'avance et tel que le rendement sur cette opération d'escompte soit le même que le taux bancaire. Pour les courtiers, ce taux est très élevé *(penalty rate)*, mais ce moyen d'emprunter de l'argent est très commode aussi.

d'acheteurs de plus en plus nombreux. Alors qu'en 1954 (31 décembre), les bons du Trésor en circulation s'élevaient à $180 millions, ils s'élevaient à 2 milliards en 1962. C'est dans ce sens qu'on peut dire qu'il existe un marché à l'heure actuelle, et un marché important pour des titres à courte échéance.

c) Objet

Le but que chacun poursuit en transigeant sur le marché monétaire varie selon qu'on se place du côté du Gouvernement qui émet les bons pour financer son activité ou du côté des acheteurs, banques et courtiers, qui veulent que les balances liquides dont ils disposent ne demeurent pas sans rendement.

En définitive, ce marché a été organisé précisément pour rendre actives, sur une base dite « au jour le jour », ou pour des périodes fixes, des balances monétaires qui, autrement, eussent demeuré stériles. Un second but a été de procurer à la Banque du Canada un contrôle plus efficace sur le système monétaire. Les possibilités de contrôle sont en effet accrues quand les Autorités (Banques et Gouvernements) peuvent intervenir sur le marché sans risquer de le désorganiser complètement. Si les banques à charte doivent maintenir un coefficient de réserve relativement stable, elles doivent pouvoir détenir ou se procurer au besoin des titres très liquides. Enfin, on a voulu procurer au Gouvernement du Canada un moyen additionnel de financement puisque ce sont ses titres qui s'échangent sur ce marché. On a remplacé ainsi le régime des certificats de dépôts. On peut avoir une idée du volume important des balances liquides offertes ou demandées sur le marché à court terme en examinant les montants en cours à la fin de 1962:

— prêts « au jour le jour »: 300 millions;

— bons du Trésor à 91 jours: 2 milliards ;

— obligations fédérales d'une échéance de moins de deux ans: 2.5 milliards (1).

— obligations à court terme de certaines Provinces et Municipalités dont l'encours n'est pas recensé.

(1) Formellement, on devrait compter les obligations fédérales d'une échéance de moins de trois ans.

On cherche aussi à susciter le développement de titres privés à court terme, mais pour le moment, ils sont très peu importants (environ 300 millions). Les sociétés de crédit à tempérament sont à peu près les seules à émettre des titres qui s'échangent régulièrement sur le marché. Ce sont les « Finance Company Notes ». On peut enfin mentionner les possibilités intéressantes qu'offrent ou qu'offriront de plus en plus les acceptations des banques basées elles aussi sur des titres non-gouvernementaux à court terme. Telles sont donc les valeurs qui sont échangées sur le marché à court terme au Canada.

d) Fonctionnement

On dit que quelques centaines de personnes seulement comprennent le fonctionnement du marché à court terme, et pourtant le marché monétaire joue un rôle très important dans la vie économique du pays. Les grands personnages qui opèrent sur ce marché sont le Ministère des Finances du Gouvernement fédéral, huit banques à charte, les deux banques d'épargne du Québec et quelque 270 courtiers en valeurs.

Comme sur tout marché où il y a concurrence entre acheteurs et entre vendeurs, le marché monétaire contribue à une distribution plus efficace des ressources monétaires du pays et fait en sorte que les balances de liquidité ne demeurent pas inactives, même pour de très courtes périodes de temps.

A midi, le jeudi de chaque semaine, a lieu, à la Banque du Canada, la plus importante vente à l'enchère du pays. Des fonctionnaires du Ministère des Finances, assistés de certains employés de la Banque du Canada, ouvrent les lettres de soumission des souscripteurs pour l'achat des bons du Trésor offerts par le Gouvernement du Canada (près de 100 millions par semaine).

Cette vente à l'enchère se fait dans la plus pure tradition bancaire, sans que personne n'ait à élever la voix. C'est peut-être la raison pour laquelle elle passe inaperçue de la plupart des citoyens. Elle met en cause une partie importante des liquidités canadiennes, puisque les valeurs en cours s'élèvent aujourd'hui à plus de cinq milliards de dollars.

Ces enchères hebdomadaires entraînent une série de décisions rapides. De la part des administrateurs de la Banque du Canada, en premier lieu, qui se sont faits une idée de l'offre de monnaie au pays et qui ont décidé de la somme des bons du Trésor qu'ils vont acheter et à quel prix. De leur côté, les administrateurs des banques à charte ont examiné l'état de leurs liquidités et ont tenté de prendre le pouls du marché. Quant aux courtiers, ils ont fixé leurs soumissions sur la base des commandes de leurs clients et des ventes qu'ils comptent faire; enfin, les trésoriers des grandes sociétés ont déjà placé leurs commandes auprès des banques commerciales ou des courtiers. Les bons du Trésor s'achètent en coupures de $1,000., $5,000., $25,000., $100,000., et 1 million de dollars.

Le marché à court terme est au système national de crédit ce qu'un compte d'épargne est à l'individu. Si l'individu moyen ne se donne pas la peine de placer son argent liquide parce que, souvent, il ne détient que des sommes assez peu importantes, il en va autrement des banques à charte, des courtiers ou des grandes corporations dont les balances liquides sont souvent très considérables. Lorsque des balances importantes demeurent stériles ou inactives, non seulement elles n'ont aucun rendement pour les propriétaires, mais au surplus, elles rendent la structure financière du pays beaucoup plus rigide. Prenons le cas d'une société par action importante qui dispose d'une balance liquide temporaire, mais considérable. Les directeurs de la société savent, par exemple, que dans quelques semaines ils auront à payer des dividendes. Dans l'intervalle cependant, ces balances liquides peuvent être utilisées. C'est à ce moment là que le marché à court terme s'avère utile puisqu'il permet de trouver des fournisseurs pour vendre des valeurs à court terme. L'avantage pour les corporations est que les bons du Trésor sont facilement négociables ou convertibles en argent liquide à un très court moment d'avis. Inversement, on pourrait supposer qu'une corporation ait besoin d'argent pour une courte période de temps et qu'elle écoule, pour en obtenir, les titres à court terme qu'elle possède. Bref, le marché à court terme réduit les coûts d'opération des sociétés et accroît du même coup la mobilité du capital à court terme. Enfin, en plus de fournir au

Gouvernement un mode de financement relativement peu coûteux, le marché monétaire procure à la Banque du Canada un certain degré de contrôle. En effet, la banque centrale peut exercer un contrôle plus étendu à cause des mouvements plus nombreux des fonds et de la sensibilité accrue du système aux changements dans l'offre de monnaie. De leur côté, les banques commerciales peuvent ajuster leurs réserves, au jour le jour, en prêtant ou en empruntant sur le marché ou encore par l'achat ou la vente de ces mêmes obligations à court terme. On obtient ainsi une utilisation beaucoup plus efficace des balances liquides disponibles.

2 - Le Ministère des Finances

Le Gouvernement trouve dans le marché à court terme un moyen efficace et peu coûteux de financer son activité : il vise à ce qu'une partie de la dette nationale soit constituée d'obligations à court terme afin de réduire le coût des intérêts et à répondre aux nécessités du moment dans l'équilibre des encaisses et des déboursés. Le coût, pour le Gouvernement, est déterminé sur une base concurrentielle, le prix des bons étant fixé par le marché. Le rendement moyen pour les acheteurs de bons représente le coût moyen de l'emprunt pour le Gouvernement.

Ce mode de financement, en vigueur dans certains pays depuis longtemps (il a débuté en Angleterre en 1877), a été introduit au Canada en 1934 par le Ministère des Finances.

C'est le Ministère des Finances qui conduit la vente à l'enchère qui a lieu chaque jeudi midi. C'est à lui que les soumissions sont adressées de la part de la Banque du Canada, des banques à charte et des courtiers en valeurs. Ce sont les représentants du Ministère des Finances qui ouvrent les enveloppes de soumission. Le plus haut soumissionnaire voit d'abord sa commande entièrement remplie au prix offert. La seconde soumission la plus élevée est satisfaite en entier au prix offert et le processus se continue jusqu'à ce que l'émission de la semaine ait été complètement vendue. La somme des soumissions dépasse généralement la quantité de bons offerts, de sorte que les plus bas soumissionnaires voient leur demande insatisfaite. Pour fin d'information, le prix moyen de toutes les commandes remplies est calculé et rendu public par la Banque du Canada. A la demande du Ministère des

Finances, celle-ci publie également les prix extrêmes (le plus élevé et le plus bas). Il arrive souvent que le même client (banque ou courtier) fasse plusieurs soumissions à différents prix, puisque à l'avance, il ne sait évidemment pas combien seront acceptées. Les soumissionnaires dont les commandes sont acceptées doivent aller chercher leurs certificats ou leurs bons vers 3 heures p.m. le lendemain.

Pour parer à l'éventualité où les acheteurs ordinaires ne feraient pas des soumissions suffisantes pour absorber l'émission de la semaine, la Banque du Canada ajoute généralement une soumission de réserve d'un montant équivalent à l'émission totale de la semaine. Remarquons que la Banque n'est pas obligée de faire cette soumission[1]; elle la fait en vue d'empêcher les ententes visant à augmenter le taux d'intérêt ou le boycottage éventuel d'une émission, de même que pour permettre au Gouvernement d'obtenir tout l'argent dont il a besoin. Enfin, les changements dans les montants des émissions hebdomadaires s'expliquent par l'état des balances liquides du Gouvernement, des déboursés et des recettes attendus, et des échéances des obligations en cours.

Les observations précédentes sont loin d'épuiser les multiples rôles qu'exerce le Ministère des Finances sur le marché monétaire. Il faut signaler l'influence qu'il exerce sur la gestion monétaire par les décisions qu'il prend quant à la dette publique dont nous avons parlé plus haut. Mais il faut signaler aussi la responsabilité du Ministère dans l'administration de plusieurs comptes spéciaux : le fonds du change étranger, le compte de placement (« securities investment account »), le compte de rachat[2], etc. C'est la Banque du Canada qui est l'agent d'exécution, mais c'est le Ministère qui décide ici des politiques à suivre. Citons à cet égard deux décisions importantes du Gouvernement : celle d'intervenir sur le marché du change, prise en décembre 1961 et en vertu de laquelle, on a vendu des dollars canadiens pour faire baisser le taux de change de la monnaie; celle de l'été 1958 qui a consisté dans l'échange

(1) Lors de la vente du 20 août 1959, période de spéculation intense, on ne trouva pas la soumission de réserve de la Banque du Canada, si on en croit le professeur Scott Gordon. Voir : *The Economists Versus the Bank of Canada.* Ryerson Press, Toronto 1960, p. 30.

(2) Le compte de rachat date de 1961. Il sert à régulariser le rachat des obligations gouvernementales.

massif de 6.4 milliards d'obligations à court terme contre des obligations à plus long terme. Cet épisode fut une aventure extraordinaire qui a fait monter les taux d'intérêt à un moment de chômage et de récession sans qu'il fût démontré que l'opération était absolument nécessaire. Enfin le Ministère influence les réserves des banques à charte selon qu'il fait ses dépôts courants à la Banque du Canada ou auprès des banques à charte elles-mêmes.

3 - La Banque du Canada

a) Objectifs

Le préambule à la loi d'incorporation de la Banque du Canada se lit comme suit :

« Considérant qu'il est opportun d'établir une banque centrale au Canada pour régler le crédit et la monnaie dans le meilleur intérêt de la vie économique de la nation, pour contrôler et protéger la valeur extérieure de l'étalon monétaire national et pour mitiger, par son influence, les fluctuations du niveau général de la production, du commerce, des prix et de l'emploi de la main-d'oeuvre, autant que possible dans le cadre de l'action monétaire, et généralement de favoriser la prospérité économique et financière du Dominion : A ces causes . . .[1]. »

De ce texte on peut tirer que les objectifs de la banque se résument à deux : 1) éviter la dépréciation de la monnaie nationale sur les marchés mondiaux et 2) poursuivre, à l'intérieur, une politique de stabilité économique sans dépression ou inflation dans la mesure où la politique monétaire peut être efficace à ces fins.

b) Organisation et structure

La Banque du Canada est une banque centrale chargée d'appliquer la politique monétaire dans l'intérêt général du pays. Conformément à la recommandation de la Commission Royale d'Enquête sur les Banques et la Monnaie (1933), le Gouvernement a fondé la Banque du Canada le 3 juillet 1934, en tant qu'institution privée. Les actions ayant été offertes au public pour une somme de 5 millions, la Banque est devenue la propriété de

(1) Texte tiré du Rapport annuel de la Banque du Canada 1960.

12,000 actionnaires. Elle a commencé ses opérations le 11 mars 1935.

Après l'élection d'un gouvernement libéral en 1935, la Banque a été partiellement nationalisée en 1936. Le Gouvernement a augmenté le capital de la Banque de 5.1 millions et s'est assuré un pouvoir majoritaire. Il a nommé la moitié des administrateurs et leur a donné à chacun deux droits de vote. En 1938, l'opération de nationalisation a été complétée : Le Gouvernement a racheté toutes les actions détenues par le public et a ramené le capital de la Banque à 5 millions. Les 12 directeurs sont nommés, depuis, par le Gouvernement, de même que le gouverneur et l'assistant-gouverneur. Le gouverneur est nommé pour sept ans et ne peut être démis de ses fonctions sans intervention du Parlement; il a le droit de veto sur les décisions du conseil d'administration.

Mais le principal problème que soulève l'organisation de la Banque du Canada se rapporte aux relations qui sont établies entre la Banque et le Gouvernement. Les débuts de la Banque, relatés plus haut, prouvent déjà que ce fut une question très controversée. Elle l'est encore aujourd'hui.

Il s'agit de savoir en somme de quel degré d'indépendance ou d'autonomie, la Banque doit jouir à l'égard du Gouvernement. Au tout début, on a surtout craint l'intervention politique et c'est pourquoi on en a fait une entreprise privée. Puis, on a craint la prépondérance des intérêts privés.

M. King répétait que cette banque devait être *la Banque du Gouvernement,* parce que, seul, le Gouvernement représentait l'intérêt général et la souveraineté populaire. Une fois la Banque nationalisée, il fallait quand même préserver l'indépendance de l'institution du pouvoir public : d'où les garanties données au Gouverneur de la Banque. Au delà des personnes, un problème tout à fait analogue se posait quant à la source de la politique monétaire. Etait-ce la politique monétaire de la Banque Centrale ou la politique monétaire du Gouvernement qui devait être appliquée ? En principe, aucun conflit ne pouvait survenir disait-on, mais, en pratique, si le Gouverneur était en désaccord avec le Ministre des Finances sur la politique à suivre, qu'arriverait-il, puisque le Ministre ne peut révoquer la nomination du Gouverneur ? La réponse a été donnée clairement pour la première fois en 1941 quand le Ministre des Finances (Isley) a déclaré [1] que la politique monétaire que la Banque appliquait devait être la politique monétaire du Gouvernement, et qu'en cas de désaccord, les directeurs de la Banque étaient dans l'obligation de démissionner. Cette interprétation a été confirmée par la suite à plusieurs reprises, dont, notamment en 1954 par le Gouverneur Towers et en 1956 par le Gouverneur Coyne lui-même. A l'occasion de la nomination du Gouverneur Rasminsky en juillet 1961, celui-ci déclara : « En cas de désaccord entre le Gouverneur et la Banque, le Gouvernement a le droit et le devoir de donner des instructions à la Banque sur sa politique à suivre » (Rapport annuel de la Banque du Canada, 1962). S'il est nécessaire de soulever cette question, c'est parce que, de 1958 à 1961, les relations furent extrêmement tendues entre le Gouverneur de la Banque, James Coyne, et le Gouvernement. Un certain nombre d'économistes ont même réclamé publiquement la démission du Gouverneur. Finalement on dût présenter une loi de révocation devant le Parlement avant que le Gouverneur ne se résigne à offrir sa démission.

De telles circonstances ont conduit plusieurs observateurs à penser que l'indépendance du Gouverneur de la Banque est excessive et qu'elle devrait être réduite. On a proposé par exemple que la période de nomination soit ramenée à cinq ans et surtout, que la loi autorise expressément le Gouvernement à donner des directives à la Banque, comme c'est la pratique aux Etats-Unis.

c) Pouvoirs et fonctions

De tels conflits étonnent dans le système canadien parce qu'en réalité, la Banque Centrale est plus liée au Gouvernement que dans plusieurs autres pays. Ainsi la Banque Centrale remplit trois fonctions proprement gouvernementales : elle est l'agent fiscal du Gouvernement d'abord. Elle administre ensuite la dette publique (depuis 1938) et enfin elle administre le fonds de change étranger, le compte de placement et la caisse de rachat. Ne serait-ce que pour remplir ce rôle d'appoint, la Banque doit être en constante communication

(1) Non sans revenir sur une déclaration antérieure.

avec le Ministère des Finances. Bien plus, la Banque risque même de donner priorité aux intérêts particuliers du Gouvernement sur l'intérêt de la nation. Une hausse des taux d'intérêt par exemple peut être salutaire pour le pays, mais cela représente une hausse du coût de la dette publique pour le Gouvernement. A priori on devrait donc craindre une trop grande soumission de la Banque aux vues du Gouvernement plutôt que le contraire, comme cela s'est produit.

La confusion des rôles comporte certains avantages en ce que la politique monétaire peut être plus cohérente ainsi entre le Gouvernement et la Banque Centrale. Le danger demeure par contre, que la politique monétaire ne se mette au service de la gestion de la dette publique [(1)].

Les fonctions principales de la Banque Centrale sont *d'adapter l'offre de monnaie (billets de banque et crédit bancaire) aux besoins de l'économie et d'influencer les taux d'intérêt dans le sens désiré : c'est la gestion monétaire.* A cette fin, la Banque Centrale détient le monopole de l'émission des billets de banque depuis 1944 (C'est en 1950 qu'elle a racheté tous les autres billets de banque encore en circulation). Elle est tenue par la loi à conserver des réserves d'or égales à au moins 25% de ses billets et de ses dépôts, mais l'application de cette règle a été suspendue en 1940 et n'a jamais été remise en vigueur. *C'est donc depuis 1940 que la monnaie du Canada n'est plus garantie par l'or. Quant à racheter les billets de banque avec de l'or (convertibilité), la Banque n'y est plus tenue depuis 1934.* Par ailleurs, la Banque reçoit des dépôts du Gouvernement, des banques à charte canadiennes et des banques centrales étrangères sans verser d'intérêt; elle peut acheter et vendre des titres émis ou garantis par les Gouvernements du Canada sans restriction (avant 1954, les opérations sur les titres à long terme étaient sujettes à restrictions). Elle peut acheter des titres du Gouvernement des Etats-Unis sans restriction, des titres du Royaume-Uni si l'échéance ne dépasse pas six mois. Elle peut enfin faire des avances d'au plus six mois aux

(1) E. P. Neufeld : *Bank of Canada Operations & Policy*. University of Toronto Press 1958, chapitre premier, notamment la page 19.

banques à charte et aux gouvernements (les gouvernements provinciaux compris) sur garanties [1].

La nature des opérations de la Banque du Canada apparaît clairement dans le bilan qui suit :

(1) Les deux banques d'épargne du Québec (La Banque de la Cité et du District de Montréal et la Banque d'Economie de Québec) sont des banques semblables aux banques à charte. Elles ont aussi accès à la Banque du Canada. L'article 18K de la Loi sur la Banque du Canada permet à celle-ci d'acheter des effets de commerce d'une échéance de moins de 90 jours sans l'endossement d'une banque à charte. L'achat d'actions ou de débentures privées n'est, ni permis, ni interdit explicitement.

TABLEAU 1

Bilan de la Banque du Canada au 31 décembre 1962 en millions de dollars

ACTIF

1. Devises étrangères		$ 73.2
bons du Trésor	$ 455.2	
titres à courte échéance (2 ans et moins) du gouvernement fédéral	446.6	
titres à plus longue échéance du gouvernement fédéral	1,980.7	
2. Total des titres gouvernementaux		2,882.5
3. Réescompte (acceptations des banquiers)		3.3
4. Capital et prêts à la Banque d'Expansion Industrielle		158.1
5. Immobilisations et autres postes		114.0
TOTAL DE L'ACTIF		$3,231.1

PASSIF

1. Billets de banque en circulation		$2,233.8
dans les banques à charte	$ 416.8	
partout ailleurs	1,817.0	
2. Dépôts		
du gouvernement fédéral	42.9	
des banques à charte	745.6	
autres (1)	38.1	
total		826.6
3. Passif payable en devises étrangères (2)		61.1
4. Capital, réserves et autres postes		109.6
TOTAL DU PASSIF		$3,231.1

Note : 1 Dépôts de banques centrales étrangères, de divers organismes internationaux, d'organismes para-gouvernementaux canadiens comme les Chemins de Fer Nationaux.

2 Le passif en devises étrangères est payable en grande partie au Gouvernement fédéral.

Source : Sommaire Statistique de la Banque du Canada.

Un examen rapide de l'actif de la Banque du Canada révèle d'abord que la Banque ne détient pas d'or en garantie des billets qu'elle émet; la Banque achète des titres à court et à long terme (le volume des titres à long terme est même beaucoup supérieur). Elle n'achète pas de titres des Gouvernements provinciaux ou municipaux quoique la loi le lui permette. Certains des titres du Gouvernement fédéral peuvent être détenus en vertu des accords d'achat et de revente avec les courtiers. A la date de ce bilan, la Banque n'en avait pas. De même, les avances aux banques à charte sont nulles; on trouve trois millions d'effets réescomptés, ce qui est négligeable. Enfin, on lit les placements de la Banque dans sa filiale, La Banque d'Expansion Industrielle.

Du côté du passif se trouvent les billets que la Banque émet et avec lesquels elle paie (en partie) les actifs qu'elle se procure. On y voit les dépôts du Gouvernement fédéral et des banques à charte de même que les engagements de la Banque en devises étrangères.

d) Instruments de gestion monétaire

La politique monétaire cherche à atteindre ses objectifs par la variation du volume monétaire et des taux d'intérêt. Voyons d'abord ce qu'est le volume monétaire.

Le volume monétaire

La notion de volume monétaire est tout à fait distincte de celle de marché monétaire. *Le volume (ou la masse) monétaire est la somme des moyens de paiement à la disposition du public.* Les mesures statistiques qu'on peut en donner sont arbitraires, parce qu'elles dépendent de ce qu'on entend par moyens de paiement et par public.

On limite en général les moyens de paiement à la monnaie métallique, aux billets de banque et aux dépôts dans les banques à charte. On exclut par conséquent tous les titres (actions ou obligations) même si ces titres sont très liquides. On ne compte pas non plus les dépôts dans les caisses populaires ou les sociétés de fiducie parce que ces dépôts ont été faits avec des billets de banque déjà comptés [1]. Par ailleurs, la notion de public est très élastique. Au Canada, on exclut le Gouvernement Fédéral du public, mais on y laisse les autres Gouvernements. Dans le public sont évidemment comprises toutes les institutions et sociétés non-financières et financières. On peut observer que la monnaie métallique et les billets de banque ne représentent que 13% du volume monétaire tel que défini ici.

TABLEAU 2

Volume monétaire au 31 décembre 1962 en millions de dollars

Monnaie métallique hors des banques à charte	177	
Billets de banque hors des banques à charte	1,817	
Dépôts dans des comptes courants	5,193	
Volume monétaire à l'exclusion des dépôts d'épargne		7,187
Dépôts d'épargne		7,932
Total du volume monétaire		15,119

Source : Sommaire Statistique de la Banque du Canada.

Pour influencer le volume monétaire et le niveau de liquidité de l'économie, la Banque du Canada agit sur les réserves des banques et des autres institutions financières, elle influence le niveau et les variations des taux d'intérêt, enfin, elle prend diverses initiatives qu'on désigne au Canada de « persuasion morale ». Les observations qui ont été faites sur l'extension du marché monétaire suffisent à illustrer les méthodes de persuasion de la Banque du Canada. Nous nous limiterons donc, ici, aux deux premiers instruments de contrôle.

Variations des réserves bancaires

Les opérations d'open-market par lesquelles la Banque influence les réserves de liquidité ne sont pas particulières au Canada.

(1) Il faudra un jour refaire la comptabilité du volume monétaire. Les billets de banque dans le public devraient tous être identiques. Or, ceux qui vont dans les caisses populaires ou les sociétés de fiducie sont des billets de banque de réserve valant 12 fois les autres puisqu'ils permettent de créer des dépôts comme ceux des banques à charte. Pour être logique, il faudrait exclure des billets dans le public ceux que détiennent toutes les institutions de dépôt et ajouter les dépôts de ces institutions dans le volume de monnaie.

Faisons donc seulement observer que la Banque du Canada ne limite pas ses achats aux obligations gouvernementales à court terme. D'autre part, les possibilités d'intervention sur le marché canadien sont beaucoup plus étendues qu'elles ne l'étaient il y a quelques années; d'abord, comme nous l'avons dit, parce que le marché à court terme s'est considérablement développé depuis 1954, ensuite parce que la dette publique fournit un volume important de titres gouvernementaux sur le marché, enfin parce que ce marché s'est libéré des influences étrangères. Ainsi, les non-résidents ont réduit leur portefeuille de titres du gouvernement fédéral canadien de 32.5% des titres disponibles en 1938 à 3.9% en 1956 (1).

En 1954, la Banque du Canada s'est fait octroyer par la loi le pouvoir de changer le coefficient de réserve des banques à charte. *Ce coefficient est le pourcentage des dépôts exigibles que les banques à charte doivent conserver sous forme de billets de banque ou de dépôts à la Banque du Canada.* De 1935 à 1954, le coefficient légal minimum de réserves a été de 5%. En 1954, la loi a stipulé qu'il devait être fixé entre 8 et 12% par la Banque Centrale. Mais au lieu d'être exigé pour chaque jour du mois, comme auparavant, il ne l'est plus que pour l'ensemble du mois. A cette fin, on prend la moyenne des quatre mercredis du mois pour les billets et les dépôts aux banques à charte et la moyenne des jours ouvrables du mois pour les dépôts à la Banque du Canada.

La Banque du Canada a fixé ce coefficient à 8% en 1954 et ne l'a jamais changé. C'est un instrument de dernier recours car la stabilité du coefficient est fort désirable en soi. Il ne sera probablement utilisé que si les opérations d'open-market s'avéraient impuissantes à contrecarrer des changements défavorables dans les réserves.

En mai 1956, à la demande de la Banque du Canada (persuasion . . . ?), les banques à charte ont accepté de *conserver une réserve additionnelle, secondaire, de titres liquides sous formes de bons du Trésor et de prêts au jour le jour.* La somme des

(1) E. P. Neufeld: ouvrage cité, p. 58. Le pourcentage correspondant pour 1962 est de 4.9%.

réserves primaires et secondaires doit représenter au moins 15% des dépôts exigibles. Cette contrainte supplémentaire renforce le contrôle de la Banque Centrale dans une certaine mesure et contribue à soutenir le prix des bons du Trésor et à abaisser les taux d'intérêt du marché à court terme.

Les taux d'intérêt

La Banque du Canada prête des sommes d'argent aux banques à charte et aux gouvernements. Elle peut le faire sur simple promesse de remboursement mais, plus souvent, elle réescompte (elle escompte de nouveau) des valeurs que les banques ont escomptées une première fois au bénéfice de leurs clients. *Le taux de réescompte ou le taux « bancaire » est le taux d'intérêt que la Banque Centrale fixe sur ses avances ou sur ses opérations de réescompte.* Dans plusieurs cas, comme on a déjà vu, la Banque exige que les courtiers reprennent les valeurs en échange desquelles elle a prêté (accords d'achat et de revente). De cette façon, la Banque s'assure de ne prêter qu'en « dernière instance ». Elle force les courtiers, pour ainsi dire, à conserver leurs titres (1).

Le taux de réescompte n'a pas été utilisé longtemps par la Banque du Canada comme instrument de gestion monétaire. De 1935 à 1955, il a été changé deux fois seulement : en 1944 quand il a été abaissé de 2½ à 1½ %, puis en 1950 quand il fut relevé à 2%. De février 1955 jusqu'au 1er novembre 1956 fut la seule période au cours de laquelle le taux a été soumis à des variations. Il a été changé six fois à cette époque et, au moment où son efficacité aurait pu être vérifiée, on décida d'en faire un taux fluctuant, fixé à ¼ de 1% au dessus du rendement des bons du Trésor de la semaine précédente. Le but recherché était d'encourager et de consolider le marché des titres à court terme et de bien s'assurer que la Banque demeurât un prêteur de dernière instance. Il est cependant admis que pour atteindre cet objectif, la mesure n'était pas nécessaire, puisqu'il suffit pour cela que la Banque maintienne *en fait* son taux au-dessus de celui du marché. Se lier à l'avance ainsi a introduit un élément de rigidité inutile et a enlevé au taux de réescompte par ailleurs, les fonctions im-

(1) Strictement parlant, ces accords sont des placements pour la Banque du Canada.

portantes qu'il avait d'influencer les attentes des épargnants et des investisseurs ainsi que d'annoncer clairement la politique monétaire que la Banque avait l'intention d'appliquer dans le proche avenir.

Juin 1962 : nouvelle mesure. Le taux de réescompte est dédoublé. Pour fins générales, il est élevé à 6% d'un seul coup, mais pour les fins des transactions avec les courtiers suivant les conventions d'achat et de revente, le taux demeure à ¼ de 1% de plus que le rendement des bons du Trésor. Compromis fort habile puisque la mesure permet de soutenir le marché (un taux de 6% appliqué aux courtiers les aurait probablement fait disparaître) sans sacrifier les exigences de la politique monétaire. Le taux général a ensuite été progressivement abaissé. Il est de 4% en août 1963.

Voici maintenant deux tableaux statistiques utiles : le premier sur l'offre de monnaie au Canada et aux Etats-Unis; le second sur la structure des taux d'intérêt.

TABLEAU 3

Offre de monnaie en % du Produit National Brut et per capita 1949 et 1960

	% du PNB		$ per capita	
	Canada	E.U.	Canada	E.U.
	a) dépôts d'épargne inclus			
1949	48	65	580	1,120
1960	36	48	730	1,350
	b) dépôts d'épargne exclus			
1949	24	42	290	730
1960	19	28	380	770

Source : C. Barber : *Canada's Unemployment Problem,* C.J.E.P.S. février 1962 p. 93.

TABLEAU 4

Structure des taux d'intérêt au Canada rendement annuel moyen (sur base mensuelle) de titres choisis; 1956-1962

	Prêts au jour le jour	Bons du Trésor 90 jours	Obligation fédérale échéant en 1967-1968	Obligation fédérale échéant le 1.10.1979
1956	2.56	2.85	3.50	3.56
1957	3.45	3.76	4.34	4.09
1958	1.70	2.25	3.67	3.98
1959	4.21	4.81	4.89	4.87
1960	2.94	3.20	4.79	5.04
1961	2.55	2.81	4.56	5.01
1962	3.84	4.05	4.51	5.07

Sources: Sommaire Statistique de la Banque du Canada et suppléments.

4 - Les banques à charte

Quand le citoyen canadien pense aux banques, ce sont les banques à charte qu'il a à l'esprit. Ce nom leur vient des chartes fédérales qui leur octroient l'existence juridique. Contrairement à la Banque du Canada, les banques à charte sont des sociétés privées. La plus ancienne et la plus importance est la Banque de Montréal qui date de 1817. Elles sont très peu nombreuses puisque leur nombre est seulement de huit (1), mais par contre, le nombre des succursales, à 5,224 en 1961, est plus élevé, relativement à la population, qu'en Angleterre et aux Etats-Unis. Ce système à succursales multiples est un trait caractéristique du système bancaire canadien et fait contraste avec la multitude des banques américaines. On attribue à une telle structure de l'industrie l'excellente réputation que les banques canadiennes ont toujours eue, la remarquable sécurité qu'elles ont assurée à leurs déposants dans les périodes de crise financière, enfin les services qu'elles ont rendus à travers

(1) Huit banques dont trois détiennent 70% des dépôts bancaires.

TABLEAU 5

Nombre de banques et de succursales au Canada et au Québec

	Nombre de banques	Nombre total de succursales	Nombre de succursales au Québec
1902	34	747	137
1930	10 (1931)	4083	1183
1940	10	3311	1083
1950	10	3679	1164
1961	8	5224 (1)	1454

Note: (1) dont 157 à l'étranger.
Source : *Annuaire du Canada,* 1962.

tout le pays malgré les distances et la faible densité de la population. Les contrôles administratifs et la politique monétaire elle-même sont sans doute aussi plus faciles à appliquer pour cette raison. Cependant, la concurrence entre les banques pour attirer les déposants et les emprunteurs n'a jamais été bien vive. La coopération est de rigueur; l'Association Canadienne des Banquiers en est un témoignage éloquant depuis 1892. Du côté législatif, le même ordre règne. Une seule loi générale régit le commerce bancaire et celle-ci, rédigée soigneusement avec la collaboration de tous au moment de la Confédération, a été adoptée pour la première fois en 1871 et revisée ponctuellement à tous les dix ans depuis.

Les banques à charte sont des banques de dépôt et de crédit. *Leur fonction essentielle est de fournir du crédit à court terme pour des fins industrielles ou commerciales. Escompter un effet de commerce d'une échéance de trois mois est l'opération bancaire typique.* Prêter sur nantissement de produits primaires en inventaire (comme le blé ou le bois) pour la durée de l'expédition au client est aussi une longue tradition au Canada (datant de 1859)[1]. Depuis 1944 surtout, on a cherché à multiplier les services des banques. Au crédit commercial proprement dit, les banques ont ajouté le crédit au consommateur, le crédit hypothécaire à plus

(1) Section 88 de la Loi sur les banques.

long terme (de 1954 à 1959) (1), et le crédit agricole (le crédit aux pêcheurs aussi) sur garantie partielle du Gouvernement fédéral. Les huit banques à charte se sont associées pour fonder "l'Export Finance Corporation of Canada Limited" et financer les exportations sur une base de 1 an à 5 ans.

Récemment, à Montréal, deux banques ont constitué une filiale pour le crédit industriel à moyen et à long terme. Quoique les banques n'avancent que prudemment dans ces nouveaux champs de leurs activités, il faut convenir qu'elles deviennent en quelque sorte des banques à tout faire.

La loi fixe un taux d'intérêt maximum de 6% sur le crédit bancaire depuis 1944 (2). Auparavant, et depuis 1871, le taux maximum était de 7%. Sur les dépôts d'épargne, les banques canadiennes versent un intérêt depuis 1832 et permettent quand même à leur clients de tirer des chèques sans restriction. Elles rendent aussi de nombreux services accessoires comme celui du paiement de certaines factures (électricité, téléphone, etc.)

Les actifs de toutes les banques à charte s'élèvent à la fin de 1962 à 16.3 milliards. De ce total, les prêts contribuent à 60%, les placements, à 32% et l'encaisse, sous forme de billets de banque et de dépôts à la Banque du Canada, à 8%. Les placements sont à court, à moyen ou à long terme. Ils ne sont pas restreints aux titres du Gouvernement fédéral, mais comprennent également des obligations des Gouvernements provinciaux et municipaux de même que des obligations d'entreprises privées.

Le bilan qui suit donne un état des activités principales des banques à charte.

(1) Les taux d'intérêt ayant monté (voir le tableau 4) et compte tenu du maximum de 6% de même que des frais d'administration du prêt hypothécaire, il est devenu plus profitable aux banques d'acheter des obligations, à partir de 1959.

(2) Article 91 de la Loi sur les Banques.

TABLEAU 6

Bilan des banques à charte au 31 décembre 1962 en millions de dollars

ACTIF		PASSIF	
Billets de banque	416	— Dépôts	
Dépôts à la Banque du Canada	745	Gouvernement fédéral	564
Prêts au jour le jour	293	Gouvernements provinciaux	155
Bons du Trésor	1,127	Comptes d'épargne	7,932
Autres titres du Gouvernement fédéral	2,241	Comptes courants	4,879
Titres des Gouvernements provinciaux et municipaux	657	Autres banques (surtout étrangères)	171
Titres d'entreprises privées	457	Institutions sociales, éducatives, etc.	997
Prêts à court terme aux courtiers	189		
Prêts hypothécaires garantis	921	— Dû par les clients	457
Autres prêts au Canada	7,513		
Dû par les clients	457	— Capital social, réserves et profits accumulés	1,097
Effets en transit	1,010		
Autres actifs (1)	289	— Autres postes	62
TOTAL DE L'ACTIF	16,315	TOTAL DU PASSIF	16,315

Note: (1) Les autres actifs comprennent les immobilisations, les dépôts dans d'autres banques, les placements à l'étranger (négatifs à cette date), etc.

Source : Sommaire Statistique de la Banque du Canada.

Le poste critique du bilan, du point de vue de la gestion monétaire, est sans doute l'encaisse (ou les réserves liquides), puisque celle-ci détermine la limite supérieure de crédit que les banques peuvent consentir. Le coefficient de réserve est légèrement supérieur à 8% depuis 1954 et ne peut s'abaisser à moins de 8%, comme nous l'avons vu précédemment. Quand la demande pour les prêts est très pressante et que les banques sont à cours de réserves, elles peuvent emprunter auprès de la Banque du Canada et elles obtiennent le crédit le jour même. Plus souvent, elles cherchent à se départir d'une partie des titres qu'elles détiennent. Le rappel des prêts au jour le jour en est un exemple. (Dans ce cas, la banque peut obtenir un chèque de compensation de la part de la Banque du Canada, le lendemain). Si elle vend des bons du Trésor sur le marché ou à la Banque du Canada, elle obtient son crédit le surlendemain. Enfin sur les obligations gouvernementales à échéance de moins de 5 ans, les crédits sont versés le troisième jour suivant la vente et sur les obligations à plus long terme, le quatrième jour après la vente.

Au bilan des banques à charte, on trouve un poste : autres prêts au Canada, à propos duquel il convient d'apporter des précisions. Le tableau 7 répartit ces prêts entre plusieurs catégories :

TABLEAU 7

Classification des prêts bancaires en cours au 31 décembre 1962, en millions de dollars

1. prêts aux Provinces et aux Municipalités		273
2. prêts aux marchands de céréales		311
3. prêts pour le financement des achats d'obligations d'épargne		200
4. prêts aux sociétés de crédit à tempérament		284
5. prêts aux autres entreprises		4,038
de plus de 5 millions	573	
de 1 à 5 millions	848	
de moins de 1 million	2,617	
6. prêts personnels		1,625
garantis sur titres	372	
prêts pour la rénovation des maisons (garantis)	70	
autres prêts	1,183	
7. prêts aux agriculteurs		556
8. prêts aux institutions		227
TOTAL		7,513

Note : Les classes 5, 6, 7 et 8 sont les « prêts généraux ».
Source : Sommaire statistique de la Banque du Canada.

Des 7.5 milliards de prêts en cours à la fin de 1962, un peu plus de la moitié sont des prêts généraux aux entreprises et 1.1 milliard sont des prêts personnels.

5 - Les courtiers

Les courtiers prennent une importance croissante sur le marché monétaire. Nous avons déjà dit que quatorze sociétés de courtage disposaient d'ouvertures de crédit à la Banque du Canada pour faciliter les échanges de titres à court terme. Ce sont sans doute les sociétés les plus actives, mais il en existe un grand nombre d'autres qui participent également à ce commerce. Ce sont principalement les courtiers-membres de "l'Investment Dealers' Association", au nombre de 185, les membres des "Bond Traders' Association" de Toronto et de Montréal, enfin les courtiers indépendants. Selon la première de ces associations, on compterait au-delà de 400 courtiers au Canada dans le commerce des obligations. Mais cette fois, on ne se limite pas aux obligations à court terme.

Ces courtiers, en plus des nombreuses fonctions qu'ils peuvent remplir, agissent tous en qualité d'agent pour le compte d'autrui dans l'achat et la vente de valeurs mobilières. Les plus importantes de ces maisons achètent et vendent également en leur propre nom et détiennent ainsi, la plupart du temps, un portefeuille très considérable de titres. Dans ces derniers cas, le profit du courtier vient du rendement du portefeuille et de la différence entre le prix d'achat des valeurs et le prix de vente, compte tenu cependant des frais d'émission qui souvent sont très élevés. De ce profit brut, on soustrait le coût en intérêt des emprunts qu'il a fallu contracter pour acquérir les titres.

Pendant longtemps les banques ont été les seules sources de crédit pour les courtiers. Depuis quelques années par contre, plusieurs autres institutions financières se sont jointes aux banques, de sorte que les courtiers en viennent à ressembler fort aux "discount houses" de l'Angleterre.

Parmi les 185 membres de "l'Investment Dealers' Association", 16 conservent habituellement un inventaire de titres de

5 millions et plus, 17 autres ont un inventaire de 1 à 5 millions. A elles seules, ces maisons ont vendu pour 10 milliards de titres à court terme en 1961, ce qui représente au-delà de 90% des ventes totales des courtiers (1).

Mais comme les activités des courtiers débordent largement le cadre du marché monétaire proprement dit, nous reprendrons cette question dans le prochain chapitre (2).

* * *

Terminons ce chapitre par un tableau statistique donnant la place qu'occupe le système bancaire sur le marché des titres du gouvernement fédéral.

(1) Mémoire de l'Investment Dealers' Association à la Commission Royale sur le Système bancaire et financier 1962.

(2) Chapitre II, section 2.

TABLEAU 8

Titres en cours du gouvernement fédéral classifiés par genres et par détenteurs 31 décembre 1962, en millions de dollars

	Banque du Canada	Banques à charte	Comptes du Gouv. fédéral	Public	Total
Bons du trésor	458	1,137	47	523	2,165
Obligations à moins de 2 ans d'échéance	447	754	49	1,276	2,526
Obligations à plus de 2 ans d'échéance	2,031	1,480	474	6,053	10,038
Obligations d'épargne du Canada	—	—	100	4,619	4,719
TOTAL	2,936	3,371	670	12,471	19,448

Source : Tiré du Sommaire Statistique de la Banque du Canada.

Les titres en cours du gouvernement fédéral s'élevaient à 19.4 milliards à la fin de 1962. 63% de cette somme était détenue par le « public » i.e., par les institutions financières, les autres entreprises et les particuliers. La proportion était beaucoup moins forte sur le marché des titres à court terme. Le « public » détenait 24% des bons du trésor et 50% des obligations d'une échéance de moins de deux ans. Si on exclut des calculs les obligations d'épargne du Canada que le système bancaire n'achète pas [1], on trouve que de tous les autres titres du gouvernement fédéral, la Banque du Canada en avait 20% et les banques à charte, 23%. La part du système bancaire dans son ensemble s'élevait donc à 43%. Si nous observons que le « public » dispose d'un portefeuille de près de 8 milliards d'obligations négociables, nous pouvons conclure, semble-t-il, que le marché des obligations fédérales est sur la place publique, comme il convient et comme il est nécessaire [2].

(1) Les obligations d'épargne du Canada sont réservés aux particuliers et aux successions. Contrairement aux autres obligations, elles sont remboursables au pair en tout temps.

(2) Outre les ouvrages déjà cités, on lira avec intérêt les cinq mémoires présentés par la Banque du Canada à la Commission Royale d'Enquête sur le système bancaire et financier 1962.

CHAPITRE 11 — LE MARCHÉ DU CAPITAL

1 - La place des institutions financières dans la comptabilité nationale

a) un bilan national

b) un compte des opérations financières

c) les institutions financières

2 - La bourse des valeurs mobilières

a) historique

b) organisation de la bourse

c) organisation des échanges

d) les transactions

e) le marché des actions

f) le marché des obligations

3 - Les sociétés de placement

a) notion

b) historique

c) fonctionnement

d) importance

4 - Les sociétés de financement

a) la Banque d'Expansion Industrielle

b) la Société Générale de Financement

5 - Les sociétés d'assurance-vie

a) l'industrie de l'assurance-vie

b) l'épargne par l'assurance-vie

c) les placements

d) l'assurance-vie sur le marché des capitaux

6 - Les sociétés de fiducie

a) successions, fiducies et agences

b) dépôts et certificats de placement

c) activités et services particuliers

7 - Les caisses de retraite

8 - Les sociétés de prêt hypothécaire

a) nature et importance

b) la Société centrale d'hypothèques et de logement (S.C.H.L.)

c) les prêts hypothécaires

9 - Les sociétés de crédit à tempérament

a) nature

b) importance du crédit à tempérament

c) sources de financement

10 - Les sociétés de petits prêts

a) volume d'affaires

b) crédit à la consommation

Ceux que repousse la rigueur de la comptabilité économique peuvent de nouveau se dispenser de la première section de ce chapitre.

Le marché du capital

11

Il existe deux catégories de capitaux: les *capitaux réels* ou matériels qui *consistent dans des biens, et les capitaux financiers qui consistent dans des créances sur autrui*. La propriété d'un capital matériel est un droit sur une chose; la propriété d'un capital financier est un droit sur une personne ou sur une société. Tels sont, parmi les capitaux réels, les édifices, l'équipement ou l'outillage; telles sont, parmi les capitaux financiers, les obligations, les actions, les hypothèques, les débentures[1]. *On entend par marché du capital l'ensemble des échanges portant sur le capital financier* (ou sur les créances).

Une partie des créances est aussi constituée de la monnaie en circulation. (Le billet de banque et les dépôts ne sont que des titres particuliers parmi les autres). La monnaie et les institutions qui la créent peuvent donc être comprises dans le marché du capital. De fait, elles sont incluses dans les comptes des opérations financières que nous avons décrits au chapitre premier, et que nous reprenons plus loin. Cependant, pour les fins de la présente description, tout ce qui a trait à la monnaie et aux titres à court terme a été placé dans le chapitre précédent sous le titre de marché monétaire. A ce chapitre-ci, nous allons

(1) Une obligation est un titre (ou un certificat) certifiant que le détenteur a prêté une certaine somme d'argent à certaines conditions (d'intérêt et de temps de remboursement). Une action est un titre de propriété, une hypothèque, un droit sur un édifice ou un terrain. On réserve d'ordinaire le mot débenture aux obligations émises sans hypothèque par des entreprises privées.

donc réserver l'examen des échanges de titres à moyen et à long terme.

La première section a pour objet de disposer les institutions financières, et les opérations qu'elles effectuent, sur un échiquier comptable rigoureux. Les sections suivantes décriront les principales institutions financières.

1 - La place des institutions financières dans la comptabilité nationale

a) Un bilan national

Le capital existant est un stock ou un avoir; il est comptabilisé dans un bilan. Comme l'entreprise particulière, la nation toute entière peut établir son bilan. C'est un état du patrimoine ou de la richesse sous toutes ses formes. Réduit aux rubriques essentielles, un bilan national se présente sous la forme suivante:

Exemple d'un bilan national

actif	*passif*
1. immobilisations	1. valeur nette
2. créances	2. dettes

Les immobilisations consistent dans le capital matériel du pays, les créances, dans le capital financier. Aux immobilisations correspondent les épargnes accumulées et aux créances, les dettes. Dans une économie fermée, les créances égalent les dettes et les immobilisation égalent la valeur nette.

b) Un compte des opérations financières

De la comptabilité des stocks, on passe facilement à *la comptabilité des flux, i.e., à la comptabilité des opérations qui se sont effectuées au cours d'une période de temps.* On enregistre alors les changements qui se sont produits dans les postes du bilan.

Nous retrouvons une nomenclature familière: une augmentation du capital réel est un investissement; une augmentation des créances est la somme des prêts consentis; une augmentation de la valeur nette est l'épargne; enfin une augmentation des dettes est l'emprunt. La comptabilisation des épargnes et des investissements se fait dans le compte capital comme nous avons vu au chapitre premier, la comptabilisation des créances et des dettes, dans le compte des opérations financières[1]. Donnons de nouveau un exemple d'un compte de flux financiers.

Exemple d'un compte d'opérations financières

emplois	*ressources*
1. formation de capital	1. épargne
2. prêts	2. émissions d'actions
3. placements	3. émissions d'obligations
4. accroissement des encaisses.	4. autres emprunts.

Les numéros 2, 3 et 4 sont les opérations financières proprement dites, i..e, les échanges sur les créances et les dettes; le numéro 1 est une opération sur le capital réel. C'est de cette manière qu'on peut relier le circuit financier aux activités économiques comprises dans le produit national. Sous cet angle, le circuit financier décrit les voies et les moyens par lesquels le financement de l'activité économique s'est effectué.

Au Canada, nous ne disposons pas encore d'un bilan national. Par suite nous ne pouvons nous arrêter, ni sur la richesse nationale (actifs matériels), ni sur le stock d'actifs financiers. Par contre nous disposons de quelques données statistiques intégrées sur les flux financiers [2]. Nous reproduisons un tableau des opérations financières relatives à l'année 1954, soit l'année la plus récente pour laquelle les calculs ont été faits. C'est le tableau 1.

(1) Sur les tableaux français équivalents, on consultera avec intérêt S. Barthélémy, les tableaux d'opérations financières dans la comptabilité nationale française. *Etudes de comptabilité nationale* no 2, 1961, p. 28 - 68.

(2) Il s'agit de flux financiers nets. On achète des titres pour $50., on en vend pour $30. Les achats totaux sont de $50.; les achats nets sont de $20. (soit $50. — $30.)

TABLEAU 1

Opérations financières en millions de dollars — Canada 1954

	Consommateurs		Entreprises non-financières		Entreprises financières		Gouvernements		Extérieur		Total	
	E	R	E	R	E	R	E	R	E	R	E	R
Epargne moins investissements		809		—1,143		38		—131		427		0
1. monnaie et dépôts	921		180		10	793	—226	2	66	155	950	950
2. crédit à tempérament		37	62	— 20	— 45						17	17
3. prêts		98	1	111	148	— 52	— 17	30		— 55	132	132
4. créances sur entreprises associées	85		363	671	36	217	127	2	392	113	1,003	1,003
5. hypothèques	436		8	932	477		11				932	932
6. obligations fédérales	—202		— 4	388	306		—175	—573	—110		—185	—185
7. autres obligations et actions	— 12		197	678	538	76	102	338	320	53	1,145	1,145
8. assurances et pensions	416					354		62			416	416
9. héritages et dons étrangers	94	89							89	94	183	183
10. autres opérations et erreurs	9	715	700	—110	22	66	6	96		— 30	737	737
TOTAL	1,748	1,748	1.507	1,507	1,492	1,492	—174	—174	757	757	5,330	5,330

Note : E = emplois R = ressources. **Source:** W. Hood : *Le Financement de l'Activité Economique au Canada,* op. cit. p. 101 et 539.

Un tableau des opérations financières comme celui-ci est très difficile à interpréter. Que le lecteur s'arme de patience et ferme sa télévision! Revoyons d'abord les conventions sur *emplois* et *ressources* dans le contexte des opérations financières:

Emploi signifie utilisation des fonds, i.e., l'ensemble des formes sous lesquelles les recettes sont conservées ou utilisées. Un emploi positif est une augmentation des actifs du secteur considéré. L'augmentation des dépôts dans les banques est un emploi pour les consommateurs. Les prêts, l'achat d'hypothèques, l'achat d'obligations, l'achat d'actions, le paiement de primes d'assurance sont également des emplois.

Ressource signifie origine ou source des fonds, i.e., l'ensemble des formes sous lesquelles les agents se procurent des moyens de paiement. L'épargne est clairement une ressource, mais l'emprunt est aussi une ressource. Voilà pourquoi le côté « ressources » de la comptabilité correspond au passif du bilan. L'emprunt est donc une ressource, l'émission d'obligations et d'actions en est une également.

La nomenclature des secteurs, à la tête des colonnes, ne soulève aucune difficulté. Par contre, les postes de certaines lignes appellent des éclaircissements.

Epargne moins investissement est une somme reportée du compte des opérations courantes, mais dont on a soustrait la formation brute du capital réel. C'est donc le solde des ressources qui est disponible pour faire des placements ou des prêts aux autres secteurs, pour rembourser d'anciennes dettes ou pour laisser en dépôt dans les banques. Dans le cas des consommateurs, cette épargne est positive (809 M.); dans celui des entreprises non-financières, elle est négative. Epargne négative signifie évidemment emprunt ou besoin d'emprunt. Les gouvernements ont aussi encouru un déficit (131 M.). On trouve enfin un solde positif de 427 M. dans le secteur extérieur. Lisons à la loupe ici: les Canadiens ont obtenu des ressources du secteur extérieur représentant le solde de la balance des comptes courants. Traduisons: la balance a été déficitaire et les Canadiens ont emprunté 427 M. des non-résidents. En effet, c'est par l'emprunt qu'on acquiert des ressources additionnelles, tandis que c'est par le prêt qu'on en dispose. Si on avait eu une balance excédentaire, on aurait par définition prêté à l'étranger. On aurait donc eu moins de ressources disponibles; le signe eût été négatif.

1. *Monnaie et dépôts:* or détenu par le Fonds du Change Etranger, monnaie et dépôts dans les banques, dépôts dans d'autres institutions (caisses populaires, sociétés de prêts et de fiducie). Ce poste est un emploi (ou un actif) pour les déposants et une ressource (ou un passif) pour les institutions qui les reçoivent. Les consommateurs ont augmenté la monnaie et les dépôts qu'ils détenaient de 921 millions en 1954. Les gouvernements ont diminué les leurs de 226 millions. Les institutions financières ont reçu la majeure partie de ces dépôts, soit 793 millions.

2. *Crédit à tempérament:* crédit accordé par les détaillants à leurs clients et par les sociétés de crédit à tempérament. Les consommateurs ont fait des emprunts nets de 37 millions, les entreprises non-financières ont prêté pour 62 millions et remboursé des dettes de 20 millions. Les entreprises financières ont diminué leurs prêts de 45 millions.

3. *Prêts:* prêts personnels des banques, des caisses populaires et des autres sociétés.

4. *Créances sur entreprises associées:* opérations financières qui interviennent entre des institutions associées entre elles, tels que le financement d'une filiale par la société-mère, les opérations impliquant les gouvernements et les entreprises publiques. Ainsi les consommateurs ont augmenté leur participation aux entreprises individuelles d'une somme de 85 millions, somme qu'on trouve incluse dans l'augmentation des ressources (de 671 M.) des entreprises non-financières.

5. *Hypothèques:* prêts garantis par une hypothèque. Les consommateurs ont prêté 436 millions sur hypothèques, les entreprises financières, 477 millions. Les emprunteurs sont les entreprises non-financières (932 M.) Il faut rappeler ici la convention comptable en vertu de laquelle les opérations financières portant sur les édifices résidentiels sont classées dans le secteur des entreprises.

6 et 7. *Obligations et actions:* tous les titres sont inclus quelle que soit l'échéance. Du côté des emplois, on trouve les achats ou les ventes (quand le signe est négatif) des titres, du côté des ressources, les émissions ou le remboursement (quand le signe est négatif) des titres. Ainsi les consommateurs ont vendu pour 202 millions d'obligations du gouvernement fédéral qu'ils détenaient auparavant. Les Gouvernements ont remboursé leurs obligations pour une somme de 578 millions et diverses agences gouvernementales ont vendu des obligations pour 175 millions. Les entreprises publiques, classées parmi les entreprises non-financières, ont émis des obligations garanties par le gouvernement fédéral pour une somme de 388 millions. Enfin les non-résidents ont vendu des obligations fédérales pour une somme de 110 millions et ont acheté pour 320 millions d'actions et d'autres obligations (dont 266 millions de titres privés)(1).

8. *Assurances et pensions:* part des assurés dans les contrats d'assurance-vie et de retraite (2).

9. *Héritages et dons étrangers:* sont compris surtout les fonds de ceux qui entrent au pays et de ceux qui le quittent. Ceux qui l'ont quitté ont ainsi apporté avec eux 94 millions en 1954 et ceux qui sont venus ont apporté 89 millions.

10. *Autres opérations et erreurs:* écritures visant à équilibrer les comptes des secteurs. Ces écritures tiennent lieu de toutes les opérations financières dont on ignore encore la nature et l'importance. Ce résidu « inexploré » représente 40% des transactions des consommateurs. Que les étudiants se rassurent: il reste du travail à faire.

Il ressort de ce tableau, en premier lieu, *que tous les secteurs interviennent sur le marché des capitaux.* Les institutions financières sont des intermédiaires qui facilitent le déplacement des

(1) Il faut prendre garde de ne pas confondre une émission d'obligation par une société avec la vente par la même société d'une obligation gouvernementale. Les deux opérations procurent des fonds à la société, mais la première accroît le passif tandis que la seconde diminue le stock d'obligations détenues. Dans les comptes ci-dessus, l'émission d'obligation est donc placée du côté des ressources et la vente d'obligation gouvernementale du côté des emplois, affectée du signe moins.

(2) On cherche à trouver ici l'épargne des consommateurs qui est réalisée par l'intermédiaire des sociétés concernées. Ce sont les primes payées moins les prestations, plus les revenus de placement des sociétés moins leurs dépenses et leurs bénéfices.

fonds, des secteurs excédentaires vers les secteurs déficitaires, mais elles n'ont pas le monopole des capitaux. Si ce chiffre peut servir d'indication, nous pouvons observer qu'en 1954 les institutions financières ont effectué 28% des transactions financières totales (1492 M. sur 5330 M.) (1). Qu'un particulier prête sur la garantie d'une hypothèque à un autre particulier, l'institution financière n'apparaît pas: c'est tout de même une opération de financement. En somme, il ne faut pas assimiler institutions financières à marché des capitaux.

Apparaissent au tableau I, en second lieu, les *principales catégories de transactions financières qui définissent la nature des biens qui sont échangés sur un marché des capitaux*. L'importance relative que prend chaque catégorie de transactions dépend essentiellement de la conjoncture économique de l'année concernée. De même en est-il des excédents et des déficits de chaque secteur. En 1951, la somme absolue des excédents et des déficits des onze secteurs de la comptabilité canadienne a représenté 28% du PNB, et en 1954, une année de récession, 12% du PNB seulement. Quoique les circonstances exercent une influence considérable sur ces chiffres, observons néanmoins qu'en 1954, l'augmentation des dépôts a contribué à 18% de l'augmentation des actifs (950 M. sur 5330 M.), les obligations autres que fédérales et les actions à 21%, les créances sur les entreprises associées à 18%, de sorte que ces trois catégories d'opérations ont compté pour environ 57% des transactions financières totales. Pour chacun des secteurs pris individuellement, les opérations financières sont restreintes à un plus petit nombre de catégories. Les consommateurs, par exemple, ont disposé de leurs fonds en augmentant leurs dépôts (50%), en prêtant sur hypothèques (25%) et en achetant des polices d'assurance-vie et des pensions de retraite (23%). Ils se sont départis d'obligations du gouvernement fédéral (—11%) pour se procurer ces actifs et ont emprunté des fonds (135 M.). Pour les consommateurs par conséquent, ce sont les dépôts bancaires, l'assurance et les hypothèques qui sont les transactions financières les plus importantes.

(1) Ce calcul sous-estime l'importance des institutions financières pour plusieurs raisons. Nous corrigerons la chose plus loin.

c) Les institutions financières

Mais quelles sont donc les institutions financières? On peut grouper toutes celles qui ont été recensées dans la comptabilité canadienne des transactions nationales en onze groupes(1) :

1. les banques de dépôt
2. les sociétés de financement
3. les caisses populaires
4. les institutions publiques d'épargne
5. les sociétés d'assurance-vie
6. les sociétés de fiducie
7. les sociétés de prêt hypothécaire
8. les sociétés de crédit à tempérament
9. les sociétés de petits prêts
10. les sociétés de placement
11. autres institutions diverses.

Pour que la liste des institutions financières soit complète il faut en ajouter deux autres: les caisses indépendantes de retraite, qui ne sont pas incluses dans les comptes par manque d'information, et les bourses des valeurs mobilières qui n'y figurent pas, par définition pourrait-on dire. En effet, les bourses n'achètent ni ne vendent aucun titre. C'est seulement un parquet où d'autres transigent. Pour cette raison, elles n'apparaissent pas dans les comptes nationaux.

Dans les sections qui vont suivre, nous allons décrire la nature et le fonctionnement de la plupart des institutions financières ci-dessus mentionnées. Les numéros 4 et 11 seront laissés de côté, mais nous ajouterons les caisses de retraite et les bourses des valeurs mobilières. Quant aux banques et aux caisses populaires, elles sont traitées dans deux chapitres distincts. Nous aurons donc neuf sections sur les institutions.

---

(1) Les institutions publiques d'épargne sont les deux caisses d'épargne postale et la banque d'épargne de Terre-Neuve. Les institutions diverses comprennent les sociétés d'assurance générale, les sociétés de secours mutuels, certaines institutions publiques de prêts comme la Commission du Prêt Agricole, enfin des institutions publiques d'assurance comme celle des crédits à l'exportation.

2 - La bourse des valeurs mobilières

Sous son aspect institutionnel, une bourse est une société sans but lucratif formée par des courtiers pour faciliter les échanges des valeurs mobilières. Par valeur mobilière on entend les actions et les obligations des entreprises et des corps publics [1]. Au point de vue économique, une bourse est un marché sur lequel s'achètent et se vendent les valeurs mobilières. A la Bourse de Montréal, les sociétés ne peuvent pas offrir directement les nouvelles émissions de leurs actions: pour cette raison on dit que la Bourse de Montréal est un marché secondaire. Par contre, les sociétés inscrites à la Bourse Canadienne ont le privilège d'offrir leurs émissions de sorte qu'on y trouve aussi bien les nouvelles actions que les actions déjà dans le public: la Bourse Canadienne est un marché primaire et secondaire à la fois.

Après que les titres d'une société donnée ont été inscrits à une bourse, chacun des propriétaires peut en vendre et n'importe qui peut en acheter par l'intermédiaire des individus ou des sociétés qui, en qualité de membres de la bourse, sont autorisés à effectuer les échanges.

a) Historique

On peut faire remonter la naissance des bourses de valeurs à celle d'Amsterdam en 1602. En Angleterre, c'est en 1762 que 150 courtiers ont formé une association, à Londres, pour encourager et réglementer les échanges de titres. En 1773, ces courtiers se sont installés dans un édifice qui est connu pour le premier établissement boursier du monde.

Au Canada, les premiers échanges de titres datent de 1832; il s'agissait des actions du Chemin de fer devant relier St-Jean et Montréal. En 1863, onze courtiers de Montréal ont formé la Chambre des Agents de Change, mais c'est en 1874, que la Bourse de Montréal est officiellement fondée, cent ans après celle de Londres. A l'ouverture, on comptait 63 titres inscrits, et des échan-

(1) Les obligations gouvernementales ou privées se sont déjà échangées sur le parquet des bourses canadiennes. Mais la pratique a cessé à Montréal depuis dix ans. On compte quelques transactions seulement à Toronto à l'heure actuelle. En somme les valeurs mobilières dont il est question sur les bourses canadiennes sont limitées aux actions.

ges d'environ 800 actions par jour. En 1914, les inscriptions s'élèvent à 182 et les échanges, à 10,000 actions par jour.

Le « Montreal Curb Market » est fondé en 1926. Cette deuxième bourse est destinée surtout aux entreprises exploitant des ressources naturelles comme les mines, le gaz, le pétrole. Les titres qui s'y échangent sont plus spéculatifs, par conséquent, que ceux de la Bourse de Montréal; les conditions requises pour l'inscription sont moins restrictives, le prix des sièges, moins élevé et le reste. En 1953, son nom a été changé pour la « Bourse Canadienne ». En plus des deux bourses de Montréal, on trouve une bourse à Toronto, à Vancouver, à Calgary et Winnipeg. Toronto est de loin la plus active.

b) Organisation de la bourse : Montréal

Les membres d'une bourse sont les individus qui ont acheté un siège, i.e., un droit de transiger sur le parquet. Il suit que les membres d'une bourse sont des courtiers, soit des courtiers indépendants, soit des associés ou des directeurs d'une société de courtage. La bourse de Montréal compte 77 membres, la Bourse Canadienne, 90. A la fin de 1963, 62 membres détenaient des sièges sur les deux bourses à la fois. Le nombre des membres est relativement peu élevé, mais il a augmenté de 25% depuis 1950. Le prix des sièges varie beaucoup d'une année à une autre. En 1929, un siège à la Bourse de Montréal valait $225,000. et à la Bourse Canadienne, $50,000. Les prix les plus récents sont respectivement de $35,000. et de $9,000. (1).

Les membres de chacune des deux bourses élisent leur conseil d'administration à chaque année. Ils s'associent d'autre part pour retenir les services d'un président, d'un vice-président et d'un secrétaire, tous trois engagés à temps plein et choisis au dehors.

En tant que telle, *la bourse n'a aucun intérêt dans les titres qui s'échangent sur le parquet et ne participe d'aucune façon aux bénéfices que réalisent les vendeurs et les acheteurs de titres. Comme nous l'avons dit au début,* la bourse est une société sans but lucratif qui vise essentiellement à encourager les échanges tout

(1) A la bourse de New-York, le prix le plus récent est de $200,000.

en protégeant les épargnes publiques. Ses revenus consistent en des cotisations payées par les membres et par les sociétés dont les titres sont inscrits. Ses activités se rapportent:

(1) à l'acceptation de nouveaux membres;
(2) à la réglementation des échanges;
(3) à l'inscription des titres des entreprises;
(4) à l'information du public.

Les règles d'admission d'un membre à la bourse sont strictes. En plus d'offrir d'amples garanties de probité et de solvabilité, le candidat doit être présenté et parrainé par deux membres, puis recueillir 80% des voix à son élection [(1)]. Les courtiers indépendants cèdent de plus en plus la place aux sociétés de courtage.

Les échanges de titres font l'objet d'une réglementation fort détaillée; de l'extérieur, ce sont les stipulations sur le crédit boursier et sur les droits de courtage qui attirent surtout l'attention. Nous y revenons plus loin.

Egalement rigoureuses, surtout à la Bourse de Montréal, sont les conditions à remplir pour qu'une entreprise fasse admettre ses titres à la bourse. Ainsi l'entreprise doit avoir déjà 300 actionnaires au moins (100 actionnaires à la Bourse Canadienne); 20 à 25% du capital-action doit être dans le public et susceptible de changer de mains. De son côté la bourse exige de l'entreprise les informations les plus complètes sur ses activités, sa situation financière et sur tout ce qui est susceptible d'influencer le prix de ses titres. Enfin, la bourse se réserve le droit (et elle l'exerce de temps à autre) de suspendre ou de retirer les titres de n'importe quelle société, si elle juge que le public peut être lésé d'une façon ou d'une autre.

c) Organisation des échanges

La bourse a son langage. Si elle paraît mystérieuse à plusieurs, ce n'est pas pour des raisons profondes, c'est à cause du langage particulier auquel les initiés ont recours pour s'exprimer. C'est là la marque de toute profession bien organisée; les courtiers qui ont de la tradition n'y manquent point.

(1) La proportion a été abaissée à 66⅔ à Montréal, récemment.

Sur le fond, rien que de très simple. Dans une grande salle qui s'appelle le parquet, on trouve des agents de change (synonyme de courtier, dans notre langage à nous) qui exécutent les commandes d'achat ou de vente de leurs clients. Le prix d'une action va varier sous une double influence: l'influence d'un fait objectif précis qui affecte les perspectives de rentabilité de l'action, v.g. le paiement d'un dividende plus élevé, l'annonce d'un contrat important que vient de signer l'entreprise etc.; puis il y a l'influence de l'événement fortuit ou d'une évaluation subjective des acheteurs et des vendeurs, comme par exemple, le fait qu'un bon matin, sans se concerter, dix importants actionnaires décident de vendre une même action parce qu'ils ont besoin d'argent, ou encore l'annonce que le président des Etats-Unis a attrapé une bronchite. La bourse est l'exemple typique d'un marché de concurrence parfaite sur lequel le prix ne dépend pas que des coûts de production relativement peu changeants, mais aussi et surtout de l'offre et de la demande qui peuvent, elles, changer à tout instant, de façon plus ou moins prévisible (1).

Les formes que prennent les transactions sont cependant nombreuses et complexes. Les techniques et les conventions sont trop variées pour pouvoir être décrites ici (2). Arrêtons-nous seulement aux courtiers. Il y en a plusieurs catégories: le courtier commissionnaire (stock broker) n'achète ni ne vend pour son compte, mais seulement pour ses clients. Son revenu est la commission; le courtier agissant pour son compte est le courtier de placement (jobber) et son revenu est la différence entre le prix auquel il achète et le prix auquel il vend. Le courtier du parquet (10 à Montréal) ne transige que pour le compte des autres courtiers, sur le parquet de la bourse. Enfin le courtier d'arbitrage

(1) Sur les méthodes à prendre pour examiner les valeurs mobilières, on lira avec intérêt, F. Rosenfeld: *Analyse des Valeurs Mobilières,* Dunod, Paris, 1963, p. 168.

(2) C'est à ce sujet que le vocabulaire est important. Voici quelques expressions : la *cote* est la publication des cours. Les *cours* sont les prix des titres. On donne des commandes au marché ou des commandes limitées (limit order) : les premières s'exécutent sans conditions, les secondes en stipulant un prix minimum ou maximum. On peut spéculer à la hausse (bull) ou à la baisse (bear), au comptant, à la marge ou à découvert. La marge est la différence entre le prix courant et le solde dû. L'acheteur, dans ce cas, achète à crédit. La vente à découvert consiste à vendre un titre qu'on n'a pas et qu'on va acheter un peu plus tard quand le marché aura baissé. L'ordre stop est une commande limitée qui stipule non un minimum (à la vente) ou un maximum (à l'achat) mais le prix lui-même. Les échanges hors-cote (over-the-counter) portent sur des titres non inscrits à la cote. Les titres se vendent par lots réguliers ou par lots fractionnaires.

achète des titres pour les revendre sur une autre bourse pour profiter des différences de prix et en même temps réduire ces différences à un minimum. A Montréal, ces opérations d'arbitrage, avec Toronto, New-York ou Londres, sont très importantes puisqu'elles ont représenté le quart des transactions qui ont été effectuées en 1962. Le courtier de placement peut transiger non seulement sur les titres en cours mais agir aussi comme souscripteur d'une nouvelle émission (underwriter). Dans ce cas il achète à escompte l'émission d'une société et vend ensuite les titres auprès du public. Autrefois ces diverses fonctions des courtiers étaient tenues scrupuleusement distinctes. Aujourd'hui la maison de courtage remplit généralement plusieurs rôles à la fois. Pour éviter que la confusion des rôles n'aille au détriment des actionnaires, les bourses de Montréal obligent leurs membres à donner priorité aux commandes des clients sur les commandes de leurs sociétés de courtage.

La Bourse réglemente le crédit en établissant le pourcentage de couverture que l'acheteur doit respecter. A l'heure actuelle, la couverture est de 50% au Canada, ce qui signifie que l'acheteur peut acheter une action de $10.00, emprunter $5.00 du courtier et payer $5.00 comptant. Si le prix de l'action diminue à $8.00, la marge allouée de crédit n'étant plus que de $4.00, l'emprunteur doit couvrir, en remboursant $1.00 à son courtier. C'est dire que le pourcentage de couverture doit être constamment maintenu. Ce sont les courtiers qui prêtent l'argent nécessaire à ces opérations de crédit et la bourse fixe le taux d'intérêt qui est chargé. Ce taux est présentement fixé à 1% au-dessus du taux de base des banques à charte [1]. La marge de couverture sur les achats d'obligations n'est que de 1% à 10%. On estime qu'à Montréal 20% des actions s'échangent sur marge.

Au Canada, les bourses n'exerçant aucune politique à court terme de crédit, ne changent pas souvent leurs exigences quant à

(1) La Banque du Canada, contrairement à ce qu'on dit souvent, exerce une influence sur le crédit boursier de deux façons: a) par ses prêts aux courtiers de placement autorisés; b) par la variation des réserves de liquidité des banques, variation qui entraîne le changement du taux de base des banques, puis le coût du crédit boursier. D'autre part, les banques à charte affectent le crédit boursier par leurs prêts aux courtiers commissionnaires et aux courtiers de placement, par leurs prêts au jour le jour et évidemment par l'intérêt qu'elles chargent. Enfin les banques prêtent aussi directement aux investisseurs.

la couverture. Aux Etats-Unis, le Federal Reserve Board contrôle les marges boursières et s'en sert pour la régularisation du crédit. Ces marges ont été de 70% sur les actions assez longtemps. Aujourd'hui elles sont de 50% comme au Canada, mais n'étant exigées qu'au moment de l'achat, elles ne sont pas maintenues par la suite.

d) Les transactions

Les bourses de Montréal et celle de Toronto sont des bourses secondaires par rapport aux principaux centres financiers du monde, comme Londres, New-York, Chicago ou Paris. A Montréal on trouve 785 titres inscrits, à Toronto, 1,100; on en trouve 10,000 à Londres et 2,800 à Paris. La valeur courante des actions inscrites à Montréal et à Toronto est à peu près la même, soit 52 milliards de dollars à la fin de 1961, à chacun des deux endroits, mais la bourse de Toronto est de deux à trois fois plus active que celle de Montréal. Elle était de 307 milliards à New-York en 1959. Mais comme les prix des actions changent constamment, la valeur globale change également. Les 52 milliards de la fin de 1961 étaient devenus 45 milliards, six mois plus tard à Montréal.

L'activité d'une bourse est mesurée par le volume ou la valeur des titres qui s'échangent à chaque jour. Voici un tableau donnant la valeur des actions qui ont changé de main au cours de l'année.

TABLEAU 2

Valeur des actions échangées, Montréal et Toronto, en millions de dollars

1960	1,780
1961	3,350
1962	2,760
1963	3,520

Notes: Sur la base de moyennes mensuelles et pour 1963, sur la base des cinq premiers mois de l'année.
Les échanges sur les quatre autres bourses du Canada sont négligeables: 121 millions en 1961.

Source: Sommaire Statistique de la Banque du Canada.

Depuis 1961, on peut dire que les échanges d'actions au Canada s'élèvent à environ 3 milliards de dollars par an. Observons cependant de nouveau que ces échanges sont sujets à de très larges fluctuations, ce qui ne devrait surprendre personne.

A New-York, par comparaison, les échanges se sont élevés à près de 50 milliards au cours de 1962.

Dans une enquête portant sur le mois de juin 1962, on a établi que sur les deux bourses de Montréal, la moitié des investisseurs étaient des individus, 30% étaient les membres eux-mêmes des bourses agissant pour leur compte et 20%, d'autres sociétés ou institutions financières. C'est une indication, parmi plusieurs autres, de l'importance des intermédiaires financiers sur le marché du capital. La part relativement élevée des membres aux transactions des bourses (pour fins d'arbitrage et de placement) est le signe d'un marché assez étroit d'un côté et d'un marché fortement influencé par les bourses des villes environnantes, de l'autre (d'où l'importance des opérations d'arbitrage). Le tableau 3 compare, sous ces aspects, les bourses de Montréal et de New-York.

TABLEAU 3

Volume des échanges d'actions, en % du total

	1. Individus	2. Institutions membres	3. Autres institutions
Montréal	50.4%	29.8%	19.8%
New-York	51.4%	22.4%	26.2%

Source : à moins d'indication contraire, les renseignements sont tirés du Mémoire des deux bourses de Montréal à la Commission Royale d'Enquête sur le système bancaire et financier 1962.

Quelle est la part de la spéculation sur une bourse? On peut répondre à cette question par le nombre de mois pendant lesquels les investisseurs conservent leurs titres. Par comparaison avec New-York, le marché de Montréal est beaucoup plus spéculatif, ce qui n'est ni un signe de maturité ni une assurance tout risque!

TABLEAU 4

**Motivations des investisseurs individuels
En % des actions détenues par périodes de temps**

	6 mois et plus	1 à 6 mois	30 jours et moins
Montréal	35.2%	35.7%	29.1%
New-York	62.0%	28.5%	9.5%

e) Le marché des actions

Il convient de faire ici quelques observations sur le marché du capital-actions au Canada. Les observations sont incomplètes cependant, parce que la structure de capital des entreprises est fort mal connue.

Au cours de chacune des deux dernières années, les entreprises, les institutions et les gouvernements ont émis au Canada pour 2.5 milliards de titres de toutes catégories (sur une base nette: émissions moins rachats). De cet ensemble, 89% des titres étaient des titres obligataires (i.e. des emprunts) et 11% des actions privilégiées et communes. Voici quelles sont les émissions nettes d'actions depuis 1956:

TABLEAU 5

**Emissions nettes d'actions, Canada 1956-1962
en millions de dollars**

	actions privilégiées	actions communes	Total
1956	175	367	689
1958	25	428	312
1960	37	184	220
1961	— 62	312	250
1962	63	264	327

Note : Quand le chiffre est négatif, c'est que les émissions totales sont moins élevées, au cours d'une année, que les remboursements.

Source : Sommaire Statistique de la Banque du Canada.

La majeure partie de ces actions sont achetées aujourd'hui au Canada par les institutions financières. Comme nous le verrons plus loin à propos des sociétés de placement, les ¾ des émissions nettes de 1959 (404 millions) ont été acquises par les institutions financières et les non-résidents, ce qui a laissé environ 100 millions aux épargnants canadiens. Parmi les institutions financières, ce sont les sociétés de placement et les caisses de retraite qui absorbent la très grande partie des actions. En périodes de grande prospérité, le public achète davantage (50% des émissions nettes en 1956 et 1957).

300 millions de nouvelles émissions d'actions en une année : faible somme par rapport aux 100 milliards qui sont en circulation, par rapport à la capacité de production du pays et par rapport aux actifs existants des institutions financières. Ainsi, les sociétés d'assurance-vie estiment qu'elles ne peuvent acheter plus qu'une centaine d'actions canadiennes. En effet, 300 actions seulement remplissent la condition d'avoir produit des dividendes pendant 7 ans et 200 d'entre elles ne sont pas offertes sur le marché. Le marché du capital-actions est visiblement étroit et peu diversifié au Canada.

Les émissions de capital-actions prennent une signification nouvelle quand on les envisage du côté des entreprises et par rapport à l'ensemble des sources de fonds auxquelles elles ont eu recours pendant une certaine période de temps. Suivant une étude des bourses de Montréal, les deux tiers des fonds acquis pour l'investissement (sur une base nette) proviennent des profits non distribués, 16% des émissions d'obligations et 18% des émissions d'actions.

TABLEAU 6

Sources des fonds
603 entreprises inscrites à la Bourse de Montréal
1936-1951. En % du total

profits non distribués	66%
obligations	16%
actions privilégiées	2%
actions communes	16%
Total	100%

Si les calculs sont effectués sur la base des investissements bruts plutôt que nets, les profits non-distribués contribuent à 82% des fonds. On a aussi observé que la part des profits non distribués augmente dans l'ensemble, quand les entreprises sont plus petites. Ces chiffres remettent en question la théorie du capital, car il semble que l'investissement soit plus sensible aux profits déjà réalisés qu'aux profits attendus. Ils réduisent en outre l'importance qu'on doit attacher au marché comme pourvoyeur de fonds.

Sur les individus qui investissent, il y aurait beaucoup à dire : influence du revenu sur le placement individuel, motivations, attitudes devant la sécurité et le risque, et ainsi de suite.

Contentons-nous de citer les conclusions de quelques études. La proportion de la population totale qui acquiert des actifs est faible et dépend essentiellement du revenu. Aux Etats-Unis, elle est de 14%, au Canada, de 9.2% et au Québec, de 5.4%. Ceux qui investissent détiennent plus d'actions dans le Québec qu'en Ontario, ce qui montre que les Québécois craignent moins le risque que les Ontariens. Cette conclusion est basée sur la proportion des dividendes dans l'ensemble des revenus de placement. Dans le Québec 37.8% des revenus de placement sont des dividendes et dans l'Ontario 33.8%. Les dividendes plus les loyers perçus donnent 58.8% des revenus de placement au Québec et 48.3% en Ontario.

f) Le marché des obligations

Par comparaison au marché que constitue une bourse, on parle souvent du marché hors-cote (over-the-counter). Ce marché n'a pas d'adresse postale, car il est partout. Par cette expression, on entend l'ensemble des échanges de valeurs qui s'effectuent n'importe où en dehors du parquet de la bourse. Les valeurs qui s'échangent ainsi sont surtout constituées d'obligations : obligations du gouvernement fédéral, des gouvernements provinciaux et municipaux, obligations et débentures des entreprises privées, qui pourraient s'échanger à la bourse mais qui ne s'y échangent pas; elles sont aussi constituées de nombreux titres d'actions d'entreprises, mais contrairement à la situation américaine à cet égard, le marché hors-cote des actions est beaucoup plus restreint que celui des bourses.

Il semble donc approprié de donner ici quelques chiffres sur l'importance du marché des obligations au Canada.

TABLEAU 7

Emissions nettes d'obligations en millions de dollars — Canada 1956 et 1962

	1956	1962
Gouvernement fédéral	—766	801
Bons du Trésor	(—616)	(280)
Obligations	(—150)	(521)
Gouvernements provinciaux	540	662
Gouvernements municipaux	224	190
Entreprises	791	400
Autres	6	—1
Billets des sociétés de crédit à tempérament	94	75
Total	889	2,128

Source: Sommaire Statistique de la Banque du Canada.

Prenons d'abord les émissions nettes d'obligations. En 1962, le financement par l'emprunt s'est élevé à plus de 2 milliards. De ce total 475 millions seulement sont allés dans le secteur privé; le reste a servi à financer les déficits courants et les investissements du secteur public. La comparaison des années 1956 et 1962 sur ce point permet de mesurer l'influence de la conjoncture sur les besoins très différents de trésorerie des deux secteurs. Au-delà de la conjoncture, la situation de 1962 reflète aussi les immenses besoins du secteur public en matière d'équipement collectif. Les émissions nettes ne rendent compte ni des émissions totales ni des échanges sur le marché secondaire. En 1961 par exemple, les courtiers membres de "l'Investment Dealers' Association" ont vendu à eux seuls pour 15 milliards d'obligations de toutes catégories.

Plutôt que les émissions d'obligations d'une année, on peut choisir les obligations en cours pour évaluer l'importance du marché.

En général les informations manquent, mais nous pouvons au moins enregistrer les statistiques suivantes:

TABLEAU 8

Obligations en cours en millions de dollars Canada 1962

Bons du Trésor	2,165
Obligations fédérales négociables	12,564
Obligations fédérales d'épargne	4,719
Obligations provinciales	8,852
Obligations municipales	4,150
Obligations des entreprises	7,500
Total ci-dessus	39,950

Source : calculs établis à partir du Mémoire cité de l'Investment Dealers' Association. Appendice F, p. 12.

Nous observons de nouveau la prédominance très nette du secteur public dans l'ensemble des obligations. Il faut toutefois corriger cette image, car les obligations ne sont qu'une forme d'endettement. Aux obligations, il faudrait ajouter le crédit hypothécaire, le crédit bancaire aux entreprises et le crédit à la consommation pour obtenir l'endettement total.

3 - Les sociétés de placement

a) Notion

Les sociétés de placement sont, dans le langage courant, les fonds mutuels et les clubs de placement évolués. Ce sont « des institutions qui, par la vente de leurs propres titres, groupent les ressources financières de nombreux souscripteurs en un fonds unique consacré à l'acquisition, aux fins de placement, d'un portefeuille diversifié et régulièrement supervisé de valeurs mobilières dont tous les associés se partagent les bénéfices au prorata de leur participation [1] ».

La société de placement réunit les épargnes des particuliers et achète des valeurs mobilières sans prendre le contrôle d'aucune entreprise. Aux épargnants elle offre ses propres actions à un prix qui varie suivant le rendement de l'ensemble de son portefeuille.

On distingue deux genres de sociétés de placement :

1) *les fonds mutuels,* (ou les sociétés de placement « ouvertes ») qui émettent des actions et les rachètent en tout temps. Les fonds mutuels ne créent pas généralement de capital prioritaire sous forme d'actions privilégiées ou d'obligations.

Il suit que le capital-actions d'un fonds mutuel varie de jour en jour suivant les ventes et les rachats d'actions.

2) *les trusts de placement,* (ou les sociétés de placement « fermées ») qui ont un capital-actions relativement fixe et ne le rachètent pas. En général, les trusts de placement augmentent leurs ressources par l'émission d'obligations ou d'actions privilégiées [2].

Il faut éviter de confondre le certificat d'action d'une société de placement avec le certificat d'épargne garanti qu'émettent les sociétés de fiducie et diverses autres institutions financières. Ce certificat est assimilable à une obligation puisqu'on garantit paiement à échéance. Le titre d'une société de placement par contre est une véritable action dont la valeur change constamment.

b) Historique

On fait généralement remonter les sociétés de placement à la Société Générale de Belgique fondée par Guillaume 1er en 1822. Mais comme celle-ci s'est transformée en une société de gestion et de contrôle, ce sont les sociétés de fiducie anglaises, sous l'initiative de Robert Fleming (1873), qui ont vraiment implanté les trusts de placement. Les certificats d'un trust classique

(1) Jean-Claude Faffa: *Les Sociétés d'investissement et la gestion collective de l'épargne*. Paris, Editions Cujas 351 p. 1963. Cet ouvrage très récent est le seul qui soit aisément accessible sur le sujet. Il porte sur les sociétés américaines. L'auteur préfère l'expression « sociétés d'investissement » à « sociétés de placement ».

(2) Les fonds mutuels sont désignés parfois de « fonds communs » ou de caisses mutuelles. En anglais, ce sont les « mutual funds » les « open-end investment companies », ou les « unit trusts » en Angleterre. Les trusts de placement sont des «close-end investment companies ».

de placement portaient intérêt à 6% ou à 7% et le portefeuille, contenant une trentaine ou une cinquantaine d'obligations, répartissait les risques et rapportait 8% ou 9%. Très tôt le trust a émis des obligations pour bénéficier de la différence entre le rendement de son portefeuille et le coût des obligations (1). Puis les certificats se sont échangés à prime ou à escompte sur le marché. En groupant ses fonds avec d'autres, au sein d'un trust, le petit épargnant tirait l'avantage d'un portefeuille diversifié, administré par des « experts ». Pour un rendement supérieur, il pouvait estimer qu'il obtenait ainsi une sécurité presqu'égale à celle des obligations gouvernementales.

Le trust de placement a été introduit aux Etats-Unis en 1893 par la fondation du « Boston Personal Property Trust », et au Canada vers 1920, la société la plus importante étant la « Canadian Power and Paper Investments Limited ». Les sociétés de placement fermées sur le modèle des trusts originels anglais ont connu des débuts prometteurs et rapides à la fin du siècle dernier en Angleterre et au cours des années 20 aux Etats-Unis et au Canada. En 1929, au Canada, on comptait 49 trusts de placement disposant de 265 millions d'actifs.

Pour de multiples raisons toutefois, les progrès des trusts de placement ont été de courte durée. Quoique menant encore aujourd'hui une existence confortable et tranquille, les trusts de placement ont cédé la place à l'exubérance des fonds mutuels. Aux Etats-Unis, de 1941 à 1962, les trusts de placement ont multiplié leurs actifs par 3, les fonds mutuels par 55. Les actifs s'élèvent en 1962 à 1.7 milliard pour les premiers et à 21.2 milliards pour les seconds. Le premier fonds mutuel date de 1924 aux Etats-Unis, quand le « Massachusetts Investors Trust » a été fondé; au Canada, le premier date de 1932.

c) Fonctionnement

La raison d'être essentielle des sociétés de placement est analogue à celle des sociétés de fiducie. *Il s'agit de faire gérer par*

(1) C'est ce qu'on appelle « gearing » en Angleterre, « leverage » aux Etats-Unis et ce que nous avons désigné de capital prioritaire. C'est une pratique courante dans les clubs de placement canadiens. Une action de 100. rapporte 10% au bout d'un an. Le trust ou le club emprunte 100. à un taux d'intérêt de 5% et le prête à 10%. L'action de 100. rapporte donc finalement 15%.

des administrateurs professionnels les épargnes des particuliers. C'est de faire des « placements par procuration ». Mais au lieu de placer séparément l'épargne de chacun, les sociétés de placement constituent des fonds communs qui offrent la sécurité de l'ensemble des valeurs que les fonds ont servi à acheter. Contrairement aux sociétés de fiducie en outre, les sociétés de placement garnissent leur portefeuille *d'actions communes* surtout, plutôt que d'hypothèques ou d'obligations.

On peut tirer de la loi de l'impôt sur le revenu (section 69) certaines caractéristiques additionnelles des sociétés de placement. En effet, celles-ci ne sont pas imposées comme les autres entreprises. La loi reconnaît, en quelque sorte, qu'une société de placement n'est qu'un intermédiaire, et que les dividendes reçus ne doivent être imposés qu'une seule fois [(1)]. Mais pour bénéficier de ce statut, la société de placement doit remplir certaines conditions dont les suivantes sont les principales :

1. au moins 80% des actifs consistent en actions, en obligations, en titres négociables ou en espèces;
2. au moins 95% du revenu brut provient des placements;
3. au moins 85% du revenu brut moins les impôts payés, est distribué aux actionnaires dans l'année.

D'autres conditions voient aussi à ce que le portefeuille des sociétés de placement soit diversifié, que le nombre des actionnaires atteigne un minimum de 50 et que les placements se fassent de préférence dans des titres canadiens.

La règle 3 empêche ces sociétés de constituer des réserves importantes, mais la règle est logique, puisque la raison de l'exonération fiscale est que la société n'opère que pour et au nom de ses actionnaires.

Les techniques de souscription diffèrent complètement entre les fonds mutuels et les trusts de placement. Les fonds mutuels vendent leurs actions au public par l'intermédiaire des courtiers ou par leurs propres agents de vente (comme les sociétés d'assurance). L'acheteur paie une commission variant entre 8% et 10%

(1) La loi n'élimine pas complètement la double imposition.

du prix des actions. Les actions des trusts de placement s'achètent à la bourse et les taux de commission, beaucoup plus bas, sont ceux de la bourse. Les frais de souscription des fonds mutuels et, en général, les frais de gestion des sociétés de placement sont un handicap sérieux, puisqu'ils équivalent à plus d'une année de revenu. Mais les tentatives qui ont été faites aux Etats-Unis pour les réduire ont apparemment échoué.

Les politiques de placement varient sensiblement d'une société à une autre, ce qui fait dire à plusieurs observateurs que si autrefois l'épargnant recourait à un courtier pour savoir quelles actions acheter de préférence, maintenant il doit recourir à un courtier pour savoir quel courtier choisir. Les grandes sociétés offrent généralement de participer à un fonds commun d'actions, à un fonds commun d'obligations et à un fonds commun combiné. Le rendement est d'autant plus élevé que le risque est plus grand. Certaines sociétés concentrent leurs placements dans certaines industries, diversement définies (les « nouvelles industries », les « industries minières », les « industries d'avenir » etc.) Mais quelle que soit l'étiquette, les entreprises favorites des sociétés de placement sont souvent les mêmes. Sur 175 sociétés de placement aux Etats-Unis, on a trouvé en 1960 que :

50 actions favorites se trouvaient dans 40 portefeuilles;
30 actions favorites se trouvaient dans 50 portefeuilles;
10 actions favorites se trouvaient dans 70 portefeuilles.

Les 50 favorites sont les entreprises les plus importantes au pays et les mieux connues du public. On explique cette forte concentration des placements par la nécessité (surtout pour les fonds mutuels) de détenir des titres très liquides et de gagner, puis de conserver, la confiance des clients. Au Canada, la majeure partie des placements des sociétés sont répartis entre 70 entreprises canadiennes et quelques sociétés américaines.

Cette pratique des sociétés de placement a amené les malins à faire des observations inattendues, observations que des analyses rigoureuses ont par la suite confirmées : si les sociétés de placement qui recourent aux meilleurs experts financiers, aux bureaux d'études les plus scientifiques, aux analystes les plus chevronnés, aboutissent à concentrer leurs placements dans les plus grandes entreprises, pourquoi ne pas procéder ainsi de façon systématique et sans analyses préalables ? Pourquoi le petit épargnant ne pourrait-il pas faire de même de sa propre initiative ?

Le fait est que dans l'ensemble, les sociétés de placement n'ont jamais réalisé de gains supérieurs à la moyenne des gains des principales actions (moyenne représentée par les indices courants des cours boursiers); ce qui indique que les structures d'actifs des experts (les portefeuilles) ne sont pas plus profitables que la structure moyenne donnée sur le marché. Certaines études indiqueraient même que les experts ont parfois choisi des valeurs dont le rendement a été inférieur au rendement moyen de l'ensemble des valeurs. La contribution de l'expertise au rendement des placements paraît donc négligeable[1].

d) Importance

Les renseignements font défaut sur les sociétés de placement au Canada. Nous savons d'une part que les trusts de placement sont au nombre de 23 à la fin de 1962 et que leur croissance est lente. D'autre part, les fonds mutuels sont au nombre de 63 et leurs actifs excèdent le milliard de dollars. Les actifs de toutes les sociétés de placement doivent se situer autour de 1.7 milliard environ dont 500 millions pour les trusts et 1.2 milliard pour les fonds mutuels.

A défaut de statistiques plus complètes, voici l'actif de quatre sociétés opérant au Canada.

Depuis 1957, l'accroissement des actifs de « Canadian Investment Fund» est de 80%, celui de «l'Investors Mutual of Canada» est de 125%, tandis que le trust de placement le plus important au Canada, « l'Argus Corporation », a progressé d'environ 35%.

Les deux tiers des actifs des sociétés de placement au Canada sont consacrés à l'achat d'actions ordinaires, 20 à 25% à l'achat

(1) Jean-Claude Faffa cite à cet effet deux enquêtes de la Commission des valeurs mobilières américaines et les résultats des enquêtes périodiques de la *Revue financière Forbes,* op. cit. p. 184-197. Il semble établi que les sociétés de placement ont un rendement supérieur aux indices en périodes de baisse et un rendement inférieur aux indices en périodes de hausse des cours.

TABLEAU 9

Actif total en millions de dollars

	1950	1958	1960	1961
A. *Fonds mutuels*				
1. Canadian Investment Fund	39.3	120.2	127.5	151.2
2. Mutual Accumulating Fund	0.4	18.4	27.1	38.7
3. Investors Mutual of Canada	2.5	162.3	201.0	277.3
B. *Trusts de placement*				
4. Argus Corporation	—	103.4	101.2	139.6

Sources : The Financial Post : *Survey of Investment Funds* 1963; Mémoire à la Commission Royale d'Enquête sur le système bancaire et financier de l'Investment Dealers' Association of Canada. A moins d'indication contraire, c'est ce mémoire qui a fourni les renseignements de cette section.

d'actions privilégiées et d'obligations. La dernière tranche consiste en obligations des gouvernements et en espèces.

Comme les sociétés de placement sont les seules institutions financières à effectuer la majeure partie de leurs placements dans des actions communes, elles exercent une influence certaine sur le marché des valeurs et occupent la première place, parmi les institutions financières, par l'importance de leurs portefeuilles d'actions et de leurs transactions à la bourse.

Aux Etats-Unis en 1959, les institutions financières privées détiennent, semble-t-il, 13.4% des actions en circulation et parmi les institutions, les sociétés de placement arriveraient au premier rang, avec 4.5% des actions en circulation. Quant aux émissions nettes de l'année 1959, les institutions financières en auraient acquis les trois-quarts et les sociétés de placement le quart. Enfin, on estime que du quart au tiers des transactions sur la bourse de New-York sont imputables aux sociétés de placement(1).

Au Canada, suivant des indications très fragmentaires, les sociétés de placement partageraient avec les caisses de retraite l'honneur d'être les principaux actionnaires institutionnels dans l'économie. En 1959, par exemple, des 404 millions de nouvelles

(1) Chiffres tirés de J.-C. Faffa, *op. cit.* p. 244 et suivantes.

actions, les institutions financières en ont acquis près de 300 millions, soit 73%. Parmi les institutions canadiennes [1], les sociétés de placement viennent au premier rang avec 77 millions, ce qui représente 18% des nouvelles émissions. Le portefeuille des sociétés de placement représenteraient 3.26% des actions ordinaires canadiennes inscrites aux bourses de Montréal et de Toronto. A cet égard, elles auraient deux fois l'importance des caisses de retraite (1.65%) [2].

4 - Les sociétés de financement

L'objet d'une société de financement au sens où nous employons cette expression, est de faire des prêts à moyen ou à long terme à des entreprises industrielles ou commerciales. Une société de financement se distingue d'une banque à charte en ce que les prêts sont de plus longue durée et qu'ils peuvent être garantis par des liens sur les édifices ou l'équipement fixe enfin, en ce que les sociétés ne reçoivent pas de dépôts.

La principale société de financement au Canada est la Banque d'Expansion Industrielle.

a) La Banque d'Expansion Industrielle

1. Objet

La Banque d'Expansion Industrielle est une entreprise publique. Elle est une filiale à part entière de la Banque du Canada. Non seulement la Banque du Canada a-t-elle seule souscrit le capital-actions de la Banque d'Expansion Industrielle, mais elle en achète elle-même toutes les obligations et le conseil d'administration des deux sociétés est le même.

Fondée en 1944 pour aider la petite et la moyenne entreprise, la Banque d'Expansion Industrielle a connu des débuts très lents. Ses activités sont encore fort restreintes aujourd'hui : en 1962, ses avances nettes versées n'ont pas dépassé 42 millions. Ce ne sont probablement pas les besoins qui font défaut, mais on

(1) L'étranger a acheté en effet pour 140 millions.
(2) Mémoire cité de l'Investment Dealers' Association of Canada. Ces chiffres sont donnés sous réserve dans le Mémoire.

a voulu faire de cette banque, pour ainsi dire, une institution prêteuse de dernière instance. Ainsi elle ne doit jamais accorder une avance qu'après s'être assurée qu'aucune autre source de financement n'est disponible. Cette règle qui est une marque de prévention à l'égard des entreprises publiques au Canada réduit fâcheusement l'accès des entreprises au crédit à long terme(1).

L'activité principale de la Banque d'Expansion est d'accorder des prêts à moyen terme pour fins d'immobilisation, les banques à charte fournissant en général les crédits pour l'exploitation courante. Les grandes entreprises déjà connues du public investisseur recourent à l'émission d'actions et d'obligations pour financer leurs immobilisations, mais les petites et les nouvelles entreprises trouvent difficile de le faire, non seulement parce que leurs titres ne sont guère « vendables », mais aussi parce que les frais d'une petite émission sont très élevés. La Banque d'Expansion fournit donc un crédit à peu près indispensable. Elle ne cherche pas à acquérir le contrôle des sociétés clientes.

TABLEAU 10

Banque d'Expansion Industrielle
Prêts en millions de dollars
Année financière se terminant le 30 septembre

	Nombre des prêts consentis	Valeur des prêts consentis	Versements nets (1)	Valeur des prêts en cours
1956	349	39.4	8.1	52.2
1959	599	30.6	8.0	96.9
1962	2,085	92.0	41.7	164.9
1963			35.8	200.9

Note : (1) Crédits versés moins les remboursements.

Sources : Sommaire Statistique de la Banque du Canada et Mémoire de la B.E.I. à la Commission Royale d'Enquête sur le système bancaire et financier.

(1) La Banque d'Expansion Industrielle et, à un moindre degré, la Société Centrale d'Hypothèques et de Logement sont deux exemples d'une tradition regrettable dans ce pays. Parce que le marché est restreint au départ, l'entreprise privée est incapable de fournir certains services importants. L'Etat intervient en créant des entreprises de suppléance, mais en limitant leurs activités de toutes sortes de façons : plafond à l'intérêt qu'elles chargent, services strictement délimités, sources réduites de fonds, etc. Ce faisant, l'Etat empêche ces entreprises publiques de répondre résolument aux besoins tout en fermant l'entrée des entreprises privées à des marchés qui sont devenus suffisamment attrayants au bout de quelques années.

La règle qui préside à l'effectation des crédits est la rentabilité présente et future de l'entreprise ayant fait une demande d'emprunt. Jusqu'en juillet 1961, la loi imposait à la Banque d'Expansion de limiter ses prêts à certaines catégories d'activités (industries de transformation manufacturière). Depuis, toute restriction quant à la nature de l'entreprise a été heureusement levée. Il n'existe pas de normes non plus quant à la répartition régionale des crédits. Près de deux tiers des prêts sont donc allés aux provinces de Québec et d'Ontario où est concentrée l'industrie manufacturière. En 1962, l'Ontario a obtenu 37% des prêts accordés par la Banque, Québec, 26% les trois provinces de l'Ouest, 21% (1).

La moitié des prêts de 1962 se sont élevés à moins de $25,000. Rarement depuis sa fondation la Banque a-t-elle accordé des prêts de plus de 1 million de dollars.

Les taux d'intérêt de la Banque d'Expansion ne sont pas plafonnés par la loi; ils doivent être suffisamment élevés pour couvrir tous les frais et assurer un rendement équitable aux placements. En fait, ils ont été fixés traditionnellement de ½% à 1% au-dessus du taux principal des banques à charte. Ils sont plus élevés que ceux des autres institutions gouvernementales de crédit, mais inférieurs aux taux des prêts hypothécaires ordinaires. Le tableau 11 fournit des indications sur ce sujet.

TABLEAU 11

Taux d'intérêt de la Banque d'Expansion Industrielle

		B.E.I.	Banques à charte	S.C.H.L.	Commission du crédit agricole	Prêts hypothécaires
nov.	1944	5	4½	4½	5	5
avril	1952	6	4½	4½	5	6
sept.	1956	6½	5¼	5½	5	6¼
oct.	1959	7	5¾	6	5	7
sept.	1960	7	6	6¾	5	7¼

Sources: Mémoire de la B.E.I. à la Commission Royale sur le système bancaire et financier.

(1) Ces pourcentages s'appliquent à la valeur des prêts. Cette répartition n'est pas la même chaque année, évidemment. En 1957, les pourcentages correspondants furent : Québec 33%, Ontario 30.4%, Provinces de l'Ouest 11.1%, Colombie 16.4%.

2. Origine des fonds

La Banque d'Expansion tire ses fonds du capital social, des réserves, et des obligations qu'elle émet. Le capital social est versé par la Banque du Canada. Le capital autorisé par la loi est de 50 millions et le capital souscrit est de 30 millions au 31 mai 1963. Les réserves sont constituées par les bénéfices; elles s'élèvent à 21 millions à la même date. Ces réserves servent aussi à couvrir les pertes éventuelles sur les prêts. Depuis 1951, la Banque d'Expansion obtient des fonds supplémentaires, suivant ses besoins, par l'émission d'obligations qu'elle a vendues en totalité jusqu'à maintenant à la Banque du Canada. Au 31 mai 1963, les obligations en cours sont de 145 millions de dollars. La loi fixe à 5 fois la valeur nette, le montant maximum des obligations pouvant être émises : $(30 + 21 \times 5 = 255$ M.).

La Banque d'Expansion paie à la Banque du Canada sur ses obligations, un taux d'intérêt légèrement supérieur à celui des obligations fédérales de même échéance. A mesure que la Banque d'Expansion accroît ses activités et qu'elle recourt davantage aux obligations pour assurer son financement, le poids de ses charges devient de plus en plus lourd, comme en témoigne le tableau suivant :

TABLEAU 12

Charges d'intérêt de la Banque d'Expansion Industrielle

	Taux d'intérêt moyen des obligations émises	Taux d'intérêt moyen des prêts consentis	Charges d'intérêt en % des dépenses totales
1956	3.35	6.04	12
1959	4.81	6.34	34
1962	4.78	6.54	46

Source : Mémoire précité.

Il ne nous paraît guère approprié que la Banque d'Expansion s'alimente exclusivement auprès de la Banque du Canada. Les obligations de la Banque d'Expansion sont une contrainte supplémentaire pour la Banque du Canada dans son rôle de régulatrice du crédit. Cette contrainte s'ajoute à plusieurs autres (comme celle d'abaisser le coût de la dette publique) et limite la liberté d'action de la Banque du Canada.

b) La Société Générale de Financement

La Société Générale de Financement est une entreprise dont la fondation récente (6 juillet 1962) est due à l'initiative du Gouvernement de la Province de Québec. C'est une société semi-publique ou mixte à laquelle participent à la fois des capitaux publics et privés. Parmi les capitaux privés, une place privilégiée a été réservée aux caisses populaires. A la condition de détenir au moins le tiers des actions ordinaires chacun, le Gouvernement et les Caisses Populaires nomment, chacun, trois administrateurs sur les douze que comprend le conseil d'administration.

Le capital-actions autorisé par la loi est de 150 millions dont 25 millions sont des actions à dividendes différés réservées au Gouvernement et 125 millions sont des actions ordinaires (soit 12.5 millions d'actions à $10. chacune).

Le Gouvernement a souscrit 5 millions au départ et versé un million. Une émission d'actions de 10 millions a été ensuite lancée et achetée par les caisses populaires (5 millions) et les autres institutions financières. Enfin la S.G.F. peut émettre des obligations. La première émission a été fixée à 5 millions et réservée aux particuliers (par tranches de $100.) de manière à faire participer le public le plus large aux activités de la Société.

La S.G.F. est une société de crédit et de contrôle. D'une part, elle accorde des prêts à moyen et à long terme avec ou sans garanties; d'autre part, elle achète des actions communes pour participer à la gestion des entreprises ou en acquérir le contrôle. En tant que société de contrôle elle diffère complètement de la Banque d'Expansion Industrielle; en tant que société de crédit, elle fournit des fonds de même nature, mais sans les réserver à de petites entreprises.

C'est de loin par ses participations à la gestion et par le succès éventuel des nouvelles entreprises dont elle suscitera la création que la Société Générale de Financement exercera l'influence la plus profonde sur l'économie du Canada français. Tel est d'ailleurs son objectif principal comme en fait foi le préambule à la loi qui la constitue. La S.G.F. se propose en effet : de « susciter et favoriser la formation et le développement d'entreprises industrielles et accessoirement d'entreprises commerciales dans la Province de façon à élargir la base de sa structure économique, en accélérer le progrès et contribuer au plein emploi; d'amener la population du Québec à participer au développement de ces entreprises, en y plaçant *(sic)* une partie de son épargne ». La S.G.F. n'est pas une société privée ordinaire : sa création est une initiative, parmi plusieurs autres, qui vise à la fois à donner aux Canadiens français un certain contrôle sur l'économie de la Province de Québec et à accélérer le rythme du développement manufacturier de manière à réduire le chômage chronique qui y règne. La S.G.F. est une pièce ou un instrument particulier d'une politique d'ensemble que l'Etat applique de façon systématique, grâce à une mobilisation remarquable des ressources de la nation. Un plan formel de développement est en préparation d'ailleurs et la nationalisation de l'électricité est chose faite.

La S.G.F. a déjà choisi les voies suivant lesquelles elle entend orienter le développement du Québec. On mentionne le secteur secondaire, et dans le secteur secondaire, les industries de biens durables. Il est à prévoir que la S.G.F., donnera sa préférence aux industries grandes consommatrices de bois, d'énergie électrique et d'acier. Les deux premières ressources sont en effet très abondantes dans le Québec et en ce qui concerne l'acier, la S.G.F. voudra vraisemblablement recruter des clients pour la future industrie sidérurgique, que le Gouvernement propose de créer. Les trois premières décisions de la S.G.F. sont significatives à cet égard et ont été, à notre avis, très heureuses. Ces décisions concernent une entreprise de machinerie et d'équipement, une entreprise de papier-journal et une entreprise de traitement du bois de construction.

Sur le plan de l'organisation industrielle, la S.G.F. procédera surtout à des fusions, à des regroupements d'entreprises existantes et à la transformation d'entreprises familiales traditionnelles en des sociétés par actions.

5 - Les sociétés d'assurance-vie

Qui ne connaît pas l'assurance-vie ? 9 millions de personnes sont assurées ! C'est une bonne moitié des Canadiens, compte tenu des femmes, des enfants et des vieillards. Mais l'assurance-vie ne consiste pas seulement à donner une protection contre un décès prématuré, mais aussi à accumuler des épargnes dont le produit est versé aux assurés suivant des conditions multiples et variées. Après avoir décrit l'activité des sociétés d'assurance-vie, nous examinerons donc la source de l'utilisation des épargnes qui y sont déposées. C'est sous cet aspect surtout que les sociétés d'assurance-vie se révèlent des intermédiaires financiers extrêmement actifs et importants entre ceux qui épargnent et ceux qui investissent.

a) L'industrie de l'assurance-vie

A la fin de 1960, l'assurance-vie en vigueur au Canada s'élevait à près de 48 milliards de dollars.

TABLEAU 13

Assurance-vie en vigueur

	assurance individuelle en millions	en %	assurance-groupe en millions	en %	total en millions
1945	8,894	89	1,070	11	9,964
1960	32,128	68	14,739	32	46,867

Note : l'assurance des sociétés de secours mutuels (989 millions en 1960) n'est pas incluse.

L'assurance-groupe a augmenté beaucoup plus rapidement que l'assurance individuelle depuis la guerre. Comme l'assurance-groupe est toujours temporaire, cette évolution très caractérisée marque sans doute la préférence des assurés pour une séparation plus nette entre les services d'assurance proprement dite et les services de placement des épargnes. De 11% en 1945, l'assurance-groupe est passée à 32% de l'assurance-vie totale en 1960.

Note : Les informations statistiques sur les sociétés d'assurance-vie sont tirées principalement du mémoire de « La Canadian Life Insurance Officers Association » à la Commission Royale sur le système bancaire et financier. Toronto 1962. On trouve également une longue description de ces institutions dans *Le financement de l'activité économique au Canada,* de W. Hood, déjà cité.

Ces tendances sont plus marquées encore dans la valeur des polices qui sont émises.

TABLEAU 14

Ventes annuelles d'assurance-vie

	assurance individuelle en millions	en %	assurance-groupe en millions	en %	total en millions
1945	991	94	66	6	1,057
1950	1,642	86	258	14	1,900
1955	2,763	80	691	20	3,454
1960	4,576	75	1,553	25	6,129

On a vendu pour 6 milliards d'assurance-vie en 1960. L'assurance-groupe compte pour 25% dans ce total. Mais ce qui est plus important, c'est que 42% de l'assurance *individuelle* est de l'assurance temporaire. On peut donc dire que 67% de l'assurance-vie vendue en 1960 a été de l'assurance temporaire. Cette évolution est décisive à nos yeux. Les Canadiens consacrent une large part de leur épargne à l'assurance, comme nous le verrons plus loin, mais c'est de moins en moins en vue du placement et de plus en plus en vue de la protection.

Les Canadiens sont probablement le peuple le plus assuré au monde. Les trois quarts des familles ont une police d'assurance-vie d'une valeur moyenne de $10,400. Ce montant est égal à 2.2 fois le revenu, tandis qu'aux Etats-Unis le chiffre correspondant est de 1.7 fois. Dans le Canada, c'est la province de Québec qui détient le plus d'assurance-vie, compte tenu du revenu (2.5 fois le revenu; l'Ontario, 2.2 fois).

Les sociétés d'assurance-vie vendent aussi des rentes viagères s'élevant à 736 millions par an en 1960 et dont 90% sont versées en vertu de contrats-groupes. Le quart des réserves des sociétés d'assurance-vie servent à garantir le paiement de ces rentes. En outre, les sociétés d'assurance-vie administrent (et assurent) des caisses de retraite dont l'actif total atteint 1.2 milliard de dollars. Enfin, elles sont les plus importantes institutions dans le domaine de l'assurance-santé.

On compte 121 sociétés d'assurance-vie au Canada dont 99 ont une charte fédérale et détiennent 95% de l'assurance en vigueur. Des 121 sociétés, 41 sont des mutuelles et 80 des sociétés par actions. Les mutuelles appartiennent aux assurés; les profits leur sont distribués sous forme de ristournes sur les primes ou sous forme d'assurance additionnelle. Depuis 1957, les sociétés par actions peuvent se transformer en mutuelles si elles le désirent par le rachat des actions. Cinq sociétés sont en cours de transformation à l'heure actuelle[1]. 59% de l'assurance-vie en vigueur sera bientôt la part des mutuelles et le pourcentage est appelé à augmenter.

Les entreprises étrangères sont nombreuses et importantes dans l'assurance-vie au Canada. Par le nombre elles comptent pour la moitié et par l'assurance en vigueur elles comptent pour près du tiers. Cependant les entreprises canadiennes font aussi des affaires considérables dans les pays étrangers, de sorte qu'au total, les exportations de services d'assurance-vie sont à peu près équivalents aux importations, si nous pouvons nous exprimer ainsi [2].

La concurrence semble vive dans l'industrie: 25 nouvelles entreprises ont été fondées depuis 1935 et la concentration a diminué. Les actifs des sociétés d'assurance-vie sont de 8.2 milliards de dollars au Canada en 1960. Les sociétés étrangères comptent pour 2.2 milliards dans cette somme. Par contre, les sociétés canadiennes ont *en plus* 2.8 milliards d'actifs à l'étranger.

TABLEAU 15

Actifs au Canada des sociétés d'assurance-vie en millions de dollars. 1945-1961

1945	2,938
1950	4,076
1955	5,724
1960	8,260
1961	8,900

(1) La « mutualisation » a l'intérêt de prévenir la vente de l'entreprise à des actionnaires indésirables . . .

(2) Les sociétés canadiennes ont 13 milliards d'assurance-vie à l'étranger et les sociétés étrangères ont 14 milliards d'assurance-vie au Canada.

Les actifs au Canada augmentent de 7% par an depuis 1945. Ce taux de croissance est relativement élevé; il est plus élevé notamment que celui des revenus.

b) L'épargne par l'assurance-vie

Dans la comptabilité canadienne, on traite les sociétés d'assurance-vie comme des agents pour le compte des assurés. Les revenus de placement des sociétés sont considérés comme revenus des consommateurs; les dépenses et les bénéfices des sociétés, comme des frais pour les consommateurs. Si nous ajoutons aux items précédents les primes versées moins les prestations reçues, nous obtenons *l'épargne des assurés* (1). En d'autres termes, c'est l'épargne que les consommateurs font à travers les sociétés d'assurance-vie. Il va de soi que l'épargne ainsi définie est inférieure aux primes versées chaque année par les assurés.

TABLEAU 16

Epargne des consommateurs dans l'assurance-vie

	primes versées en millions	épargne en millions	épargne en % du revenu personnel disponible	épargne en % de l'épargne personnelle totale
1951	502	227	1.54	17.1
1956	726	343	1.70	26.0
1959	942	444	1.83	25.3
1960	967	450	1.79	26.9

L'épargne a doublé dans l'assurance-vie (compte tenu des caisses de retraite assurées) de 1951 à 1960, passant de 227 millions à 450 millions. Par rapport au revenu disponible des particuliers cependant, la part de l'assurance-vie demeure à peu près constante à 1.75%. De même en est-il par rapport à l'épargne totale: l'assurance-vie en absorbe environ le quart depuis la fin de la guerre. Dans les périodes de fluctuations économiques sévères, ces proportions changent considérablement. Tandis que les

(1) Considérant la chose du côté des sociétés, nous pouvons dire que l'épargne des assurés est égale à la différence entre les recettes et les déboursés des sociétés.

revenus et l'épargne totale fluctuent, les primes et les prestations sont relativement stables, parce que les engagements sont à long terme.

c) Les placements

Où les sociétés d'assurance-vie placent-elles leurs fonds? Elles les placent pour moitié dans les obligations, pour 36% environ dans les hypothèques et pour à peine plus de 3% dans les actions. La distribution exacte est donnée au tableau 18.

TABLEAU 18

Distribution des actifs des sociétés d'assurance-vie à charte fédérale 1960

	en millions de dollars	en % du total
obligations fédérales	699	8.7
obligations provinciales et municipales	1,073	13.4
obligations des entreprises	1,983	24.8
obligations étrangères	121	1.5
total des obligations	3,876	48.4
prêts hypothécaires	3,011	37.6
prêts sur polices	344	4.3
immeuble	285	3.6
actions	*246*	*3.1*
autres actifs	245	3.1
total	8,007	100.0

Par comparaison avec la fin de la guerre, les sociétés d'assurance-vie ont beaucoup diversifié leurs placements. Elles ont réduit leur portefeuille en obligations fédérales pour accroître d'abord leurs achats d'obligations provinciales, municipales et privées, puis elles se sont résolument engagées dans le prêt hypothécaire (le prêt hypothécaire passant de 9.7% en 1945 à 37.6% des actifs en 1960). La proportion des actifs consacrés aux actions est demeuré constant de son côté, à un peu plus de 3%.

La législation influe beaucoup sur les placements des sociétés, mais nous sommes porté à penser que l'influence n'est pas aussi déterminante que les sociétés le disent. La législation canadienne en effet autorise un large éventail de placements et les restrictions, somme toute, sont assez peu nombreuses. En bref, les titres à revenu fixe sont permis (1), les titres à revenu variable sont sujets à deux restrictions: a) que les actions aient produit un dividende de 4% pendant sept ans, et b) qu'elles soient limitées à 15% des actifs totaux des sociétés; l'immeuble est aussi permis jusqu'à concurrence de 10% des actifs. C'est la condition (a) ci-dessus qui est la plus limitative, étant donné le marché très étroit que nous avons au Canada. La condition (b) pourrait être fort limitative en soi, mais le tableau 18 montre que dans l'ensemble les sociétés sont loin du compte (2).

Tout autant sinon plus que la législation, ce sont les politiques délibérées de placement des sociétés et l'offre effective de titres qui expliquent la nature des placements. De l'offre restreinte de titres, nous avons déjà parlé. Qu'il suffise d'ajouter que c'est de l'absence de titres à très long terme (40 ou 50 ans) que les sociétés d'assurance-vie devraient théoriquement (3) souffrir le plus. Quant aux politiques de placement, elles dépendent avant toute autre considération de la nature des engagements de l'entreprise. Dans l'assurance-vie, les engagements, représentés par les prestations d'assurance, sont à longue échéance d'un côté et ils sont exprimés à l'avance en une valeur fixe, de l'autre. Par ailleurs les entrées de fonds sont régulières, les retraits (sous forme d'emprunts sur les polices) sont peu élevés et prévisibles, de sorte que l'entreprise peut se permettre de conserver une liquidité assez faible. Le fait que les engagements de la société d'assurance-vie soient une valeur fixe (une police de $5,000. payable dans 20 ans par exemple) donne à la sécurité des placements une priorité certaine sur le

(1) En 1961 les plafonds des hypothèques ont été relevés de 60% à 66⅔% de la valeur des immeubles.

(2) En 1961, les sociétés d'assurance-vie ont obtenu l'autorisation de constituer des fonds spéciaux pour le versement de *pensions variables* sur le modèle des fonds communs des sociétés de fiducie. Pour fins de placement, ces fonds spéciaux ne sont pas touchés par les restrictions a et b ci-dessus. Dans une pension variable, l'élément assurance disparaît complètement.

(3) En pratique les sociétés ont agi depuis la guerre comme si les taux d'intérêt allaient toujours monter et n'ont pas recherché outre mesure les titres à très long terme.

rendement. De là vient le placement en obligations et en hypothèques qui est typique de la société d'assurance-vie. La société d'assurance-vie se prémunit ainsi contre le danger d'une sévère dépression. Il n'en reste pas moins qu'à la longue, c'est l'inflation qui a privé et qui privera encore l'assuré du plus clair de son épargne. Contre ce danger-ci l'assurance-vie n'offre guère de protection dans l'état actuel de son organisation (1).

d) L'assurance-vie sur le marché des capitaux

Nous avons vu que 25% de l'épargne des consommateurs passait à l'assurance-vie et aux pensions assurées. Voyons maintenant ce que représentent les placements des sociétés d'assurance-vie sur le marché de certains titres particuliers. Le tableau 19 fournit les renseignements nécessaires.

Il ressort de ces comparaisons que les sociétés d'assurance-vie comptent pour près de la moitié de tous les prêts hypothécaires du pays. Elles acquièrent aussi une part substantielle des obligations qui sont émises par les entreprises privées (38%). Elles achètent enfin un peu moins de 20% des obligations provinciales et municipales.

6 - Les sociétés de fiducie

Les sociétés de fiducie sont les notaires des temps modernes. Mais nous verrons que les notaires font beaucoup de choses, de nos jours.

Le fiduciaire est une personne ou une société qui administre et dispose de biens qui lui ont été confiés par le dépositaire de la fiducie. Le document créant la fiducie stipule les conditions que le fiduciaire doit remplir. Les bénéficiaires de la fiducie sont généralement des tierces personnes. L'exécuteur testamentaire est le fiduciaire par excellence. Parce qu'elles gèrent les richesses des autres, les sociétés de fiducie sont réputées pour leur politique très stricte sinon conservatrice en matière financière et pour la qualité de leurs administrateurs.

(1) De 1940 à 1962, les prix ont doublé exactement. Une police d'assurance de $5,000. en 1940 vaut, quand elle est versée à l'assuré en 1962, $2,500. Comme les primes sont payées à chaque année on peut estimer que l'assuré perd la moitié de cette somme, soit $1,250., si les prix ont monté régulièrement d'une année à une autre.

TABLEAU 19

Part des sociétés d'assurance-vie dans les achats de certains titres Canada 1961, en millions de dollars

	offre totale des titres 1	placement de sociétés d'assurance-vie 2	2 en % de 1 3
1. prêts consentis sur des hypothèques résidentielles	1,358	600	44
2. prêts consentis sur des hypothèques non-résidentielles	298	141	47
3. émissions nettes d'obligations provinciales	924	132	14
4. émissions nettes d'obligations municipales	262	47	18
5. émissions nettes d'obligations des entreprises	205	77	38

Note : l'offre totale des titres ci-dessus ne concorde pas exactement avec les chiffres du « Statistical Summary » de la Banque du Canada d'où ils sont tirés. Le tableau est reproduit tel quel du Rapport à la Commission Royale sur le système bancaire et financier de la « Canadian Life Insurance Officers Association ». Les divergences sont minimes. Ajoutons qu'en 1961, les sociétés d'assurance-vie ont vendu des obligations fédérales sur une base nette.

Les sociétés de fiducie viennent au troisième rang, après les banques et les sociétés d'assurance-vie, par l'importance de leurs actifs, parmi les institutions financières.

TABLEAU 20

Fonds administrés par les sociétés de fiducie Canada. En millions de dollars, 1951 à 1960

	1951	1956	1960
1. fonds propres	77	95	115
2. fonds garantis	335	598	1,110
3. total	412	693	1,225
4. successions, fiducies et agences	3,593	4,818	7,068
5. total général	4,005	5,511	8,294

Source : A moins d'indication contraire, toutes les informations sur les sociétés de fiducie sont tirées de « Submission of The Trust Companies Association of Canada » à la Commission Royale sur le Système bancaire et financier, 1962.

En 1960, l'actif total s'élevait à 8.2 milliards de dollars et il dépasse 9 milliards en 1961. Les sociétés ont 100,000 clients et 217 bureaux à travers le Canada. On compte une trentaine de sociétés, la plus importante, la « Royal Trust Company », affichant un actif de 2.5 milliards. Les successions, fiducies et agences diverses contribuent à 85% de l'ensemble des fonds, mais on observera que les fonds garantis prennent une part croissante du total depuis un certain nombre d'années.

Les activités des sociétés de fiducie sont tellement diverses qu'elles sont difficiles à grouper. Nous aurons recours à trois catégories qui ne sont pas mutuellement exclusives.

a) Successions, fiducies et agences

Administrer une succession reste encore la principale fonction des sociétés de fiducie. A cette fin, la société intervient dans tous les domaines de la vie économique et sociale, parce que les biens d'une succession couvrent tout l'éventail de ce qui peut être possédé: usines, terrains, édifices commerciaux et résidentiels, droits d'exploitation, obligations et actions, meubles, machinerie, polices d'assurances et le reste. La société doit ensuite gérer ces biens, en disposer ou en acquérir, sous une multitude de contraintes et de restrictions, imposées par les dépositaires des fiducies et par la législation des dix provinces du Canada (quand ce n'est pas toutes les législations étrangères, puisque les biens ou les droits peuvent se trouver dans le monde entier). L'administrateur d'une succession doit faire aussi bien la collection des loyers que la liquidation d'une entreprise de chemin de fer.

Dans le sous-titre ci-dessus, fiducie désigne des biens dont la société est chargée du vivant du dépositaire. Ce sont des « living trusts ». Une personne, par exemple, peut vouloir céder le capital nécessaire au paiement d'une rente, sa vie durant, à un proche frappé d'incapacité. Dans le cas d'une agence, la société exécute les commandes du client. Ces commandes ont surtout trait au placement et à la gestion de propriétés, mais portent dans l'ensemble, sur une très large variété de services financiers allant jusqu'à la préparation de rapports d'impôt [1].

Le placement des fonds administrés pour le compte d'autrui est soumis à de nombreuses contraintes imposées par les lois. Comme la fiducie est matière civile, les Provinces ont juridiction en ce domaine et ne se sont malheureusement pas beaucoup souciées d'uniformiser leurs exigences. En bref, les placements sont autorisés dans les obligations du Canada, des Provinces, des Municipalités, des écoles et des hôpitaux, puis dans les premières hypothèques sur les propriétés résidentielles. Certaines provinces (mais ni Québec ni Ontario) permettent les obligations des entreprises et un faible pourcentage d'actions privilégiées (Colombie et Nouvelle-Ecosse) et d'actions communes (Nouvelle-Ecosse). Voici la distribution des placements des sociétés.

Pour interpréter ces chiffres correctement, il faut se rappeler que ce sont, avant tout, les actes de fiducie qui déterminent la nature des placements. La loi ne s'applique que si les actes ne contiennent pas d'instructions au fiduciaire à ce sujet. Disons en

(1) Le placement donne lieu par exemple à la mise en sécurité des titres, à la collection des intérêts ou dividendes, à la surveillance des titres, à des recommandations d'achat et de vente, à l'exécution des achats et des ventes, à l'information du client sur ce qui affecte les titres, à la comptabilisation des opérations etc., etc.

TABLEAU 21

Placements des fonds de successions, fiducies et agences des sociétés de fiducie. Canada 1961

	en millions de dollars	en % du total
immeuble	301	3.9
hypothèques	642	8.3
obligations	5,515	71.5
actions	980	12.7
divers	224	2.9
encaisse	50	0.7
total	7,713	100.0

outre que le placement en hypothèques est rare dans les cas des agences et des petites successions. Au total, c'est surtout sur le marché des obligations gouvernementales que les sociétés de fiducie exercent une influence, ne serait-ce que par la masse considérable des capitaux qu'elles y investissent (soit 5½ milliards en 1961).

Les fiducies sont administrées séparément. Quand les fonds d'une fiducie sont peu importants, il est difficile d'effectuer des placements suffisamment diversifiés qui aient un rendement élevé. Pour aider à résoudre ce problème, la loi d'Ontario a permis en 1950 puis en 1952, la constitution de « fiducies communes » par les sociétés de fiducie. La Colombie et l'Alberta ont maintenant adopté une législation similaire. En 1961 cinq sociétés avaient créé des fiducies communes. L'actif total est encore négligeable (15 millions), mais il est appelé à se développer.

b) Dépôts et certificats de placement

Les sociétés de fiducie ne se limitent plus à administrer des biens pour autrui. Aujourd'hui, elles entendent se rapprocher des banques d'épargne, des caisses populaires, des sociétés de placement, et concurrencer ces institutions pour la mobilisation des épargnes du public. A cette fin, les sociétés de fiducie acceptent des dépôts d'épargne, soit pour être retirés à volonté comme un dépôt en banque (on peut également tirer des chèques sur ces comptes), soit pour constituer un placement à terme. Dans ce dernier cas, la société émet un « certificat de placement garanti » en faveur du déposant et celui-ci ne peut retirer son dépôt qu'à la date d'échéance du certificat. Les termes sont de trois à cinq ans.

Les dépôts dans les sociétés de fiducie s'élevaient en 1960, à 1.1 milliard dont près des deux tiers étaient sous forme de certificats. On désigne ces dépôts de « fonds garantis » parce qu'ils ne doivent pas dépasser une certaine limite fixée à 12½ fois les fonds propres de la société, dans la législation fédérale. En ce sens par conséquent, les fonds propres servent à garantir les dépôts des clients. Les sociétés de fiducie ont adopté des politiques actives pour développer leurs comptes d'épargne. Depuis cinq ans, elles ont ouvert 52 bureaux d'épargne, surtout dans les banlieues des grandes villes et les centres d'achat. Leur principal atout est le taux d'intérêt qu'elles versent: sur les dépôts, 3 à 3½% en juillet 1959 et sur les certificats, 5%.

La législation sur les placements des fonds propres et des fonds garantis n'est pas la même que celle qui s'applique aux fiducies. En bref, les autorisations de placement sont celles des sociétés d'assurance (au fédéral, en Ontario et en Alberta). La distribution effective des placements est la suivante:

TABLEAU 22

Placements des fonds garantis et des fonds propres des sociétés de fiducie. Canada 1960

	en millions de dollars	en % du total
1. obligations fédérales et étrangères	262	21.4
2. obligations des Provinces et des Municipalités	162	13.2
3. autres obligations	198	16.2
4. *toutes obligations*	*622*	*50.8*
5. hypothèques	453	36.9
6. prêts	51	4.2
7. actions	37	3.0
8. encaisse	38	3.2
9. autres actifs	23	1.0
10. total	1,225	100.0

Quoique les obligations forment la majeure partie des placements, les hypothèques conventionnelles d'une échéance de cinq ans sont apparemment le placement le plus recherché pour les dépôts d'épargne.

Si les fonds reçus en fiducie sont placés et administrés séparément en autant de comptes qu'il y a de clients, les fonds garantis sont au contraire groupés pour fins de placement, de sorte que l'intérêt payé sur un certificat particulier de placement est indépendant de l'utilisation qu'on en fait. Cette pratique est analogue dans son principe, à celle des sociétés de placement que nous avons décrites précédemment. Parce que les fonds sont groupés, les sociétés de fiducie, non sans abus de langage, désignent les fonds garantis de « fiducies collectives ».

c) Activités et services particuliers

Une catégorie importante des fiducies consiste dans les caisses de retraite. Une entreprise crée un fonds de pension en coopération avec ses employés et ce fonds est déposé auprès d'une société de fiducie qui en assure la gestion. Les caisses de retraite «fiduciaires » avaient un actif de 4 milliards de dollars en 1961. 90% de ces caisses sont sous la responsabilité des sociétés de fiducie (le reste est constitué de fiduciaires indépendants et de fonds administrés par les entreprises elles-mêmes).

Jusqu'en 1957, la loi stipulait que les placements des caisses de retraite étaient soumis aux mêmes règles que ceux des sociétés d'assurance-vie. Maintenant au contraire, ils ne sont sujets qu'à deux restrictions mineures: (a) interdiction d'acheter les obligations des employeurs concernés par la caisse et (b) limite aux placements étrangers à 10% du revenu total de la caisse.

La répartition des placements des caisses administrées par les sociétés de fiducie [1] est la suivante:

(1) Nous consacrons une section de ce chapitre à l'ensemble des caisses de retraite. Voir plus loin.

TABLEAU 23

Placements des caisses de retraite dans les sociétés de fiducie 1960, en % du total

	1. tous actifs	2. fonds communs
1. obligations gouvernementales	39	23
2. obligations des entreprises	35	35
3. hypothèques	6	11
4. actions communes	17	31
5. autres	3	—
total	100	100

Une telle répartition de l'ensemble des actifs reflète encore la législation en vigueur avant 1957 (la force d'inertie sans doute . . .), comme aussi les restrictions imposées par les règlements particuliers de chaque caisse. Nous reviendrons plus loin sur la 2e colonne.

Depuis 1957 que la loi de l'impôt sur le revenu permet de déduire les primes versées à des plans individuels de retraite, les sociétés de fiducie ont créé des fonds spéciaux auxquels peuvent s'inscrire des particuliers. En 1961, on comptait 14,103 participants à ces fonds. Ce qu'il y a de remarquable ici, c'est que sur 30 millions d'actifs, 20 millions, ou les ⅔, sont placés dans des actions communes.

On utilise la même formule pour les petits fonds de pension. Les contributions servent à acheter des unités d'un « pooled fund » ou fonds commun.

Les unités s'achètent et se vendent à des prix variables dépendant du rendement du fonds (1). Certains fonds sont limités aux placements d'actions, d'autres, aux placements sur obligations. 700 caisses de retraite participent à ces fonds et les actifs s'élèvent à 125 millions. Les placements de ces fonds sont ceux de la colonne 2 du tableau précédent. On observera cette fois que les actions et les obligations privées sont les deux principales caté-

(1) Dans ce cas, la pension elle-même est également variable. Pour cette raison, les colonnes 1 et 2 du tableau 23 ne sont pas strictement comparables.

gories des titres détenus. Ici la tendance croissante au placement dans les actions se manifeste nettement.

Trois sociétés de fiducie ont enfin institué six fonds mutuels, dont trois à revenu fixe et trois à revenu variable. Ces fonds sont récents et l'actif ne s'élève encore qu'à 16 millions de dollars.

* * *

Les sociétés de fiducie remplissent une dernière fonction importante: celle de régistraire et d'agent de transfert des titres des entreprises. La plupart des bourses de valeurs exigent par exemple qu'une société de fiducie agisse comme agent de transfert des actions inscrites. A ce titre, la société de fiducie tient les livres, exécute les commandes qu'elle reçoit, s'assure que tout est conforme aux prescriptions et aux ententes convenues. On estime qu'en 1961 les sociétés de fiducie ont émis en cette qualité, 4,111,000 certificats d'actions. Ce service en appelle une foule d'autres que nous avons eu l'occasion déjà d'illustrer.

Les sociétés de fiducie sont en pleine évolution, à ce qu'il nous semble. Si la masse des capitaux qu'elles administrent sont encore placés dans des obligations gouvernementales parce que la sécurité prime le rendement, plusieurs signes manifestent une préoccupation nouvelle visant à protéger l'épargne contre l'inflation.

Cette préoccupation amène les sociétés de fiducie, à déborder le champ de leurs activités traditionnelles, de sorte qu'il va devenir bientôt difficile de distinguer les institutions financières les unes des autres. La tendance est à l'élargissement progressif des compétences si on en juge par les sociétés de fiducie (1).

7 - Les caisses de retraite

La grande majorité des caisses de retraite sont gérées par les sociétés de fiducie. C'est pourquoi nous en avons traité dans la section précédente. Les informations qui suivent complètent le tableau.

(1) C'est ainsi que le terme fiducie est interprété dans un sens de plus en plus large. Il inclut le dépôt d'épargne, le dépôt à court terme de balances liquides des entreprises, l'achat du titre d'un fonds mutuel, les contributions aux caisses de retraite etc. Monsieur Jourdain devait rédiger aussi des actes de fiducie sans le savoir.

Apprenons, avant d'arriver à l'âge de la retraite à distinguer les différentes sortes de pensions. On a d'abord les « pensions de vieillesse » du gouvernement fédéral. Ces pensions sont alimentées par une « caisse de retraite non capitalisée » (1), i.e. par un fonds auquel on ne contribue que ce qui est nécessaire au paiement des prestations courantes. Ces pensions universelles et uniformes ne sont pas retenues dans les statistiques habituelles sur les caisses de retraite. Ce qu'on y met, ce sont les caisses du type capitalisé dans lesquelles on accumule des fonds en prévision des prestations qu'on versera plus tard. Ces caisses appartiennent à quatre catégories: les caisses gérées par les sociétés de fiducie, les rentes assurées par les sociétés d'assurance-vie, les rentes sur l'Etat vendues aux particuliers par le Gouvernement fédéral, enfin les caisses indépendantes.

La société de fiducie gère les caisses qui leur sont confiées, mais ne garantit pas le paiement des pensions. Ce sont les entrepreneurs et le régime lui-même qui donnent cette garantie. Quand les contributions sont versées aux sociétés d'assurance-vie, elles servent à acheter chaque année une rente collective, et la pension finale du participant est la somme des rentes annuelles. La société d'assurance garantit donc le paiement des pensions.

Tous les citoyens désirent maintenant acquérir une pension de retraite dans un pays développé comme le Canada. Aussi les caisses de retraite se sont-elles multipliées à un rythme extrêmement rapide depuis une quinzaine d'années. La législation, au surplus, a stimulé le progrès des caisses en 1957, en supprimant presque toutes les restrictions au placement et en permettant au contribuable de déduire de son revenu les contributions qu'il verse. De 717 millions en 1952, l'actif des caisses « fiduciaires » est passé à 4 milliards en 1961. L'actif de toutes les caisses excède 6 milliards. Voici le tableau d'ensemble des caisses de retraite :

(1) On emploie aussi l'expression: « non consolidée ». Une caisse pleinement capitalisée est celle dont les ressources correspondent à toutes les pensions acquises à chaque moment par les participants.

TABLEAU 24

Caisses de retraite, Canada 1961
Les valeurs sont en millions de dollars

	dans les sociétés de fiducie	dans les sociétés d'assurance-vie	rentes sur l'Etat	total
nombre de plans	1,363	7,305	1,513	10,181
nombre de participants	1,084,800	501,000	174,000	1,759,000
contributions	436	157	25	618
actifs	4,074	1,397	610	6,081

Source : B.F.S., *Trusted Pension Plans.*

Dans l'ensemble, les caisses recensées ici couvrent 1.8 million de personnes. Les caisses importantes sont dans les sociétés de fiducie et les plus petites dans les sociétés d'assurance. Cette répartition est celle qui convient au genre de services que rendent les deux types d'entreprises.

Nous avons signalé déjà que la distribution des placements des caisses de retraite n'était pas particulièrement à l'avant-garde, en dépit d'une législation très libérale. Le tableau 23 indique que 17% des actifs sont placés en actions en 1960. Pour l'année 1961, la publication statistique officielle mentionne des placements en actions de 10% (1), des placements sur hypothèques de 8% et des placements en obligations de 75% de l'actif total. La généralisation de régimes de pension, la participation des assurés au risque du placement en actions (sous des régimes de pensions variables), une attitude plus réaliste quant aux effets de l'inflation, devraient réduire à l'avenir les coûts des pensions pour les participants.

8 - Les sociétés de prêt hypothécaire

Presque toutes les institutions financières font du crédit hypothécaire. Déjà nous avons vu que les sociétés d'assurance-vie consacraient près de 40% de leurs actifs à des prêts hypothécaires et

(1) Le tableau 23 est tiré du Mémoire des sociétés de fiducie à la Commission Royale sur le système bancaire et financier. Les chiffres du présent paragraphe proviennent de "Trusted Pension Plans" du B.F.S. Les différences entre les chiffres ne tiennent pas à l'année de décalage entre 1961 et 1960, mais à ce que la distribution du B.F.S. ci-dessus s'applique seulement aux caisses de retraite des entreprises.

les sociétés de fiducie (fonds propres et garantis), 37%. Il existe en outre des sociétés de prêt hypothécaire pour lesquelles cette catégorie de prêts constitue l'activité principale sinon exclusive. Dans ces sociétés 75% de l'actif est, en moyenne, consacré au prêt hypothécaire. A Montréal, c'est probablement « Le Crédit Foncier Franco-Canadien » qui est la société de prêt hypothécaire la mieux connue. Fondé en 1880 par des intérêts français, Le Crédit Foncier se classe au troisième rang des sociétés canadiennes de prêt hypothécaire. Ses actifs s'élèvent à 128 millions de dollars en 1962. Ses actions sont cotées à la Bourse de Paris et de Montréal (1959). 80% de l'actif est consacré au prêt hypothécaire. Des prêts hypothécaires, une moitié, environ, se rapporte à des propriétés résidentielles, l'autre, à des propriétés commerciales ou industrielles. La valeur moyenne des prêts est $12,700., mais près de la moitié d'entre eux dépasse $50,000.

Contrairement à la plupart des sociétés de prêt, le Crédit Foncier n'accepte pas de dépôt. Il se finance principalement par l'émission d'obligations à moyen et à long terme (5 à 20 ans), et accessoirement, par l'émission (privée) de billets à court terme. L'avoir propre est particulièrement élevé (27% du passif).

a) Nature et importance

Par comparaison avec les institutions que nous avons décrites précédemment, les sociétés de prêt hypothécaire ne présentent pas une structure financière tellement différente. Elles se rapprochent beaucoup des activités des sociétés de fiducie que nous avons intitulées : dépôts et certificats de placement. En effet, les sociétés de prêt reçoivent des dépôts de leurs clients, émettent des certificats d'épargne et de placement, émettent des obligations à long terme et placent leurs fonds dans le prêt hypothécaire [1]. Elles sont aussi soumises à la même législation en ce qui concerne la nature des placements qu'elles sont autorisées à faire.

(1) Sur la base des neuf plus importantes sociétés, on peut calculer que 80% des actifs sont placés en prêts hypothécaires, que l'avoir propre représente 15% du passif, les obligations, 60% du passif et les dépôts ou certificats, 22% du passif; le tout pour 1960.
Mémoire de « l'Investment Dealers' Association », déjà cité.

Avec la hausse des taux d'intérêt qu'on a connue au Canada au cours des années 50 d'un côté, puis l'intervention active et efficace de la Société centrale d'hypothèques et de logement (dont nous parlons plus bas) de l'autre, les sociétés de prêt participent de moins en moins aux prêts garantis en vertu de la Loi Nationale sur l'Habitation. Cependant le champ des prêts hypothécaires conventionnels est suffisamment vaste pour leur avoir permis une croissance rapide (1). L'augmentation moyenne des actifs des sociétés de prêt a été de 9.8% par an de 1956 à 1960 par comparaison avec 6% et 6.6% pour les banques à charte et les sociétés d'assurance-vie respectivement. Seules les sociétés de fiducie ont progressé plus rapidement (10.9%).

Le tableau 25 donne l'actif total et les placements en hypothèques de ces sociétés.

TABLEAU 25

Actifs des sociétés de prêt hypothécaire en millions de dollars

	prêts hypothécaires en cours 1	actifs totaux 2	1 en % de 2 3
1958	569	771	73.8%
1960	698	914	75.6
1961	815	1090	74.8

Source: S.C.H.L. : *Statistique du logement* 1962, p. 50.

Par l'importance du crédit hypothécaire en cours, les société de prêt viennent après les sociétés d'assurance-vie et les banques à charte, mais avant les sociétés de fiducie (fonds propres et garantis). Leurs prêts s'élèvent à 815 millions à la fin de 1961 et leur actif total, à un milliard.

(1) Les profits des sociétés de prêt hypothécaire ont diminué pour ces raisons. Le taux de profit (sur la valeur nette) a passé de 8.50% en 1956 et 1957, à 6.08% en 1959 et 1960. Par comparaison, en 1960, les sociétés de fiducie ont réalisé un taux de profit de 8.28% et les banques, de 8.43%. Mémoire des Sociétés de fiducie à la Commission Royale sur le système bancaire et financier.

b) La Société centrale d'hypothèques et de logement (S.C.H.L.)

La Société centrale d'hypothèques et de logement est la société la plus importante dans le domaine de l'habitation au Canada. Nous la désignerons désormais par ses initiales S.C.H.L. Entreprise publique fédérale, la S.C.H.L. est dotée de pouvoirs très étendus. Elle peut notamment :

1. garantir les prêts que les institutions financières consentent pour la construction de nouveaux logements et pour l'amélioration des maisons;
2. faire elle-même des prêts hypothécaires aux particuliers qui ne peuvent en obtenir sur le marché privé et aux constructeurs de logements à loyer modique;
3. faire des prêts aux universités et aux collèges pour la construction de résidences d'étudiants;
4. faire des prêts aux municipalités pour l'épuration des eaux;
5. acheter et vendre des hypothèques assurées;
6. faire des avances à court terme et acheter aux prêteurs leurs obligations;
7. acquérir des terrains et les aménager, construire et administrer des logements pour son compte ou pour le compte des municipalités ou des provinces;
8. encourager l'amélioration et le progrès de l'habitation et à cette fin, entreprendre ou faire exécuter les recherches nécessaires.

Cette longue énumération, encore que très incomplète, illustre assez bien la multitude de recours et la vaste autorité dont la S.C.H.L. dispose pour s'acquitter de sa tâche. Par les assurances qu'elle donne, elle encourage les institutions privées à consentir des prêts dans l'habitation, mais en cas de besoin, elle remplace les prêteurs privés et fait elle-même les prêts. Si les prêteurs désirent faire des prêts, mais manquent de ressources pour le faire, la S.C.H.L. peut acheter leurs hypothèques en cours et leur fournir les fonds (sauvegarde contre les dangers d'une sévère dépression). Que la demande de prêts fléchisse et la Société se transforme, au besoin, en entrepreneur et construit les logements requis En collaboration avec les municipalités ou les provinces, la S.C.H.L participe au réaménagement urbain par des contributions finan cières importantes, et pour l'élimination des taudis, et pour l construction des logements, et pour des subventions aux locataire à bas revenus.

Examinons de plus près quelles ont été les activités de l S.C.H.L. en 1962 sous ces divers chapitres :

1. Prêts assurés et prêts directs, nouveaux logements

Il convient de décrire les activités de la S.C.H.L. par com paraison avec celles de l'ensemble de l'industrie de l'habitatior quand c'est possible. En ce qui concerne les prêts des institution financières que la S.C.H.L. assure et les prêts directs qu'elle con sent, on peut choisir plusieurs bases de calcul : les prêts approuvés l'argent versé ou les logements commencés. Le tableau 26 donn le nombre de logements commencés et les dépenses correspon dantes suivant les différentes sources de financement.

Au total, on a commencé la construction de 130,000 loge ments au Canada en 1962. A ce nombre, la S.C.H.L. a particip pour 15,600 logements par ses prêts directs et pour 31,800 pa ses garanties données aux prêteurs. La contribution de la S.C.H.L à la construction de nouveaux logements est donc de 47,000, so 36% de l'ensemble. Les prêts directs se sont élevés à 192 million et les prêts assurés à près de 400 millions.

Les prêts assurés, bien entendu, proviennent d'institution financières privées. Si nous les plaçons sous le titre de S.C.H.L dans notre tableau, c'est pour souligner qu'ils diffèrent des prêt conventionnels sous une foule d'aspects. Non seulement sont-il des prêts garantis, mais en outre ils s'appliquent à des maison nouvelles soumises à des normes de construction, et à des maison situées à des endroits où le besoin se fait particulièrement senti En outre, le taux d'intérêt du prêteur est fixé par le Gouvernemen et ne peut excéder le taux de rendement des obligations à lon terme de plus de 2½% [1]. Le prêt doit avoir une échéance d'a

(1) Le taux maximum est inférieur à celui-ci en ce qui concerne les prêts au constructeurs, aux municipalités et aux universités.

TABLEAU 28

Part de la S.C.H.L., dans les logements dont la construction est commencée en 1962

	nombre de logements	% du total	dépenses en millions	% du total
1. logements publics	5,358	4.1	31.9	2.0
2. S.C.H.L.				
a) prêts directs	15,633	12.0	192.3	11.9
b) prêts assurés	31,790	24.4	397.1	24.7
3. prêts conventionnels des « institutions prêteuses »	54,214	41.7	410.7	25.6
4. autres sources de financement	23,100	17.8	—	—
a) mises de fonds des propriétaires	—	—	330.2	20.5
b) autre financement	—	—	246.0	15.3
total	130,095	100.0	1,608.1	100.0

Source : *Statistique du Logement au Canada* 1962.

moins 25 ans et d'au plus 35 ans. Il doit s'élever à 95% des premiers $12,000. de la valeur d'emprunt de la maison et à 70% de l'excédent (1). Le montant maximum du prêt est de $14,900. Le taux d'intérêt sur les prêts hypothécaires assurés est de 6¼% à l'heure actuelle (été 1963).

L'assurance sur ces prêts est défrayée par les emprunteurs et sert à constituer un fonds spécial de la S.C.H.L. Si un prêteur encourt une perte, la société le dédommage à même les ressources du fonds d'assurance.

Pour évaluer la place qu'occupent les institutions financières privées dans l'habitation, les sommes dépensées sont un meilleur indice que le nombre de logements commencés. Pour deux raisons surtout : les logements commencés sont classifiés d'après la source *principale* de financement de sorte que le nombre de logements imputables aux institutions excède de beaucoup leur contribution financière réelle (41.7% des logements, mais 25.6% des dépenses: tableau 26); de plus, les prêts conventionnels des « institutions prêteuses » sont une fiction très arbitraire des statisticiens de la S.C.H.L. Ce ne sont en fait qu'une partie des institutions prêteuses, puisque les caisses populaires et les fonds de pension en sont exclus (2).

La ligne 3 du tableau 26 n'épuise donc pas le nombre de logements dont le financement principal est un prêt hypothécaire d'une institution prêteuse. Il s'en trouve un bon nombre à la ligne 4, où se trouvent également les logements construits sans emprunt. On y voit que les dépenses totales pour l'habitation nouvelle se sont élevées à 1.6 milliard en 1962, que les propriétaires ont contribué à 20% du coût des constructions (3), que les « institutions prêteuses » ont fourni 25% des fonds requis sous forme de

(1) Les premiers $12,000. passeront très bientôt à $13,000. et le maximum à $15,600.

(2) En sont aussi exclues habituellement les sociétés « dont l'activité de prêts hypothécaires est subordonnée à leurs principales fonctions ». S.L.C. 1962 tableau 50, par exemple. Il faut sans doute entendre ici les sociétés qui ne font qu'accessoirement des prêts hypothécaires. Pourtant les banques à charte sont placées parmi les institutions prêteuses. Le prêt hypothécaire serait-il devenu l'activité principale des banques à charte ? Les caisses populaires et les fonds de pension de leur côté, sont placés parmi les prêteurs particuliers. En fait, la classification des prêteurs par la S.C.H.L. ne repose sur aucun critère utile.

(3) Ce 20% s'applique seulement aux logements dont le financement principal provient de prêts hypothécaires.

prêts conventionnels (plus la majeure partie des 15% de la ligne 4b) et un autre 25% sous forme de prêts garantis [1].

2. Prêts pour les résidences d'étudiants

Depuis 1960, la S.C.H.L. accorde des prêts aux universités et aux collèges pour la construction de résidences d'étudiants. La somme totale dont la société dispose à cette fin est 100 millions. Elle avait accordé des prêts pour 41.5 millions à la fin de 1962.

3. Prêts aux municipalités pour l'épuration des eaux

La S.C.H.L. accorde des prêts pour des projets d'épuration de l'eau jusqu'à concurrence de 200 millions. Depuis 1960, 85 millions ont été prêtés. Le quart de ces prêts et de l'intérêt couru est donné aux municipalités pour les travaux qui seront exécutés avant le 31 mars 1965.

4. Prêts pour l'amélioration des maisons

La S.C.H.L. garantit les prêts que les banques à charte consentent pour l'amélioration des maisons. Les prêts en cours sous cette rubrique s'élèvent à 70 millions à la fin de 1962.

5. Rénovation urbaine et logements à loyer

Depuis 1948, la S.C.H.L. a participé à 14 projets importants de rénovation urbaine auxquels le Gouvernement fédéral a apporté une contribution estimée à 20 millions. Les approbations de 1962 s'élèvent à 3.5 millions. En vertu d'ententes fédérales-provinciales, la S.C.H.L. a construit près de 12,000 logements à loyer modéré. Le gouvernement fédéral contribue à 75% du coût de la construction et des déficits d'exploitation, la partie restante étant à la charge des provinces. Les actifs de la S.C.H.L. relatifs à ces logements s'élèvent à 95 millions en 1962.

6. Administration de propriétés

La S.C.H.L. est propriétaire de 12,245 logements.

(1) Les institutions financières ont prêté en outre des sommes considérables sur la propriété résidentielle existante et sur la propriété non-résidentielle.

7. Marché des hypothèques

La somme des hypothèques assurées en vertu de la Loi nationale sur l'habitation s'élève aujourd'hui à plus de 4 milliards. Les hypothèques sont, de tradition, des placements peu liquides parce que difficilement négociables. A mesure que les sommes augmentent cependant, il devient plus pressant et plus facile à la fois de créer un marché des hypothèques où celles-ci s'achètent et se vendent, comme les autres titres, avant l'échéance. C'est ce qu'on appelle un marché secondaire. Les premières mesures qui ont été prises au Canada dans ce but remontent à 1954 quand la Loi sur l'habitation a permis que l'assurance sur les hypothèques suivisse les acquéreurs. Au même moment, la S.C.H.L. fut aussi autorisée à échanger ses hypothèques assurées et à faire des avances sur la garantie de ces hypothèques. Les premières à se prévaloir des nouvelles dispositions de la Loi furent les banques à charte qui en vendirent une petite quantité aux sociétés d'assurance-vie et aux caisses de retraite dès 1954. Mais c'est en 1961, puis en 1962, que les échanges prennent un peu d'ampleur grâce à des ventes en lots par la S.C.H.L. Le tableau 27 donne un état des échanges en 1962.

TABLEAU 27

Echanges d'hypothèques assurées en millions de dollars, 1962

	ventes	achats
1. Banques à charte	0.7	30.3
2. Sociétés d'assurance-vie	——	22.4
3. Sociétés de fiducie	46.7	21.0
4. Caisses de retraite	——	19.6
5. S.C.H.L.	48.0	——
6. Autres sociétés	5.8	7.9
Total	101.2	101.2

Source: *S.L.C.* 1962.

Du point de vue de l'élargissement et de l'efficacité du marché du capital au Canada, cette évolution est très heureuse. Elle

TABLEAU 28

Société centrale d'hypothèques et de logement — Bilan 1962, en millions de dollars

ACTIF		PASSIF	
Encaisse	12.6	Comptes à payer	9.7
Obligations fédérales à court terme .	8.0	Impôts à verser	3.7
Prêts	1,590.0	Emprunts du Gouvernement	1,789.8
Conventions de vente	100.0	Profits non réalisés sur ventes	46.0
Avances aux municipalités	5.5	Fonds de réserve statutaire	5.0
Immeubles	76.2	Excédent du fonds de réserve	10.4
Logements et terrains à exploiter	92.6	Capital	25.0
Obligations en dépôt	1.7	Réserves du fonds d'assurance	108.0
Actifs du fonds d'assurance	108.4	Autres postes	3.4
Autres postes	6.8		
Total	2,002.0	Total	2,002.0

Source : S.C.H.L. *Rapport annuel* 1962.

devrait contribuer beaucoup dans l'avenir à l'assouplissement des politiques financières et à l'augmentation des placements dans le prêt hypothécaire à des taux d'intérêt plus bas pour les emprunteurs. En plus des tâches d'administration et de régulation que la S.C.H.L. assume depuis fort longtemps, celle-ci accroît sensiblement ses activités dans le domaine du crédit hypothécaire en multipliant les formes d'intervention sur le marché. Les ventes par lot d'hypothèques assurées est une de ces formes parmi plusieurs autres.

Le bilan de la Société est résumé au tableau 28. Soulignons que la Société a un capital de 25 millions et qu'elle ne vend ses débentures qu'au gouvernement fédéral. A l'actif, ce sont évidemment les prêts (directs) qui absorbent presque toutes les ressources.

c) Les prêts hypothécaires en cours

A défaut d'une comptabilité adéquate sur les opérations financières relatives aux hypothèques, nous donnons ci-après le crédit hypothécaire en cours classifié suivant les principales institutions prêteuses.

TABLEAU 29

Prêts hypothécaires en cours — Canada 1961

	en millions de dollars	en % du total
1. Sociétés d'assurance-vie	3,710	36.0
2. Gouvernements (y compris S.C.H.L.)	2,234	21.7
3. Banques à charte	953	9.2
4. Sociétés de prêt hypothécaire	815	7.9
5. Prêteurs « constitués »	759	7.3
6. Sociétés de fiducie (fonds propres et garantis)	622	6.4
7. Fonds des successions, fiducies et agences des sociétés de fiducie	667	6.5
8. Caisses populaires	423	4.0
9. Autres	119	1.1
Total ci-dessus	10,302	100.0

Note : Tous les prêts hypothécaires ne sont pas recensés ici. Il en manquerait encore 1.6 milliard, provenant de particuliers et d'autres institutions.

Sources : tableaux 53 et 55 de la S.L.C. 1962; *Credit Unions in Canada*, 1961.

Ce sont les sociétés d'assurance-vie qui dominent nettement sur le marché. Elles sont suivies par les agences gouvernementales parmi lesquelles, à la première place, se trouve la S.C.H.L. bien entendu. Les banques à charte ne font presqu'aucun prêt hypothécaire depuis 1959, mais elles conservent un stock important d'hypothèques s'élevant à près d'un milliard. Soulignons que le prêt hypothécaire est un placement recherché si on en juge par la diversité des institutions qui s'y intéressent.

9 - Les sociétés de crédit à tempérament

a) Nature

Rien à débourser; 24 mois pour payer, et hop ! en voiture ! L'achat à tempérament est fort décrié, mais comme il est commode ! Il consiste à acheter un produit et à le payer par versements pendant un certain nombre de mois. Comme il sert de gage au prêteur, le produit doit *durer* au moins le temps du remboursement ! (Ce qui n'est pas toujours le cas). Les paiements comprennent le prix du produit acheté, plus, bien entendu, l'intérêt et les charges de l'emprunt. Car indiscutablement, il s'agit d'un emprunt. Le client signe un contrat de vente conditionnelle en faveur du marchand. Le prêteur peut être le marchand lui-même, mais la plupart du temps, le marchand escompte les contrats de vente conditionnelle, i.e., il les vend à une société de crédit à tempérament. Celle-ci se fait céder tous les droits sur les produits, assume le risque des pertes et se charge de la perception.

Le crédit à tempérament porte sur l'automobile d'abord, puis sur l'équipement ménager, parmi les biens de consommation; il porte aussi sur les véhicules et l'équipement, commerciaux, industriels et agricoles. Par ailleurs, s'il est surtout répandu au niveau des consommateurs (pour le financement des ventes des détaillants) le crédit à tempérament est pratique courante aussi auprès du manufacturier et du grossiste pour le financement des ventes d'automobiles aux détaillants. Les voitures neuves qui aveuglent le piéton dans les montres des vendeurs d'automobiles sont achetées « sous condition » par le détaillant et appartiennent, en réalité, à des sociétés de crédit à tempérament. Dans le langage populaire, on confond souvent, sous la même appellation de « compagnies de finance », les sociétés de crédit à tempérament et « les sociétés de petits prêts ». Ces dernières font aussi des prêts, garantis sur biens meubles et remboursables par versements, mais sans être liés à un usage spécifique comme le crédit à tempérament. Dans un sens on pourrait dire que le crédit à tempérament est un crédit en nature pour l'emprunteur, tandis que le crédit des sociétés de petits prêts est un crédit en espèces [1]. Nous traitons des « petits prêts » dans la section suivante.

Les sociétés de crédit à tempérament sont nées au même moment que l'automobile et elles en ont suivi de près le progrès. Car c'est avant tout pour le financement de ce produit, dispendieux et durable, que la présence d'un intermédiaire financier s'imposait. La première société canadienne de crédit à tempérament date de 1916 avec la fondation de la "Continental Guaranty Corporation of Canada". Très tôt la société General Motors créa sa propre société de crédit pour les raisons invoquées plus haut et établit une succursale au Canada dès 1919.

Depuis lors, le crédit à tempérament a été étendu à d'autres produits de consommation durable, comme les récepteurs de radio et de télévision, les meubles et les appareils ménagers. Depuis la fin de la guerre, cette forme de crédit a considérablement augmenté en importance.

Les sociétés de crédit à tempérament se sont également multipliées. On en compte 175 aujourd'hui. Malgré tout, l'industrie est très concentrée puisque les trois entreprises les plus grandes détiennent, à elles seules, 70% des actifs totaux et les dix plus grandes, 95% des actifs totaux. Les trois principales sont dans l'ordre: « Industrial Acceptance Corporation of Canada », « Traders Finance Corporation » et « General Motors Acceptance Corporation of Canada ».

b) Importance du crédit à tempérament

Les ventes à tempérament ont augmenté à un rythme extrêmement rapide de 1945 à 1956. Alors que l'ensemble du crédit à la consommation augmentait de 4 fois, le crédit à tempérament augmentait de 9 fois au cours de cette période [2].

---

(1) En anglais on trouve précisément l'expression de "cash loans" pour désigner ces prêts.

(2) W. Hood, *op. cit.* p. 140.

En 1956, il a cependant atteint ce qui semble être un plateau, en ce qui concerne les biens de consommation, plateau au niveau duquel on se maintient depuis. L'ensemble du crédit à la consommation ayant tout de même continué à monter, l'importance relative du crédit à tempérament s'amenuise depuis 1956. Cette année-là, les sociétés de crédit à tempérament avaient contribué à 30% du crédit à la consommation; en 1961, elles n'ont compté que pour 17% (1). Il n'est donc pas étonnant de voir les sociétés se tourner davantage vers le financement des ventes au gros et surtout vers les biens d'équipement. En 1953, les sociétés avaient des prêts en cours de 184 millions sur des produits industriels et commerciaux; ces prêts ont atteint 425 millions en 1962, comme on le voit au tableau 30. C'est la catégorie des prêts à tempérament qui a augmenté le plus ces dernières années, tandis que les autres restaient plus ou moins stationnaires, au niveau de 1956(2). Le même phénomène apparaît au tableau 30 si on compare 1962 à 1958. Reste à voir si la tendance qui s'est dessinée demeurera la même

TABLEAU 30

Crédit à tempérament, balances en cours Canada, en millions de dollars 1958-1962

	1958	1961	1962
1. Commerce de gros	191	184	237
2. Commerce de détail	1,026	1,151	1,196
a) biens de consommation	768	756	771
automobiles	588	569	593
autres biens	180	187	179
b) biens d'équipement	257	395	425
véhicules	111	138	146
autres biens	146	257	279
3. Total	1,216	1,335	1,433

Source : Sommaire Statistique de la Banque du Canada.

(1) Voir la section suivante sur le crédit à la consommation.

(2) Notons que c'est à cette catégorie « en progrès » qu'appartiennent les prêts pour l'achat des instruments aratoires. Ce ne sont pas les grandes entreprises qui font des achats à tempérament...

quand l'expansion économique générale de 1962 se sera maintenue un plus long moment. En effet ce crédit est lié de très près à la demande pour les biens de consommation durables, elle-même soumise à de fortes variations cycliques.

De sa nature, le crédit à tempérament est un crédit à court terme. L'échéance moyenne (qui a augmenté de 2 à 6 mois suivant les catégories depuis 1958) des prêts est de 27 mois sur les automobiles neuves, de 25 mois sur les autres biens de consommation et de 31.6 mois sur les équipements commerciaux et industriels, en 1962. La valeur des prêts varie de quelques milliers de dollars à $500,000., mais la plupart sont de $5,000. à $15,000 (1).

Les actifs des sociétés de crédit à tempérament reproduits au tableau 31, s'appliquent aux 10 sociétés les plus importantes et

TABLEAU 31

Répartition des actifs des dix plus importantes sociétés de crédit à tempérament, Canada 1961

	en millions de dollars	en % du total
1. comptes recevables	1,261	80.0
2. encaisse et titres négociables	103	6.5
3. placements dans des filiales	202	12.7
4. autres postes	16	0.8
total	1,582	100.0

Source : The Federated Council of Sales Finance Companies : Mémoire soumis à la Commission Royale sur le Système bancaire et financier.

comprennent 95% des actifs de l'industrie. Pour toutes les entreprises, les actifs s'élèveraient à près de 1.7 milliard en 1961. Comme il convient, 80% des actifs sont constitués de prêts. Les placements dans des titres négociables datent de 1956 seulement et s'expliquent par les changements qui sont survenus dans les sources de financement des sociétés que nous décrivons ci-après. Soulignons l'importance des placements dans des entreprises subsidiaires ou associées, presque toutes des sociétés de « petits prêts ».

(1) Il n'est pas facile de connaître les taux d'intérêt effectifs du crédit à tempérament. Suivant plusieurs indications, nous le fixerions aux environs de 15%.

c) Sources de financement

Le passif des sociétés de crédit à tempérament est remarquable à plusieurs égards (Tableau 32). D'abord le capital-actions est une proportion particulièrement faible du total, soit 8% (1). De plus la moitié du capital-actions est formé d'actions privilégiées, ce qui réduit à 4% la part des actionnaires de plein droit. A ce fait correspond celui d'une dette élevée par rapport à l'avoir propre (5 fois). Ensuite, la structure de la dette attire également l'attention : les emprunts à court terme sont très élevés, tandis que le financement habituel des entreprises par les obligations et les débentures ne représente que 17% du passif (2).

TABLEAU 32

Répartition du passif des dix plus importantes sociétés de crédit à tempérament, Canada 1961

	en millions de dollars	en % du total
1. Obligations et débentures	264	16.7
2. Billets à long terme	376	23.7
3. Billets à court terme	409	25.8
4. Emprunts bancaires	109	6.9
5. Capital-actions	124	8.0
6. Réserves et surplus	90	5.7
7. Autres postes	210	13.2
8. total	1,582	100.0

Source : La même qu'au tableau 31.

Comme les engagements de la société de crédit à tempérament sont de courte durée, celle-ci peut se permettre de recourir à des sources de financement de courte échéance pour réduire ainsi le coût de ses emprunts. Jusqu'à la fin de la guerre en 1945, la source exclusive de capitaux à court terme était les banques

(1) Surprenante à première vue, une telle proportion n'est pas inhabituelle parmi les institutions financières. L'avoir propre des banques à charte, par exemple, forme 7% du passif total.

(2) Rappelons que l'obligation est un titre garanti sur hypothèque, la débenture, une obligation à long terme (15 ans et plus) non-garantie.

à charte. Puis en 1946, quelques grandes sociétés ont commencé à vendre des « billets » aux institutions financières. Ces billets sont des titres garantis par d'autres valeurs (1) : leur échéance est fixée d'après les désirs ou les besoins des acheteurs éventuels. Les billets à court terme varient de 30 à 365 jours et les billets à long terme de 5 à 15 ans. Les billets à court terme des sociétés de crédit à tempérament sont les seuls titres privés à court terme au Canada qui s'échangent sur le marché. Pour les sociétés de crédit ces billets tendent à remplacer les emprunts bancaires, dans la mesure où des acheteurs peuvent être trouvés pour les acquérir.

TABLEAU 33

Emprunts bancaires et billets à court terme des sociétés de crédit à tempérament Canada, en millions de dollars

	Emprunts bancaires		Billets à court terme		
	en cours	en % du passif	en cours	en % du passif	émis
1953	191	22.8	212	13.4	593
1961	109	6.9	409	25.8	1,450

Source : celle du tableau 31

Par rapport à 1953, les emprunts bancaires ont diminué de 23% à 7% du passif des sociétés de crédit à tempérament. De leur côté, les billets à court terme ont augmenté de 13% à 26%. Ce dernier pourcentage correspond à des sommes d'argent considérables : il correspond à un encours de 400 millions; comme l'échéance moyenne est inférieure à un an, les émissions (les ventes) de billets sont beaucoup plus élevées encore. De 1959 à 1961, les émissions de chaque année ont atteint près de 1.5 milliard. La structure de la dette change en fonction de la conjoncture financière du pays et des répercussions que celle-ci entraîne sur les taux d'intérêt et sur l'offre de capitaux.

Comme un certain nombre des grandes sociétés de crédit à tempérament sont des filiales d'entreprises américaines, les em-

(1) Ces billets sont garantis de la même façon que les emprunts bancaires, i.e., par le nantissement ou le dépôt de comptes recevables de la société.

prunts aux Etats-Unis sont pratique courante dans cette industrie. En 1961, 21% des billets à court terme et 23% des billets à long terme et des débentures étaient détenus par des résidents d'outre-frontière.

10 - Les Sociétés de Petits Prêts

Certaines entreprises se spécialisent dans le prêt personnel. On les désigne au Canada par la Loi qui les régit : les sociétés de petits prêts. On compte cinq sociétés, 75 « prêteurs autorisés » et 1,229 bureaux à travers le pays. La plus importante société est la « Household Finance Corporation of Canada ».

a) Volume d'affaires

La Loi réglemente les prêts dont la valeur ne dépasse pas $1,500. En 1961, ces « petits prêts » se sont élevés à 606 millions de dollars, dont 70% ont servi à des prêts allant de $500. à $1,000. Une caractéristique troublante de ces prêts consiste en ce que les trois quarts (par la valeur) sont faits à des emprunteurs qui n'avaient pas fini de rembourser un emprunt précédent. Une tranche additionnelle de 8% des prêts totaux va en outre à d'anciens clients. Le moins qu'on puisse dire, c'est que les sociétés de petits prêts s'attachent des clients fidèles et loyaux! Du total des 606 millions, près de 300 millions n'ont représenté que des sommes déjà prêtées antérieurement.

En 1961, les sociétés de prêt personnel ont prêté $100 millions de dollars dans des prêts de plus de $1,500. Certaines d'entre elles acceptent aussi de faire du crédit à tempérament, comme on le voit au tableau 34.

L'actif total de ces sociétés s'établit à près de 600 millions. Du côté des sources de financement, limitons-nous à dire que ces institutions ne recourent pas à l'émission d'obligations et qu'elles ne sont pas autorisées à accepter des dépôts. C'est pour cette raison que les sociétés de petits prêts sont toutes des filiales d'autres entreprises et ce sont les sociétés-mères qui fournissent les ressources nécessaires (postes : capital et emprunts).

TABLEAU 34

Bilan des société de petits prêts et des prêteurs d'argent autorisés, 1961 en millions de dollars

ACTIF		PASSIF	
Prêts	530	Emprunts	478
Crédit à tempérament	45	Capital	42
Autres postes	15	Réserves et surplus	37
Total	590	Total	590

Source : Report of the Superintendant of Insurance for Canada. Small loans Companies and Money-Lenders. 1961.

La principale stipulation de la Loi sur les petits prêts concerne le taux d'intérêt maximum que les sociétés peuvent imposer sur leurs prêts. Depuis le 1er janvier 1957, ces taux sont ceux du tableau 35.

TABLEAU 35

Taux d'intérêt mensuel maximum permis par la Loi des Petits Prêts

Prêts (solde) en dollars	Durée des prêts (en mois) 10 à 20	21 à 30	31 et plus
0. à 300.	2.0	1.0	1.0
300. à 500.	1.0	1.0	1.0
500. à 1,000.	1.0	1.0	1.0
1,000 à 1,500.	0.5	0.5	1.0

Il ressort que dans la grande majorité des cas, l'intérêt (y compris toutes les charges, mais non l'assurance) sera de 1% par mois sur le solde dû. Il peut être de ½ de 1% si le prêt excède $1,000. et si l'échéance est de 30 mois ou moins.

b) Le crédit à la consommation

Si on désire estimer l'importance des sociétés de crédit à tempérament et des sociétés de petits prêts, il faut comparer leurs

TABLEAU 36

Crédit à la consommation, Canada

	1956		1961	
	en millions	en % du total	en millions	en % du total
1. Détaillants (1)	797	27.4	1,006	23.1
2. Sociétés de crédit à tempérament	769	26.4	756	17.3
3. Sociétés de petits prêts	356	12.2	594	13.5
4. Banques à charte (2)	473	16.3	1,096	25.0
5. Caisses populaires	226	7.7	525	12.0
6. Prêts sur les polices d'assurance-vie	270	9.6	358	8.2
7. Banques d'épargne du Québec	11	0.4	17	0.4
Total ci-dessus	2,902	100.0	4,352	100.0
Total en % du revenu personnel disponible	14.3%		16.7%	

Note: (1) Comptes débiteurs et autre crédit en cours des détaillants.

(2) Tous les prêts personnels à l'exception des prêts garantis par des titres. La série de W. Hood dans *Le Financement de l'Activité Economique au Canada*, p. 143, ne compte, dans les prêts des banques à charte, que les prêts garantis par des titres. Nous faisons le contraire ici, parce que l'objet principal des prêts garantis est le placement et non la consommation. La série ci-dessus est plus élevée que celle de W. Hood pour cette raison. Les prêts sur les polices d'assurance-vie sont aussi ajoutés à la série de W. Hood.

Source: Sommaire Statistique de la Banque du Canada.

activités à l'ensemble du crédit à la consommation. Il convient de le faire ici.

Les calculs du tableau 36 indiquent que le crédit à la consommation serait de plus de 4 milliards en 1961, soit 16.7% du revenu personnel disponible. Il a augmenté considérablement depuis 1956.

Si notre série remontait plus loin, nous verrions que l'année 1951 mise à part, ce crédit a augmenté de façon continue depuis 1945. Il est plus élevé qu'avant la guerre aussi. Une analyse économique adéquate du crédit à la consommation devrait faire intervenir non seulement le revenu, mais aussi les actifs des consommateurs, non seulement l'influence de la conjoncture générale (qui explique sans doute l'augmentation du crédit depuis 1956), mais aussi celle de la composition et de la nature de la demande. Une telle analyse n'est pas possible ici.

Par ordre d'importance relative dans l'offre de crédit viennent d'abord les banques à charte, puis les détaillants, les sociétés de crédit à tempérament et les sociétés de petits prêts. Ce sont les banques puis les caisses populaires qui ont augmenté leur part depuis 1956. Par contre le crédit des détaillants et le crédit à tempérament ont diminué en importance par rapport à l'ensemble du crédit à la consommation.

CHAPITRE 12 LES CAISSES POPULAIRES

1 - La caisse populaire

2 - Dépôts d'épargne

3 - Crédit à la consommation

4 - Crédit hypothécaire

5 - Placements

6 - Une affectation différente des capitaux

7 - Une société de crédit à tempérament

8 - Une société mixte d'expansion industrielle

Les Caisses populaires

12

Parmi les mouvements de réforme économique et sociale dans le monde, aucun n'a connu un succès aussi rapide et aussi remarquable que les caisses populaires dans la province de Québec. De 1940 à 1959, les sociétaires ont passé de 124,000 à 1,178,000, soit de 3.7% à 25% de la population totale; les sociétaires ont donc été multipliés par 9; les actifs, de leur côté, ont été multipliés 38 fois au cours de la même période pour atteindre près de 700 millions. On peut se représenter encore mieux l'importance de ces « multiplications » si on sait que le revenu personnel de la province, qui constitue la source des épargnes, a augmenté de 4.3 fois seulement.

Les caisses populaires, comme on sait, ont été fondées par Alphonse Desjardins, dans le Québec. Mais l'innovation a rapidement traversé les frontières et les caisses sont maintenant répandues à travers tout le continent. C'est un exemple plutôt rare, mais très significatif où l'initiative est venue des Canadiens français. Ayant pris naissance plus tard dans les autres provinces du pays, le mouvement est environ deux fois moins important que dans le Québec par rapport à la population totale, mais le progrès depuis vingt ans est aussi rapide sinon plus, qu'il ne l'est

Reproduit du *Magazine MacLean*, juin 1961, sous le titre « Les Caisses populaires devraient se réorienter ». Une mise à jour a été faite, dans les notes infra-marginales et les tableaux.

ici. L'actif total des Caisses au Canada est d'environ 1.2 milliard à l'heure actuelle (1).

Dans le Québec, les Caisses populaires consacrent la majeure partie de leurs ressources au prêt hypothécaire, puis à des placements obligataires, enfin au prêt personnel sur billet. Le crédit personnel à la consommation cependant devrait jouir, à notre avis, d'une priorité beaucoup plus élevée dans la politique de crédit des Caisses.

A cette fin, nous suggérons la fondation d'une société de crédit à tempérament. D'autre part, moyennant diverses restrictions, les Caisses pourraient envisager dans un avenir rapproché, de contribuer plus directement au développement économique de la province grâce à une « société mixte d'expansion industrielle ». L'objet de ce chapitre est d'illustrer ces propositions.

1 - La caisse populaire

La caisse populaire est une coopérative d'épargne et de crédit. En tant que coopérative, elle n'exerce ses activités qu'auprès de ses membres. Ces derniers sont à la fois les propriétaires de la caisse et les consommateurs de ses services. Pour cette raison, la structure administrative et financière est très décentralisée. Chaque caisse particulière est autonome parce qu'elle appartient à ses membres. Les fonctions qu'elle remplit sont aussi des services individuels ou personnels, par sa nature de coopérative.

La caisse populaire reçoit des dépôts d'épargne et utilise ces dépôts pour accorder des prêts personnels à ses membres, soit des prêts à court terme sur billet soit des prêts hypothécaires. Les dépôts servent aussi de moyen de paiement courant puisqu'on peut tirer des chèques sur ces dépôts ou les retirer à demande. Du point de vue économique, les caisses populaires constituent, comme les banques, un intermédiaire financier dont la fonction essentielle est de transmettre l'épargne disponible à ceux qui en ont besoin. Ce faisant, elles créent de la « monnaie », tout comme

(1) En 1961, dans le Québec, le nombre des sociétaires s'élève à 1.5 million, soit 28% de la population totale. L'actif total atteint près de 900 millions de dollars.

les banques, si on entend par monnaie, les dépôts qui dérivent des avances de crédit. A la différence des banques cependant, le crédit qu'elles octroient n'est jamais de nature commerciale ou industrielle.

Il existe un lien très étroit entre les dépôts auprès des diverses institutions qui en acceptent et les services que rendent ces institutions. Les dépôts dépendent en somme des services et du rendement qui y sont attachés. Et les caisses populaires, pour obtenir l'épargne du pays, font concurrence non seulement aux banques mais à toutes les institutions qui canalisent cette épargne sous une forme ou sous une autre. A cet égard, les caisses populaires, les sociétés de fiducie, les sociétés d'assurances, les sociétés de placement, les fonds de pension sont toutes des institutions qui se font concurrence entre elles pour retenir l'épargne. Chacune de ces institutions répond à des besoins particuliers; en échange de l'épargne d'aujourd'hui, l'une offre la sécurité du lendemain, une seconde, le crédit personnel, une troisième, un rendement optimum. Cette observation nous paraît très importante. Ce serait tarir la source d'épargne dans une institution que de faire remplir à celle-ci des fonctions étrangères aux objectifs des épargnants. Ainsi, les capitaux existants dans les caisses populaires dépendent des préférences des individus pour le dépôt sur les autres formes d'épargne et des préférences pour les services de crédit et de rendement qui sont attachés à ces dépôts. Le risque serait grand de détourner l'épargne des caisses populaires si on perdait de vue les services personnels de crédit.

2 - Dépôts d'épargne

L'épargne est la partie non consommée du revenu au cours d'une période de temps. Ce n'est pas seulement comme on croit en général, « l'argent mis de côté ». Si on achète une lessiveuse qui dure cinq ans, on doit compter comme épargne les quatre cinquièmes de la dépense. De même il faut inclure dans l'épargne les actions ou les obligations qu'on a achetées, les primes d'assurance qu'on a payées, etc. Les formes que prend l'épargne sont par suite très nombreuses et les dépôts en banque n'en constituent qu'une fraction. C'est pour cette raison, précisément, que pour comprendre le rôle ou les fonctions des caisses populaires, on doit se donner des perspectives et considérer l'ensemble du marché monétaire et financier dont elles font partie. On divise généralement les formes de l'épargne en trois catégories:

les actifs liquides qui comprennent les billets de banque, les dépôts, les obligations gouvernementales, les actions négociables;

l'épargne contractuelle, i.e. l'épargne qu'on s'engage à faire par contrat, soit les primes d'assurance-vie, les contributions aux fonds de pension;

l'investissement réel, au sens technique du mot, qui comprend l'équipement ménager, agricole, industriel, social, la construction domiciliaire et les inventaires de marchandises.

Comme il est très difficile de donner des mesures exactes des formes que prend l'épargne, il suffira ici d'indiquer un ordre de grandeur. De 1950 à 1955 au Canada, la monnaie et les dépôts aux banques et aux caisses populaires ont représenté environ 20% de l'épargne totale; les placements dans l'immeuble ont compté pour 50%, l'épargne contractuelle (surtout les primes d'assurance-vie) pour 15% et les titres gouvernementaux et industriels pour une dernière tranche de 15% (1).

Dans la catégorie des dépôts d'épargne, on peut facilement comparer les banques à charte et les caisses populaires.

Les dépôts d'épargne et les parts sociales *dans les caisses* s'élèvent en 1959 à 1 milliard de dollars et les dépôts d'épargne *dans les banques* à près de 7 milliards. La proportion exacte est de 15.3%. Depuis 1946, le progrès des caisses à été trois fois plus rapide que celui des banques. Si on place les caisses populaires et les banques au même niveau en 1946, on observe qu'en 1959 les dépôts des caisses sont six fois plus élevés et ceux des banques, deux fois plus élevés seulement, qu'en 1946.

(1) Les biens de consommation durables sont exclus de l'épargne dans ces chiffres, tirés du Supplément statistique de la Banque du Canada. Les séries auxquelles nous référons ne sont plus utilisées maintenant. Elles feront place aux comptes des opérations financières que nous avons décrits au chapitre précédent.

TABLEAU 1

Dépôts d'épargne dans les Caisses populaires et les Banques à charte Canada 1946 à 1961 en millions de dollars

	Banques à Charte	Parts sociales et dépôts des C.P.	Caisses P. en % des Banques à Charte
1946	3,179	179	5.6
1951	4,296	334	7.8
1959	6,900	1,056	15.3
1961	7,618	1,387	18.2

Sources: Sommaire Statistique de la Banque du Canada, *Caisses Populaires au Canada*, Ottawa.

Dans la province de Québec, à la fin de 1959, les dépôts d'épargne et les parts sociales sont de 656 millions dans les caisses populaires; ils auront sûrement dépassé les 700 millions à la fin de 1960 [1]. En outre, les caisses disposent d'une valeur nette ou d'un « patrimoine » d'environ 70 millions au Canada et de 38 millions dans la province de Québec. Telles sont donc les disponibilités des caisses populaires en capitaux.

Il s'agit maintenant de préciser sous quelles formes et dans quelles proportions ces capitaux sont utilisés, afin de bien préciser les fonctions que les caisses remplissent sur le marché financier ou monétaire. L'utilisation des fonds apparaît à l'actif des bilans. Parmi les principaux postes, on trouve le prêt sur billet que nous désignons par le crédit à la consommation, le prêt hypothécaire et les placements. Voyons chacune de ces catégories à la suite.

3 - Crédit à la consommation

La moitié des capitaux des caisses populaires est consacrée aux prêts dans le Québec et 80% environ, dans les autres provinces du pays. Nous trouvons ici une première indication quant à la divergence d'orientation des caisses du Québec par rapport aux caisses des autres provinces. En effet, les caisses du Québec

(1) A la fin de 1960: 724.7 millions; à la fin de 1961: 834 millions.

préfèrent, apparemment, le prêt hypothécaire au prêt sur billet et c'est nettement le contraire dans les autres provinces. Mais comme le prêt hypothécaire est un prêt à plus long terme que le prêt sur billet, les caisses du Québec doivent conserver une plus forte proportion de leurs actifs sous forme de titres négociables. Au tableau 2, on trouve ainsi que de l'actif total, les prêts sur billet comptent pour 13.8% dans le Québec et pour 65.1% dans les autres provinces. On peut ajouter que les caisses affiliées à la fédération de Lévis marquent une préférence encore plus marquée pour le prêt hypothécaire puisque les prêts sur billet ne comptent que pour 8.5% de l'actif total [1].

TABLEAU 2

Utilisation des fonds par les Caisses Québec et autres provinces 1959 en pourcentage

	Québec	Autres provinces
encaisse	14.1	7.2
prêts sur billet	13.8	65.1
prêts sur hypothèques	39.3	14.1
placements	29.7	11.0
autres	3.1	2.6
total	100	100

Source : *Caisses Populaires au Canada,* 1959, Ottawa.

La politique de crédit des caisses populaires a été clairement définie par le fondateur lui-même, Alphonse Desjardins. L'objectif fondamental était de combattre l'usure et à cette fin, de fournir un crédit à des taux d'intérêt raisonnables à la classe ouvrière et agricole pour laquelle, selon lui, le crédit bancaire était inaccessible : « Ni la banque, ni les compagnies de prêts, écrit M. Desjardins, ne prétendent répondre aux besoins de crédit des pauvres,

(1) Ces chiffres sont établis sur les balances de prêts *en cours*. Comme les prêts sur billet sont à plus courte échéance, il arrive que la somme des prêts *consentis* sur billet au cours d'une année peut facilement excéder les prêts *consentis* sur hypothèque. Mais ceci, évidemment, ne met pas en cause la comparaison avec les autres provinces.

parce que ceux-ci n'ont rien d'autre à gager que leur honnêteté et leur bonne volonté à rembourser (...) Cette déficience dans notre économie avait grandement favorisé une classe de prêteurs à gages, prêteurs à la petite semaine qu'on nomme aujourd'hui usuriers et qui spéculaient sur les besoins du peuple, sous prétexte de les servir » [1].

A cause de l'orientation que se sont données les caisses du Québec, le marché du crédit à la consommation n'a pas encore été profondément touché par la présence des caisses populaires, et cela en dépit de leur énorme puissance financière.

Le tableau 3 mesure la part que prend chaque catégorie de sociétés dans le crédit à la consommmation en 1959, pour l'ensemble du pays. Ce crédit s'élève à 3.7 milliards; les caisses populaires y ont contribué pour 394 millions, les sociétés de petits prêts, pour 479 millions et les banques à charte pour 779 millions. Les caisses populaires comptent donc pour 10.6% du crédit total et elles ne sont pas encore parvenues à surpasser en importance les sociétés de petits prêts, mieux connues sous le nom de « compagnies de finance ». Les caisses n'ont pas su faire face non plus au problème des ventes à tempérament, la catégorie du crédit à la consommation qui a pris nettement la vedette il y a quelques années et qui correspond à l'importance croissante des biens de consommation durables dans le budget familial. Nous voyons ici un large secteur où les caisses ont un rôle capital à remplir, sous une forme ou sous une autre. C'est une des formes modernes de crédit qui aurait certainement préoccupé le fondateur des caisses populaires. Il semble encore utile à cet égard de rappeler sa mémoire [2].

4 - Crédit hypothécaire

Sur le marché du crédit hypothécaire, les caisses populaires ne pèsent pas lourd à l'échelle nationale, mais comptent au contraire beaucoup dans la province de Québec. Les mesures sont

(1) Cité dans le mémoire des Caisses populaires à la Commission sur les Perspectives Economiques du Canada en 1956.

(2) Les ventes à tempérament représentent 40% du crédit au consommateur en 1961 si on compte le crédit des détaillants et des sociétés de crédit à tempérament. Le tableau 3 indique que les caisses accroissent leur part du crédit à la consommation en 1961 (12%).

TABLEAU 3

Crédit à la consommation en cours Canada, 1959 et 1961 en millions de dollars

	1959		1961	
	$	% du total	$	% du total
crédit consenti par les détaillants (1)	915	25.0	1,006	23.1
sociétés de crédit à tempérament (1)	806	21.4	756	17.3
banques à charte (2)	779	21.0	1,096	25.0
sociétés de petits prêts	484	12.9	594	13.5
caisses populaires	397	10.6	525	12.0
prêts sur les polices d'assurance-vie	323	8.7	358	8.2
banques d'épargne du Québec	13	—	17	—
total du crédit ci-dessus	3,717	100	4,352	100

Notes : (1) Sur les biens de consommation seulement.

(2) Prêts personnels à l'exception de ceux qui sont garantis par des titres.

Source : Sommaire Statistique de la Banque du Canada.

cependant difficiles à établir. On sait qu'en 1954, 16% de tous les logements commencés l'ont été grâce au financement des caisses populaires. Restreignant les catégories utilisées, nous pouvons aussi fixer la part des caisses à 23% des logements pour lesquels des prêts commerciaux ont été consentis et à 60% des logements financés par l'entreprise privée.

TABLEAU 4

Nombre de logements commencés dans la Province de Québec selon la principale source de financement 1954

	No de logements	% du total
Aide du gouvernement	7,908	25.4
Prêts conventionnels des institutions prêteuses	8,373	26.9
Caisses populaires	5,068	16.3
Fonds des propriétaires et emprunts privés	9,790	31.4
	31,139	100

Source : *Prêts hypothécaires* en 1954.

Il y a tout lieu de croire que ces proportions sont plus élevées encore en 1959, mais la statistique fait défaut sur ce point. Nous savons néanmoins que les prêts hypothécaires en cours dans les Caisses populaires sont passés d'environ 150 millions en 1954 à 274 millions en 1959 dans le Québec, tandis que le nombre de logements commencés à l'aide d'un financement public est passé de 21,349 à 24,561 (1).

A l'échelle nationale, les statistiques permettent de voir les prêts hypothécaires en cours suivant la nature des institutions prêteuses.

(1) En 1961 les caisses populaires avaient des prêts hypothécaires en cours pour 353.2 millions dans le Québec et le nombre de logements commencés par financement public était de 28,742. Voir *Statistiques du Logement au Canada,* 1962, p. 34.

TABLEAU 5

Prêts hypothécaires en cours
Canada 1953 et 1961 en millions de dollars

	1953	1961
Sociétés d'assurance-vie	1,402	3,710
Sociétés de prêt hypothécaire	351	815
Sociétés de fiducie (fonds propres et garantis)	148	622
Caisses populaires	145	423
Banques à charte	—	953
Gouvernements	768	2,234
Prêteurs « constitués »	49	759
Autres	33	119
	2,898	9,635

Source : Tableau 27 du chapitre précédent. Les caisses populaires ont été soustraites, sans avertissement, des compilations de ce tableau dans *Statistiques du Logement au Canada,* 1962.

Sur ce marché, les Caisses ne contribuent pas à un fort pourcentage du total. Néanmoins, elles ont 425 millions de dollars en placements hypothécaires en 1961.

5 - Placements

Le placement remplit une fonction bien précise dans une société de dépôt comme la caisse populaire ou la banque. Comme les retraits sont toujours possibles, il est nécessaire de conserver une certaine proportion des actifs sous forme de titres négociables sur le marché. C'est donc à un besoin de liquidité que répond d'abord le placement. D'autre part, il est préférable à la simple encaisse puisqu'il porte intérêt et amène des recettes supplémentaires.

C'est par rapport à ces deux attributs du placement qu'on juge d'ordinaire le portefeuille de titres d'une société. Dans les caisses populaires affiliées à la Fédération de Lévis, en 1957, la distribution des titres détenus était la suivante:

Gouvernement fédéral	10%
Gouvernement provincial	18%
Villes et Municipalités	25%
Commissions scolaires	25%
Communautés religieuses	13%
Fabriques et hôpitaux	9%
Total	100

Les placements des caisses s'élevaient en 1959 à 257 millions dans l'ensemble du pays et à 207 millions dans le Québec. A ces chiffres, il faut ajouter les placements des caisses centrales qui comptent pour 68 millions additionnels dans le pays et pour 50 millions dans le Québec. En somme, dans la province, on consacrait aux placements environ 260 millions en 1959; on y consacre au moins 300 millions maintenant [(1)].

Enfin, et ceci revêt beaucoup d'importance dans le contexte de ce chapitre, les caisses populaires ont fondé deux sociétés « subsidiaires » d'assurance dans lesquelles elles ont une somme investie de 1.2 million au 31 décembre 1960. La première est la « Société d'Assurance des caisses populaires » engagée dans l'assurance générale. Après 16 ans d'existence, son actif s'élève à 4.7 millions. Ce mois-ci, notamment [(2)], elle débute dans l'assurance-automobile. La seconde est « l'Assurance-Vie Desjardins » dont la fondation remonte à 1948. Grâce à plusieurs innovations dans l'assurance, cette société a connu un succès rapide et retentissant. Son actif est de 10 millions et son assurance en vigueur, de près de 700 millions de dollars[(3)]. Ces « filiales » des caisses populaires, si on nous permet de les désigner ainsi, sont des sociétés autonomes qui permettent aux caisses de s'engager de façon indirecte dans les activités les plus diverses. C'est une formule très prometteuse à notre avis, si on songe à mobiliser les capitaux des caisses dans des champs nouveaux.

(1) Les placements de 1961 sont de 322 millions au Canada et 256 millions au Québec. Ajoutons pour le compte des caisses centrales, 95 millions au Canada et 72.8 millions dans le Québec. Les placements totaux, au Québec, sont donc de 339 millions.

(2) Mai 1961.

(3) Au 31 décembre 1961, l'actif est de 12.5 millions et l'assurance en vigueur de 800 millions.

6 - Une affectation différente des capitaux

Nous savons maintenant quel usage les caisses populaires font des capitaux qui leur sont confiés. Est-ce l'affectation optimum pour les caisses elles-mêmes et pour l'intérêt général? Pour répondre à une telle question, on doit se référer aux objectifs d'ordre économique qu'une société poursuit et aux mécanismes qu'elle préfère pour les atteindre [(1)].

Ainsi au Canada, on peut penser que la société désire une forte intervention de l'Etat dans la construction résidentielle, tandis qu'elle compte davantage sur l'entreprise privée et sur le système concurrentiel dans le crédit à la consommation.

La caisse populaire est aussi une coopérative; et comme nous avons dit plus haut, l'entrepreneur est par suite à la fois le producteur et le consommateur des services de la caisse. Pour cette raison, ses propres intérêts vont le conduire (en partie) [(2)], à abaisser le prix du crédit qu'il utilise. Par conséquent, ils vont le conduire à exercer ses activités dans les secteurs les moins concurrentiels, i.e. là où il est susceptible d'abaisser davantage les prix. Un consommateur n'aurait en effet aucun intérêt à intervenir dans une industrie où la concurrence est déjà très vive et les prix à leur niveau le plus bas. L'orientation sociale que le fondateur a donnée aux caisses populaires et dont nous avons parlé précédemment, renforcit l'argument d'ordre économique que nous présentons.

Si nous rappelons enfin que l'offre d'épargne dans les caisses dépend des services personnels de crédit qui y sont attachés, nous aurons complété la liste des trois séries de facteurs qui nous ont servi de critères pour évaluer l'utilisation des capitaux.

L'application de ces critères nous amène aux observations suivantes:

---

(1) Voir à ce sujet, W. Hood : *Le financement de l'activité économique au Canada.* Rapport à la Commission Royale d'Enquête sur les perspectives économiques du Canada, p. 30 à 36.

(2) Théoriquement, les niveaux de la production et du prix sont fixés dans une entreprise coopérative là où la baisse du profit (l'entrepreneur-propriétaire) est tout juste compensée par l'augmentation du surplus du consommateur grâce à la baisse du prix (l'entrepreneur-consommateur).

1. Les services personnels aux membres des caisses doivent avoir priorité sur les services que nous désignons de collectifs. Par services collectifs, nous entendons, incidemment, une « mobilisation » générale des capitaux pour exploiter les ressources naturelles de la province.

2. Parmi les services personnels, le crédit à la consommation, ou le prêt sur billet doit absorber une part beaucoup plus considérable des capitaux des caisses aux dépens du financement des propriétés résidentielles sur la garantie d'une première hypothèque. Du côté du crédit à la consommation, on trouve, en effet, deux marchés bien distincts: celui des ventes à tempérament dont l'expansion est très rapide et d'organisation récente; celui des prêts en argent où malgré la réglementation gouvernementale, le besoin d'une concurrence plus vive se fait nettement sentir. Du côté des prêts sur une première hypothèque, au contraire, les taux d'intérêt sont déjà sous un contrôle gouvernemental relativement strict et il existe dans l'habitation une société d'Etat qui veille à faire respecter la qualité du produit. En outre, il semble que ce genre de placement soit tout à fait approprié à plusieurs institutions financières, aux sociétés d'assurance-vie et aux sociétés de fiducie notamment. Pour ces raisons, la présence des caisses populaires sur ce marché paraît aujourd'hui beaucoup moins urgente que dans le passé. (Nous faisons ici exception des prêts agricoles.)

3. Sans disposer d'informations statistiques probantes, nous croyons que le marché de la seconde hypothèque offrirait aux caisses populaires des débouchés limités et sans doute risqués, mais des débouchés où l'abaissement des taux d'intérêt pourrait être considérable.

4. L'objectif de l'expansion économique et la nécessité d'organiser au Canada un marché de titres industriels à moyen et à long terme appellent les caisses populaires, en dernier lieu et si les disponibilités financières le permettent, à contribuer plus directement au développement des industries. Cette considération doit être assortie de plusieurs conditions à nos yeux parce qu'elle arrive au bas d'une liste de projets déjà longue. Mais c'est notre conviction que si les caisses populaires se retiraient progressivement du

prêt hypothécaire, elles seraient vite en quête de nouveaux champs d'action pour utiliser efficacement leurs capitaux.

7 - Une société de crédit à tempérament

Pour concurrencer avec succès les sociétés de petits prêts, aucune nouvelle structure ne nous paraît nécessaire dans les caisses populaires. Il n'en va pas de même du crédit pour les ventes à tempérament. Les caisses ne sont pas équipées pour ce genre de commerce à l'heure actuelle et elles ne disposent pas non plus des pouvoirs légaux nécessaires. Il serait cependant possible de fonder une société subsidiaire sur le modèle de L'Assurance-Vie Desjardins. Cette société pourrait escompter les titres des marchands et faire toutes les opérations courantes en ce domaine.

L'objection que nous avons souvent entendue est une objection morale. Les consommateurs ne devraient jamais « acheter à crédit »; par conséquent, les caisses populaires ne peuvent monnayer la faiblesse humaine. Loin de nous la pensée d'encourager le gaspillage. C'est précisément pour contribuer à le prévenir que les caisses devraient à notre avis s'engager sur ce terrain. Elles le feraient d'abord en abaissant les frais et les taux d'intérêt pour les consommateurs (s'il est vrai que les taux d'intérêt sont exorbitants); elles le feraient surtout pour établir et respecter certains standards, certaines normes et exigences de qualité dans cette industrie; elles le feraient enfin par la combinaison, chez elles, de tous les types de crédit à la consommation, ce qui permettrait d'offrir au consommateur la forme de crédit qui lui convient le mieux.

8 - Une société mixte d'expansion industrielle

Une fois faits tous les efforts nécessaires dans le domaine des services personnels de crédit, les caisses populaires pourraient envisager la création d'une société mixte d'expansion industrielle. Une telle société constituerait une banque d'affaires sur le modèle de la Banque d'Expansion Industrielle. Alternativement, on pourrait envisager une contribution toute spéciale à la « Corporation d'Expansion Financière » qui existe déjà dans la province. A nos yeux cependant, cette société devrait aussi comporter une participation importante du Gouvernement; c'est la raison pour laquelle nous disons une société *mixte*. La présence gouvernementale nous paraît essentielle pour *orienter* le développement économique de la province, pour coordonner les efforts selon un plan « indicatif » établi au préalable, pour associer les intérêts privés à la réalisation de certains projets d'intérêt public, enfin pour produire un choc psychologique profond et durable auprès des épargnants en faveur des titres industriels. Une telle société devrait pouvoir s'imposer d'un seul coup à l'attention générale par sa dimension et l'importance des capitaux engagés. C'est à la fois une condition de sécurité financière, puisqu'avec des capitaux considérables, une diversification du portefeuille est plus facile et une condition même du succès de l'opération. Il s'agit en effet d'attirer vers les titres industriels domestiques une proportion beaucoup plus élevée de l'épargne disponible. Or aujourd'hui, et les institutions financières et les individus, préfèrent des titres étrangers ou des titres obligataires rattachés à l'Etat. Ce renversement des préférences n'est possible que grâce à des arrangements exceptionnels.

Si les titres de cette nouvelle société étaient négociables, après une certaine période de démarrage tout au moins, les caisses populaires pourraient y investir une partie des capitaux qu'elles consacrent aujourd'hui aux placements. Ne pourraient-elles pas envisager une proportion de 20% ou de 10% seulement? Dans le premier cas, il s'agirait de 60 millions, dans le second, de 30 millions de dollars. Le Gouvernement de la province, de son côté, pourrait émettre des obligations sur le marché pour sa propre contribution à la société.

Dans tous les cas, nous songeons à une participation qui serait marginale pour les caisses populaires, étant donné la priorité que nous avons établie en faveur du crédit personnel. Enfin, disons-le tout net pour terminer, il ne peut être question que les caisses investissent dans une seule industrie ou a fortiori dans une seule entreprise, comme on l'a récemment suggéré à propos de l'industrie sidérurgique [1].

(1) La S.G.F. dont nous parlons au chapitre précédent, a réalisé ce voeu dans une bonne mesure.

Partie 4 : finances publiques

CHAPITRE 13 — LE RÉGIME FISCAL

1 - Les finances publiques dans l'activité économique générale

2 - La structure des impôts par niveau de gouvernement

a) impôts du gouvernement fédéral

b) impôts des gouvernements provinciaux

c) impôts des municipalités

3 - Les taux d'impôt

a) impôt sur le revenu des particuliers

b) impôt sur le profit des corporations

c) impôt sur les successions

d) impôt sur le revenu versé aux non-résidents

e) impôts indirects

f) impôt foncier

4 - Les relations fiscales entre les Provinces et le Gouvernement fédéral

a) accords de location fiscale, 1941 et 1947

b) accord de 1952

c) accord sur le partage des impôts, 1957

d) ententes fiscales de 1962

Le régime fiscal

13

Par régime fiscal nous entendons l'ensemble des impôts qui sont perçus par les gouvernements. Dans une première section, nous comparons l'activité gouvernementale à l'ensemble de l'activité économique du pays.

1 - Les finances publiques dans l'activité économique générale

Au tableau I nous lisons que les dépenses du gouvernement fédéral, des gouvernements provinciaux et municipaux, comptent pour le tiers du produit national brut en 1961 au Canada. Comme, cette année-là, l'ensemble des gouvernements ont encouru un déficit, les revenus ont été inférieurs aux dépenses et se sont élevés à près de 30% du PNB. Enfin, l'ensemble des impôts ont représenté le quart du PNB. L'importance des finances publiques dans l'économie du pays peut donc être évaluée aujourd'hui à environ 30% du produit national. Le tableau 1 nous offre aussi une perspective de temps et cette perspective en est une d'augmentation de la part des gouvernements dans l'activité économique. Quoique les chiffres ne soient pas exactement comparables on peut ajouter qu'en 1870, les dépenses gouvernementales ne représentaient pas plus de 7% du PNB et en 1910, environ 14% (1). Depuis 1929, l'importance des gouvernements a à peu près doublé.

(1) Tiré de O. J. Firestone : *Canada's Economic Development*, Bowes & Bowes, London, p. 72.

TABLEAU 1

Dépenses et revenus gouvernementaux[1] en % du Produit national brut

	Dépenses	Revenus	Impôts
1929	15.9	15.7	13.1
1933	26.6	21.1	18.5
1947	23.7	29.4	24.9
1956	26.1	27.3	22.6
1961	32.3	29.9	24.4

Note : A l'exclusion des contributions des employeurs et des employés à la sécurité sociale et aux fonds de pension du gouvernement. A l'exclusion aussi des transferts entre gouvernements.

Source : Canadian Tax Foundation : *The National Finances,* 1962-63. Tableaux 5, 6 et 8.

L'augmentation des dépenses gouvernementales n'est pas surtout due aux guerres, comme plusieurs le croient au premier abord; elle est due aussi bien à l'augmentation des paiements de sécurité sociale qu'à celle des dépenses de biens et de services et parmi ces dernières, aussi bien à l'augmentation de dépenses courantes que des dépenses d'investissement.

Soulignons que l'augmentation des dépenses gouvernementales n'a pas été continue par rapport au produit national. Les années de guerre mises à part, il faut attendre 1952 avant de retrouver les proportions de 1933. C'est qu'en fait les pourcentages ne reflètent pas seulement des variations dans les dépenses elles-mêmes, mais des variations tout aussi importantes du produit national brut. Ainsi l'augmentation qu'on observe entre 1956 et 1961 est surtout causée par la très faible augmentation du PNB. Il en est de même des années trente.

Il convient maintenant de diviser les impôts perçus suivant les niveaux de gouvernement.

(1) Tiré de O. J. Firestone : *Canada's Economic Development,* Bowes & Bowes, London, p. 72.

TABLEAU 2

Impôts perçus par niveau de gouvernement 1956 et 1961

	1956		1961	
	en % du PNB	en % du total	en % du PNB	en % du total
Gouvernement fédéral	15.9	70.	15.3	62.7
Gouvernements provinciaux	3.6	15.8	5.0	20.5
Gouvernements municipaux	3.1	13.8	4.1	16.8
Tous gouvernements	22.6	100.	24.4	100.

La note et la source sont les mêmes que pour le tableau 1.

Le Gouvernement fédéral a perçu 63% des impôts totaux en 1961, les Provinces, 20% et les Municipalités, près de 17%. Ces parts ne sont pas constantes. Depuis 1952, la part du Gouvernement fédéral diminue au profit des Provinces et des Municipalités. Juste avant la guerre, le Gouvernement fédéral percevait à peine 50% des impôts. *Rien n'est donc immuable ou intangible quant à l'importance relative des Provinces, des Municipalités et du Gouvernement fédéral dans le domaine fiscal.*

2 - Structure des impôts par niveau de gouvernement

a) Impôts du Gouvernement fédéral

Parmi les impôts, on peut distinguer les *impôts directs qui portent sur les revenus et les impôts indirects qui portent sur les dépenses*. Les principaux impôts directs sont l'impôt sur le revenu personnel, l'impôt sur les profits des corporations et les droits successoraux. Ce dernier impôt appartient en fait aux impôts sur la richesse ou sur le capital. Les tarifs douaniers et la taxe générale de vente sont des exemples d'impôts indirects.

Les impôts directs ont pris la vedette au Gouvernement fédéral à l'occasion des deux dernières guerres mondiales. Au sortir de la seconde guerre en 1945 et jusqu'à maintenant, ils représentent environ 60% des impôts perçus par le Gouvernement fédéral. En 1926 par comparaison, ils ne représentaient que 14%. Nous voyons en outre au tableau 3 que l'impôt sur les profits des corporations a diminué en importance relativement à l'impôt sur le revenu personnel.

Parmi les impôts indirects, les tarifs douaniers sont moins importants qu'ils n'étaient autrefois, mais depuis 1945, ils ont augmenté plus vite que les autres impôts indirects [1].

Les droits et les taxes d'accise sont des taxes de vente payées par les manufacturiers. Les taxes d'accise sont principalement la taxe générale de vente de 11% (dont 3% servent à payer les pension de vieillesse) et d'autres taxes spécifiques *ad valorem.* La taxe d'accise s'applique aux produits importés comme aux produits domestiques. Les droits d'accise par contre sont plus particuliers. Ils portent essentiellement sur les boissons, le tabac, les cigares et les cigarettes; ils sont calculés sur les quantités plutôt que sur les valeurs et ne touchent pas l'importation. Les taxes d'accise sont beaucoup plus importantes, comme le tableau 3 le montre.

(1) La distinction que nous faisons entre *impôts directs* et *impôts indirects* est d'ordre « statistique ». En analyse économique, l'impôt direct est celui dont le fardeau est porté par le contribuable lui-même et l'impôt indirect est celui dont le fardeau est transmis à d'autres. La taxe de vente est « payée par les manufacturiers » ou par les détaillants, mais ces contribuables peuvent transmettre en partie ou en totalité cet impôt aux consommateurs sous forme d'augmentations de prix.

TABLEAU 3

Impôts du Gouvernement fédéral 1950 et 1961

	1950		1961	
	en millions de $	en % du total	en millions de $	en % du total
1. *Impôts directs*				
sur le revenu personnel	612	23.48	2,050	36.33
sur les profits des corporations	837	32.12	1,320	23.39
droits successoraux	35	1.34	80	1.42
divers	7	0.26	2	0.03
total des impôts directs	1,491	57.21	3,452	61.18
2. *Impôts indirects*				
tarifs douaniers	257	9.86	515	9.12
droits d'accise	226	8.67	358	6.34
taxes d'accise	620	23.79	1,302	23.07
divers	12	0.46	15	0.26
total des impôts indirects	1,115	42.78	2,190	38.81
Total des impôts	2,606	100	5,642	100

Note : Pour obtenir les recettes totales, il faut ajouter à ces chiffres le produit de la taxe de rétention payée par les non-résidents, les contributions aux assurances sociales et les revenus de placement. Les recettes totales du Gouvernement fédéral pour 1961 sont de $6,664 millions de dollars.

Source : Comptes Nationaux 1926-56 et 1962.

Impôts du Gouvernement fédéral 1961

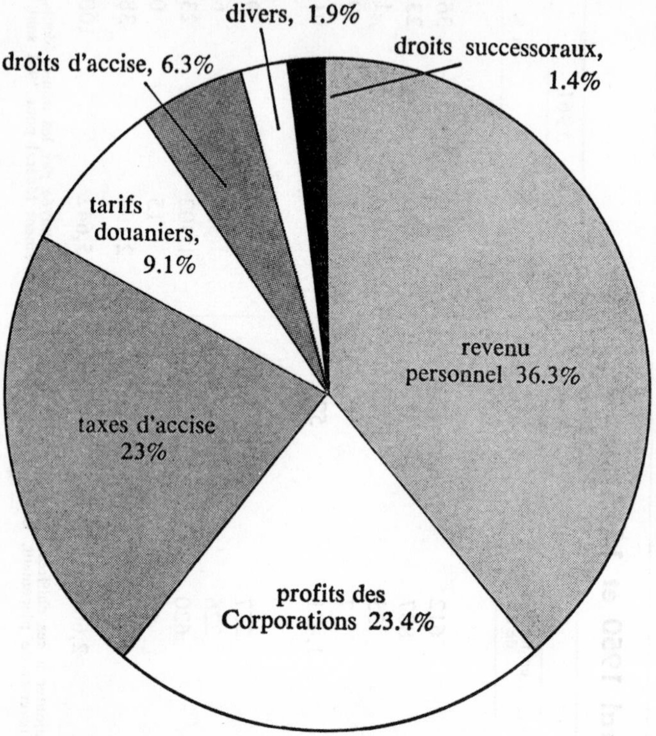

b) Impôts des gouvernements provinciaux

Les impôts sont différents d'une province à une autre. Jusqu'en 1962, le Québec était la seule province à prélever un impôt sur le revenu personnel. Québec et Ontario étaient seules à prélever un impôt sur les profits des corporations et sur les successions. A ce moment-là, ces impôts étaient déductibles de l'impôt fédéral correspondant, en vertu des accords fiscaux. Comme nous le verrons plus loin, depuis 1962, toutes les provinces prélèvent leurs propres impôts directs.

En 1945, les impôts directs comptaient pour 21% des impôts des Provinces (1). A cette date, le Québec et l'Ontario perce-

(1) Les primes d'assurance-hospitalisation et les permis de conduire sont considérés comme des impôts directs, à cause d'arrangements particuliers.

vaient des droits de succession, mais les deux autres impôts sur les revenus étaient laissés au Gouvernement fédéral. En 1961, les impôts directs contribuent au tiers des impôts totaux des Provinces, parce que le Québec et l'Ontario ont repris une partie des droits qu'elles avaient cédés à l'occasion de la guerre. Malgré ces changements de politique, les Provinces, dans l'ensemble, recourent surtout aux impôts indirects, tandis que le Gouvernement fédéral recourt aux impôts directs. Parmi les impôts indirects, ce sont les taxes sur l'essence et les taxes de vente au consommateur qui sont les plus productives.

Impôts des Provinces 1961

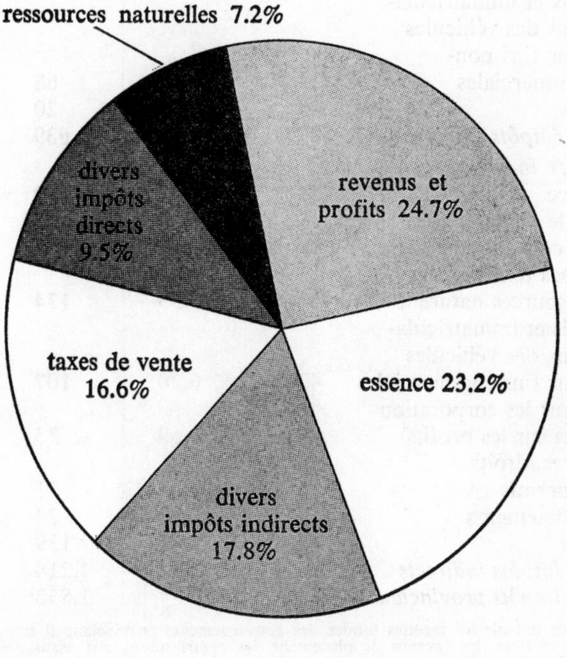

TABLEAU 4

Impôts des gouvernements provinciaux 1950 et 1961

	1950		1961	
	en millions de $	en % du total	en millions de $	en % du total
1. *Impôts directs*				
sur le revenu personnel	—	—	76	4.10
sur les profits des corporations	128	18.90	264	14.24
primes d'assurance-hospitalisation	18	2.65	119	6.42
droits successoraux	31	4.58	66	3.56
droits sur les profits des entreprises minières et forestières	8	1.18	26	1.40
permis et immatriculations des véhicules pour fins non-commerciales	24	3.54	68	3.66
divers	9	1.32	20	1.08
total des impôts directs	228	33.67	639	34.48
2. *Impôts indirects*				
essence	158	23.33	430	23.20
taxe de vente au consommateur	87	12.85	308	16.62
diverses taxes sur les ressources naturelles	51	7.53	134	7.23
permis et immatriculations des véhicules pour fins commerciales	42	6.20	107	5.77
taxe sur les corporations (pas sur les profits)	23	3.69	33	1.78
licences, droits et permis	25	3.69	31	1.67
divertissements	19	2.80	24	1.29
divers	38	5.61	139	7.50
total des impôts indirects	449	66.32	1,214	65.51
total des impôts provinciaux	677	100	1,853	100

Note : Pour obtenir les recettes totales des gouvernements provinciaux il faut ajouter à ces chiffres, les revenus de placement, les contributions aux assurances sociales et les subventions du gouvernement fédéral. Les recettes totales de 1961 sont de $3,655 millions de dollars.

Source : Comptes Nationaux 1926-56 et 1962.

c) Impôts des Municipalités[1]

La principale source de revenus des municipalités est l'impôt foncier, qui est un impôt indirect qu'on classe d'habitude parmi les impôts sur la richesse. Une autre taxe très connue est la taxe d'eau. Certaines villes ou municipalités prélèvent une taxe de vente au consommateur et diverses autres taxes d'affaires de moindre importance.

TABLEAU 5

Impôts municipaux 1950 et 1961

	1950		1961	
	en millions de $	en % du total	en millions de $	en % du total
1. *Divers impôts directs*	4	0.79	23	1.52
2. *Impôts indirects*				
sur propriété immobilière	407	80.91	1,216	80.42
taxe de vente au consommateur	24	4.77	68	3.83
licences, droits et permis	15	2.98	36	2.38
divers	53	10.53	169	11.17
Total des impôts	503	100	1,512	100

Note : A ces chiffres il faut ajouter les revenus de placement, les contributions aux assurances sociales et les subventions des Provinces et du Gouvernement fédéral pour obtenir les recettes totales des Municipalités. Celles-ci s'élèvent en 1961 à $2,666 millions.

Source : Comptes Nationaux 1926-56 et 1962.

(1) Par municipalités, on doit comprendre les « corporations municipales et scolaires ».

Impôts des Municipalités

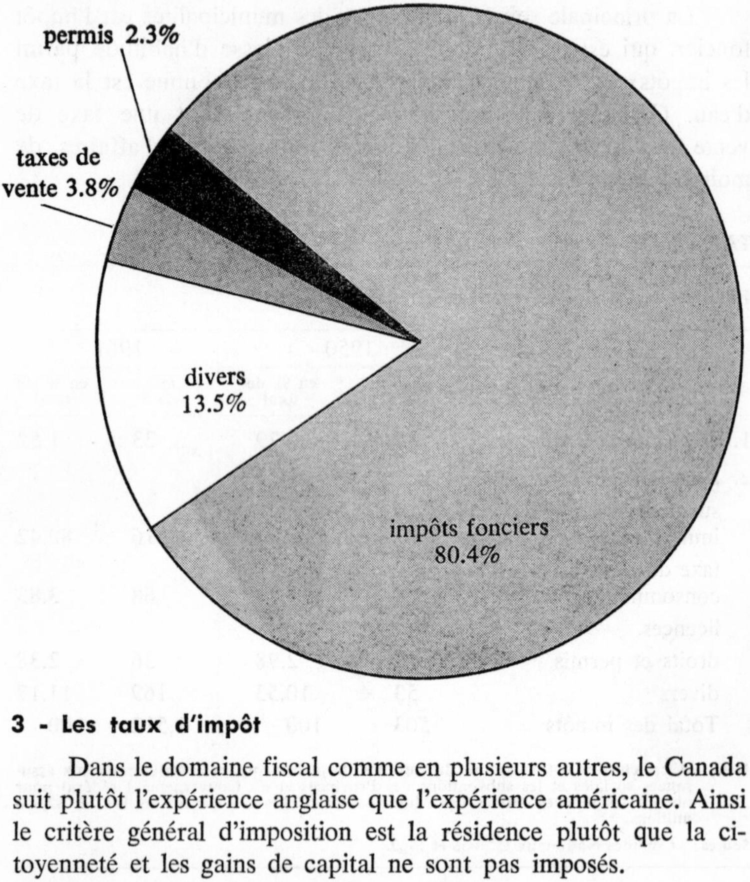

3 - Les taux d'impôt

Dans le domaine fiscal comme en plusieurs autres, le Canada suit plutôt l'expérience anglaise que l'expérience américaine. Ainsi le critère général d'imposition est la résidence plutôt que la citoyenneté et les gains de capital ne sont pas imposés.

a) Impôt sur le revenu des particuliers

Pour les fins de l'impôt, *le revenu comprend toutes les catégories de revenu de source domestique ou étrangère, à l'exception des allocations familiales, des prestations d'assurance-chômage et de quelques autres revenus de transfert. Du revenu total on soustrait les exemptions standard pour obtenir le revenu imposable.* C'est à ce dernier revenu que s'appliquent les taux qui suivent. Les exemptions sont de $1,000 pour le célibataire, de $2,000 pour le contribuable marié plus $300 par enfant éligible aux allocations familiales et $550 pour tout autre dépendant. D'autres déductions sont permises pour les dépenses de santé, les dons de charité etc.

En vertu des accords fiscaux de 1962 entre les Provinces et le Gouvernement fédéral, sept provinces prélèvent maintenant, de droit, un impôt sur le revenu des particuliers qui s'exprime en un pourcentage de l'impôt qui serait autrement perçu par le Gouvernement fédéral. Ce pourcentage est de :

16% pour 1962
17% pour 1963
18% pour 1964
19% pour 1965
20% pour 1966

Le Manitoba et la Saskatchewan ont un impôt sur le revenu équivalent à 22% de l'impôt fédéral, ce qui ajoute 6% au fardeau réel des résidents de ces Provinces. Quant à la province de Québec, elle a beaucoup amélioré sa situation par rapport à celle des autres provinces grâce aux accords de 1962. En fait l'abattement de 16% que le Gouvernement fédéral a consenti à toutes les provinces et qui représente pour le Québec un abattement de 3% de plus qu'en 1961 correspond à peu près à l'impôt que le Québec avait déjà en vigueur de son côté depuis 1954. Il s'ensuit que les Québécois aujourd'hui ont perdu leur privilège de payer plus d'impôts sur le revenu que les autres Canadiens. Relativement au Manitoba et à la Saskatchewan, l'impôt dans le Québec est même moins élevé.

C'est ce qu'on peut lire sur le tableau 6. La colonne 1 indique les nouveaux taux de l'impôt fédéral sur le revenu, i.e. les taux antérieurs soustraits de l'abattement de 16%. Les colonnes 2 et 3 montrent que l'abattement fédéral équivaut de bien près à l'impôt de la Province de Québec. Les colonnes 4 et 5 font la somme des taux fédéraux et provinciaux d'impôt et représentent ce que les citoyens ont à payer au total.

Considérons maintenant les autres aspects de l'impôt sur le revenu des particuliers. Il faut d'abord remarquer *le caractère*

TABLEAU 6

Taux marginaux de l'impôt sur le revenu des particuliers, Canada 1962

Revenu imposable Excédant :	Taux de l'impôt fédéral moins le dégrèvement provincial	Taux de l'impôt allant aux Provinces		Taux d'impôt payé par les résidents du Québec	Taux d'impôt payé par les autres
	(1)	Québec (2)	autres (3)	(4) = 1 + 2	(5) = 1 + 3
$ 1.	9.24%	2.50%	1.76%	11.74%	11.00%
1,000	11.76	2.80	2.24	14.56	14.00
2,000	14.28	3.20	2.72	17.48	17.00
3,000	15.96	3.20	3.04	19.16	19.00
4,000	18.48	3.60	3.52	22.08	22.00
6,000	21.84	4.30	4.16	26.14	26.00
8,000	25.20	5.00	4.80	30.20	30.00
10,000	29.40	5.80	5.60	35.20	35.00
12,000	33.60	6.60	6.40	40.20	40.00
15,000	37.80	7.50	7.20	45.35	45.00
25,000	42.00	8.30	8.00	50.30	50.00
40,000	46.20	9.10	8.80	55.30	55.00
60,000	50.40	9.90	9.60	60.30	60.00
90,000	54.60	10.80	10.40	65.40	65.00
125,000	58.80	11.60	11.20	70.40	70.00
225,000	63.00	12.40	12.00	75.40	75.00
400,000	67.20	13.20	12.80	80.40	80.00

Notes : A ces taux il faut ajouter l'impôt pour les pensions de vieillesse qui s'élève à 3%, avec un maximum de $90.
Les autres provinces : à l'exception du Manitoba et de la Saskatchewan.
Le taux de l'impôt fédéral avant le dégrèvement provincial est donné par la colonne 5. Si on soustrait 16% de chacun des taux (.16 de 11% = 1.76%) on obtient la 1ère colonne, i.e., le taux de l'impôt fédéral qui reste au gouvernement fédéral.

Source : Canadian Tax Foundation. *The National Finances* 1962-63, tableau 13.

progressif des taux. Par progressif on veut dire que les taux augmentent suivant les revenus. Ils passent de 11% pour un revenu imposable de moins de $1,000 à 80% pour le revenu excédant $400,000. Le tableau 6 reproduit des taux marginaux i.e. des taux qui s'appliquent à chaque tranche de revenu. Le taux moyen est beaucoup plus bas (1). Une telle structure d'impôt est égalitaire puisqu'elle empêche nettement le citoyen d'accumuler de grandes richesses. Aux Etats-Unis, l'impôt sur le revenu personnel est plus élevé et plus progressif encore.

b) Impôt sur le profit des corporations

Les accords fiscaux de 1962 fixent un partage de l'impôt sur le profit des corporations entre les Provinces et le gouvernement fédéral suivant une règle analogue à celle de l'impôt sur le revenu des particuliers. Le principe de cet arrangement consiste pour le gouvernement fédéral à accorder un dégrèvement égal à l'impôt que les Provinces appliquent. On n'y arrive pas tout à fait, mais l'intention est claire.

Considérons d'abord les taux du point de vue du contribuable.

TABLEAU 7

Taux marginaux de l'impôt sur le profit des corporations Provinces et Gouvernement fédéral combinés

	moins de $35,000	$35,000 et plus
Québec et Ontario	23	52
Saskatchewan et Manitoba	22	51
Autres Provinces	21	50

Note : Y compris 3% pour les pensions de vieillesse.
Source : Canadian Tax Foundation, *op. cit.*

Il y a trois taux différents pour le pays. Pour un profit de plus de $35,000, le contribuable du Québec et de l'Ontario verse 52% de ce profit en impôt, celui du Manitoba et de la Saskatchewan verse 51% et celui des autres provinces, 50%.

(1) Supposons un revenu imposable de 2,000. Sur le premier 1,000, le taux est de 11% et sur le second de 14%. L'impôt à payer est donc de 110. + 140 = 250., soit 12.5% du revenu. 11% et 14% sont deux taux marginaux; 12.5% est un taux moyen.

La majeure partie de cet impôt va au fédéral. Le taux fédéral est de 41%, sauf pour le Québec où il est de 40% sur le profit de $35,000. et plus. (Il est de 12 et 11% respectivement sur le profit de moins de $35,000.). Si le gouvernement fédéral a accordé un dégrèvement de 1% de plus au Québec, c'est pour tenir lieu des octrois fédéraux aux universités qui sont versés aux autres provinces. L'accord fiscal de 1962, tant pour l'impôt sur le revenu des particuliers que pour l'impôt sur le profit des corporations, constitue sans doute un gain substantiel des provinces dans le champ de la taxation directe.

Les taux ont varié assez considérablement depuis vingt ans. En 1939, les profits étaient imposés à 15% uniformément, plus 2% sur les profits des bilans consolidés. Au milieu de la guerre, les taux moyens ont passé de 40% à 80% suivant les profits. Ils ont baissé de nouveau jusqu'en 1949 et depuis, on a eu à peu près les taux d'aujourd'hui. Aux Etats-Unis, le taux moyen de cet impôt est plus élevé qu'au Canada : il est de 30% sur la première tranche de $25,000 et de 52% au-dessus. Il est plus progressif aussi par conséquent.

c) Impôt sur les successions

La valeur nette d'une succession doit dépasser $50,000 pour être imposable. La valeur imposable est la valeur nette moins une exemption de base de $40,000, une exemption de $20,000 pour l'épouse et une exemption de $10,000 pour chaque enfant à charge. La valeur imposable est taxée suivant des taux progressifs allant de 10% sur la première tranche de $5,000, jusqu'à 54%. L'Ontario et le Québec ont leur propre impôt sur les successions en raison duquel le gouvernement fédéral accorde un dégrèvement de 50% sur l'impôt à payer.

d) Impôt sur le revenu versé aux non-résidents

Le Canada perçoit un impôt de 15% sur les revenus de placement qui sont versés aux non-résidents (witholding tax). Le discours du budget de 1963 propose de relever cet impôt à 20%, sauf si les entreprises étrangères se «canadianisent» à 25% d'ici 1967.

e) Impôts indirects

1. La taxe d'accise principale est la taxe de vente au producteur qui s'élève à 8% + 3% pour les pensions de vieillesse. Elle est payée par le fabricant. Les taxes de vente provinciales ou municipales au consommateur varient entre 2% et 6% suivant les endroits. Elles sont payées par le distributeur.

2. Les droits de douane sont traités dans un autre chapitre.

3. Le tabac et les boissons alcooliques sont très fortement taxés aux niveaux fédéral et provinciaux.

4. Taxes sur les divertissements. Le taux se situe entre 5% et 13% du prix, dans huit provinces.

5. Taxes sur l'essence et les carburants de diesel : le taux est de $0.12 à $0.19 le gallon d'essence pour les autos et les camions; de $0.14 à $0.24 le gallon sur les carburants de diesel.

6. Les droits d'immatriculation et les permis de conduire sont imposés dans toutes les provinces.

7. Taxes sur les exploitations minières. Sept provinces sur dix perçoivent une taxe sur le revenu des exploitations minières.

8. Taxes sur les exploitations forestières, en Colombie et en Ontario.

9. Impôts sur le capital : le Québec perçoit 1/10 de 1% sur le capital versé des sociétés; l'Ontario perçoit 1/20 de 1%.

10. Taxes sur les places d'affaires: seuls le Québec et l'Ontario perçoivent cette taxe. L'Ontario la perçoit à certaines conditions seulement.

11. Impôts sur les transmissions de terrains et sur les transferts de titres. L'Alberta et l'Ontario perçoivent le premier impôt à certains taux basés sur les prix. L'Ontario et le Québec perçoivent le second.

12. Toutes les provinces perçoivent 2% de la valeur des primes reçues par les sociétés d'assurance.

13. Les municipalités perçoivent en général une taxe d'eau calculée d'après l'évaluation des immeubles.

f) Impôt foncier

Les municipalités perçoivent des propriétaires un impôt sur la valeur des propriétés. L'évaluation représente un certain pourcentage, très variable d'un endroit à un autre, de la « valeur réelle » des terrains et des immeubles. Pour certaines fins particulières, l'impôt dépend aussi de la grandeur de la propriété (en pieds de façade par exemple, pour les trottoirs, les rues, etc.) (1).

4 - Les relations fiscales entre les Provinces et le Gouvernement fédéral

Au début de la seconde guerre mondiale, le gouvernement fédéral a proposé une entente fiscale en vertu de laquelle les provinces loueraient les droits qu'elles détiennent, en vertu de la constitution, de percevoir des impôts directs. En échange du fruit de ces impôts le gouvernement fédéral verserait divers subsides aux provinces. C'était à ce moment-là l'essentiel de ces fameuses ententes auxquelles le Québec a refusé de participer dès la fin de la guerre, au prix de lourds sacrifices financiers. Depuis, les relations fédérales-provinciales se sont progressivement envenimées. Au moment où nous écrivons ces lignes, nous en sommes à l'ultimatum québécois qui consiste à réclamer du gouvernement fédéral 25% de l'impôt sur le revenu des particuliers (contre 17% en 1963), 25% de l'impôt sur le profit des corporations (contre 10%) et 100% de l'impôt sur les successions (contre 50%). Ces demandes reflètent les besoins croissants de revenus des gouvernements provinciaux, besoins qui sont liés à l'importance accrue qu'on attache aujourd'hui aux domaines d'activité qui relèvent des provinces, comme la santé et l'éducation. De son côté, le gouvernement fédéral n'a pas été en mesure de réduire ses propres activités après la guerre. Non seulement à cause des dépenses militaires, mais aussi parce qu'en certaines matières, le gouvernement fédéral trouvait que la négligence des provinces à s'aquitter de leurs responsabilités causait un préjudice grave au pays. Par suite, il est intervenu dans des domaines qui ne relevaient pas de sa juridiction, ce qui a créé des conflits politiques qui ne cessent

(1) Sur les taux des impôts, voir B.F.S. : *Principal Taxes and Rates, Federal, Provincial and Selected Municipal Governments,* 1962, 68-201.

de s'aggraver. Au surplus, de 1957 à 1961, le Canada a connu une période de stagnation qui s'est traduite par de lourds déficits budgétaires et par un besoin pressant de maintenir un haut niveau de dépenses. Une conjoncture à la baisse ne facilite jamais les partages de revenus et de responsabilités. Certains diront que cet impérialisme du gouvernement fédéral n'est pas le fruit des circonstances, mais au contraire, l'expression d'une volonté renouvelée de centralisation et d'unification du pays.

Examinons brièvement la nature des ententes fiscales.

a) Accords de location fiscale, 1941 et 1947

Le premier accord date de 1941. En échange de subventions, les provinces acceptaient de ne pas prélever d'impôts sur le revenu des particuliers, sur le profit des corporations et sur les successions. Toutes les provinces ont participé à cet accord qui expira à la fin de 1946.

En 1947, on signa un second accord de location fiscale pour la période 1947-1952. Québec et Ontario ont refusé de participer à cette entente. Les subsides fédéraux étaient établis comme suit en 1947 :

1. Les provinces avaient le droit de percevoir des redevances et des loyers sur les ressources naturelles, selon certaines normes établies d'après les accords.

2. Les provinces pouvaient percevoir des impôts sur le revenu des opérations forestières et minières selon la définition des accords.

3. Le gouvernement fédéral permettait de déduire ces redevances, loyers et impôts, dans le calcul du revenu imposable.

4. Le gouvernement fédéral encourageait fortement les provinces à lever le taux uniforme de 5% sur le profit des corporations.

5. Le calcul des compensations devait tenir compte de la population de la province, des profits des sociétés et des subventions statutaires (subventions données aux provinces par le fédéral,

selon un amendement de 1907 à la Constitution). C'était en quelque sorte une péréquation des revenus.

Après la fin des accords, c'est-à-dire la sixième année, des dégrèvements devaient être permis aux contribuables des provinces, à raison d'un certain pourcentage de l'impôt fédéral sur le profit des sociétés et sur les droits successoraux.

b) Accord de 1952

L'accord de 1952 modifie peu la situation antérieure, sauf pour accroître les compensations fédérales. L'Ontario participe à l'accord cette fois en ce qui concerne l'impôt sur le revenu et l'impôt sur les profits des corporations. Elle prélève par ailleurs son propre impôt sur les successions. Québec ne participe pas à l'entente. En 1954 Québec réintroduit son propre impôt sur le le revenu des particuliers, comme de 1939 à 1941. Cet impôt est à peu près équivalent à 15% de l'impôt fédéral.

c) Accord sur le partage des impôts, 1957

En 1957, on change le nom de l'accord. De la location des impôts, on passe au partage des impôts. Il va de 1957 à la fin de 1961. L'Ontario accepte l'accord pour l'impôt sur le revenu, mais se réserve les deux autres. Québec, comme avant, reste sur ses positions en ce qui concerne ses impôts, mais reçoit des subventions de péréquation, comme nous l'expliquons au prochain paragraphe.

Les subventions aux provinces en effet sont maintenant calculées selon trois critères : elles comprennent : 1) une subvention de location des droits de perception des trois impôts directs, 2) un paiement de péréquation, et 3) un paiement de stabilisation du revenu provincial.

1. Le taux de location est égal à 10% de l'impôt sur le revenu perçu dans la province, 9% de l'impôt sur le profit des corporations et 50% de l'impôt sur les successions. En 1958, le taux de location de l'impôt sur le revenu est augmenté à 13%. Pour les provinces qui, comme Québec, refusent d'échanger leurs impôts contre les subventions, le gouvernement fédéral consent

un dégrèvement égal aux taux de location ci-dessus. En 1960, un dégrèvement supplémentaire de 1% (pour le porter à 10%) est accordé, sur l'impôt des corporations, aux provinces qui préfèrent le dégrèvement, à la subvention de $1.50 per capita octroyée aux universités. Québec relève donc son propre impôt sur les corporations, tandis que les autres provinces acceptent la subvention.

2. Les paiements de péréquation ont pour objet d'uniformiser davantage les recettes fiscales entre les provinces et de compenser l'inégalité du rendement des trois impôts directs. Les paiements sont fixés sur le rendement per capita des trois impôts dans les deux provinces ou ce rendement est le plus élevé, soit l'Ontario et la Colombie [1].

3. Les paiements de stabilisation visent à maintenir les subventions fédérales au niveau qu'elles auraient atteint en vertu des accords antérieurs et à au moins 95% des subventions des deux années précédentes.

Les accords de 1957 comprenaient en outre des subventions aux provinces de l'Atlantique et divers autres arrangements secondaires.

d) Ententes fiscales de 1962

Les ententes de 1962 diffèrent des ententes antérieures. Toutes les provinces recouvrent l'impôt sur le revenu des particuliers et l'impôt sur le profit des corporations, mais les paiements de péréquation sont considérablement réduits. C'est une victoire de l'autonomie provinciale. Le principe du dégrèvement fédéral pour les impôts provinciaux que Québec avait plus ou moins imposé est désormais étendu à toutes les provinces. A un accord sur la location des *droits* de perception, on substitue un accord sur les *frais* de perception par lequel le gouvernement fédéral offre aux provinces de percevoir l'impôt en leur nom moyennant dédommagement pour les frais encourus. Quant à l'impôt sur les successions, la situation est inchangée. La province qui perçoit cet impôt a droit à un dégrèvement de 50% et la province qui ne le perçoit pas bénéficie d'une subvention fédérale équivalente.

(1) Si le rendement maximum est de $30 par personne et que dans une province, le rendement est de $10 par personne, le paiement de péréquation est égal à $20 par personne.

Les paiements de péréquation sont réduits parce qu'on choisit le rendement des impôts dans l'ensemble du pays plutôt que dans les deux provinces les plus prospères comme base de calcul. Par contre, pour établir le rendement per capita des impôts, on ajoute aux impôts directs 50% des revenus tirés des ressources naturelles (moyenne mobile des trois dernières années). Cette addition fait perdre des subsides à l'Alberta surtout, mais augmente les paiements aux provinces de l'Est, y compris le Québec. Comme la première modification est plus importante que la seconde les paiements totaux de péréquation sont réduits de près de 40 millions entre 1962 et 1963. Si en fait les subventions fédérales ne sont pas réduites, c'est en vertu d'une autre clause des accords en vertu de laquelle aucune province ne doit recevoir moins que ce qu'elle aurait reçu sous le régime des accords antérieurs.

L'entente de 1962 comporte en outre un dégrèvement croissant de l'impôt fédéral sur le revenu des particuliers. Nous avons mentionné précédemment que le dégrèvement a été fixé à 16% en 1962 et qu'il augmente de 1% chaque année jusqu'en 1966. Cette clause est très importante puisqu'elle signifie le retrait progressif du gouvernement fédéral du champ fiscal le plus important à l'heure actuelle. Les subventions aux provinces de l'Atlantique sont maintenues.

Les deux tableaux suivants indiquent les paiements du gouvernement fédéral aux provinces. Le tableau 8 montre surtout les différences qui existent entre les deux derniers accords. Ainsi les paiements de location des deux impôts sur le revenu disparaissent par suite de l'accord de 1962. Le dernier tableau porte sur la distribution des paiements entre les provinces. Il convient de souligner que, contrairement à une opinion largement répandue, ce n'est pas le Québec qui est défavorisé par les ententes fiscales, mais au contraire, c'est le Québec qui en bénéficie le plus. On n'a qu'à lire la distribution des paiements de péréquation pour s'en convaincre. C'est ainsi que l'Ontario ne reçoit rien à ce titre et que le Québec reçoit $69 millions en 1963.

TABLEAU 8

**Paiements du gouvernement fédéral aux provinces
Années fiscales 1960-61 et 1962-63
en millions de dollars**

	1961	1963
Taux de location des impôts	288.7	——
Péréquation	189.7	161.9
Stabilisation	2.3	——
50% des droits de succession	(1)	15.3
Provinces de l'Atlantique	25.0	35.0
Terre-Neuve	8.0	8.0
50% de l'impôt sur les profits des sociétés d'électricité et de gaz	4.2	6.5
Subsides statutaires (fixés par la Constitution)	20.7	23.5
Total	538.6	250.2

Note: (1) compris dans le chiffre de la 1ère ligne.
Source : Canadian Tax Foundation : *The National Finances*, 1962-63, tableau 66.

TABLEAU 9

Paiements du gouvernement fédéral aux provinces Année 1962-63, par province, en millions de dollars

Provinces	Péréquation	Droits successoraux	Provinces de l'Atlantique	Impôts sur l'énergie	Subventions statutaires	Total
Terre-Neuve	$12.91	$0.39	$18.50	$0.15	$1.65	$33.61
Ile du P. E.	3.28	0.07	3.50	0.05	0.65	7.56
Nouvelle-Ecosse	19.15	1.31	10.50	0.48	2.13	33.58
Nouv.-Brunswick	15.23	1.11	10.50	0.09	1.74	28.68
Québec	69.03			2.09	4.02	75.15
Ontario				0.66	4.62	5.28
Manitoba	12.40	1.80		0.05	2.08	16.35
Saskatchewan	22.37	1.09		0.06	2.11	25.64
Alberta	7.52	2.42		1.90	2.81	14.66
Colombie		7.06		0.94	1.67	9.67
Total	161.92	15.27	43.00	6.50	23.53	250.22

Source : Canadian Tax Foundation : *The National Finances*, 1962-63 tableau 65.

CHAPITRE 14 — LES DÉPENSES PUBLIQUES

1 - Dépenses totales par gouvernement

2 - Principales catégories de dépenses, tous les gouvernements

3 - Dépenses du gouvernement fédéral

4 - Dépenses des gouvernements provinciaux

5 - Dépenses des municipalités

Les dépenses publiques

14

Au début du chapitre précédent, nous avons établi que les dépenses publiques avaient augmenté de 15.9% du PNB en 1929 à 32.3% du PNB en 1961. Voyons maintenant comment se répartissent ces dépenses entre les différents gouvernements.

1 - Dépenses totales par gouvernement

On lit au tableau 1 que le gouvernement fédéral défraie la moitié des dépenses totales et que les gouvernements provinciaux et municipaux se partagent en parties égales l'autre moitié. Soulignons que les dépenses des municipalités sont aussi considérables que les dépenses des provinces. La part du gouvernement fédéral a diminué depuis 1956 (1).

2 - Principales catégories de dépenses, tous les gouvernements

On peut classifier les dépenses publiques en quatre grandes catégories : les dépenses de biens et de services courants, les dépenses d'investissement, les paiements de transfert y compris les subventions et l'intérêt sur la dette publique. *Les dépenses de biens et de services,* que ce soit pour fins de consommation ou d'investissement, *représentent une production réelle commandée par les gouvernements.*

(1) Pour fins de vérification, voici les dépenses totales de 1961 en millions de dollars : Gouvernement fédéral : 5,987, Provinces : 2,956, municipalités : 2,959, tous gouvernements : 11,902. Les transferts inter-gouvernementaux sont comptés là où ils sont reçus et les déficits sont inclus.

TABLEAU 1

Dépenses publiques par niveau de gouvernement 1956 et 1961

	1956		1961	
	en % du PNB	en % du total	en % du PNB	en % du total
gouvernement fédéral	14.9	56.86	16.3	50.49
gouvernements provinciaux	5.4	20.60	8.0	24.75
gouvernements municipaux	5.9	22.13	8.0	24.75
tous gouvernements	26.1	99.59	32.3	99.99

Note: Comme il convient ici, les paiements aux autres gouvernements sont exclus des dépenses totales.

Source: Comptes Nationaux 1961 et Canadian Tax Foundation : *The National Finances,* 1962-1963, tableau 8.

Par contre, *les dépenses de transfert représentent seulement une redistribution des revenus ou des richesses qui n'absorbe pas de ressources réelles* [1]. Un exemple de transfert est l'allocation familiale. Le gouvernement perçoit un impôt de certains citoyens et remet le produit de cet impôt à d'autres citoyens, sans qu'il ait augmenté la production du secteur gouvernemental et sans qu'il ait diminué la production du secteur privé puisque l'allocation est dépensée par le citoyen lui-même [2].

La distinction entre consommation et investissement gouvernementaux est aussi très importante. Contrairement à la consommation, l'investissement crée des ressources productives pour l'avenir. Les routes, les écoles ou les hôpitaux sont une richesse pour la nation.

L'intérêt sur la dette publique est tenu distinct des autres postes. Il est considéré au Canada comme un paiement de transfert.

Les dépenses totales de biens et de services comptent pour environ 60% des dépenses publiques au Canada. Parmi ces dépenses, les investissements contribuent à 13.5% du total en 1961. Les transferts et les subventions représentent 30% et l'intérêt sur la dette publique 9.46% des dépenses totales, comme on peut voir au tableau 2. Les différences qu'on observe entre 1950 et 1961 reflètent des tendances de plus en plus marquées à mesure qu'on se tourne vers le passé, sauf en ce qui concerne les dépenses de biens et de services qui varient davantage suivant la conjoncture (en partie à cause des investissements). Ces dépenses s'élevaient à 61.4% des dépenses de tous les gouvernements en 1926, à 49.5% en 1933, à 73.5% en 1945. Les paiements de transfert sont ceux dont l'augmentation a été la plus rapide. En 1926, par exemple, ces dépenses ne représentaient que 9.3% des dépenses totales. C'est une mesure de l'importance accrue de la sécurité sociale dans la société moderne. Inversement, l'intérêt sur la dette publique absorbe une proportion beaucoup plus faible des dépen-

(1) Francis Bator, dans un livre fort intéressant intitulé : *The Question of Government Spending*, désigne les dépenses de biens et de services de « Exhaustive Expenditure » et les dépenses de transfert de « Non-Exhaustive Expenditure », ce qui illustre bien la distinction.

(2) Ce qui ne veut pas dire que le transfert ne change rien. Les dépenses ou les prix augmentent quand, en moyenne, ceux qui paient l'impôt consomment une plus faible proportion de leurs revenus que ceux qui reçoivent la prestation de transfert.

TABLEAU 2

Principales dépenses, tous les gouvernements, Canada 1950 et 1961

	1950		1961	
	en millions de dollars	en % du total	en millions de dollars	en % du total
1. Dépenses courantes de biens et services	1,756	44.1	5,567	46.77
2. Dépenses d'investissement	588	14.8	1,616	13.57
3. Transferts et subventions	1,093	27.4	3,593	30.18
4. Intérêt sur la dette publique	545	13.7	1,126	9.46
Total :	3,982	100	11,902	100

Source : Comptes Nationaux 1926-56 et 1962.

ses. Il faut savoir que par comparaison au pourcentage de 9.4% en 1961, cet intérêt représentait 29% des dépenses totales en 1926. Nous revenons sur cette question au chapitre 16.

3 - Dépenses du gouvernement fédéral

Pour examiner les dépenses gouvernementales sous l'aspect des fonctions particulières, il faut abandonner les comptes nationaux et passer à d'autres concepts de finances publiques. On trouve d'abord *les comptes budgétaires* proprement dits, i.e. *les revenus et les dépenses qui sont inclus dans le budget de l'Etat;* puis les *comptes extra-budgétaires,* i.e. *les fonds spéciaux,* dont ceux de l'assurance chômage et des pensions de vieillesse sont les plus connus. Dans les statistiques canadiennes, on désigne de *dépenses générales la somme des dépenses budgétaires et extra budgétaires* (dépenses de consommation et d'investissement). Deux autres sources de confusion fréquente consistent dans la différence qui existe et qui n'est pas toujours indiquée clairement d'une part, entre les déboursés réels et les appropriations, d'autre part entre les années fiscales et les années civiles. Ces diverses bases de calcul importent peu quand on se limite à acquérir des informations très grossières, mais elles constituent des obstacles formidables à tout examen de détail.

Le tableau 3 classifie les dépenses fédérales par fonction. Ce sont des dépenses générales nettes (1) se rapportant à l'année fiscale 1960-1961. Les paiements aux autres gouvernements sont inclus dans ce tableau sous deux formes différentes: on lit d'abord tel quel le paiement de $564 millions, qui représente des subventions générales (2); dans les autres postes il y a $447 millions de subventions spécifiques i.e. des subventions dont l'objet est défini à l'avance (3).

La défense nationale est le poste le plus important des dépenses fédérales, surtout si on y ajoute les pensions aux vétérans. Ces dépenses représentent 28.5% du total. La santé et le bien-être

(1) Les dépenses nettes sont les dépenses brutes moins les revenus afférant à ces dépenses.

(2) Suivant les accords fiscaux surtout.

(3) Le tableau 3 ne se compare pas au tableau 2 pour plusieurs raisons qu'il est inutile de rapporter ici.

TABLEAU 3

Dépenses générales nettes du gouvernement fédéral

	en millions de dollars	en % du total
défense nationale	1,536	23.9
pensions et autres bénéfices aux vétérans	296	4.6
santé	267	4.1
bien-être social	1,328	20.6
transport et communications	377	6.0
ressources naturelles et industries primaires	366	5.7
service de la dette publique	654	10.2
subventions aux autres gouvernements	564	8.8
assistance internationale	82	1.2
administration générale	266	4.1
postes	207	3.2
paiements aux entreprises gouvernementales	149	2.3
autres dépenses	344	5.3
total	6,436	100.0

Source : B.F.S., *Financial Statistics of the Government of Canada,* 1960.

social suivent de très près, avec 24.7% des dépenses. Il est à souligner qu'on ne compte pas ici les prestations d'assurance-chômage, mais seulement la contribution du gouvernement fédéral au fonds d'assurance-chômage. Les pensions de vieillesse et les allocations familiales sont les deux principales dépenses au titre du bien-être social. Le service de la dette fédérale représente 10.2% des dépenses totales, les subventions générales aux autres gouvernements 8.8% (auxquelles s'ajoutent des subventions spécifiques égales à près de 7%). Les paiements aux entreprises gouvernementales comprennent, entre autres, des paiements de 65 millions à Radio-Canada et de 76 millions aux Chemins de Fer Nationaux (dont 65 millions pour couvrir le déficit de l'année civile 1960). Soulignons la maigre contribution du Canada à l'assistance internationale: 82 millions, soit 1.2% des dépenses totales.

Sans qu'il soit utile de reproduire les statistiques des années passées, mentionnons que la défense nationale diminue dans le budget et que la santé et le bien-être social augmentent considérablement.

A cause de l'intérêt qu'on porte de plus en plus aux subventions fédérales aux gouvernements provinciaux et municipaux, il convient de présenter un tableau sur ce point. Ce sera le tableau 4.

TABLEAU 4

Subventions fédérales. Année fiscale 1960-61. En millions de dollars

	Province de l'Atlantique	Québec	Ontario	Colombie	Total
1. Subventions générales	123.5	75.0	118.0	75.2	539.0
2. Subventions spécifiques	72.6	72.2	169.9	66.8	471.7
a) *aux provinces*					
routes	18.9	0.8	21.3	18.6	66.2
santé	29.0	28.0	100.3	26.6	237.5
bien-être	14.3	34.6	24.6	13.6	102.9
éducation	1.9		3.5	0.9	8.7
ressources naturelles	1.5	1.6	0.8	1.1	7.7
autres	0.9	1.7	4.2	2.6	13.4
total	67.0	66.7	154.6	63.5	436.5
b) *aux municipalités*	5.6	5.5	15.3	3.3	35.2
3. Grand total	196.4	147.1	287.9	142.0	1,010.5

Notes: Les erreurs sont dues à l'arrondissement des décimales. Par différence, on trouve les subventions aux provinces de l'Ouest.

Source: Celle du tableau précédent.

Les subventions générales ne doivent pas être comparées directement de province à province parce qu'il faut tenir compte des dégrèvements à l'impôt fédéral [1]. Nous renvoyons le lecteur au chapitre précédent sur ce point en ajoutant que les chiffres de ce tableau-ci sont ceux du tableau 9 du chapitre précédent, mais pour des années différentes.

Les subventions spécifiques par contre se comparent entre les provinces. *Ce sont celles qui soulèvent à juste titre une véhémente opposition de la part de la province de Québec (ce sont les fameux plans conjoints),* parce qu'elles sont très inégalement réparties. L'Ontario par exemple, a reçu au-delà de deux fois plus de subventions fédérales que le Québec en 1960-1961 [2].

Comme cette observation prend des proportions de plus en plus grandes à mesure qu'on y songe, nous avons calculé ces subventions sur une base per capita, puis nous avons vérifié si l'année 1960-1961 avait été exceptionnellement défavorable au Québec en faisant les mêmes calculs pour les deux années précédentes. Le tableau 5 reproduit les résultats.

TABLEAU 5

Subventions spécifiques per capita certaines provinces, en dollars, années fiscales se terminant en 1959, 1960 et 1961

	1959	1960	1961
Province de l'Atlantique	25.87	35.27	37.00
Québec	8.63	9.98	13.70
Ontario	13.84	25.03	27.00
Colombie	29.02	35.65	41.00
Canada	16.00	23.13	26.00

Source : B.F.S., *Financial Statistics of the Government of Canada,* 1958, 1959 et 1960.

(1) Corrigées pour les dégrèvements et rapportées à la population, les subventions générales sont réparties assez également entre les provinces exception faite des provinces de l'Atlantique qui reçoivent davantage.

(2) Un plan conjoint est une entente entre les provinces et le gouvernement fédéral en vertu de laquelle un programme particulier d'activités est financé pour moitié, en général, par les deux types de gouvernements. Il s'agit surtout de travaux publics et de mesures de sécurité sociale, e.g., la route trans-canadienne et l'assurance-hospitalisation.

Pour ces trois années, Québec occupe une position nettement défavorable. La Colombie reçoit trois fois plus que le Québec sans y manquer et l'Ontario, deux fois plus. La moyenne nationale est double de celle du Québec. Quelles que puissent être les prétextes et les raisons de cet état de choses, *une telle distribution des dépenses fédérales est inéquitable et appelle un redressement. L'incidence régionale des dépenses fédérales devrait d'ailleurs faire l'objet d'une analyse minutieuse comme dans tous les pays, dès le moment où ces dépenses deviennent importantes, parce que ce sont là des décisions politiques.*

4 - Dépenses des gouvernements provinciaux

Les dépenses des gouvernements provinciaux reproduites ici sont comparables à celles du gouvernement fédéral. Ce sont des dépenses générales nettes incluant les subventions aux autres gouvernements et se rapportant à l'année fiscale. Québec est tenu distinct (mais non séparé . . .) des moyennes nationales.

Il ressort du tableau 6 que les gouvernements provinciaux consacrent près de la moitié de leurs ressources à l'éducation et à la voirie; un autre quart va à la santé et au bien-être social. La distribution des dépenses est donc relativement simple. Par comparaison, Québec a une distribution de dépenses fort semblable à celle des autres provinces, notamment en matière d'éducation et de voirie. La seule différence importante concerne la santé et le bien-être social: Québec dépense beaucoup plus pour le bien-être social et relativement moins pour la santé.

Depuis 1950, les gouvernements provinciaux ont apparemment accru leurs dépenses dans l'éducation et la voirie, tandis que le service de la dette a diminué en importance.

TABLEAU 6

Dépenses générales nettes des gouvernements provinciaux année fiscale 1960-1961

	Toutes les provinces y compris Québec		Québec	
	en millions de dollars	en % du total	en millions de dollars	en % du total
santé	509	17.7	95.9	12.79
bien-être social	258	9.0	112.1	14.96
éducation	700	24.4	182.3	24.32
transport et communications	713	24.8	176.5	23.55
ressources naturelles et industries primaires	201	7.0	70.5	9.40
service de la dette	67	2.3	14.4	1.92
subventions aux municipalités	70	2.4	0.3	.04
administration générale et autres dépenses	355	12.3	97.8	13.05
total	2,873	100.0	749.3	100.00

Source : B.F.S., *Financial Statistics of Provincial Governments,* 1960.

5 - Dépenses des municipalités

Les dépenses des municipalités reproduites ici sont les dépenses générales brutes à l'exception des dépenses capitales et se rapportent à l'année civile. Elles incluent les subventions reçues du gouvernement fédéral et des gouvernements provinciaux.

Contrairement aux tableaux antérieurs, le service de la dette comprend ici à la fois les remboursements et l'intérêt. Le service de la dette des corporations scolaires est cependant placé au poste éducation.

C'est l'éducation, de nouveau, qui prend la grosse part des budgets des municipalités. En 1961, 34% des dépenses totales y sont consacrées. Viennent ensuite, par ordre d'importance, les travaux publics et le service de la dette. En ce qui concerne les municipalités du Québec, on observe que le poids de la dette est plus lourd, mais qu'il y a peu de différences quant aux autres postes. Les dépenses totales s'élèvent à près de deux milliards.

TABLEAU 7

Dépenses courantes brutes des municipalités, 1961 (estimés)

	Toutes les municipalités du Canada		Toutes les municipalités du Québec	
	en milliers de dollars	en % du total	en milliers de dollars	en % du total
administration générale	140.1	7.12	43.4	9.42
travaux publics	268.3	13.65	66.3	14.39
salubrité publique	68.9	3.50	11.6	2.51
santé	38.3	1.94	—	
bien-être social	96.8	4.92	—	
éducation	672.5	34.21	152.5	33.10
service de la dette	221.1	11.25	69.1	15.00
loisirs et services communautaires	68.5	3.48	12.9	2.80
autres dépenses	390.5	19.86	104.8	22.75
total	1,965.3	100.00	460.6	100.00

Source : B.F.S., *Financial Statistics of Municipal Governments,* 1961 et 1962.

CHAPITRE 15 LE RÉGIME DE SÉCURITÉ SOCIALE

A - Considérations générales

B - Programmes fédéraux

1. Les allocations familiales
2. La sécurité de la vieillesse
3. L'assurance-chômage
4. Les anciens combattants
5. Service de bien-être pour les Indiens et les Esquimaux

C - Programmes fédéraux-provinciaux

1. L'assistance-vieillesse
2. Allocations aux aveugles
3. Assistance aux invalides
4. Assistance-chômage
5. L'assurance-hospitalisation

D - Programmes provinciaux-municipaux

15 Le régime de sécurité sociale

A - Considérations générales

La grande charte de la sécurité sociale moderne est le rapport Beveridge publié en Angleterre en 1942. Au Canada les principes et les règles générales de cette charte sont repris et appliqués dans le rapport Marsh de 1943.

La sécurité sociale vise à protéger l'individu contre certains risques aux frais de l'ensemble de la société. Cette démarche correspond à un transfert des responsabilités, du domaine personnel au domaine collectif. La prise de conscience de ces responsabilités collectives est ce qui caractérise la sécurité sociale contemporaine. Le risque du chômage est l'exemple le plus clair. Considéré naguère comme responsabilité purement individuelle, le chômage est devenu une responsabilité collective. De même convient-on aujourd'hui qu'on ne devient pas malade, infirme ou invalide par sa faute. Par conséquent la société dans son ensemble défraie les dépenses de la maladie ou de l'infirmité. Il en va de même du soutien des vieillards. Dans le cas des allocations familiales et du coût de l'éducation, les principes ci-dessus s'appliquent par extension. On reconnaît qu'il existe des avantages de nature collective, et pas seulement individuelle, dans une population plus nombreuse et plus instruite; de là vient que la société accepte d'en partager les frais sur une base également collective. Dans son principe, la sécurité sociale est l'expression concrète des aspirations de la population vers une plus grande sécurité et une plus grande égalité.

Quels sont les aspects de ce phénomène qui concernent l'économiste? Groupons-les sous trois titres principaux:

1° Il y a d'abord *l'aspect de redistribution des revenus.* La sécurité sociale contribue à réduire l'inégalité des revenus et pour cette raison, diminue probablement l'épargne au profit de la consommation. Certains programmes sont agencés de telle sorte, en outre, qu'ils ont pour conséquence secondaire de stabiliser l'économie générale. Ainsi en est-il de l'assurance-chômage puisque l'Etat perçoit les cotisations en temps de prospérité et verse les prestations en temps de chômage.

2°Il y a ensuite l'influence que la sécurité sociale exerce sur *la demande de certains produits* et services particuliers, puis sur *l'affectation correspondante des ressources.* Prenons l'exemple de l'assurance-hospitalisation. Sans doute l'introduction d'un tel régime a-t-elle poussé les gens à se faire davantage et mieux soigner. La demande pour les services médicaux et hospitaliers augmente très nettement; les prix augmentent à leur tour; les traitements et les salaires des médecins, infirmières, radiologistes! etc., suivent l'exemple. Le mouvement de hausse s'arrête quand on a trouvé le temps et les moyens d'accroître l'offre des services et du personnel, au niveau correspondant à l'accroissement initial de la demande. Dans certains cas, cet effet est très diffus et se ramène essentiellement à l'effet global de redistribution des revenus. Ainsi l'aide aux vieillards et les allocations familiales n'affectent pas la demande de produits particuliers au même degré que l'assurance-hospitalisation.

3° Il y a enfin *l'aspect du financement,* qui désigne les modalités de mises en oeuvre des programmes de sécurité sociale. Que l'assurance-hospitalisation soit défrayée par l'impôt général ou par des primes spécifiques, que les pensions aux vieillards soient financées par une caisse consolidée ou non, sont des questions extrêmement importantes du point de vue économique.

Il n'est malheureusement pas possible d'examiner ces questions dans un cadre comme celui-ci, parce que les réponses diffèrent suivant chaque mesure particulière de sécurité sociale. Nous devrons donc nous limiter à décrire le contenu de chacune.

Mais auparavant, il faut souligner la différence qui existe entre un régime d'assurance et un régime d'assistance sociale. *L'assurance sociale est une protection contre certains risques éventuels connus.* Le bénéficiaire d'une telle assurance reçoit une prestation quand le risque se matérialise. Il reçoit cette prestation en échange d'une prime ou d'une cotisation versée à une institution gouvernementale, qui, elle, effectue une compensation statistique entre les cotisations et les prestations. Généralement, cette compensation consiste à redistribuer les revenus en faveur de ceux qui en ont le plus besoin. L'assurance sociale est une mesure de prévoyance; elle a l'avantage de faire participer l'individu au secours éventuel qu'il reçoit.

L'assistance sociale par contre ne prévoit rien à l'avance; elle essaie de répondre aux besoins après constatation. C'est un palliatif en quelque sorte. Le principe de l'assistance est vieux comme le monde. Auparavant, cette assistance était laissée complètement à l'initiative privée. Aujourd'hui, et de plus en plus, l'Etat tend à organiser lui-même le régime d'assistance sociale. Au Canada, comme dans la plupart des pays, la sécurité sociale comporte à la fois des mesures d'assurance et d'assistance.

Afin de donner une idée approximative de l'ordre de grandeur des dépenses de sécurité sociale, disons qu'en 1913, le Canada consacrait 15 millions à la santé et au bien-être, soit $2.00 par habitant. En 1960, le chiffre correspondant s'élève à trois milliards, soit $173.00 par habitant. Le revenu national étant de 27 milliards, ces dépenses correspondent à 11.4% du revenu national.

Certains commencent à trouver excessives de telles dépenses en matière de sécurité sociale. Reproduisons donc un tableau sur les niveaux de dépenses de sécurité sociale à travers le monde et voyons où le Canada se place à cette échelle.

TABLEAU 1

Dépenses de sécurité sociale dans certains pays établies en pourcentage du revenu national, 1953-1954

	Dépenses en % du revenu national
République fédérale de l'Allemagne	19.2
France	18.5
Belgique	16.2
Italie	14.7
Suède	11.5
Danemark	11.1
Royaume-Uni	10.7
Pays-Bas	9.6
Canada	*9.1*
Norvège	8.8
Australie	8.1
Suisse	7.6
Israël	6.2
Etats-Unis	5.4

Source : Bureau International du Travail, *le coût de la sécurité sociale,* Genève 1958.

Comme il fallait s'y attendre, on trouve un bon nombre de pays où la sécurité sociale pèse beaucoup plus lourd par rapport aux ressources disponibles. Bien sûr, il s'agit surtout des pays européens. La comparaison avec les Etats-Unis par contre indique que le Canada est assez loin en avance.

Nous passons maintenant à la description des programmes particuliers de sécurité sociale.

B - Programmes fédéraux

1. Les allocation familiales

Les allocations familiales sont des prestations accordées aux familles pour aider à la formation, à l'entretien et à l'éducation des enfants. Une telle mesure peut être considérée comme une assurance sociale, en ce qu'elle prévoit les besoins. Mais les paiements sont tirés des revenus généraux du gouvernement, sans contribution spéciale des bénéficiaires.

Date d'origine: 1945

Objet: indemnisation pour les charges familiales.

Champs d'application: tous les enfants nés au Canada ou reconnus comme tels, de la naissance jusqu'à l'âge de 16 ans.

Conditions d'éligibilité:
a) entretien par un parent;
b) entretien par une oeuvre. Le montant est versé à l'oeuvre ou à l'institution pour l'entretien de l'enfant.

Prestations: aux enfants de moins de 10 ans, $6.00 par mois, aux enfants de plus de 10 ans, $8.00 par mois.

Par suite de difficultés d'approvisionnement, les Esquimaux et les Indiens sont souvent payés en nature. En 1961, 6.4 millions d'enfants ont reçu des allocations. Le tableau suivant fournit les informations principales.

TABLEAU 2

Allocations familiales nettes
Canada et province de Québec
années fiscales 1947 à 1961
en millions de dollars

Année	Canada	Québec	Québec en % du Canada
1947	245.1	82.3	33.6
1950	297.5	95.9	32.2
1955	366.4	116.0	31.6
1960	491.2	150.4	30.6
1961	506.2	154.2	30.5

Source: Ministère de la Santé nationale et du Bien-être social, rapports annuels. Annuaire du Canada 1962.

2. La sécurité de la vieillesse

La sécurité de la vieillesse a pour objet d'assurer les personnes âgées contre le risque de la perte du revenu. Le Gouvernement verse donc des pensions aux vieillards pour qu'ils subviennent à leurs besoins. C'est une politique d'assurance, puisqu'elle présume des besoins et que chaque citoyen verse une prime à la Caisse de la sécurité de la vieillesse (prime constituée de certains pourcentages de différentes taxes directes et indirectes).

Date d'origine: 1952

Objet: indemnisation pour les besoins de vieillards.

Champs d'application: toute la population canadienne âgée de 70 ans ou plus.

Conditions d'éligibilité: Résidence des dix dernières années au Canada. Cette condition s'explique par le fait que les bénéficiaires doivent avoir contribué à la Caisse en payant des impôts.

Prestations: $65.00 par mois (portées de $55.00 à $65.00, le 1er février 1962). Dans certains cas de besoin extrême, les pensionnés ont droit à un recours supplémentaire.

Financement: A même la Caisse de la sécurité de la vieillesse, aidée de prêts et de subventions venant du fonds consolidé. La Caisse est alimentée par trois sources différentes:

a) taxe de vente de 3%;

b) impôt sur les revenus des sociétés de 3%;

c) impôt sur le revenu personnel de 3% jusqu'à concurrence de $90.00 par an.

TABLEAU 3

Sécurité de la vieillesse Bénéficiaires et prestations années fiscales 1955 à 1961

	1955	1958	1961
1. *Canada*			
bénéficiaires	745,620	827,560	904,906
prestations (en millions)	353.2	473.8	592.4
2. Québec			
bénéficiaires	158,109	174,476	191,136
prestations (en millions)	74.7	99.5	124.3
3. Québec en % du Canada			
prestations	21.2	21.0	21.0

Source : Comptes Nationaux 1926-1956 et 1961. Annuaire du Canada.

3. L'assurance-chômage

Ce régime de sécurité sociale est un des plus importants tant du point de vue économique que social. Il complète les politiques économiques de plein emploi et de stabilité. L'assurance-chômage touchait en 1959, 4,072,900 personnes assurées. Si l'on ajoute que le chiffre de la population active de cette année s'élevait à 6,228,000 personnes, c'est dire toute l'importance que revêt cette politique.

Le programme d'assurance-chômage consiste à assurer les travailleurs contre les risques du chômage.

Date d'origine: 1940

Objet: indemnisation des chômeurs.

Champs d'application: tous les salariés occupant un emploi assurable. En 1958, 82% des salariés étaient assurés. Certaines branches d'activité, considérées comme stables ou dans lesquelles le programme est difficile à administrer, telles les professions libérales, l'agriculture, le service domestique, sont exclues du système.

Conditions d'éligibilité:

a) avoir payé ses contributions (système d'assurance);

b) ne pas avoir quitté son emploi volontairement ou pour raison d'inconduite;

c) être enregistré au service national de placement;

d) avoir respecté une période d'attente de 5 jours.

Prestations: La détermination des prestations hebdomadaires dépend:

a) des personnes à charge;

b) du salaire du bénéficiaire;

c) de la moyenne des cotisations hebdomadaires des trente dernières semaines qui précèdent la demande;

d) de la durée des prestations.

Financement: La Caisse d'assurance-chômage est alimentée par les employés, les employeurs et l'Etat, chaque partie contribuant à environ le tiers des recettes de la Caisse.

Le Service national de placement: C'est le Service national de placement qui est chargé de l'administration. Il diffuse en plus les demandes et les offres de travail.

TABLEAU 4

Assurance-chômage. Prestations, bénéficiaires, solde à la caisse

Années	Canada		Québec		Québec en % du Canada prestations	Solde à la caisse d'assurance-chômage en millions
	prestations en millions	bénéficiaires en milliers	prestations en millions	bénéficiaires en milliers		
1946	49.0	101.2	18.9	35.9	35.5	317.0
1950	99.0	127.9	33.2	44.5	34.8	582.6
1955	229.0	222.7	66.7	73.7	33.1	840.7
1960	481.8	430.0	153.3	137.3	31.9	365.9
1962	409.2	414.0	121.7	100.2	29.7	99.0

Note : Le Fonds d'assurance-chômage est tombé à 19.9 millions à la fin de mai 1962.

Source : B.F.S., *Statistical Report on the Operation of The Unemployment Insurance Act.*

Un comité d'enquête sur l'assurance-chômage a déposé son rapport à la fin de 1962. En voici les principales recommandations:

1) Que l'assistance aux chômeurs soit donnée suivant trois régimes distincts:

a) *un régime d'assurance* proprement dite alimenté par les contributions des employeurs et des employés (le gouvernement ne contribuant qu'aux frais d'administration), pour une période de chômage plus limitée que maintenant;

b) *un régime de prestations prolongées* alimenté par le gouvernement. Les prestations sont versées après l'épuisement des bénéfices du premier régime et à d'autres catégories de chômeurs (chômeurs saisonniers);

c) *un régime d'assistance* pour remédier au chômage résiduel fondé sur l'évaluation des besoins et appliqué par tous les niveaux de gouvernement.

2) Que la participation au régime d'assurance soit étendue et comprenne, en principe, tous les salariés sans distinction, y compris les instituteurs, les professeurs, les collets-blancs, les fonctionnaires, et cela indépendamment du salaire perçu.

3) Que les bases de calcul donnant droit aux prestations soient plus sévères, mais que les taux de prestation soient haussés à 60% des gains pour un assuré avec personne à charge (plutôt que 50%) et à 45% environ pour un assuré sans personne à charge. La prestation hebdomadaire maximum passerait de $36. à $44. avec personne à charge et de $27. à $33. sans personne à charge. Une classe de gains est aussi ajoutée pour tous ceux dont le salaire dépasse $80.00 par semaine. La prestation, dans ces cas, serait de $48. et de $36. avec et sans personne à charge, respectivement (1a).

4) Que le régime de prestations prolongées (1b) donne droit à des prestations de même valeur que les précédentes, pour une période maximum égale à une fois et demie celle à laquelle le

chômeur a eu droit en vertu du régime d'assurance. Les restrictions quant à la nature des emplois disponibles sont plus sévères que celles du régime d'assurance.

5) Que le Service national de placement relève du ministère du Travail, plutôt que de la Commission d'assurance-chômage.

4. Les Anciens Combattants

Les services de sécurité sociale intéressant les anciens combattants relèvent du ministère des Anciens Combattants.

Principaux services:

a) services médicaux, dentaires et prothétiques gratuits à tous les vétérans du pays;
b) établissement sur des terres et assistance à la construction d'habitations;
c) aide à l'instruction des enfants des soldats morts à la guerre;
d) assurance-vie aux anciens combattants;
e) pensions;
f) assistance aux vétérans dans le besoin;
g) instruction et formation des anciens combattants; aujourd'hui le service s'adresse surtout aux invalides qui n'ont pu suivre les cours après la guerre de 1939-1945 ou après la guerre de Corée.

Date d'origine: Les guerres de 1914-1918, de 1939-1945, les guerres de Corée et d'Afrique du Sud ont fait naître le besoin d'assistance aux vétérans. Certains des services datent de l'entre-deux-guerres; d'autres sont plus récents.

Objet: indemnisation pour les dommages subis par les combattants au cours des guerres.

Champs d'application: suivant les services. Tous les anciens combattants pour certains services. D'autres s'adressent uniquement aux invalides ou encore aux descendants des vétérans.

Prestations: pour les invalides, suivant le grade militaire. Pour les personnes à charge des militaires décédés, on accorde un supplément à la veuve et aux enfants en bas âge. Une grande partie de l'aide se donne sous forme de services gratuits.

Financement: budget du ministère des Affaires des Anciens Combattants.

En *allocations* seulement, en 1960, le ministère a déboursé $58.2 millions, à 69,942 personnes, soit environ $830.00 par personne à charge.

5. Service de bien-être pour les Indiens et les Esquimaux

Ces services sont offerts par le ministère de la Citoyenneté et de l'Immigration et par celui du Nord Canadien et des ressources naturelles.

Ils ont pour but d'aider les Indiens et les Esquimaux à s'adapter à la vie moderne.

Principaux services:
a) enseignement gratuit;
b) aide à l'embauchage, à l'agriculture, à l'artisanat, à l'industrie, au logement et à l'habitation;
c) assistance publique spéciale.

C - Programmes fédéraux-provinciaux

Les programmes conjoints de sécurité sociale entre le gouvernement fédéral et les gouvernements provinciaux sont, en général, des régimes d'assistance sociale, si l'on excepte l'assurance-hospitalisation.

1. L'assistance vieillesse

Elle est en quelque sorte un supplément à la loi fédérale de la sécurité de la vieillesse.

Date d'origine: de 1927 à 1936, suivant les provinces.

Objet: répondre aux besoins des personnes âgées qui ne peuvent subvenir à leur entretien après l'âge de la retraite, c'est-à-dire après 65 ans. (Les pensions fédérales de la sécurité de la vieillesse ne sont données qu'aux personnes de 70 ans et plus.)

Champs d'application: Les personnes âgées de 65 ans et plus qui sont dans le besoin.

Conditions d'éligibilité:
a) résidence des cinq dernières années au Canada;
b) ne pas être bénéficiaire d'une autre allocation sociale;
c) le revenu annuel total, incluant l'assistance, ne doit pas dépasser $960. par personne.

Prestations: $55.00 par mois.

Financement: 50% de l'allocation fournie par la Province; 50% environ, versée par le gouvernement fédéral. Les Provinces administrent le programme.

En mars 1960, 98,773 personnes bénéficiaient au Canada de l'assistance-vieillesse; le nombre de bénéficiaires, au Québec, pour la même période s'élevait à 34,312.

La contribution fédérale pour l'année 1960 était de $30.3 millions pour le Canada et de $10.6 millions pour la seule province de Québec, soit 35.2% du total.

2. Allocations aux aveugles

L'assistance aux aveugles est une des plus anciennes lois canadiennes concernant la sécurité sociale.

Objet: secourir les aveugles dans le besoin.

Champs d'application: tous les aveugles de 18 ans et plus qui sont dans le besoin.

Conditions d'éligibilité: a) dix dernières années en résidence au Canada;

b) le revenu total y compris l'assistance, ne doit pas dépasser $1,200. par année, par personne.

Prestations: $55.00 par mois. Des prestations supplémentaires sont données dans certaines provinces.

Financement: 75% de l'allocation maximum est fournie par le gouvernement fédéral; le reste est fourni par les Provinces. Les Provinces administrent le programme.

En mars 1960, 8,671 personnes aveugles au Canada bénéficiaient d'allocations; le nombre de bénéficiaires, au Québec, pour la même période s'élevait à 3,012.

La contribution fédérale pour l'année 1960 a été de 4.2 millions pour le Canada, et de $1.5 million pour le Québec, soit 35.6% du total.

3. Assistance aux invalides

La loi de l'assistance aux invalides date de 1954. Auparavant, les invalides n'étaient protégés que par l'assistance publique.

Objet: secourir les invalides dans le besoin.

Champs d'application: les invalides, souffrant d'une infirmité physiologique, anatomique ou psychologique grave, vérifiée par une constatation médicale reconnue. L'invalidité doit être permanente et empêcher le sujet de mener une vie normale.

Conditions d'éligibilité: a) dix années de résidence au Canada;

b) insuffisance du revenu;

c) le bénéficiaire ne doit pas être hospitalisé dans un sanatorium ou un hôpital pour malades mentaux ou dans toute autre institution de bienfaisance.

Prestations: $55.00 par mois.

Financement: 50% de l'allocation est versée par le gouvernement fédéral et 50% par les Provinces. Les Provinces administrent le programme.

En mars 1960, 49,889 personnes ont bénéficié de l'assistance aux invalides; le nombre de bénéficiaires, au Québec, pour la même période, s'est élevé à 25,103, soit à presque la moitié du total.

La contribution fédérale pour l'année 1960 a été de $16 millions pour le Canada et de $8.3 millions pour le Québec, soit 51.7% du total; ce pourcentage est étonnant.

4. Assistance-chômage

Cette loi vient compléter le programme d'assurance-chômage. Elle a pour but d'aider les chômeurs non-éligibles à l'assurance-chômage.

Date d'origine: 1956. Dans la province de Québec, c'est en 1959 que s'est conclu l'accord avec le gouvernement fédéral en cette matière.

Objet: secourir les chômeurs dans le besoin.

Champs d'application: les personnes sans travail, non-éligibles aux prestations d'assurance-chômage, aptes ou inaptes temporairement au travail.

Conditions d'éligibilité: les bénéficiaires ne doivent pas recevoir d'autres allocations d'assistance.

Prestations: Assistance selon les besoins et les charges familiales.

Financement: Le gouvernement fédéral rembourse 50% des frais d'assistance-chômage aux provinces et aux municipalités. Les provinces et les municipalités administrent le programme.

En mars 1960, 322,553 personnes ont bénéficié de l'assistance-chômage; le nombre de bénéficiaires, au Québec, pour la même période, s'est élevé à 63,946.

La contribution fédérale pour l'année 1960 a été de $36.5 millions pour le Canada et de $6. millions pour la province de Québec, soit 16,6% du total.

5. L'assurance-hospitalisation

Le gouvernement fédéral a voté la loi d'assurance-hospitalisation en mai 1957. La majorité des provinces ont adhéré au système, en 1958. La province de Québec a été la dernière à s'en prévaloir, le 1er janvier 1961. Une commission enquête présentement sur les besoins et les services de santé au Canada.

Principe: le coût élevé des services hospitaliers donnant lieu à des injustices sociales graves à l'égard des malades.

Champs d'application: toute personne hospitalisée dans un hôpital participant au régime.

Conditions d'éligibilité: ces conditions varient d'une province à une autre; dans la province de Québec, on exige une résidence d'au moins les trois derniers mois dans la province.

Prestations: les services d'assurance-hospitalisation sont les suivants:

a) logement et repas de la salle publique;

b) soins nécessaires;

c) services de laboratoire, de radiologie et autres services de diagnostic pendant le séjour à l'hôpital;

d) médicaments prescrits et donnés pendant le séjour à l'hôpital;

e) l'usage des salles d'accouchement, d'opération, des installations d'anesthésie.

Généralement les gouvernements versent directement aux hôpitaux approuvés les montants nécessaires au fonctionnement après l'examen des comptes.

Financement: Le gouvernement fédéral contribue au régime d'assurance-hospitalisation dans une proportion de 50% environ. Le financement et l'administration varient d'une province à une autre. Les revenus servant à financer le programme proviennent, soit des recettes générales, soit des taxes de vente provinciales, soit encore des primes individuelles. La province de Québec ne fait verser aucune prime.

Coût des services internes défrayés par l'assurance-hospitalisation: province de Québec, en 1961: $141.5 millions.

La contribution fédérale est estimée à $72.5 millions.

D - Programmes provinciaux-municipaux

Les programmes provinciaux-municipaux varient considérablement d'une province à une autre. Il est difficile de dresser une liste complète des lois de sécurité sociale au niveau des provinces et des municipalités. C'est pourquoi nous nous limiterons à énumérer les principaux besoins auxquels les provinces essaient de répondre par des allocations diverses.

a) Allocations aux mères nécessiteuses privées de l'aide du soutien de famille.

En 1959, $20 millions ont été versés au Québec en allocations maternelles, au bénéfice de 25,778 familles.

b) Soin des vieillards.

c) Soin et protection de l'enfance.

d) Indemnisation des accidentés du travail. Ces allocations varient selon la gravité de l'accident et les charges familiales. On finance le régime au moyen de cotisations de l'employeur et d'une contribution du gouvernement provincial. Au Québec, en 1959: $23.8 millions ont été versés aux accidentés.

La province de Québec verse encore d'autres allocations:

— allocations aux personnes inaptes à travailler;

— allocations supplémentaires aux bénéficiaires d'une allocation gouvernementale;

— allocations d'assistance aux célibataires et aux veuves de 60 à 65 ans;

— allocations scolaires.

En plus des gouvernements, un grand nombre d'associations privées prodiguent des services de sécurité sociale. Nous n'en mentionnons, ici, que quelques-unes:

a) le Conseil canadien du bien-être;

b) la Société canadienne de la Croix-Rouge;

c) la Ligue canadienne de santé;

d) l'Association canadienne anti-tuberculeuse;

e) le Conseil canadien pour les adultes et les enfants infirmes;

f) l'Association ambulancière St-Jean, etc.

CHAPITRE 16 POLITIQUE FISCALE ET DETTE PUBLIQUE

1 - Les impôts

2 - Les surplus et déficits budgétaires

3 - La dette publique

Politique fiscale et dette publique

16

Plus que tout autre domaine de l'activité économique, les finances publiques donnent lieu aux opinions les plus fantaisistes et les plus absurdes. Le sens commun est mauvais conseiller en cette matière; il ne manque jamais de conduire à l'erreur. C'est ainsi *qu'on peut démontrer que le déficit budgétaire ne conduit pas à la faillite, que la dette publique n'est pas nécessairement un fardeau, que les impôts ne sont pas seulement prélevés en fonction des dépenses,* trois propositions qui offensent peut-être le sens commun, mais qui néanmoins sont aussi vraies que le jour n'est pas la nuit.

Les faits eux-mêmes sont également très mal connus. Commençons par là.

1 - Les impôts

Partout dans le monde on pense que les impôts sont plus élevés qu'ailleurs. Soucieux de leur réputation personnelle, les critiques estimeront que ce niveau intolérable des impôts fait tort à l'ensemble de l'économie. Le tableau 1 qui suit donne une comparaison par pays de l'ensemble des impôts payés, quelque soit le niveau de gouvernement, en pourcentage du produit national brut.

Le Canada est loin de compter parmi les pays les plus taxés. Il occupe le quatorzième rang sur une liste de 40 pays. *A l'exception de deux ou*

TABLEAU 1

Impôts en % du PNB 1960

Allemagne de l'Ouest	34.0
France	33.2
Suède	31.3
Italie	28.7
Royaume-Uni	27.9
Etats-Unis	27.5
Canada	*24.8*
Belgique	24.2
Australie	23.5
Japon	20.2

Source : Tableau tiré des statistiques des Nations-Unies et établi par Ronald Robertson: *Tax Aspects of Canada's International Competitive Position.* The Canadian Trade Committee, Private Planning Association of Canada, Montréal.

trois, les pays les plus avancés perçoivent tous des impôts supérieurs à ceux du Canada. En France et en Allemagne notamment, c'est le tiers du PNB qui est perçu en impôts. Suivant d'autres calculs que nous avons faits, ces pourcentages ont augmenté depuis 1950 au Canada, en France et aux Etats-Unis; ils ont diminué au Royaume-Uni de près de 10%. Comme il n'existe aucune relation entre le niveau de ces impôts et l'essor ou le déclin de ces pays, c'est dire que nous ne connaissons pas encore le pourcentage magique du PNB au delà duquel les percepteurs d'impôt seraient livrés au bûcher, sur les ruines de leur civilisation. A l'inverse, il est aussi certain que de très faibles impôts ne sont en rien une garantie de prospérité. Si l'expérience enseigne quelque chose, c'est que les pays les plus riches se permettent d'offrir plus de services communautaires et prélèvent généralement plus d'impôts.

M. Ronald Robertson dont nous reproduisons les tableaux se préoccupe de savoir si les impôts canadiens haussent les prix et les salaires de façon à nuire aux exportations du pays. En ce qui concerne la masse totale des impôts, il est clair qu'il n'en est rien puisque les principaux partenaires commerciaux du Canada sont chargés d'un plus lourd fardeau fiscal.

La politique fiscale consiste pour une part à choisir entre les diverses catégories d'impôts, de la loterie jusqu'aux impôts les plus complexes. Il ne peut être question dans ce chapitre d'établir les mérites et les inconvénients de chaque impôt, mais une classification grossière peut être utile puisque nous disposons de statistiques fort intéressantes à ce sujet.

Nous reportant à un chapitre antérieur, nous distinguons d'abord l'impôt direct de l'impôt indirect. Presque toutes les différences qui existent entre ces deux impôts tiennent au fait que *l'impôt sur le revenu réduit plus l'épargne que l'impôt sur la dépense*. Il s'ensuit que l'impôt direct est préférable quand les tendances au sous-emploi sont fortes. Par contre là où l'épargne ne suffit pas, il est préférable de taxer la consommation comme dans les pays sous-développés ou quand il s'agit de combattre l'inflation. L'impôt sur le revenu pourrait diminuer l'incitation à travailler et à investir, ainsi que plusieurs le croient, mais les études sur ce point ne sont guère concluantes, sauf en ce qui concerne les très hauts revenus. Du point de vue de l'équité, on admet généralement que l'impôt direct est plus progressif et plus juste que l'impôt indirect, sinon en théorie, du moins en pratique. Les avantages et les inconvénients de ces deux impôts dépendent donc beaucoup des circonstances propres à chaque pays quant à l'abondance relative de l'épargne et de l'investissement.

Le tableau 2 établit une comparaison internationale sur la préférence qu'on donne à l'un et l'autre de ces impôts. Nous entendons souvent répéter depuis quelques années que le Canada recourt trop à l'impôt direct et qu'il devrait suivre l'exemple de la France où l'impôt indirect a plus d'importance.

TABLEAU 2

Impôts directs et indirects en % du total des impôts, 1959

	Impôts directs (1)	Impôts indirects (2)
France	46.7	53.3
Suède	66.0	34.0
Italie	30.4	69.6
Royaume-Uni	53.4	46.6
Etats-Unis	66.2	33.8
Canada	*46.7*	*53.3*
Belgique	59.0	41.0
Australie	45.6	54.4
Japon	50.0	50.0

Notes: (1) Impôts sur le revenu des particuliers et des sociétés, impôts sur les successions, impôts sur le capital et contributions aux assurances sociales.
(2) Tous impôts sur les produits y compris les tarifs douaniers, plus l'impôt foncier.

Source: R. Robertson, *op. cit.*

En fait, imiter la France sur ce point ne changerait absolument rien parce que les proportions sont identiques dans les deux pays. Par rapport aux autres pays, le Canada est loin de battre la marche dans le domaine de l'impôt direct. C'est plutôt le contraire. A part l'Italie et l'Australie, le Canada est le pays où l'impôt direct est le moins important, parmi ceux du tableau. Ainsi que la théorie nous aurait amenés à le croire, on observe en outre une relation positive très nette entre le niveau de développement ou de revenu et l'importance de l'impôt direct. Suivant ce critère, le Canada n'imposerait pas suffisamment les revenus. Il faut savoir que les Etats-Unis et la Suède perçoivent les deux tiers de leurs impôts sous la forme d'impôts directs.

Parmi les impôts directs, on distingue les impôts sur les personnes et les impôts sur les profits des entreprises. Ces derniers réduisent davantage l'épargne et l'investissement si le fardeau de l'impôt n'est pas transmis aux consommateurs par des hausses de prix. Pour cette raison on allègue souvent que l'impôt sur les profits ralentit le rythme de croissance économique et détourne les entreprises des projets innovateurs et risqués. L'argument est valide en période de plein emploi quand l'épargne fait défaut et là où la concurrence est très vive (ce qui empêche la transmission de l'impôt aux consommateurs) [1]. Au tableau 3 nous voyons que le Canada compte parmi les pays industrialisés qui taxent le plus les profits des entreprises.

TABLEAU 3

Impôts sur les profits des entreprises et impôts directs sur les personnes en % du total des impôts directs

	Impôts sur les profits	Impôts sur les revenus des particuliers
France	15.8	84.2
Suède	14.6	85.4
Royaume-Uni	26.4	73.6
Etats-Unis	27.1	72.9
Canada	*38.6*	*61.4*
Belgique	14.7	85.3
Australie	34.0	66.0
Japon	41.2	58.8

Source: R. Robertson, *op. cit.*

La classification des impôts suivant les notions d'impôt direct et d'impôt indirect conduit souvent à des confusions à cause des impôts sur le capital. Au point de vue économique, ce qui importe le plus, c'est de savoir si un impôt affecte les décisions de con-

(1) Cette question est encore débattue. Les études empiriques manquent sur la transmission de cet impôt. Le fait que le gouvernement participe autant aux pertes qu'aux profits fait douter du manque d'incitation à risquer le capital.

sommer, d'investir ou de travailler, et comment, à leur tour, ces décisions affectent la stabilité du revenu national. A cet égard il vaut mieux classifier les impôts directement, suivant qu'ils portent sur le revenu, sur le capital et sur la consommation.

Les impôts sur la consommation sont principalement les taxes de vente et d'accise, les taxes sur le chiffre d'affaires ou sur la valeur ajoutée (cette dernière étant la principale taxe indirecte en France). Comme nous l'avons dit plus haut, ces impôts sont généralement régressifs [1]; ils favorisent l'épargne et augmentent l'inégalité des revenus. Par conséquent, ils sont des correctifs efficaces en périodes d'inflation, ils sont fort peu recommandés en temps de chômage, et en tout temps ils sont combattus à bon droit par les pauvres et mis de l'avant par les riches.

On peut être riche de plusieurs manières: avoir un compte de banque rondelet, posséder plusieurs immeubles, des usines ou des titres d'actions ou d'obligations, avoir un grand nombre de débiteurs, ou disposer d'un coffre rempli d'or. Si toutes ces formes de richesse étaient taxées uniformément [2], un tel impôt serait aussi équitable que l'impôt sur le revenu; la transmission de l'impôt serait réduite au minimum et quoique l'épargne serait beaucoup plus touchée que la consommation, l'incitation à accroître son revenu serait maintenue sinon accrue. Les exemptions de base mettraient à l'abri les humbles rentiers sans autre source de revenu. Par contre les fluctuations économiques seraient accentuées plutôt que réduites par l'impôt sur la richesse puisqu'en temps de baisse du revenu national, cet impôt représenterait un plus fort pourcentage des revenus. La situation serait inversée en périodes d'inflation.

Le principal impôt sur la richesse au Canada est l'impôt foncier. Sa seule justification probablement tient à ce que les municipalités en ont besoin et qu'elles ne peuvent lui substituer autre chose. Comme il est structuré, cet impôt est régressif; il réduit les dépenses sur des biens socialement désirables tels que

(1) L'impôt sur la dépense qu'a proposé Kaldor n'est pas régressif parce qu'il est calculé sur la dépense totale et non sur la consommation de produits particuliers. C'est véritablement le seul impôt qui encourage l'épargne et la croissance économique sans sacrifier l'équité. Les difficultés d'application sont malheureusement considérables.

(2) Une fois déduites les dettes afférentes aux actifs.

l'habitation; il altère la localisation de la construction domiciliaire et commerciale; il est une source de conflits parce que les systèmes d'évaluation sont arbitraires. Son unique avantage est d'exister!

L'impôt foncier est très important au Canada. D'après le tableau qui suit, le Canada a le privilège d'avoir les impôts sur le capital les plus élevés à cause de l'impôt foncier principalement.

TABLEAU 4

Impôts sur le revenu, sur le capital et sur la consommation, en % du total des impôts, 1960

	Impôt sur le revenu	Impôts sur le capital (1)	Impôts sur la consommation
France	45.2	5.1	49.7
Suède	63.3	1.1	35.6
Italie	49.3	3.0	47.7
Royaume-Uni	51.7	12.6	35.7
Etats-Unis	63.5	14.2	22.3
Canada	*48.8*	*17.1*	*34.1*
Belgique	52.8	1.5	45.7
Australie	48.8	9.7	41.5
Japon	60.3	6.7	33.0

Note: (1) Comprend les impôts sur les successions, sur les dons et sur la propriété.
Source: R. Robertson, *op. cit.*

Les Etats-Unis viennent au deuxième rang après le Canada, pour la même raison. Ce tableau nous permet de revenir sur l'importance relative des impôts sur le revenu et des impôts sur la consommation. C'est à cet égard que la politique fiscale de la France diffère le plus de celle du Canada. Près de la moitié des impôts français sont des impôts sur la consommation tandis qu'au Canada la proportion dépasse à peine le tiers. L'Italie et la Belgique ont une politique semblable à celle de la France sur ce point, tandis qu'aux Etats-Unis, au contraire, les impôts sur la consommation ne contribuent qu'à 22% des impôts totaux.

Si on laisse de côté les aspects des impôts qui concernent l'équité et l'efficacité administrative, *le choix des différents impôts dépend essentiellement de l'influence qu'ils exercent sur l'épargne et l'investissement d'une part, et sur la consommation d'autre part.* On exagère aisément l'importance des manipulations fiscales à cet égard. La plupart du temps les changements qu'on apportera dans un sens ou dans l'autre ne modifieront pas le rythme général de la croissance économique, parce que la fiscalité n'est qu'un facteur particulier parmi plusieurs autres qui conduit à la prospérité ou à la misère. D'autre part, il ne faut jamais considérer un impôt dans l'absolu, mais examiner l'éventail complet de la fiscalité, puis la politique fiscale jointe à tous les autres instruments de la politique économique y compris la politique monétaire et la politique du taux de change. C'est l'orientation générale d'un ensemble de mesures qui permet d'évaluer la place et le bien-fondé d'une mesure particulière (1).

2 - Les surplus et déficits budgétaires

Essentiellement, l'Etat prélève des impôts pour prévenir l'inflation que causeraient ses dépenses autrement. C'est dire que les dépenses gouvernementales (comme les dépenses privées) sont un stimulant pour l'économie, tandis que l'impôt est un frein. On admettra d'autre part qu'il est profitable de stimuler les activités jusqu'à ce que le plein emploi soit atteint, mais qu'il est inutile et nuisible d'aller au delà puisqu'alors on suscite seulement des augmentations de prix. De ces deux propositions suit une troisième: le surplus budgétaire arrête l'expansion et s'impose quand l'inflation se manifeste; le déficit budgétaire accélère le rythme d'expansion et s'impose quand il existe du chômage. *La règle de la politique fiscale ne consiste donc pas à équilibrer le budget mais à obtenir le plein emploi dans l'économie.* Et s'il était nécessaire de recourir au déficit budgétaire dix ans d'affilée pour résorber le chômage, la règle demeurerait tout aussi valable à moins que l'inflation ne se produise avant le plein emploi.

Quoique les faits au Canada ne correspondent pas toujours

(1) On recommande ainsi de faibles taux d'intérêt combinés à un surplus budgétaire pour stimuler l'économie nord-américaine des prochaines années. Dans ce cas, c'est nettement la combinaison elle-même qui exprime la politique qui est suggérée.

aux intentions des gouvernements quant aux déficits et aux surplus budgétaires, ils correspondent aux principes qui viennent d'être exposés (sauf pour la période de guerre, bien entendu).

TABLEAU 5

Surplus et déficits budgétaires tous les niveaux du gouvernement Canada 1926-1961

	Surplus		Déficits	
	en millions de dollars	en % des dépenses gouvernementales	en millions de dollars	en % des dépenses gouvernementales
1926-1928	138	4.9		
1929-1939			1,788	16.
1940-1945			7,712	44.
1947-1953	3,832	10.		
1954			131	2.
1955-1957	556	2.		
1958-1961			3,068	6.6

Source : Comptes Nationaux 1926-56 et 1962.

De 1929 à 1939 on trouve onze années de déficits budgétaires sans interruption, en temps de paix. Si on compte les années de guerre, les déficits vont de 1929 à 1946 inclusivement à l'exception de 1941.

Puis de 1947 à 1957, période d'expansion très rapide pour le Canada, ce sont des surplus, sauf en 1954 qui est une année de récession. Enfin de 1958 à 1961 (et nous aurions pu ajouter 1962) les gouvernements accusent de nouveau des déficits alors que l'économie est en stagnation (1).

(1) Au Canada, des conflits de politique peuvent se manifester entre les gouvernements municipaux, les gouvernements provinciaux et le gouvernement fédéral. Le déficit délibéré d'un niveau de gouvernement peut être annulé par le surplus d'un autre ou inversement. Depuis 1926, on compte cinq ans seulement où ce mécanisme d'annulation n'a pas joué. Mais c'est plus à cause des municipalités que des provinces. Les années où les provinces sont allées dans la direction opposée à celle du gouvernement fédéral sont 1926 à 1929, 1946, 1954, 1958 et 1959. Nous laissons les années de guerre de côté.

3 - La dette publique

Quand l'Etat fait un surplus budgétaire, il diminue sa dette, quand il fait un déficit, il augmente sa dette. Si l'équilibre du budget ne garantit aucunement la vertu ou la sagesse du ministre des Finances, la dette publique qui résulte des déficits n'est pas un critère de bonne ou de mauvaise administration non plus. Il n'y a pas lieu de se réjouir quand la dette baisse; il n'y a pas lieu de s'alarmer quand la dette monte. C'est seulement parce que les gens transposent leur propre expérience au niveau gouvernemental qu'ils en sont venus à identifier instinctivement la dette publique à la peste noire. Et encore! On transpose souvent cette expérience avec une forte dose d'hypocrisie puisque même l'épicerie du voisin emprunte avec profit. Mais arrêtons l'analogie car elle est précisément la source de toutes les confusions. *Quand un Etat emprunte de ses citoyens, il obtient des uns de quoi donner aux autres. Le pays dans son ensemble ne peut pas être plus pauvre pour cette raison.* Le paiement de l'intérêt n'est pas un fardeau non plus, puisque de nouveau on retire des uns pour rembourser les autres. Souvent même les uns et les autres dans ce contexte sont les mêmes personnes. C'est en cela essentiellement qu'un Etat diffère de chacun de ses citoyens [1].

Ceci pour dire que les variations de la dette publique ne sont, de soi, ni un mal ni un bien. La dette se juge, comme le surplus ou le déficit budgétaire, en fonction des circonstances.

Bien entendu on a longtemps cherché les conséquences néfastes qui pourraient expliquer la crainte instinctive que la dette publique inspire. On en a quand même trouvé quelques-unes, mais anodines ou faciles à corriger. Les paiement d'intérêt par exemple accroissent l'inégalité des revenus; les actifs que constitue la dette pour les prêteurs peuvent inciter ceux-ci à consommer davantage. En dépression, c'est excellent, mais en inflation, c'est une pression additionnelle sur les prix qu'il faut contrecarrer. Enfin, le déficit budgétaire affecte dans un sens ou dans l'autre l'investissement total suivant la façon dont on l'obtient et le résultat qu'il entraîne

(1) Les propositions de ce paragraphe s'appliquent à une dette détenue par les résidents au pays mais ne s'appliquent pas à une dette détenue par l'étranger. Mais 95% de la dette fédérale est détenue par des Canadiens en 1962. Relire aussi la note de la p. 321 sur les effets de redistribution des paiements de transfert.

sur le niveau du revenu national. Il est possible que cette influence n'aille pas dans le sens désiré à un moment donné.

Par contre la dette publique permet à l'Etat d'exercer un contrôle beaucoup plus efficace sur les fluctuations économiques. La politique monétaire et fiscale serait réduite à peu de choses sans la possibilité de faire varier la dette publique et son coût. Dans ce sens, si la dette n'existait pas, il faudrait la créer.

Les faits étant ce qu'ils sont, il ne surprendra personne de savoir que la dette publique varie énormément d'un pays à un autre sans qu'on puisse relier l'état de la dette à l'état de la prospérité du pays. De même, au cours du temps, la dette du gouvernement fédéral a beaucoup varié. C'est ce qu'on lit au tableau 6.

TABLEAU 6

Dette publique — Canada 1929-1962

	Dette brute en millions	Dette nette en millions	Dette nette per capita	Dette nette en % du PNB
1929	$2,647	$2,225	$221.88	36.2
1939	3,711	3,153	279.84	55.9
1945	15,712	11,298	935.88	95.4
1958	18,419	11,046	647.95	34.6
1962	22,867	13,229	714.74	35.9

Sources : B.F.S. : *Comptes publics, National Accounts,* Canadian Tax Foundation : *The National Finances,* 1962-1963.

La dernière colonne du tableau est une bonne mesure de la dette publique. En 1962, la dette n'est pas plus élevée relativement au produit national brut qu'en 1929, c'est-à-dire bien avant la deuxième guerre mondiale. La dette per capita est une statistique fort répandue, mais nous cherchons encore pourquoi. Elle n'a pas de signification particulière; c'est comme comparer la dette à la hauteur des édifices.

La différence entre la dette brute et la dette nette tient aux actifs (v.g. l'équipement) qu'il a été possible d'acquérir ou de créer grâce à la dette.

Si la dette publique était un réel fardeau, il faudrait mesurer celui-ci par l'intérêt que l'Etat doit verser chaque année pour conserver les fonds.

TABLEAU 7

Service de la dette 1940-1963 en millions de dollars

	Intérêts payés 1	Intérêts perçus et autres revenus de placement 2	Autres frais 3	Service net de la dette 4	Colonne 4 en % du Revenu national 5
1940	129	14.9	5.3	119.7	2.3
1945	319	60.7	20.9	279.2	2.9
1958	539	169.4	28.2	398.0	1.5
1962	803	308	36.0	531.5	1.7
1963	882	311	36.0	607.0	1.8

Source: Canadian Tax Foundation: *op. cit.*, 1963-64.

Les intérêts payés sur la dette publique ne donnent pas une image fidèle de la situation cependant. Comme une partie de la dette sert à des placements productifs il convient de déduire des intérêts les revenus qu'on tire des placements. C'est la colonne 2 du tableau 7. Si on ajoute les autres frais afférents à la dette on obtient le coût net qui, comparé au revenu national, exprime la proportion des ressources qu'il faut y consacrer. En 1962 le service de la dette absorbait 1.7% du revenu national.

A la dette du gouvernement fédéral, il convient d'ajouter les dettes des gouvernements provinciaux et municipaux. En 1959, pour une dette fédérale de 20.7 milliards, les provinces devaient en outre 3.3 milliards et les municipalités, 4.3 milliards. Le total s'élevait à 28.3 milliards.

Partie 5 : les échanges extérieurs

CHAPITRE 17 — LE COMMERCE EXTÉRIEUR ET LA POLITIQUE DOUANIÈRE

1 - Quelques comparaisons internationales

2 - Structure du commerce extérieur

a) produits primaires et produits manufacturés

b) principaux produits

c) termes d'échange

3 - Balance du commerce

4 - La politique douanière

a) historique

b) le tarif douanier actuel

Le commerce extérieur et la politique douanière

17

1 - Quelques comparaisons internationales

Le Canada compte parmi les grandes nations commerçantes du monde. En dépit de sa faible population, il se classe sixième par l'importance de son commerce extérieur, après les Etats-Unis, l'Allemagne, l'Angleterre, la France et l'U.R.S.S. Le pays se trouve donc en bonne compagnie.

TABLEAU 1

Commerce extérieur. Divers pays 1961

	en milliards de dollars U.S.	dollars U.S. par habitant
Etats-Unis	35.4	200
Allemagne de l'Ouest	23.5	417
Grande-Bretagne	22.2	437
France	13.9	301
U.R.S.S.	11.7	—
Canada	*11.5*	*675*
Japon	10.	106
Italie	9.4	190
Pays-Bas	9.4	800
Belgique - Luxembourg	8.1	858
Suède	5.6	750
Suisse	4.7	864

Sources: 1ère colonne: N.U. *Annuaire des statistiques du commerce international*, 1961.
2e colonne : *Annuaire statistique du Canada*, 1962.

Le commerce extérieur par habitant est, en gros, une fonction inverse de la population, pour les pays industrialisés. Le commerce revêt donc une importance considérable, suivant cette échelle, pour la Suisse, la Belgique, les Pays-Bas, la Suède et le Canada. Le commerce extérieur par habitant est de $675. au Canada en 1961.

Le tableau 2 donne cependant une image qui doit faire davantage réfléchir:

TABLEAU 2

Commerce extérieur. Groupes de pays 1961

	en milliards de dollars U.S.
Communauté Economique Européenne	64.5
Association Européenne de Libre-Echange	42.2
Etats-Unis	35.4
Pays de l'Est	32.0
Canada	*11.5*
Association Latino-Américaine de Libre-Echange	11.0

Notes: C.E.E. : Allemagne de l'Ouest, Belgique-Luxembourg, France, Italie et Pays-Bas.
A.E.L.E. : Autriche, Danemark, Norvège, Portugal, Royaume-Uni, Suède et Suisse.
A.L.A.L.E : Argentine, Brésil, Chili, Colombie, Equateur, Mexique, Paraguay, Pérou, Uruguay.
Commerce extérieur s'entend comme la somme des exportations et des importations.

Source: Gatt, *Le Commerce international en 1962*.

Comme chacun sait, le Canada poursuit une politique commerciale résolument indépendante et multilatérale, tandis que la plupart des autres pays tentent aujourd'hui de former de vastes ensembles au sein desquels les échanges sont plus ou moins privilégiés. Le traité de Rome instituant la *Communauté Economique Européenne* est entré en vigueur le 1er janvier 1959. Il vise à abolir les obstacles au commerce entre les pays membres, à protéger le commerce intérieur par l'établissement d'un tarif extérieur commun, enfin à créer une communauté politique intégrée. A la suite d'une accélération remarquable du processus d'intégration, on estime que sur les produits industriels (à l'exception des pétroles raffinés), la baisse interne des droits de douane a atteint 60% et que le rapprochement des tarifs extérieurs vers le tarif commun a atteint 60% également. *L'Association européenne de libre-échange,* instituée à la fin de 1959, vise à abolir aussi les droits de douane et les autres obstacles au commerce entre les pays membres au cours d'une période de dix ans. Contrairement à la C.E.E. toutefois, une zone de libre-échange ne comporte, ni tarif extérieur commun ni institutions politiques communes. Le regroupement des pays de l'Amérique latine s'effectue suivant ce dernier modèle. *L'Association latino-américaine de libre-échange* a été instituée en juin 1961, en vue d'abolir les droits de douane entre les membres d'ici 1973. Le Vénézuela n'en fait pas partie cependant.

Dans un monde régionalisé de la sorte, le Canada fait figure d'un bien petit pays. Le commerce extérieur de la C.E.E., à elle seule, s'élève à 64.5 milliards de dollars en 1961, celui de l'A.E. L.E., à 42 milliards. Par rapport à l'Europe, le commerce des Etats-Unis même ne compte que pour un tiers. Ajoutons le commerce des pays de l'Est, celui de l'A.L.A.L.E., et *nous devrons convenir que l'isolement du Canada, face à un univers de blocs commerciaux de grandes dimensions, commence à être préoccupant* (1).

---

(1) Pour fixer les idées, voici les pourcentages que représentent certaines régions dans le commerce mondial, en 1961 : pays industrialisés, 63.8%, pays de l'Est, 11.9%, pays non-industrialisés, 24.3%. Par rapport au total mondial et parmi les régions industrialisées, les Etats-Unis comptent pour 14.2% le Canada, pour 4.6%, tandis que la C.E.E. compte pour 24.6% et l'A.E.L.E., pour 14.5%. Ces calculs sont basés sur des chiffres apparaissant dans Gatt : *Le Commerce international en 1961,* p. 153. L'Australie et la Nouvelle-Zélande aussi considèrent l'opportunité d'établir entre eux des relations commerciales privilégiées.

Le Canada peut d'autant moins demeurer indifférent à cette évolution extérieure, que ses échanges avec l'étranger constituent une proportion importante du revenu national. En 1962, les recettes d'exportation ont contribué à 26.8% du revenu national (et à 20.4% du PNB). Sous ce rapport, plusieurs pays européens se trouvent dans une situation analogue à la nôtre, et bien loin de chercher à se replier sur eux-mêmes, pour éviter « la colonisation de leur pays par l'étranger », ils désirent accroître encore leurs échanges extérieurs. Considérons un instant le tableau 3: nous voyons que l'Allemagne fédérale et la Grande-Bretagne, deux marchés intérieurs beaucoup plus vastes que celui du Canada, tirent de leurs exportations une proportion aussi élevée du PIB que le Canada.

TABLEAU 3

Exportations en % du Produit intérieur brut 1961

Allemagne fédérale	23%
Royaume-Uni	20
Canada	*20*
France	15
Italie	14
Japon	10.6
Etats-Unis	4.7

Source: N.U., *Annuaire statistique des comptabilités nationales,* 1961.

Quoique nous n'ayons pas les chiffres exacts, nous savons qu'il en est de même (sinon plus encore) de tous les pays de l'A.E. L.E. A vrai dire une des rares exceptions à la règle d'une forte « dépendance » des pays à l'égard du commerce extérieur est celle que nous connaissons le mieux: les Etats-Unis. Les raisons en sont fort simples: isolement géographique et grande dimension du marché intérieur.

En longue période, l'importance du commerce extérieur diminue par rapport à l'ensemble de l'économie. Il en a été ainsi de la plupart des pays depuis cinquante ans. En ce qui concerne le Canada, il convient d'observer qu'en 1926, les exportations représentaient 32% du PNB, alors qu'elles ne représentent plus que 20% aujourd'hui. La diminution est considérable.

Qu'en est-il de l'évolution plus récente du commerce international? Le tableau 4 donne les changements de volume qui sont survenus depuis 1950.

TABLEAU 4

Indices du volume des exportations et des importations 1953 = 100

	1950	1962	aumentation en %
1. *Exportations*			
Canada	83	140	70
Etats-Unis	73	124	70
C.E.E.	76	247	225
Royaume-Uni	106	131	23
2. *Importations*			
Canada	73	129	76
Etats-Unis	92	156	70
C.E.E.	84	265	215
Royaume-Uni	90	143	58

Source: O.C.D.E., *Statistiques générales.*

Il est clair que ce sont les pays de la C.E.E. qui ont augmenté leur commerce extérieur dans les plus fortes proportions. Comme l'année 1950 paraît anormale aux yeux de plusieurs, les comparaisons peuvent aussi porter sur l'année 1953, puisque c'est l'année de base des indices utilisés. Dans ce cas, le volume des exportations a augmenté de 40% au Canada, de 24% aux Etats-Unis et de 147% à la C.E.E. Depuis dix à quinze ans, nous assistons par suite, quant au commerce extérieur, à une réduction très sensible de l'influence économique des Etats-Unis dans le monde et à une hausse correspondante de celle de la Communauté Economique Européenne (1).

En réalité sans doute, l'Europe tend à reprendre la place qu'elle occupait dans le monde avant la seconde guerre mondiale.

2 - Structure du commerce extérieur

a) Produits primaires et produits manufacturés

Dans la dernière section du chapitre 2, nous avons écrit que la *structure de l'économie canadienne était encore caractérisée de nos jours par une intense exploitation des ressources naturelles en vue des marchés extérieurs.* C'est maintenant le moment d'illustrer cette proposition à l'aide des statistiques des exportations.

Comme la classification des produits suivant le degré de transformation est toujours arbitraire, nous avons établi nos calculs sur la base de la classification internationale en usage (C.T.C.I. révisée) à l'heure actuelle (2). Puisqu'en outre, les résultats s'interprètent difficilement dans l'absolu, nous avons comparé le Canada aux Etats-Unis, à la C.E.E. et à l'A.E.L.E. Le tableau qui ressort de cette comparaison est d'une netteté exemplaire : 70% des exportations du Canada, en 1961, sont des produits primaires; la proportion correspondante est de 40.7% aux Etats-Unis, de 34.7% dans les pays de la C.E.E., enfin de 31.1% dans les pays de l'A.E.L.E Ces chiffres ne laissent subsister aucun doute sur la prédominance du secteur primaire dans les exportations, et partant, dans la structure économique générale qui en dérive (3).

Ceci dit, nous ne voyons pas l'intérêt de rapprocher le Canada des pays sous-développés à la suite d'une telle observation.

L'instabilité et la fragilité des exportations des pays sous-développés tiennent essentiellement au manque de diversification des produits exportés. Un second examen du tableau 5 (et d'autres

(1) Sur ce thème, on pourra lire H. G. Johnson, *Canada in a Changing World Economy,* U. of T. Press 1962.

(2) Classification type pour le commerce international établie pour les Nations-Unies et adoptée par tous les organismes internationaux.

(3) Pour que la théorie du produit de base trouve une vérification empirique incontestable, il faudrait encore prouver que ce sont les exportations qui commandent le taux de croissance de l'ensemble de l'économie.

TABLEAU 5

Structure des exportations. Chaque catégorie en % du total Canada, Etats-Unis, C.E.E., A.E.L.E., 1961

	Canada	E.U.	C.E.E.	A.E.L.E.
1. Produits alimentaires	23.6	20.2	10.4	10.7
2. Matières premières d'origine agricole	15.0	9.1	4.2	7.5
3. Minerais et métaux	27.8	7.5	14.0	10.7
4. Combustible et énergie	4.0	3.9	6.1	2.2
Total des produits primaires	*70.4*	*40.7*	*34.7*	*31.1*
5. Produits chimiques	3.1	8.8	9.3	8.6
6. Machines et matériel de transport	8.7	35.9	32.0	35.9
7. Autres articles manufacturés	17.8	14.6	24.0	24.4
Total des produits manufacturés	*29.6*	*59.3*	*65.3*	*68.9*
Total général	100.	100.	100.	100.

Sources: N.U., *Annuaire des statistiques du commerce international 1961* et Gatt, *Le commerce international en 1961*. Les groupes ci-dessus sont ceux des tableaux 16 et 17 de cette dernière publication, tels que définis p. 141.

informations qui suivent) nous convainc aisément que la situation du Canada est tout à fait différente à cet égard. Les produits primaires que le Canada exporte appartiennent à la fois aux trois catégories principales de la classification: produits agricoles, produits de la forêt et produits miniers; et dans chaque catégorie, se trouvent un grand nombre de biens de production tout autant que de biens de consommation. Si les céréales forment la majeure partie des exportations de produits alimentaires (proportion assez voisine de celle des Etats-Unis), les matières d'origine agricole comprennent le bois d'oeuvre, la pâte de bois et les engrais. Mais où la structure des exportations diffère le plus entre les régions retenues, c'est par la place exceptionnelle qu'occupent au Canada les produits miniers: le minerai de fer, les métaux non-ferreux et les minéraux non-métalliques. De la catégorie des combustibles et de l'énergie, ensuite, relève le pétrole brut qui est appelé à s'accroître dans l'avenir. Au chapitre des produits manufacturés, nous limiterons nos commentaires aux deux suivants: d'une part, c'est le papier-journal que renferment, pour environ la moitié, les exportations des « autres articles manufacturés »; d'autre part, c'est surtout l'industrie automobile qui explique, au poste no 6, le faible pourcentage du Canada et le haut pourcentage des autres pays.

Considérons maintenant la structure des importations en recourant aux mêmes procédés. Le tableau 6 fait de nouveau ressortir dans quelle mesure le Canada se distingue des trois autres régions avec lesquelles il est comparé. Les produits manufacturés forment les deux tiers des importations au Canada et le tiers des importations aux Etats-Unis et en Europe. La similitude des E.U., de la C.E.E. et de l'A.E.LE. sous ce rapport est également remarquable, et en particulier la similitude des importations des produits primaires. Une telle structure des importations canadiennes confirme ce que nous avons dit antérieurement des exportations. Il n'est pas nécessaire d'insister davantage.

Revenons cependant sur l'arbitraire des classifications. Il nous serait en effet facile de présenter les exportations canadiennes sous un jour beaucoup plus favorable, aux yeux de certains, si nous voulions faire intervenir plusieurs autres critères particuliers.

TABLEAU 6

Structure des importations. Chaque catégorie en % du total Canada, Etats-Unis, C.E.E., A.E.L.E., 1961

	Canada	E.U.	C.E.E.	A.E.L.E.
1. Produits alimentaires	12.8	25.3	21.1	25.5
2. Matières premières d'origine agricole	4.8	12.7	14.6	12.6
3. Minerais et métaux	6.2	14.7	14.5	10.6
4. Combustible et énergie	8.3	11.7	11.9	10.6
Total des produits primaires	*32.2*	*64.4*	*62.1*	*59.3*
5. Produits chimiques	6.3	3.2	5.5	6.0
6. Machines et matériel de transport	37.0	9.5	17.2	18.0
7. Autres articles manufacturés	24.4	22.9	15.2	16.6
Total des produits manufacturés	*67.8*	*35.6*	*37.9*	*40.7*
Total général	100.	100.	100.	100.

Sources: celles du tableau 5.

Par exemple, on publie des statistiques montrant que les matières premières ne représentent que 30% des exportations (1959), puis, qu'une autre tranche de 30% est constituée de produits partiellement manufacturés, qu'enfin, le reste est fait de produits complètement ou « presque complètement » manufacturés (mais le lingot d'aluminium appartient à la dernière classe). Une classification selon l'usage indiquerait par ailleurs que 70% des exportations sont des biens de production. Si nous nous arrêtons sur ce problème, c'est pour bien souligner que *ce qui importe à notre avis, c'est la comparaison internationale des tableaux 5 et 6, plutôt que les proportions elles-mêmes des produits primaires et des produits manufacturés dans le commerce extérieur.*

b) Principaux produits

Souvent une bonne façon de résoudre le problèmes épineux de classification, c'est de n'en pas avoir. Dans les circonstances présentes, une simple liste des principaux produits exportés et importés renseigne déjà beaucoup sur la nature du commerce extérieur. Lisons par exemple le tableau 7: nous voyons d'un coup d'oeil que le Canada exporte le produit de ses ressources naturelles, mais qui sont très variées, et importe des biens d'équipement et des biens de consommation durables.

Quelles sont les tendances qui se manifestent depuis un certain nombre d'années? Dans les exportations, les produits agricoles ont tendance à perdre leur prédominance antérieure au profit des produits forestiers et surtout au profit des métaux et des minéraux. Au cours des dix dernières années, les exportations dont la croissance a été plus rapide que la moyenne sont le minerai de fer, le nickel, l'aluminium et le cuivre. Parmi les produits qui sont apparus depuis la dernière guerre, mentionnons le minerai de fer, le pétrole et l'uranium dont les exportations s'élèvent à près de 500 millions et figurent sur notre tableau parmi les exportations principales de 1961.

TABLEAU 7

Principaux produits exportés et importés Canada 1961, en millions de dollars

EXPORTATIONS		IMPORTATIONS	
papier-journal	761	machines non-agricoles et pièces	603
blé	662	pièces d'autos (sauf moteurs)	304
bois	355	pétrole brut et semi-raffiné	291
pâte de bois	347	appareils électriques (n.a.s.)	265
nickel et produits	338	avions et pièces (sauf moteurs)	217
aluminium et produits	251	moteurs et chaudières	183
cuivre et produits	202	automobiles	157
uranium et concentrés	193	tracteurs et pièces	136
pétrole brut et semi-raffiné	154	produits d'acier laminé	111
minerai de fer	136	machines agricoles et pièces (sauf moteurs)	96
amiante brute	131	tissus de coton	76
caoutchouc synthétique	104	produits de papier	75
total ci-dessus	3,634	total ci-dessus	2,514
grand total approximatif	5,750	grand total approximatif	5,770

Source: *Annuaire du Canada,* 1962.

Du côté des produits manufacturés, ce sont surtout les produits chimiques qui sont en hausse depuis la guerre: caoutchouc synthétique, engrais chimiques, sels et composés de calcium, plastiques et produits de cellulose. Au-delà de ces changements particuliers, la principale étude qui a été faite sur les prévisions d'exportation d'ici 1980 (1) conclut à des modifications mineures dans la concentration des principales exportations. Tout au plus verrons-nous monter dans notre liste du tableau 7 l'aluminium, le pétrole et le minerai de fer et nous verrons descendre dans la liste le blé, le nickel et le cuivre.

En ce qui concerne les importations, les tendances passées indiquent comme catégories en hausse: les biens d'équipement, les biens de consommation durables et notamment l'équipement ménager, le pétrole et les produits chimiques. Les importations qui perdent de l'importance dans l'ensemble sont les produits alimentaires, les textiles, certaines matières premières comme le caoutchouc et le charbon, enfin le fer et l'acier primaires (la liste n'est pas exhaustive). On ne prévoyait pas de changements majeurs dans ces tendances d'ici 1980 lors des études de prévision de 1957 (2).

c) Termes d'échange

Il est possible de se rendre compte si la structure du commerce extérieur est favorable ou non, grâce aux termes d'échange. On entend couramment par cette expression le *rapport entre l'indice des prix des produits exportés et l'indice des prix importés.* Si on représente ces deux indices par Px et Pm respectivement et qu'on adopte une désignation plus précise, on pourra écrire:

$$\textit{termes d'échange nets entre produits}^{(3)} = \frac{Px}{Pm}$$

(1) R. V. Anderson; *L'avenir des exportations du Canada.* « Etude de la Commission Royale d'Enquête sur les Perspectives Economiques du Canada», 1957, p. 111 et 134.

(2) D. Slater, *Les importations du Canada.* «Etude de la Commission Royale d'Enquête sur les Perspectives Economiques du Canada», 1957, p. 112. Une conclusion importante de cette étude est à l'effet que les changements dans la structure des importations dépendent des changements dans la composition des dépenses totales plutôt que des changements dans les sources d'approvisionnement.

(3) Le taux de change (qui sera défini au prochain chapitre) intervient dans ce calcul. En effet les prix doivent être traduits en une même monnaie pour être comparables. Si initialement Pm sont des prix en monnaie étrangère, on les multiplie par le taux de change, T, où T = prix de la monnaie étrangère en monnaie nationale. Il suit qu'une dépréciation de la monnaie nationale augmente Pm et qu'une appréciation les diminue.

Il est évident, en première approximation, qu'une structure favorable du commerce extérieur est celle dont les prix à l'exportation se maintiennent ou s'élèvent dans le temps, tandis que les prix à l'importation se maintiennent, baissent ou montent moins rapidement. En effet *si les prix à l'exportation montent et que les prix à l'importation restent les mêmes, le pays est en mesure de se procurer une plus grande quantité de produits sans sacrifice supplémentaire*. C'est à cause d'une telle évolution des termes d'échange que le commerce international entre les pays industrialisés et les pays sous-développés tourne à l'avantage des pays industrialisés depuis la première guerre mondiale. En a-t-il été ainsi du Canada qui, nous l'avons vu, exporte des produits primaires et importe des produits manufacturés ? Il n'en a pas été ainsi. Depuis le début du siècle, les termes d'échange du Canada ne manifestent aucune tendance à la hausse ou à la baisse. Entre 1905 et 1950, les fluctuations ont varié de 5% en plus ou en moins, sauf pour de courtes périodes de temps. En 1952, suite à l'appréciation du dollar canadien, le prix moyen des importations a diminué de 12% et les termes d'échange sont devenus plus favorables d'autant au Canada. Depuis cette date, et de nouveau à cause (en grande partie) de l'évolution inverse du taux de change, les termes d'échange ont baissé. Ils sont à l'indice 95 en 1962 par rapport à 100 en 1953.

Ces précisions permettront de mieux interpréter les données du tableau 8 et du tableau 9.

TABLEAU 8

Termes d'échange 1962
1951 = 100

Canada	105
Etats-Unis	123
C.E.E.	118
A.E.L.E.	121

Source : O.C.D.E., *Statistiques générales.*

Mais l'avantage que le pays est censé tirer de termes d'échange croissants est un avantage très incertain. *Quand le prix des produits exportés monte, en effet, on doit s'attendre à ce que le volume des ventes diminue.* Par suite, les recettes d'exportation que le pays acquiert grâce à la hausse des prix peuvent être perdues par la diminution des ventes. Après tout, personne ne peut vendre n'importe quelle quantité à n'importe quel prix. Quand il en est ainsi, une hausse des termes d'échange n'est plus nécessairement avantageuse, ni une baisse des termes d'échange, nécessairement une source d'ennui (1).

Pour tenir compte à la fois des variations de volume et des variations de prix, on fait intervenir la notion de *termes d'échange revenu* qui s'écrit:

$$\textit{termes d'échange revenu} = \frac{Px}{Pm} \times Qx$$

où Px et Pm désignent de nouveau les indices de prix des exportations et des importations et Qx, l'indice des quantités exportées. L'expression donne les changements qui surviennent dans les recettes d'exportation (Px $\times$ Qx), compte tenu des prix à l'importation. De façon plus concrète peut-être, elle indique les changements qui surviennent dans la capacité du pays à importer un volume donné de produits (les possibilités d'emprunt étant écartées).

Le tableau 9 résume l'évolution des termes d'échange revenu du Canada et de certains autres pays pour les années récentes. Comme la situation des pays sous-développés présente un grand intérêt à cet égard, la partie B du tableau consiste en une nouvelle comparaison, mais qui ne porte cette fois que sur les recettes d'exportation.

Il ressort de ces calculs que « la capacité d'importation » du Canada a augmenté de 60% depuis 1951, et que ce taux d'accroissement, très voisin des Etats-Unis, est plus faible que celui des pays de l'A.E.L.E. et très loin derrière celui des pays de la C.E.E. La croissance des exportations est beaucoup plus importante dans ce résultat que les termes d'échange entre produits. Par

(1) Associer une hausse des termes d'échange à une hause des recettes d'exportation équivaut à supposer une élasticité de la demande des produits exportés inférieure à I.

TABLEAU 9

Termes d'échange revenu et recettes d'exportation
Canada et certains autres pays, 1962
En nombres-indices 1951 = 100

A)	Px/Pm	Qx	Px/Pm . Qx
Canada	105	152	160
Etats-Unis	123	133	164
C.E.E.	118	263	310
A.E.L.E.	121	154	186
B)	**Px**	**Qx**	**Px . Qx**
Canada	104	152	158
Régions industrielles	101	183	185
Régions non-industrialisées	75	162	121

Notes : régions industrielles : Europe occidentale, Japon et Amérique du Nord; régions non-industrialisées : le reste du monde.
Les indices sont basés sur 1953 et ramenés en 1951.

Sources : Partie A. : O.C.D.E., *Statistiques générales;*
Partie B : Gatt, *Le Commerce international en 1962*, p. 11.

exemple, les Etats-Unis ont connu la plus forte hausse dans les termes d'échange entre produits des quatre régions considérées, mais leurs exportations ont monté si peu que leurs termes d'échange revenu se sont détériorés par comparaison à l'Europe. Le cas des pays de la C.E.E. est analogue, en sens inverse: les deux tiers des progrès des termes d'échange revenu sont attribuables à la hausse des exportations(1).

Considérons maintenant la partie B du tableau 9 dans laquelle les termes d'échange entre produits reprennent leurs droits. Les quantités exportées par les pays sous-développés se sont accrues de 62% au cours de la période. Un tel taux d'accroissement est remarquable; il est plus élevé que celui du Canada (et des Etats-Unis). Cependant, à cause d'une baisse de 25% dans les prix à l'exportation, les recettes totales d'exportation des pays

(1) 1951 n'est pas une année appropriée pour établir les comparaisons à cause de la hausse des prix des matières premières que la guerre de Corée a entraînées. Néanmoins, les autres années de référence donneraient des variations moins prononcées, mais des variations qui iraient dans le même sens que celles-ci.

sous-développés ne se sont accrues que de 21%. Le Canada, par comparaison, et grâce à des prix plus favorables, a augmenté les siennes de 58%.

Comme nous l'avons annoncé, cet examen des termes d'échange apporte une réponse, au moins partielle, à la question de savoir si la structure du commerce extérieur canadien est favorable ou défavorable, si elle est bien ou mal adaptée aux conditions de la demande mondiale. Par rapport à l'Europe et par rapport notamment à la C.E.E., l'évolution du Canada est assez peu satisfaisante et les termes d'échange entre produits y ont joué un certain rôle[(1)]. Si la comparaison est faite avec l'ensemble des pays sous-développés par contre, on observe que les prix à l'exportation du Canada ont été très favorables, plus favorables d'ailleurs que les prix à l'exportation des régions industrielles elles-mêmes. *En somme, en dépit des apparences, la structure des exportations et des importations du Canada ne révèle pas de faiblesses majeures.*

3 - Balance du commerce

De l'analyse des produits il convient maintenant de passer à l'examen de la balance commerciale en fonction des principaux partenaires du Canada.

TABLEAU 10

Commerce extérieur des marchandises, en millions de dollars

	Exportations	Importations	Balance
1951	3,950	4,097	—147
1956	4,837	5,565	—728
1959	5,150	5,572	—386
1962	6,364	6,209	155

Source : Banque du Canada, Sommaire Statistique.

(1) Nous avons vu cependant que la baisse des termes d'échange n'était pas surtout causée par une structure défectueuse, mais par la baisse du taux de change qui résulte à son tour d'un déséquilibre entre recettes et paiements extérieurs totaux.

Dans ses échanges commerciaux avec l'ensemble du monde, le Canada a enregistré un surplus confortable du début de la seconde guerre à 1951. Puis, à l'exception de 1952 (surplus de 489 millions), il a ensuite accusé un déficit annuel moyen de 325 millions jusqu'en 1961. Le plus lourd déficit a été celui de 1956 quand, en une seule année, les importations se sont accrues d'un milliard de dollars. Après un déficit de 150 millions en 1960, la situation se rétablit en 1961 grâce à une augmentation sensible des exportations. Le surplus est de 173 millions. Enfin, en 1962, une nouvelle augmentation des exportations conduisit à un surplus de 155 millions.

La dévaluation du dollar canadien depuis 1961 est la principale raison du rétablissement de la balance commerciale. L'évolution de 1963 devrait être aussi favorable, car la dévaluation ne s'est pas encore fait sentir sur une année complète. Les ventes de céréales aux pays de l'Est viendront d'ailleurs soutenir les recettes d'exportations pendant quelques années. Ce sont sans doute les exportations qui ont surtout contribué à la suppression du déficit commercial depuis 1956. En effet, les exportations ont augmenté de 31% et les importations, de 11% seulement de 1956 à 1962. Ce dernier calcul est tiré du tableau 10.

La répartition géographique du commerce extérieur révèlera cependant que l'amélioration récente de la balance du commerce demeure superficielle, en ce que le déséquilibre avec les Etats-Unis n'a pas été touché. Mais considérons d'abord quelques données plus générales.

Les principaux clients du Canada sont d'abord les Etats-Unis qui achètent 59% des produits canadiens, puis le Royaume-Uni qui en achète 14.4%. Le Japon vient au troisième rang avec 215 millions en 1962, suivi de l'Allemagne pour une somme de 127 millions. Si on excepte les Etats-Unis, les exportations canadiennes sont relativement dispersées, comme le montrent les faibles pourcentages du tableau 11. La C.E.E. (qui comprend l'Allemagne) n'achète que 7.3% des exportations du Canada, soit une somme de 455 millions.

TABLEAU 11

Destination des exportations. Origine des importations, Canada 1962

	Exportations en % du total	Importations en % du total	Balance en millions de dollars
Etats-Unis	59.0	68.7	—555
Royaume-Uni	14.4	9.0	357
C.E.E.	7.3	5.3	130
Autres pays d'Europe	3.0	1.8	75
Pays communistes (Chine comprise)	3.1	—	174
Pays d'Afrique et du Moyen Orient	1.5	2.3	— 56
Japon	3.4	2.0	89
Autres pays d'Asie et d'Océanie	3.7	2.8	56
A.L.A.L.E.	2.2	1.4	49
Vénézuéla	0.6	3.5	—182
Autres pays d'Amérique	1.9	2.5	— 41
(Total)	(6,348 millions)	(6,258 millions)	89
Total	100.	100.	

Note: On observera que la balance commerciale générale n'est pas la même ici qu'au tableau précédent. Les deux tableaux ne sont pas strictement comparables.

Source : B.F.S., *Trade of Canada. Exports by Countries. Imports by Countries.*

En ce qui concerne les importations, les Etats-Unis dominent davantage encore, puisque près de 70% des importations canadiennes viennent de ce pays. Le Royaume-Uni n'atteint pas 10% et les autres pays d'Europe, 7%. Soulignons toutefois les importations relativement considérables en provenance du Vénézuéla (225 millions; surtout du pétrole).

On lira à la dernière colonne, la balance commerciale des principaux pays et régions retenus. Le déficit à l'égard des Etats-Unis, quoique très élevé, est plus que compensé par les surplus réalisés à l'égard des autres pays.

L'évolution la plus remarquable qui s'est produite dans le commerce extérieur depuis le début du siècle a été la substitution des Etats-Unis à la Grande-Bretagne comme principal débouché des exportations canadiennes. Ce transfert a été scellé au début des années 1950. En 1901, 60% des exportations canadiennes étaient destinées à la Grande-Bretagne et un peu moins de 30% aux Etats-Unis. En 1951, la proportion des exportations allant à la Grande-Bretagne était tombée à 16%, celle allant aux Etats-Unis était montée à 60%. De 1951 à 1962, la part de ces deux pays n'a pas beaucoup changé.

TABLEAU 12

Destination des exportations canadiennes en pourcentage du total

	1901	1951	1962
Etats-Unis	28	59	59
Grande-Bretagne	60	16	14
Autres pays	12	25	27

En ce qui concerne les importations la concentration américaine est encore plus forte, nous le savons déjà. Ce qu'on ignore généralement toutefois, c'est que contrairement aux exportations, ce phénomène n'est pas récent. Déjà en 1901, les Etats-Unis fournissaient 60% des importations.

On peut tirer de ces chiffres que, sauf circonstances très exceptionnelles, *le déficit commercial du Canada à l'égard des Etats-Unis est aussi ancien que le pays lui-même*. Chose certaine, le déficit commercial depuis 1946 est de 518 millions par année et ne manifeste aucune tendance à disparaître. Loin de là. La seule année où le déficit a été abaissé à moins de 300 millions fut 1950, grâce à des contrôles sévères des importations.

Les variations à la balance générale du commerce sont attribuables aux échanges avec les autres pays en grande partie, tandis que la situation à l'égard des Etats-Unis change peu ou change en sens inverse. Prenons les trois dernières années à titre d'exemples. De 1959 à 1960, le déficit d'ensemble a été réduit de 275 millions, celui à l'égard des Etats-Unis a augmenté de 120 millions. De 1960 à 1961, on a passé d'un déficit à un surplus, la variation d'ensemble étant de 225 millions; le déficit à l'égard des Etats-Unis n'a baissé que de trois millions. De 1961 à 1962, le surplus global a légèrement baissé tandis que le déficit américain s'abaissait de près de 100 millions. Il suit que les échanges entre le Canada et les autres pays paraissent beaucoup plus sensibles à la conjoncture et aux politiques ordinaires d'ajustement que ne le sont les échanges avec les Etats-Unis. C'est ainsi que dans le passage d'un déficit de 386 millions en 1959 à un surplus de 155 millions en 1962 dans la balance générale du commerce, les Etats-Unis n'y sont pour rien; le déficit à l'égard des Etats-Unis ayant été de 536 millions en 1959 et de 555 millions en 1962.

Les décompositions du commerce suivant de larges catégories de produits et suivant les pays n'apportent guère de révélations, si ce ne sont d'une part que les produits agricoles sont surtout exportés vers l'Europe plutôt que vers les Etats-Unis et d'autre part, que le bois et le papier sont vendus aux Etats-Unis dans une proportion voisine de 80%. Bien entendu, au niveau des produits particuliers, nous trouverions d'autres concentrations semblables, mais la liste est trop fastidieuse à dresser et à lire pour que nous nous y arrêtions.

Ce bref examen des clients et des fournisseurs du Canada nous amène à conclure que les Etats-Unis sont de loin, le partenaire le plus important. Nous ajouterons donc cette petite note de sens commun: si on désire que des changements de conséquence interviennent dans le commerce extérieur du pays, c'est sur les échanges avec les Etats-Unis qu'il faut en premier lieu faire porter les efforts[1].

4 - La politique douanière

Le niveau et la nature des échanges commerciaux extérieurs sont commandés fondamentalement par les différences du coût de production entre les pays et par la demande pour les produits. A parler vaguement, ce sont les conditions du marché. Celles-ci cependant sont influencées dans une large mesure par les droits de douane qui sont établis par les Etats. *Un droit de douane est un impôt qui est prélevé sur les marchandises qui sont importées; le tarif douanier d'un pays est la liste de tous les droits en vigueur.* L'influence du tarif douanier sur les échanges extérieurs est telle que la structure économique du pays, son taux de croissance et le revenu des habitants peuvent en être considérablement affectés. Le tarif est donc un instrument de politique économique au même titre que les impôts intérieurs ou l'offre de monnaie.

Le tarif douanier a joué un rôle particulièrement important dans le développement économique du Canada. Pour certains ce tarif s'est avéré néfaste, pour d'autres, le Canada lui doit d'avoir survécu. Mais on sera unanime à penser que tel qu'il a été, le tarif a fait naître et vivre un grand nombre d'industries canadiennes et qu'il a pu empêcher la naissance et le développement d'un grand nombre d'autres industries. En bref, le tarif a profondément transformé la structure économique du Canada. Pour le meilleur ou pour le pire? Nous n'en jugerons pas.

a) Historique

Avant de faire l'histoire du tarif douanier canadien, nous devons convenir de quelques notions et propositions indispensables. *Le libre-échange est un régime dans lequel aucun obstacle délibéré n'est mis au commerce international des marchandises sous forme de tarifs ou de contingentements* [2]. Le régime opposé

(1) Nous pensons en particulier au déséquilibre de la balance du commerce et plus généralement, au déséquilibre de la balance des comptes courants.

(2) Le contingentement est la prohibition d'importer des produits au-delà d'une certaine quantité.

est le *protectionnisme*. Ce régime tire son nom de la protection contre la concurrence étrangère qui est donnée aux producteurs nationaux par l'imposition du tarif. Comme certains tarifs ne protègent personne, on distingue le *tarif protecteur* qui réduit ou supprime effectivement l'importation et le *tarif fiscal* qui vise à procurer des revenus à l'Etat (un droit sur l'importation de café serait un tarif fiscal au Canada parce que le caféier n'y pousse pas).

Une des principales propositions de la science économique est à l'effet que dans *certaines conditions d'application, le régime de libre-échange est celui qui procure à chaque pays, à chaque moment donné, les gains d'échange les plus élevés et partant, le revenu national réel le plus élevé*. Deux conditions d'application de la loi sont la *concurrence* et le *plein emploi*. En l'absence de concurrence et de plein emploi, un pays particulier peut imposer un tarif et le faire payer par les autres pays dans certaines circonstances. Mais il ne faut pas se fier à ces deux possibilités pour instaurer un régime de protection douanière, car, pas si bêtes, les autres pays usent de représailles et on se retrouve gros Jean comme devant. La seule restriction admise concerne l'expression « à chaque moment donné » dans l'énoncé de la règle. En effet, il est logique qu'on veuille réduire le revenu national d'aujourd'hui par un tarif, si on compte accroître davantage le revenu national de demain. C'est l'argument de « *l'industrie naissante* » en vertu duquel on protège *provisoirement* une industrie dans l'espoir qu'elle pourra soutenir la concurrence étrangère un peu plus tard. Un tel tarif est donc compatible avec l'objectif de la maximation du revenu national. Les autres ne le sont pas; au contraire. *En règle générale,* le *tarif douanier élève le coût des produits pour le consommateur, répartit les ressources d'une manière inéquitable et oriente la production selon les industries d'une manière inefficace,* de sorte qu'au total le pays est moins prospère qu'il ne le serait autrement. Bien entendu, il arrive que ce soit là précisément ce que certaines personnes recherchent. Elles attachent moins de poids à la prospérité générale qu'à la leur propre. Elles préfèrent appauvrir le pays, pourvu que telle ou telle industrie, tel ou tel intérêt particulier soit sauvegardé. On créera ainsi des emplois dans l'industrie du vêtement par la restriction des importations, mais en oubliant d'observer qu'on diminue du même coup les emplois dans les industries d'exportation. Pour atteindre ces fins, bizarres assurément, le tarif est le moyen tout indiqué.

Quoique les affirmations précédentes soient forcément présentées comme des articles de foi sans preuve à l'appui, nous avons pensé qu'elles étaient nécessaires à l'interprétation des faits que nous allons maintenant relater.

*

*   *

La politique douanière du Canada ne s'explique et ne se comprend que dans un contexte d'évolution historique. Les éléments principaux de ce contexte sont les suivants:

1. A l'intérieur, une économie dont l'intégration et l'unification sont difficiles; une économie soumise à de très fortes tensions à cause de l'importance des industries d'exportation et le faible développement de l'industrie manufacturière d'une part, à cause des intérêts divergents des diverses régions du pays d'autre part. Le tarif a donc servi d'instrument politique (où nous metterions un p majuscule si la langue le permettait), où souvent les considérations économiques n'occupaient qu'une place secondaire.

2. Du côté extérieur, la politique douanière est dominée par les relations plus ou moins étroites que le Canada désire ou s'estime en mesure d'entretenir avec, tantôt la Grande-Bretagne, tantôt les Etats-Unis. Les tentatives visant à conclure des traités de réciprocité avec les Etats-Unis d'un côté, les tarifs de préférence britannique de l'autre, en sont l'expression.

3. Enfin depuis la seconde guerre mondiale, le Canada semble vouloir se libérer de ces attachements exclusifs où il est sans cesse contraint de choisir l'un contre l'autre[1]. A cette fin, il poursuit une politique rigoureusement multilatérale et non discriminatoire dans le cadre de Gatt. Ces différents points serviront d'agencement à notre exposé.

(1) Le pire, c'est qu'en choisissant l'un, on a eu l'autre, puisque les préférences britanniques n'ont pas empêché que les courants commerciaux ne se tournent du côté des Etats-Unis.

1 - Evolution du niveau général du tarif douanier

Le tableau 13 est construit de façon à faire ressortir les changements qui sont survenus dans le niveau général du tarif douanier canadien(1). La période au cours de laquelle le tarif a été le plus élevé est celle de la « politique nationale » introduite par Sir John A. Macdonald en 1879 et qui consistait en une protection délibérée de l'industrie manufacturière pour des raisons à la fois politiques et économiques. Le niveau du tarif a touché son

TABLEAU 13

Tarifs douaniers perçus en pourcentage des importations. Années choisies

	en % des importations imposables	en % des importations totales
1848	10.8	10.5
1849	16.3	14.8
1855	13.7	9.8
1859	18.9	13.2
1879	26.1	20.2
1888	31.8	22.0
1900	27.7	16.7
1929	24.4	15.8
1932	30.1	19.0
1939	24.2	13.8
1946	21.2	11.9
1955	18.2	10.2
1960	17.5	9.7

Sources: John H. Young, *La Politique commerciale du Canada.* Commission Royale d'Enquête sur les perspectives économiques du Canada 1957.
Annuaire du Canada.

point maximum en 1888, alors que le taux moyen des droits a atteint près de 32% des importations imposables et 22% des

(1) Dans ce domaine les statistiques prêtent malheureusement à confusion et celles du tableau 13 n'y manquent pas. Elles sous-évaluent en général la protection qui est accordée, puisqu'à la limite, le droit prohibitif disparaît des calculs: l'importation et le droit perçu sont égaux à zéro. Une seconde lacune consiste en ce que la baisse des pourcentages ne signifient pas toujours une moindre protection. Si les droits sont abaissés sur les biens de production et conservés sur les produits finis, la protection effective des entreprises concernées est accrue.

importations totales (la différence entre ces deux pourcentages tient aux produits admis en franchise). L'éventail des produits sur lesquels les augmentations tarifaires ont porté était très large, mais le tarif visait surtout à susciter la création d'une industrie manufacturière diversifiée et à encourager l'établissement d'entreprises étrangères au Canada. A ce moment-là le gouvernement pouvait se prévaloir de l'argument de l'industrie naissante dont nous avons parlé précédemment, et en réalité, cette politique a produit les fruits escomptés, si on en juge par la diversification de l'économie et par l'importation massive de capital qui sont les deux caractéristiques essentielles de la période 1896-1914.

Le tarif douanier a baissé dans son ensemble vers 1900, par la concession à l'Angleterre de préférences tarifaires. Jusqu'au début de la crise économique des années trente, le tarif canadien s'est progressivement abaissé, mais dans de faibles proportions. Comme dans plusieurs autres pays, la dépression a conduit ensuite à des accroissements drastiques des droits de douane, parce que chacun espérait résoudre le chômage aux dépens de son voisin, mais quelques années plus tard, on en revint à peu près à la situation des dernières années vingt.

Depuis 1939, le tarif canadien a diminué de 27% à 30%. Cette diminution résulte des concessions que le Canada a accordées à l'occasion des négociations d'après guerre dans le cadre de Gatt; elle résulte aussi de la hausse des prix qui diminue l'importance relative des droits spécifiques[1] et enfin des changements qui sont survenus dans la composition des importations. Il est probable que par suite de cette évolution, la protection effective des producteurs canadiens ait diminué, mais c'est une question discutable.

2 - *Les préférences britanniques (PB)*

Contrairement à une opinion largement répandue, les préférences tarifaires britanniques n'ont jamais exercé une profonde influence sur l'économie canadienne, sauf à l'époque coloniale. Au début de la décennie de 1840, la Grande-Bretagne a supprimé les

(1) Les droits *ad valorem* sont stipulés en pourcentage de la valeur des produits; les droits spécifiques, en valeur absolue (.08 cent la livre de beurre, par exemple).

préférences qu'elle accordait aux produits canadiens et ce n'est qu'en 1932, alors que les débouchés anglais avaient perdu beaucoup de leur importance pour le Canada, qu'elles furent de nouveau instituées. Au moment de leur suppression, sous l'Union des deux Canadas, elles entraînèrent des conséquences désastreuses pour l'économie canadienne, conséquences qui se firent sentir fort longtemps. Le Canada n'eut d'autre recours que d'abroger en 1847 les préférences qu'il accordait lui-même à la Grande-Bretagne et cette décision se traduisit par une hausse du tarif, comme on le voit sur le tableau 13. Trente ans plus tard, et en dépit du refus de l'Angleterre d'accorder des concessions réciproques, le Canada accorda la préférence aux produits d'origine anglaise, sous la forme d'une réduction d'un tiers dans les tarifs douaniers en vigueur. Les conséquences de ces réductions apparaissent également au tableau 13. Ce système unilatéral de préférences tarifaires n'a pas empêché que les importations en provenance de l'Angleterre ne passent de 31% des importations totales en 1896 à 15% en 1929 (puis à 9% en 1962 comme nous avons vu).

Les accords d'Ottawa de 1932 comportaient des préférences réciproques entre le Canada, l'Angleterre et certains autres pays du Commonwealth. Pour le Canada, les préférences accordées étaient fortement accrues. Ces accords furent ensuite dénoncés en 1935. Deux ans plus tard, une nouvelle entente était conclue aux termes de laquelle, et les tarifs en vigueur et les marges de préférence, étaient notablement réduits. Depuis la guerre plusieurs marges particulières furent encore réduites, mais il est difficile d'estimer si dans l'ensemble elles sont supérieures ou inférieures à ce qu'elles étaient au cours des années vingt[1]. Les droits perçus en pourcentage des importations totales ont cependant baissé plus vite pour les marchandises en provenance du Royaume-Uni que pour celles en provenance des Etats-Unis. En 1960, les pourcentages sont de 10.2 pour les Etats-Unis et de 7.4 pour le Royaume-Uni. En 1951, 1,450 des 2,038 postes du tarif canadien comportaient des droits de PB inférieurs aux droits de la NPF [2]. Mais importantes ou non, en soi, les PB ne touchent plus que 14% des exportations et 9% des importations canadiennes.

(1) John H. Young, *op. cit.*, p. 62 et suivantes.
(2) Droits de la Nation la Plus Favorisée.

3 - Les tentatives de rapprochement avec les Etats-Unis

Après l'abolition des préférences coloniales par la Grande-Bretagne sous l'Union, le Canada s'est tourné du côté des Etats-Unis pour trouver de nouveaux débouchés à ses produits. Les négociations ont commencé dès 1846, mais n'ont abouti que huit ans plus tard à cause de l'indifférence de nos voisins. Du moins ont-elles conduit à l'adoption du *traité de réciprocité* de 1854. *La réciprocité consistait à abolir « réciproquement » les tarifs douaniers sur des produits convenus.* Dans le langage d'aujourd'hui, nous dirions d'un tel traité qu'il instituait entre les deux pays une zone de libre-échange partiel. Pour l'époque, la liste des produits sur lequel l'accord portait était assez longue. Il s'agissait d'un bon nombre de produits primaires importants, tels que le bois, les céréales, les poissons, les animaux, la viande, le beurre, le fromage, la farine, le charbon. L'effet de cette entente sur le niveau du tarif canadient fut assez marqué (voir 2e colonne du tableau 13, 1855), puisque les articles admis en franchise passaient de 7% à 29% des importations totales. En 1858 et 1859 toutefois, les tarifs furent relevés de 17½% puis de 20% (sur des produits qui n'avaient pas fait l'objet du traité de réciprocité). Ces décisions furent très mal accueillies par les Etats-Unis. Comme par ailleurs, le traité n'avait jamais soulevé d'enthousiasme outre-frontière, il fut révoqué par les Etats-Unis en 1866. Cette première expérience, somme toute, ne fut pas très heureuse. Il faudra attendre 1935 avant qu'un nouvel accord commercial ne soit signé entre les deux pays.

En 1874, les deux gouvernements signèrent une nouvelle convention de libre-échange qui comportait cette fois des produits manufacturés aussi bien que des produits primaires, mais le Sénat américain ne se donna pas la peine de la ratifier. Une large fraction de l'opinion publique canadienne continua par la suite à favoriser le rapprochement avec les Etats-Unis, mais en 1891 et 1911, alors que le parti libéral faisait du libre-échange avec les Etats-Unis le thème majeur de la campagne électorale, il fut défait. Depuis lors, cette question n'est plus jamais revenue au centre des débats dans le pays, tandis que du côté des Etats-Unis, on en est officiellement resté à 1874[(1)].

---

(1) L'historique que nous faisons est basé principalement sur John H. Young, *La Politique commerciale,* ch. 3 et 4.

Le Canada a conclu avec les Etats-Unis deux accords bilatéraux sur le commerce en 1935 et 1938, mais pas dans une perspective de relations privilégiées et encore moins de libre-échange.

Pourtant la question se pose toujours de façon aussi pressante de l'opportunité d'abaisser le tarif douanier de part et d'autre de la frontière. Le tarif américain est relativement élevé; il est structuré de manière à favoriser au Canada la spécialisation dans les productions primaires et à entraver le développement de l'industrie manufacturière. Du côté canadien, le tarif est conçu suivant un modèle analogue, de sorte que les deux tarifs tendent plus ou moins à se compenser l'un l'autre. Il suit qu'un abaissement réciproque des droits de douane n'aurait pas lieu de précipiter le pays dans la catastrophe a priori, tandis que les gains à escompter sont considérables par suite du niveau élevé des tarifs et du fort volume des échanges. Quoiqu'il en soit de cette question controversée, il n'est pas inutile à notre avis de garder cette éventualité présente à l'esprit, ne serait-ce que par souci de continuité historique [1]!

4 - L'Accord général sur les Tarifs douaniers et le Commerce (Gatt)

Depuis la dernière guerre et jusqu'à présent, la politique commerciale du Canada s'inspire des principes de l'Accord général sur les Tarifs douaniers et le Commerce (Gatt) et elle en applique les règles de procédure. Cet accord a été signé en 1947 par vingt-trois pays. En sont parties aujourd'hui, de droit ou de fait, 72 pays, mais à l'exception de la Pologne qui participe aux travaux, les pays communistes ne s'y trouvent pas. Gatt en appelle à un esprit libéral dans l'organisation internationale des échanges. Il vise à la réduction des tarifs douaniers et à la suppression des autres obstacles au commerce. Aux ententes bilatérales de l'avant-guerre, il substitue la règle de négociations multilatérales non discriminatoires en vertu de laquelle une concession accordée à un pays est automatiquement accordée à tous les autres signataires de l'Accord. Les restrictions quantitatives aux importations sont prohibées sauf dans le cas de difficultés provisoires de la balance des paiements.

(1) Sur la politique douanière des Etats-Unis, on peut lire I. Brecher et S. S. Reisman, *Les Relations Economiques Canado-Américaines*. «Commission Royale d'Enquête sur les Perspectives Economiques du Canada», 3e partie.

Les préférences britanniques étant contraires aux principes de Gatt, les pays en cause ont convenu de ne plus les accroître et de chercher au contraire à les réduire progressivement.

Depuis 1947, cinq conférences internationales de négociations ont été tenues sous les auspices de Gatt. Les plus importantes furent celles de 1947 et de 1951, du moins pour le Canada. La liste des concessions canadiennes aux autres pays comprenait en 1947, 1,050 postes dont 590 représentaient des réductions et 460 des réaménagements. A Annecy en 1949, se sont joints à l'Accord onze nouveaux pays auxquels les concessions précédentes furent étendues. Puis à Torquay en 1951, le Canada et les Etats-Unis sont convenus de réductions douanières additionnelles dans un ensemble de 8,700 concessions et 55,000 réaménagements des tarifs. L'Accord a été étendu à six partenaires dont à l'Allemagne de l'Ouest. On estime que ces trois conférences internationales ont donné des résultats tangibles et importants, tant du point de vue de la réduction des tarifs douaniers que de l'organisation générale des échanges. C'est ainsi que le tarif américain a été abaissé d'environ 50% au cours de ces négociations, ce qui implique un abaissement à peu près équivalent de la part des autres pays. C'est dans ce cadre multilatéral de Gatt que le Canada s'est efforcé d'obtenir un règlement satisfaisant avec les Etats-Unis.

La conférence de Genève de 1956 a surtout servi à reconduire les accords antérieurs qui avaient pris fin. La dernière conférence à ce jour est celle de 1960-1962 au cours de laquelle pour la première fois, la Commission Economique Européenne a présenté son tarif extérieur commun. La C.C.E. et les Etats-Unis ont conclu un accord comportant des réductions tarifaires de 20% sur une liste de 570 postes. Au total le tarif extérieur commun de la C.E.E. aurait été abaissé de moins de 10%. Le gouvernement canadien de son côté aurait obtenu de la C.E.E., des assurances et des réductions effectives de nature à affecter un volume de 250 millions d'exportations [1].

En ce moment, les Etats-Unis semblent vouloir entreprendre une nouvelle campagne d'envergure pour la réduction des tarifs et

(1) Cette somme représenterait environ la moitié des exportations canadiennes à la C.E.E.

la libéralisation du commerce international Le « Trade Expansion Act » autorise le Président des Etats-Unis à réduire tous les tarifs douaniers américains jusqu'à concurrence de 50%, et à en supprimer complètement un certain nombre à diverses conditions. Une conférence internationale sous les auspices de Gatt doit s'ouvrir à ce sujet en 1964.

C'est cette conférence qui porte actuellement tous les espoirs du Canada. Car il faut faire observer que depuis 1955, le principe fondamental de Gatt quant à la non-discrimination dans les échanges commerciaux a subi plusieurs atteintes qui risquent de compromettre sérieusement l'avenir de cet Accord. La C.C.E., d'une part et les zones de libre-échange d'autre part s'opposent à cette approche. Comme le Canada est demeuré en dehors de ces ententes régionales, il lui faut absolument faire survivre et triompher l'esprit de Gatt s'il veut conserver l'accès à des marchés extérieurs.

b) Le tarif douanier actuel

Le tarif douanier du Canada se présente sous la forme d'une loi [1] qui comporte des stipulations d'ordre général et trois listes de produits. La liste A consiste dans la définition des produits et des droits qui s'y rapportent (y compris les produits admis en franchise); la liste B énumère les produits qui bénéficient d'une remise de droits; enfin la liste C est celle des produits dont l'importation est prohibée.

Commençons par le plus simple. La liste des prohibitions est courte : il est interdit d'importer des produits contrefaits, des publications obscènes ou de nature à fomenter la sédition ou la trahison, et d'autres articles analogues. Mais on trouve aussi les avions et les automobiles d'occasion.

Les remises de droits (appelées « drawbacks ») s'appliquent généralement à des pièces ou à du matériel utilisé dans la fabrication de produits pour l'exportation. Ces remises peuvent aller jusqu'à 99% du tarif. Ces mesures, très anciennes et très répandues partout, ont pour but d'éviter que le coût de production des exportateurs ne soit grevé délibérément par des tarifs sur des pièces ou sur du matériel importés. En certains cas, des remises ont aussi

(1) Tarif des Douanes, S.R., ch. 44, art. 1.

été accordées pour d'autres fins. Les remises sont énumérées dans la liste B du tarif douanier.

La liste A comprend plus de 2,000 lignes tarifaires et la description des produits est extrêmement complexe pour le non-initié. A chaque ligne tarifaire correspondent plusieurs droits : le droit de préférence britannique (PB), le droit de la nation la plus favorisée (NPF), le droit de Gatt et le tarif général. Le droit de la préférence britannique s'applique au Royaume-Uni, aux pays du Commonwealth et aux territoires sous contrôle britannique. Dans le cas de cinq pays, des accords particuliers ajoutent encore au nombre de droits (Exemple: le beurre en provenance de l'Australie et de la Nouvelle-Zélande). Le tarif de la nation la plus favorisée et le tarif de Gatt sont les mêmes en principe. Quand ils diffèrent, c'est le tarif de Gatt qui s'applique, l'autre n'étant laissé, en réserve pour ainsi dire, que pour le cas où le Canada se retirerait de Gatt (sauf quelques exceptions). Les pays assujétis à ce tarif sont les signataires de Gatt et quelques autres pays dont le plus important est l'U.R.S.S. Quand le tarif de Gatt est inférieur à celui de la PB, c'est celui de Gatt qui prévaut. Le tarif général concerne les pays qui n'ont pas conclu d'accord avec le Canada. En pratique, ce tarif ne s'applique presque jamais maintenant. Une fois dépouillé de ses dispositions de principe, le tarif canadien est réduit à deux séries de droits : ceux de la PB et ceux de la NPF.

S'il existe plusieurs droits selon les pays auxquels ils s'adressent, il existe souvent aussi plusieurs droits sur le même produit ou sur une même classe de produits. Trois distinctions principales servent de fondement à ces différences de traitement. La première est une distinction selon l'emploi anticipé du produit. Un producteur est protégé par un droit à l'importation sur le produit qu'il vend; mais à supposer qu'il importe des pièces ou des matériaux qui entrent dans la fabrication du produit, il jouit d'une protection moindre s'il verse un droit sur ces pièces et d'une protection accrue s'il n'en verse pas. L'usage qui est fait du produit influence donc le niveau de la protection effective. Aussi il n'est pas rare de trouver des tarifs moins élevés (ce qui augmente la protection contre la concurrence étrangère) sur les produits intermédiaires que sur les produits finals. De même en est-il du même produit servant des fins différentes.

Une deuxième distinction consiste dans les produits fabriqués au Canada par opposition aux produits qui ne le sont pas. Il est évident que les droits sont moins élevés sur les produits de la deuxième catégorie, puisqu'ils n'offrent de protection à personne.

Enfin, une particularité importante du tarif canadien se rapporte aux clauses sur le contenu canadien ou britanique des produits. Certaines pièces sont admises en franchise ou à un taux réduit, si le produit final est fabriqué au Canada ou dans le Commonwealth dans une proportion donnée du coût de fabrication. L'origine de cette exigence provient de la nécessité où on s'est trouvé de définir ce qu'était un produit britannique dans l'application des droits de la PB. Aujourd'hui c'est dans l'industrie de l'automobile que ces dispositions sont les plus importantes [1].

Il n'est pas possible de dire en deux phrases quel est le niveau du tarif canadien ni quel est le degré de protection effective dont jouissent les industries canadiennes. Plusieurs pages d'ailleurs n'y suffiraient pas non plus; c'est une vérification extraordinairement difficile à effectuer. Dans l'étude dont nous nous sommes largement inspiré ici [2], l'auteur a trié une centaine de « droits-clefs », choisis pour leur importance quant à la protection qui en découle. La moyenne non-pondérée de ces taux (NPF *ad valorem),* compte tenu des taux nuls, est de 19.55% [3].

*
* *

Au cours des dernières années, plusieurs observateurs ont exprimé l'avis que la politique douanière du Canada devrait faire l'objet d'une profonde remise en question, à cause de la persistance des déficits commerciaux et courants dans la balance des paiements et, aux yeux de certains, à cause de la dépendance excessive du Canada à l'égard des Etats-Unis.

(1) La façon dont le tarif douanier est appliqué de même que les restrictions hors tarif influencent beaucoup les échanges. Nous n'abordons pas ces problèmes ici. Mais on pourra consulter à ce sujet, G. A. Elliott, *Tariff Procedures and Trade Barriers,* University of Toronto Press, 1955.

(2) John Young, *La Politique commerciale du Canada, op. cit.*

(3) *Op. cit.*, p. 126-128. Nous avons vérifié les changements qui sont survenus dans ces taux à l'aide des cédules de 1963. Les changements concernent surtout les produits du fer et de l'acier et les produits textiles. Nous n'avons pu déceler de tendances nettes à la hausse ou à la baisse de sorte que nous en sommes resté à la moyenne citée dans le texte.

Les possibilités de changement à la politique qui est poursuivie depuis la guerre à travers Gatt sont très incertaines. Comme un accroissement du protectionnisme est écarté par la plupart, la question revient à rechercher les divers moyens d'abaisser le tarif douanier. Il y a d'abord la possibilité d'un abaissement unilatéral qui ne requiert le consentement d'aucun autre pays: une telle décision se justifie en théorie, mais elle est tellement onéreuse en pratique, qu'elle n'a aucune chance d'être retenue. Restent donc les voies offertes par l'entrée du Canada dans des zones de libre-échange, en association avec la C.E.E., avec l'A.E.L.E., ou avec les Etats-Unis. Dès l'abord, le rapprochement avec l'Europe semble plus avantageux, à plusieurs points de vue, qu'un rapprochement avec les Etats-Unis. Mais à la réflexion, cette orientation présente deux inconvénients majeurs sinon insurmontables : le commerce canadien avec l'Europe représente une faible proportion du commerce total, de sorte qu'il est à craindre que la réduction des tarifs avec l'Europe n'exerce pas l'impact nécessaire sur l'économie du pays. L'expérience des préférences britanniques est à peu près formelle à cet égard. En second lieu, cette solution laisse intactes les difficultés et les pertes occasionnées par les tarifs américain et canadien sur des échanges, répétons-le, qui s'élèvent aux deux tiers des échanges extérieurs du Canada.

La constitution d'une zone de libre-échange avec les Etats-Unis aurait l'avantage de ne pas renverser les courants commerciaux qui se sont établis (en dépit des obstacles qu'on y a dressés de part et d'autre, dirons-nous), grâce à une situation géographique tout à fait privilégiée pour de tels échanges. Par contre la solution soulève des difficultés politiques profondes et indéniables qui mettent en question l'existence même du pays. Entre deux entités politiques et économiques aussi inégales que le sont les Etats-Unis et le Canada, une union économique aura nécessairement, tôt ou tard, des répercussions politiques.

On en revient donc au point de départ: tenter d'abaisser partout les tarifs douaniers dans le cadre de Gatt, de façon que les arrangements par blocs régionaux, s'ils se consolident, permettent quand même l'accès des produits canadiens aux grands marchés mondiaux aux conditions les moins désavantageuses possibles.

CHAPITRE 18

LA BALANCE DES PAIEMENTS ET LE TAUX DE CHANGE DE LA MONNAIE

1 - Notions principales

a) ressources et emplois

b) transactions courantes

c) mouvements de capitaux

d) l'équilibre de la balance des paiements

e) le Fonds du change étranger

2 - L'évolution récente de la balance des paiements

a) transactions courantes

b) mouvements de capitaux

3 - Le capital étranger

4 - Le taux de change du dollar

a) balance des paiements et taux de change

b) faits divers

18 La balance des paiements et le taux de change de la monnaie

Le commerce des produits qui fut l'objet du chapitre précédent ne constitue qu'une partie des échanges qu'un pays effectue avec l'étranger. Il convient maintenant d'en dresser le tableau d'ensemble, à l'aide de la balance des paiements internationaux.

1 - Notions principales

Comme d'habitude, nous commencerons par présenter les personnages. *La balance des paiements internationaux est un document de comptabilité économique qui enregistre toutes les transactions qui ont été effectuées au cours d'une période de temps entre le pays et l'étranger.* Par pays, on entend non seulement les pouvoirs publics, mais aussi tous et chacun des résidents. La balance des paiements donne le détail du *compte extérieur* apparaissant dans les comptes nationaux [1].

a) Ressources et emplois

Comme dans toute comptabilité, on distingue d'abord les ressources et les emplois, i.e. d'un côté, les biens et les services rendus à des étrangers par lesquels le Canada se procure des ressources, de l'autre, les biens et les services acquis de l'étranger qui se traduisent par des emplois. Dans la balance canadienne des paiements, les ressources sont un crédit et portent le signe +, les emplois sont un débit et portent le signe —.

(1) Voir le chapitre premier, partie B.

TABLEAU 1

Etat simplifié de la balance des paiements Canada 1962

	soldes en millions de dollars
A — *Transactions courantes*	
1. commerce des marchandises	155
2. échanges de services	—1,003
3. balance des comptes courants	— 848
B — *Mouvements nets de capitaux à long terme*	
4. investissements directs	425
5. transactions sur titres	266
6. transactions gouvernementales	107
7. autres	— 110
8. total	688
C — *Mouvements nets de capitaux à court terme*	
9. total	316
D — *Réserves officielles nettes d'or et de devises étrangères*	— 156
total des mouvements nets de capitaux (B+C+D)	848

Source: Banque du Canada, Sommaire Statistique, novembre 1963.

Comme les transactions avec l'étranger sont variées et complexes, il est difficile de savoir à première vue si telle ou telle opération particulière se classe parmi les ressources ou les emplois. La règle générale consiste à placer parmi les ressources (ou au crédit) les transactions qui donnent lieu à une demande de dollars canadiens, et parmi les emplois (ou au débit) les transactions qui donnent lieu à une offre de la monnaie nationale.

Une importation de parfum est clairement un emploi parce que pour la payer, on offrira des dollars canadiens à l'étranger. Mais il en va de même quand le gouvernement achète de l'or ou qu'il achète des dollars américains ou qu'un industriel achète une obligation étrangère: une augmentation du stock d'or au Canada, une augmentation de devises étrangères et une augmentation des titres étrangers détenus au Canada équivalent à des sorties de dollars canadiens; elles sont donc portées au débit de la balance des paiements.

b) Transactions courantes

Les transactions sont divisées, selon leur nature, en deux catégories conventionnelles bien connues: les transactions courantes et les mouvements de capitaux. Les transactions courantes comprennent d'abord les exportations et les importations de marchandises, la différence entre les deux étant *la balance commerciale;* elles comprennent ensuite les échanges de services qu'on désigne parfois « d'invisibles », tels que les services de transport et d'assurance, les intérêts et les dividendes, les dépenses de voyage, et le reste. Le solde qui résulte des recettes et des dépenses courantes s'appelle la *balance des comptes courants.* A plusieurs égards, ce poste est le plus significatif de tous. En effet, une balance positive indique que les ventes totales de biens et de services à l'étranger ont excédé les achats; une balance négative est l'indication du contraire. Un solde positif représente par conséquent un prêt à l'étranger et un solde négatif un emprunt de l'étranger. Cette conséquence est nécessaire et automatique; elle découle de la règle que ce qui n'est pas payé est dû.

On peut considérer aussi un excédent positif de la balance des comptes courants comme une épargne (en monnaie nationale) que le pays a réalisée. Comme toute épargne, celle-ci peut être investie dans des entreprises étrangères, elle peut servir à l'achat de titres, elle peut servir à rembourser des dettes, elle peut servir, enfin, à acheter de l'or ou des devises étrangères.

Mais quelle que soit la forme sous laquelle le surplus des comptes courants est utilisé, et quel que soit l'objectif poursuivi, le surplus équivaut toujours à un placement ou à un prêt pour le pays qui en bénéficie et à un endettement pour les autres pays. Le tableau 1 montre qu'en 1962 le Canada a encouru un déficit de 848 millions de dollars sur ses transactions courantes avec l'étranger. C'est donc la mesure de la dette que le Canada a contractée à l'égard des autres pays.

c) Mouvements de capitaux

Les formes que revêt l'utilisation d'un surplus du compte courant, formes dont nous avons donné quelques exemples au paragraphe précédent, sont des transactions qui appartiennent à la catégorie des mouvements de capitaux. Ces transactions peuvent être classifiées à leur tour de plusieurs façons. Nous avons adopté trois classes principales: *Les mouvements de capitaux à long terme, les mouvements de capitaux à court terme et les mouvements officiels d'or et de devises étrangères.* La distinction entre les capitaux à long terme et les capitaux à court terme tire son importance de ce que ces deux catégories de décisions dépendent dans une large mesure de circonstances et de facteurs différents. En outre, un changement de politique entraîne des conséquences immédiates sur les capitaux à court terme, tandis qu'il en va autrement des capitaux à long terme. Les mouvements d'or et de devises étrangères relèvent du ministère des Finances du gouvernement fédéral. Ils consistent dans les variations des réserves officielles d'or et de devises étrangères, telles qu'elles apparaissent à l'actif du « *Fonds du change étranger* ».

Parmi les mouvements de capitaux à long terme, nous trouvons d'abord l'*investissement direct*. Au sens strict, l'investissement direct est un transfert international de capital qui vise à l'acquisition d'actifs réels, tels que des usines, de l'outillage, des terrains, etc. En pratique, il comprend tous les mouvements de capitaux destinés à des entreprises sous contrôle étranger. Par là, l'investissement direct se distingue aisément des *transactions sur titres* qui portent sur des obligations gouvernementales ou privées et sur des actions, mais cette fois, sur des actions minoritaires dont l'achat ne comporte pas le contrôle de l'entreprise concernée. Les *transactions gouvernementales* comprennent d'abord les prêts et les remboursements intergouvernementaux, puis les souscriptions du Canada aux organismes internationaux. Les mouvements de capitaux à court terme ne sont pas décomposés au tableau 1. Qu'il suffise d'indiquer pour le moment que cette catégorie renferme les soldes bancaires des Canadiens en devises étrangères, les réserves étrangères en dollars et en bons du Trésor du Canada, les emprunts à court terme des entreprises, puis le résidu de la différence entre le compte courant et le compte capital (compte capital = B + C + D).

d) L'équilibre de la balance des paiements

Les conventions comptables dont nous avons fait état au paragraphe b conduisent à une stricte égalité de signe contraire entre la somme des mouvements nets de capitaux et la balance des comptes courants. Pour compenser le déficit de 848 millions au compte courant (portant le signe —), il a fallu, par définition, que les mouvements nets de capitaux aboutissent à un endettement additionnel de 848 millions (portant le signe +). C'est dans ce sens conventionnel ou « comptable » qu'une balance des paiements est toujours en équilibre. Ces conventions cependant recèlent une réalité beaucoup plus profonde qu'il faut mettre en lumière. Car la comptabilité ne déforme pas les faits: elle les rapporte. Il existe donc un mécanisme qui ajuste automatiquement les mouvements de capitaux au surplus ou au déficit de la balance des comptes courants. Il faut encore ajouter que ce mécanisme d'équilibre doit être compatible avec le fait que les décisions d'investir ou de prêter d'un côté sont largement indépendantes (mais pas tout à fait) des décisions d'échanger des biens ou des services de l'autre. L'épargnant américain qui achète une action d'une société canadienne, décision qui donnera lieu à une entrée de capital, se moque pas mal de savoir si la balance des comptes courants sera suffisamment déficitaire pour compenser son transfert de capital. Bien plus, le mécanisme de compensation doit jouer non seulement entre le Canada et tous les pays étrangers à la fois, mais avec chaque pays en particulier, car si le pays a emprunté de l'Angleterre, c'est évidemment l'Angleterre qui est le prêteur et personne d'autre[1]. Soyons logiques jusqu'au bout: en réalité, la règle s'applique à chacune des opérations, de sorte qu'à toute sortie de capital correspond nécessairement une entrée équivalente.

(1) Un surplus à l'égard d'un pays pourra servir à payer le déficit à l'égard d'un autre, mais à chaque moment, les mouvements de capitaux doivent être égaux à la balance des comptes courants, quel que soit le pays envisagé.

Quelle est donc cette baguette magique ? C'est le fait que tous les échanges sont traduits en une seule et même monnaie, qui est le dollar canadien. Quelle que soit la nature des opérations par conséquent, celles-ci conduisent toutes à une même plaque tournante. Une exportation apporte des dollars sur la plaque, un prêt à l'étranger retire des dollars de la plaque. Si donc il existe un mécanisme de compensation, c'est que tout le monde achète ou vend le même produit, le dollar canadien.

Voyons maintenant comment une opération particulière fait apparaître une contrepartie. Simplifions les choses jusqu'à l'extrême limite et supposons d'abord qu'un importateur canadien veuille acheter un produit quelconque d'un Américain. La valeur du produit est 100 par hypothèse. Celui-ci acceptera des dollars canadiens s'il a l'intention à son tour d'acheter un produit canadien ou s'il veut passer ses vacances à l'île Ste-Hélène, auquel cas, une exportation de bien ou de service sera la contrepartie positive de l'importation initiale. Mais si l'Américain veut dépenser son argent chez lui, il exigera des dollars américains de son client canadien. L'importateur achètera les dollars américains auprès du Fonds des changes par exemple, et il complètera la transaction. L'importation aura fait apparaître un déficit de 100 à la balance des comptes courants. La réserve canadienne de dollars américains ayant baissé de 100, le mouvement de capital aura été positif: la balance des paiements est en équilibre.

Schéma 1

A — *Transactions courantes*	
Importation	— 100
B — *Mouvements de capitaux*	
Baisse dans les réserves canadiennes de dollars américains	+ 100

En pratique, il est probable que l'exportateur américain n'exigera pas un paiement en dollars américains, parce qu'il sait que ses compatriotes veulent investir au Canada. Dans ce cas, les investisseurs achèteront les dollars canadiens en circulation (avec leurs dollars américains) et à l'importation canadienne initiale correspondra, disons, un investissement direct du même montant.

Schéma 2

A — *Transactions courantes*	
Importation	— 100
B — *Mouvements de capitaux*	
Investissement direct	+ 100

Evidemment, il n'y a aucune raison pour qu'un investissement direct dans un puits de pétrole s'élève exactement à l'importation initiale de 100. Ces deux opérations n'ont aucun rapport entre elles. Supposons que l'investissement américain au Canada s'élève en fait à 200. Comme il ne circule pas plus de 100 dollars canadiens aux Etats-Unis, il faudra qu'on s'adresse de nouveau au Fonds canadien des changes et qu'on achète la somme requise. Le Fonds des changes acquerra donc 100 dollars américains. La balance des paiements sera la suivante:

Schéma 3

A — *Transactions courantes*	
Importation	— 100
B — *Mouvements de capitaux*	
Investissement direct au Canada	+ 200
Hausse dans les réserves canadiennes de dollars américains	— 100

Ces exemples suffiront à montrer qu'une balance des paiements est toujours équilibrée.

Cependant, en dépit de tout, la forte tête du dernier banc de la classe dira: non, ce n'est pas possible ! Si la balance des paiements était toujours équilibrée, pourquoi l'Europe aurait-elle mis dix ans à surmonter la crise du dollar après la guerre ? Pourquoi le Canada a-t-il dû emprunter 1 milliard en juin 1962 ? Pourquoi les Etats-Unis font-ils face à leur tour à des difficultés de balance de paiements ? La réponse, nous la donnons tout de suite pour éviter les confusions ! La balance des paiements est toujours équilibrée, mais tandis que certains types d'équilibre sont spontanés et se réalisent sans douleur, d'autres sont des équilibres forcés, des équilibres indésirables. Le schéma n° 2 qui précède est un équilibre spontané dans le sens qu'aucune intervention du Fonds des changes n'a été nécessaire. Par contre, le schéma n° 1 et le schéma n° 3 représentent des situations où les décisions des citoyens de commercer et d'investir ont forcé le Fonds des changes à intervenir. On peut supposer que ces interventions n'étaient pas délibérées, qu'elles ne concordaient pas nécessairement avec les objectifs de la politique économique gouvernementale. Si tel est le cas, l'équilibre du schéma n° 2 est préférable à ceux des schémas n° 1 et n° 3. A lire seulement la balance des paiements toutefois, il n'est pas possible de distinguer les équilibres désirables des équilibres indésirables; seul un examen de la conjoncture économique dans son ensemble permet de le faire [1].

Dernière observation:

Se basant sur la distinction que nous venons de faire entre un équilibre spontané et un équilibre imposé, certains pays appellent *surplus ou déficit de la balance des paiements,* les changements qui surviennent dans les mouvements de capitaux à court terme (ou dans certains d'entre eux) et dans les réserves officielles d'or et de devises étrangères. C'est ainsi par exemple qu'il faut interpréter les informations publiées partout depuis un an sur le déficit de la balance des paiements des Etats-Unis. Ce déficit est calculé sur les sorties d'or et sur l'augmentation des dettes à court terme à l'égard de l'étranger. Suivant cette convention, très arbitraire, il faut le dire, le Canada a enregistré en 1962 un déficit de 160 millions dans sa balance des paiements ($316 m.—$156 m., tableau 1).

e) Le Fonds du change étranger

Reportons-nous de nouveau aux schémas d'échanges extérieurs que nous avons décrits et demandons-nous à quels endroits on se procure des devises. Pour le schéma n° 2, nous avons dit que les investisseurs achetaient des dollars disponibles sur le mar-

(1) Par exemple, le schéma n° 1 traduira un équilibre satisfaisant si les réserves en devises étrangères étaient excessives et un équilibre intolérable si les réserves étaient insuffisantes. De même, le schéma n° 2 peut présenter des inconvénients sérieux si on juge que les investissements étrangers ne doivent plus être augmentés dans le pays.

ché et dans les deux autres cas, nous avons introduit le Fonds du change étranger. Nous allons expliquer brièvement en quoi consistent ces deux sources de devises.

Dans la plupart des pays il existe un marché pour l'achat et la vente des monnaies étrangères. Au Canada, les échanges s'effectuent par l'intermédiaire des banques. Neuf fois sur dix la banque avec laquelle le client fait affaire dispose déjà des devises désirées. Alors on peut dire que les échanges de devises sont limités à des écritures au sein de la même entreprise. Le marché proprement dit du change est donc constitué du commerce inter-bancaire dont les deux courtiers (un bureau de courtage à Montréal et un autre à Toronto) de l'Association canadienne des banquiers sont les agents exclusifs. Seules les banques à charte et la Banque du Canada ont un accès direct au marché. Les transactions au comptant, à terme et les transactions doubles, se sont élevées au total à deux milliards en 1961. Chaque transaction porte sur une somme minimum de $100,000. Les devises étrangères disponibles dans le pays, devises qui ont été perçues par les exportateurs, les organisations touristiques, etc., aboutissent finalement aux banques et leur abondance relative eu égard à la demande, en règle le prix.

Quand il y a pénurie ou surabondance de devises étrangères, le Fonds du change étranger fait une entrée en scène remarquée.

Le Fonds du change étranger est le compte spécial du ministère des Finances dont nous avons déjà parlé, et qui consiste dans les réserves officielles d'or et de devises étrangères. Jusqu'en 1939 les réserves d'or servaient à garantir les billets de banque en circulation; maintenant elles ont pour objet de régulariser les fluctuations du taux de change et de financer les dettes résiduelles extérieures. Le Fonds est sous l'autorité du ministre des Finances et l'agent d'exécution est la Banque du Canada. Les devises étrangères sont achetées grâce à des avances en dollars canadiens tirées des revenus consolidés du gouvernement fédéral [(1)]. Le bilan se présente ainsi:

(1) Ces avances au Fonds du change étranger sont la voie qui font communiquer le marché extérieur et le marché monétaire intérieur. C'est par là que les mouvements d'or et de devises étrangères influencent l'offre interne de monnaie suivant le mode de financement que choisit le gouvernement. Cette liaison est une des plus fondamentales dans le fonctionnement des mécanismes monétaires.

TABLEAU 2

Fonds du change étranger, Canada 1961
En millions de dollars canadiens

Actif		Passif	
titres à court terme des Etats-Unis	1,104	avances en cours	2,130
or	987	revenus de placement non-virés au compte	
dépôt en dollars U.S.	25	du revenu consolidé	33
dépôts en dollars canadiens	1		
réévaluation	46		
total	2,163	total	2,163

Note: Le poste réévaluation comprend le surplus ou le déficit (aux livres) qui résultent des changements du taux de change. On a un surplus quand le dollar canadien se déprécie et un déficit quand le dollar canadien s'apprécie.

Source: Mémoires présentés par la Banque du Canada à la Commission Royale sur le Système bancaire et financier 1962. Mémoire nº 5.

Quand le Fonds des changes achète, il s'adresse au marché local si des devises étrangères sont disponibles, sinon, il s'adresse aux banques centrales étrangères. Que sur le marché local, on soit demandeur ou offreur de devises étrangères, dépend évidemment de l'état de la balance des paiements.

De la première section de ce chapitre il faudra retenir non seulement le vocabulaire courant en matière de balance des paiements, mais aussi les réseaux par lesquels les exportateurs, les importateurs, les banques et les pouvoirs publics sont mis en contact en quelque sorte, sur le marché des devises, et déterminent ainsi le niveau de ce que nous appellerons plus loin le taux de change de la monnaie nationale. Il faut discerner ensuite à travers quels dédales la situation financière extérieure du pays affecte l'ensemble de l'activité économique intérieure.

2 - L'évolution récente de la balance des paiements

Il est grand temps d'arrêter les présentations et de regarder le spectacle. Que s'est-il donc passé au Canada ces dernières années ?

a) Transactions courantes

Du début de la guerre jusqu'en 1950, les transactions courantes se sont soldées par des surplus et depuis 1950, par des déficits. Ces déficits ont progressivement augmenté et ont atteint la somme fantastique de 1.5 milliard en 1959 (22% des recettes et 18% des dépenses courantes). De 1959 à maintenant, le déficit diminue et on espère qu'il n'excèdera pas 500 millions en 1963. De 1950 à 1962, le déficit accumulé s'élève à 10.76 milliards de dollars, soit une moyenne annuelle de 820 millions (tableau 3).

Ce ne sont pas surtout les déséquilibres de la balance commerciale qui expliquent les déficits du compte courant. Nous examinerons donc brièvement les transactions sur les services [1]. A l'exception de l'exportation d'or qui n'est pas une transaction sur services à proprement parler, tous les postes contribuent au déficit total. Les dépenses de voyage se rapportent surtout au tourisme

(1) On pourra lire sur ce sujet: John Popkin, *Non-Merchandise Transactions between Canada and the U.S.*, Canadian-American Committee, Montréal, 1963.

TABLEAU 3

Transactions courantes nettes avec l'étranger
Canada 1951-62. En millions de dollars

	1951	1956	1959	1962
1. balance du commerce	—147	—728	—422	155
2. dépenses de voyage	— 6	—161	—207	— 50
3. intérêts et dividendes	—335	—381	—489	—570
4. transports ferroviaire et maritime	— 3	— 45	—105	— 90
5. héritages et fonds des migrants	7	— 16	— 56	— 39
6. production d'or pour l'exportation	150	150	148	165
7. transactions diverses	—183	—185	—373	—419
8. total (2 + . . . + 7) éléments invisibles	—370	—638	—1,082	—1,003
9. Balance totale des comptes courants	—517	—1,366	—1,504	—848

Sources : 1951 à 1959 : B.F.S., *The Canadian Balance of International Payments* 1960. 1962 : Banque du Canada, Sommaire Statistique.

Sauf indication contraire, les sources sont toutes les mêmes, dans ce chapitre.

TABLEAU 4

Transactions sur les services, 1962 en millions de dollars

	Recettes	Déboursés	Balance
1. dépenses de voyage	560	610	— 50
2. intérêts et dividendes	211	781	—570
3. transport ferroviaire et maritime	498	588	— 90
4. héritages et fonds des migrants	124	163	— 39
5. production d'or pour l'exportation	165	——	165
6. transactions diverses	426	845	—419
7. total	1,984	2,987	—1,003

et les échanges se font surtout avec les Etats-Unis. Cependant, en 1962, on a enregistré un surplus de 90 millions avec les Etats-Unis et un déficit de 140 millions avec les autres pays. Le surplus du côté américain est le premier depuis dix ans et résulte en grande partie de la dépréciation du dollar canadien depuis le début de 1961. Ce sont les intérêts et les dividendes versés à l'étranger qui contribuent le plus au déficit total. Les déboursés représentent environ 10% des recettes au compte courant et 2% du produit national brut depuis la fin de la guerre. C'est dire qu'en chiffres absolus, ils augmentent sans cesse. Ces paiements s'expliquent évidemment par les emprunts et les investissements étrangers au Canada. Nous en parlerons plus loin. Si nous passons (tableau 4) les trois postes suivants qui n'appellent pas de commentaire important, nous arrivons aux tranactions diverses. Celles-ci se décomposent de la façon suivante:

Transactions diverses 1962, en millions

Services commerciaux, industriels et financiers	—246
Contributions gouvernementales	— 32
Autres échanges intergouvernementaux	— 35
Dons personnels ou institutionnels	— 65
Revenus de placement et autres	— 41
Total	—419

Les services commerciaux, industriels et financiers sont un nouvel aspect de la présence des entreprises étrangères au Canada et des liens très étroits qui existent entre le Canada et les Etats-Unis. Ces services reflètent pour une bonne part en effet les échanges entre les sociétés-mères américaines et les filiales canadiennes.

Quant à la répartition géographique des transactions courantes, nous n'apprendrons rien à personne si nous observons que c'est à l'égard des Etats-Unis que nous accusons les plus lourds déficits. En effet nos échanges avec les autres pays se sont traditionnellement soldés par un surplus, de sorte que pendant longtemps nos surplus avec l'Europe suffisaient à financer nos déficits avec les

Etats-Unis. Ce triangle commode a été brisé pour de bon en 1950 (à l'exception de 1952), car les surplus avec les autres pays semblent s'être à peu près stabilisés autour de 300 millions, tandis que nos déficits excèdent le milliard avec les Etats-Unis.

b) Mouvements de capitaux

Nous passons maintenant à l'examen des mouvements de capitaux. Nous savons déjà qu'au total les mouvements nets sont égaux aux déficits encourus sur les transactions courantes. C'est dire que les entrées de capitaux étrangers ont été très considérables depuis 1950 (et surtout depuis 1956) (tableau 5).

Près de la moitié des nouveaux capitaux étrangers nets depuis 1950 ont pris la forme *d'investissements directs.* Au cours des six dernières années, les étrangers ont investi, par an, plus de 500 millions au Canada et les Canadiens ont investi environ 80 millions à l'étranger. Plus des deux tiers des investissements directs étrangers proviennent des Etats-Unis.

Les transactions sur titres constituent une deuxième source importante de fonds étrangers et donnent lieu à des opérations financières beaucoup plus nombreuses que ne l'indiquent les soldes. Les titres sont divisés en titres canadiens et en titres étrangers. Les premiers sont beaucoup plus importants que les seconds. On divise encore les transactions suivant qu'elles portent sur des titres en cours ou sur de nouvelles émissions. La principale source de capital étranger à cet égard, ce sont les nouvelles émissions canadiennes vendues à l'étranger (principalement aux Etats-Unis). Au tableau 6, lignes 1 b) on lit qu'en 1962, on a vendu de nouveaux titres pour la jolie somme de 708 millions, ce qui, une fois déduits les remboursements, a provoqué une entrée nette de capital de 413 millions. Il faut observer que l'initiative principale de cette catégorie particulière d'investissement n'appartient pas aux étrangers, mais aux Canadiens, et souvent aux gouvernements eux-mêmes [1]. Sur les titres en cours, les transactions atteignent près de trois milliards dans les deux sens, mais le solde est relativement minime. Au chapitre des titres étrangers, les Canadiens ont acheté

(1) De 1952 à 1960, plus de la moitié des émissions canadiennes de titres vendus à l'étranger sont des obligations gouvernementales, en grande partie des provinces et des municipalités.

TABLEAU 5

Mouvements nets de capitaux Canada 1956-62. En millions de dollars

	1956	1959	1962
1. investissements directs	479	470	425
2. transactions sur titres	727	617	266
3. transactions gouvernementales	48	— 23	107
4. soldes bancaires et autres encaisses des Canadiens en devises étrangères	—215	—120	78
5. réserves étrangères d'actifs canadiens à court terme	— 24	13	— 16
6. autres mouvements de capitaux	384	477	144
7. réserves officielles nettes d'or et de devises étrangères	— 33	70	—156
8. total	1,366	1,504	848

TABLEAU 6

Transactions extérieures sur titres 1962, en millions de dollar

	Ventes à l'étranger	Achats de l'étranger	Soldes
(1) *Titres canadiens*			
a) *en cours*			
obligations et débentures	699	635	64
actions communes et privilégiées	692	808	—116
total (1a)	1,391	1,443	— 52
b) *nouvelles émissions*			
obligations gouvernementales	385	—	385
obligations privées	308	—	308
actions communes et privilégiées	15	—	15
c) *remboursements* (toutes catégories)	—	295	—295
total (1b + 1c)	708	295	413
total (1a + 1b + 1c)	2,099	1,738	361
(2) *Titres étrangers*			
a) *en cours*			
obligations et débentures	63	67	— 4
actions communes et privilégiées	269	348	— 79
total (2a)	332	415	— 83
b) *nouvelles émissions et remboursements*	20	16	4
total (2a + 2b)	352	431	— 79
total (1 + 2)	2,451	2,169	282

Note: Le total donné aux tableaux 1 et 5 est un chiffre révisé (266 millions).
Source : B.F.S. *Review of Security Trading*, 1962.

pour 431 millions en 1962 (surtout des actions), ont vendu pour 352 millions; le solde est donc négatif et s'élève à 79 millions.

Les transactions gouvernementales comprennent des remboursements de 122 millions sur des prêts que le Canada avait consentis à la France et aux Pays-Bas, ainsi que des souscriptions de 15 millions à des organismes internationaux. *Les soldes bancaires à l'étranger et les autres encaisses en devises étrangères des Canadiens* constituent un des postes les plus importants parmi les mouvements de capitaux à court terme. Ces soldes sont très sensibles à la conjoncture; ils représentent le capital flottant par excellence. C'est ainsi qu'au cours du deuxième trimestre de 1962, alors qu'on spéculait contre le dollar canadien, les soldes en devises étrangères ont augmenté de 245 millions [1] et que dès le trimestre suivant, ils ont été réduits de 257 millions. Les fluctuations se sont donc élevées à 500 millions en six mois. On estimait à plus d'un milliard les soldes bancaires en devises étrangères à la fin de 1960. *Les réserves des étrangers en dollars canadiens et en Bons du Trésor,* l'item n° 5 du tableau 5, sont d'une nature analogue, mais jusqu'à maintenant les fluctuations en furent moins prononcées, comme on le voit sur le tableau. Ces avoirs s'élèvent à 528 millions à la fin de 1962. Faisons observer que par rapport aux réserves officielles d'or et de devises, les deux postes qui viennent d'être mentionnés représentent des sommes considérables de capitaux. Celles-ci à elles seules, s'élevaient à plus des trois quarts des réserves officielles au milieu de 1962.

En effet, *les réserves du Fonds des changes* (item 7) excèdent à peine les deux milliards en 1961 [2]. Et de 1951 à 1960, on n'a pas tenté d'accroître ces réserves comme il semble maintenant que cela eût été utile, face à la somme des capitaux à court terme sur le marché. Au contraire, comme le taux de change était libre, le Fonds n'est intervenu au cours de cette période que pour adoucir les fluctuations à court terme des paiements extérieurs et on jugea les réserves suffisantes, au niveau de 1.8 milliard qu'elles étaient depuis 1951.

Que devons-nous conclure de ce bref examen de la balance des paiements du Canada ?

(1) Les achats de devises étrangères correspondent évidemment à des sorties de dollars canadiens et inversement.
(2) Tableau 2.

1. Règle générale, on observe que les dépenses courantes à l'étranger varient dans le même sens que le produit national brut, augmentant pendant les périodes d'expansion et inversement. Il n'en a pas été ainsi au Canada de 1956 à 1961, car le déficit courant s'est maintenu malgré la stagnation intérieure.

2. Ces déficits courants ont été rendus possibles par un afflux de capitaux étrangers sous la forme d'investissements directs et de ventes à l'étranger d'actions et d'obligations.

3. L'importation de capital conduit à un accroissement des capacités de production (en l'absence de désinvestissement à l'intérieur) qui à son tour, conduit généralement à une augmentation des exportations [1] et à une résorption du déficit courant initial. Comme l'investissement direct a été orienté du côté de l'exploitation des ressources naturelles, exploitation à haute intensité de capital, l'effet sur l'exportation est lent à se manifester. Quant à l'importation de capital par la vente de titres, c'est le financement de services gouvernementaux qui en a absorbé la majeure partie; elle a donc servi en quelque sorte de substitut à l'insuffisance de l'épargne domestique. Ici encore l'effet positif sur la balance des paiements a été négligeable.

4. Il est généralement admis que l'évolution de la balance des paiements depuis 1955 a été néfaste et que le gouvernement fédéral aurait dû intervenir dès 1957-1958 pour limiter l'importation de capital et les déficits des transactions courantes, grâce à une réduction sensible des taux d'intérêt sur le marché canadien.

3 - Le capital étranger

Au cours du premier chapitre, nous avons distingué la comptabilité des flux de la comptabilité du patrimoine, de la même manière qu'on distingue un compte d'exploitation d'un bilan dans la comptabilité d'entreprise. Dans le domaine des relations économiques entre le Canada et l'étranger, les flux sont recensés dans la balance des paiements, mais nous disposons en outre d'une comptabilité de patrimoine qui rapporte les actifs détenus à l'étranger et l'endettement extérieur du Canada. Une entrée de capital de 100 au cours de l'année est indiquée dans la balance des paiements;

(1) Ou à une baisse des importations.

dans l'état de l'endettement extérieur, par contre, on indiquera quel est le passif en début d'année (disons 50) et quel est le passif en fin d'année ($50 + 100 = 150$) [1].

Le tableau 7 est un résumé du bilan extérieur du Canada. Nous lisons que les Canadiens détenaient près de 10 milliards d'actifs à l'étranger en 1960 et qu'ils avaient des dettes de 26 milliards. L'endettement extérieur net s'élevait donc à 17 milliards. Il frappe aussi aux yeux que cet endettement a plus que triplé entre 1951 et 1960.

L'endettement extérieur a augmenté beaucoup plus rapidement que le produit national brut. Il est passé de 24% en 1951 à 47% en 1960. Il vient bien près de toucher 50% en 1962. Un endettement de cette ampleur n'est pas chose nouvelle au Canada, puisque c'est à peu près le pourcentage (50%) des années 1926 à 1930 [2]. Ce qui surprend, c'est qu'on y revienne. Et dans un pays économiquement avancé qui devrait disposer d'une source abondante d'épargne domestique. Le service ou le coût de cette dette est représenté par les paiements d'intérêts et de dividendes que nous avons vus au tableau 3. Ce coût, avons-nous fait observer, s'élève à environ 10% des recettes extérieures courantes et à 2% du produit national brut. Les trois quarts des investissements étrangers à long terme viennent des Etats-Unis.

L'importance du capital étranger dans l'économie canadienne ressort davantage si on compare celui-ci à l'investissement total et qu'on tient compte de sa concentration dans certains secteurs industriels. Les tableaux 8 et 9 donnent les informations nécessaires à ces comparaisons.

(1) Les profits non-distribués des entreprises étrangères au Canada ne donnent pas lieu à une entrée de capital mais s'ajoutent à l'endettement extérieur. Il en est de même des profits non-distribués des entreprises canadiennes à l'étranger. Sous réserve de cet item on peut tirer les variations qui surviennent dans le bilan, des chiffres de la balance des paiements. Quoique les chiffres du bilan ne soient pas encore disponibles pour 1961 et 1962, on peut ainsi estimer que l'endettement extérieur net s'est accru d'un peu plus de deux milliards depuis 1960.

(2) I. Brecher et S. S. Reisman, *Les Relations économiques canado-américaines,* « Commission Royale d'Enquête sur les Perspectives Economiques du Canada », 1957, 2e partie, p. 91 à 184.

TABLEAU 7

Etat de l'endettement extérieur du Canada en milliards de dollars

	1951	1956	1960
1. *Actif*			
a) investissements directs à l'étranger	1.2	1.9	2.5
b) placements à long terme	0.6	1.0	1.3
c) prêts, cotisations et réserves du gouvernement	4.1	3.9	3.8
d) actifs à court terme	0.3	1.0	1.6
total de l'actif	6.3	7.7	9.2
2. *Passif*			
a) investissements directs au Canada	4.5	8.9	12.9
b) emprunts à long terme	4.9	6.6	9.3
c) emprunts à court terme et divers	1.8	2.1	3.8
total de l'endettement brut	11.3	17.7	26.1
3. *Endettement extérieur net* (2 — 1)	5.0	10.0	16.9
4. ligne 3 en % du PNB	24%	33%	47%

TABLEAU 8

Financement étranger des investissements privés et publics totaux. En pourcentage

	Formation brute de capital	Formation nette de capital
1946-1949	19	24
1950-1955	25	33
1956-1960	33	45

Au cours de la période 1956-1960, les investissements au Canada ont de beaucoup excédé l'épargne domestique disponible à cette fin [1]. Le tableau 8 indique que 45% de l'investissement net a été financé par l'épargne étrangère. Cette proportion a presque doublé depuis 1946-1949. Une analyse plus approfondie montrerait que cette évolution récente n'est due principalement, ni à des investissements beaucoup plus élevés qu'auparavant, ni à une chute de l'épargne privée, mais aux lourds déficits budgétaires des gouvernements. Quoi qu'il en soit, sans le secours de l'épargne étrangère, les investissements canadiens eurent été réduits de près de la moitié, de 1956 à 1960.

Le tableau 9 fournit une décomposition des investissements étrangers à long terme de façon à faire ressortir la part que ces investissements représentent dans l'ensemble des capitaux engagés et des titres en circulation.

Des vingt milliards de capital étranger au Canada à la fin de 1959, 15% était placé dans des obligations gouvernementales et une seconde tranche de 10%, dans des services publics. La répartition des trois quarts restant est indiquée sur le tableau. Plus importante est la seconde colonne sur laquelle on lit que 28% de la dette provinciale et municipale est détenue par l'étranger et 4% de la dette fédérale. La part de l'étranger dans la propriété de l'industrie canadienne apparaît plus bas: 51% de l'ensemble de l'industrie manufacturière, 63% de l'industrie pétrolière, 59% de

(1) L'épargne domestique nette s'élève à plus de 55% des investissements (elle s'élève à 65%, en fait), mais une partie est exportée. C'est pourquoi nous employons l'expression « épargne disponible à cette fin ».

TABLEAU 9

Capital étranger à long terme au Canada. 1959

	En pourcentage du capital étranger	En pourcentage de toutes les obligations en cours
1. *obligations gouvernementales*		
obligations fédérales directes	3.0	4
obligations provinciales	7.6	28
obligations municipales	4.0	28
total	14.6	—
		En pourcentage du capital total
2. *industries*		
manufactures	27.4	51
pétrole et gaz naturel	16.5	63
extraction, fonte et affinage	8.5	59
chemins de fer	7.0	27
autres services publics	3.5	15
autres industries (commerce, finance, divers)	22.5	—
total	100.	

Note: La part des Etats-Unis dans le capital étranger est la suivante: chiffres de la deuxième colonne, secteurs industriels, 41%, 57%, 50%, 9%, 12%.
Source: Tableaux 23, IX et XII de *The Canadian Balance of Payments*, 1960.

l'industrie minière (métaux non-ferreux surtout) (1). Parmi les industries manufacturières, ce sont les plus progressives et les plus dynamiques qui appartiennent aux étrangers: automobiles, appareils électriques, produits chimiques synthétiques, équipement lourd, etc. Et à l'intérieur des industries, les entreprises étrangères sont les plus importantes, sauf quelques rares exceptions. Il n'est pas exagéré de conclure *que les centres déterminants de décision dans l'économie canadienne sont à toutes fins utiles des centres étrangers, à l'exception des banques à charte et des chemins de fer* (2).

(1) Comme il n'est pas nécessaire d'acquérier 100% du capital-actions pour détenir le contrôle d'une entreprise, les statistiques sur le contrôle étranger diffèrent des statistiques sur la propriété. Le contrôle étranger est le suivant en 1959 : industrie manufacturière: 57%; industrie pétrolière: 75%; extraction, fonte et affinage: 61% chemins de fer : 2%; autres services publics : 5%.

(2) L'ouvrage cité de J. Brecher et S. S. Reisman contient une liste instructive de quelques entreprises étrangères. Voir l'appendice B de l'ouvrage.

Qu'un nombre croissant d'observateurs s'émeuvent de ce cheval de Troie posté à tous les endroits stratégiques de contrôle, on le comprendra sans peine, même s'il est difficile de prouver par des comportements typiques, que l'intérêt public en souffre. De plus en plus aujourd'hui, c'est la masse, la dimension de l'emprise étrangère qui devient gênante, en dépit des avantages économiques qu'elle comporte. A un tel point d'arrivée, c'est le politique qui prend le pas sur l'économique.

Au reste le dossier « économique », que nous ne pouvons guère ouvrir ici sans commettre d'excessives simplifications, est suffisamment chargé de part et d'autre pour inviter à la prudence dans les jugements. S'il est indéniable que le capital étranger ait accéléré la croissance économique du pays et qu'à certaines époques, on voit mal comment le Canada eût pu s'en dispenser, il semble bien que dans l'industrie secondaire les unités de production soient trop exclusivement adaptées au marché domestique pour ne pas retarder la reconstitution d'un excédent dans la balance canadienne des comptes courants. L'objet de cet ouvrage nous interdit d'approfondir cette appréciation banale, mais non pas d'ajouter que le gouvernement fédéral dispose sans aucun doute des moyens d'une politique autonome dans le domaine fiscal, monétaire et commercial susceptibles d'apporter les correctifs nécessaires. La notion de taux de change nous permettra maintenant d'ordonner les principaux facteurs en cause.

4 - Le taux de change du dollar

Modestie mise à part, c'est un exploit que nous ayons pu discourir aussi longtemps sur la balance des paiements sans introduire la notion du taux de change. C'est jouer une longue partie sans connaître la règle du jeu.

Le taux de change est le prix auquel s'échangent les monnaies entre elles. Si le dollar canadien s'échange contre quatre francs suisses, le taux de change du dollar est 4, soit $\frac{\text{1 dollar}}{\text{1 franc suisse}} = 4.$ Le prix du dollar est exprimé en francs suisses. Inversement, on peut écrire: $\frac{\text{1 franc suisse}}{\text{1 dollar}} = 0.25$ où c'est le prix du franc suisse qui est exprimé en dollars (un franc suisse vaut $0.25). Comme chaque monnaie a son prix, le dollar canadien aura autant de taux de change qu'il y a de monnaies étrangères (l'or compris). Nous savons ainsi que la valeur au pair du dollar canadien est de 92.5 cents américains depuis le 2 mai 1962, qu'elle est d'environ 4.5 francs français, et ainsi de suite.

a) Balance des paiements et taux de change

Comme tous les autres prix, comme celui d'une action à la bourse ou celui des obligations de la ville de Montréal, le taux de change de la monnaie nationale augmente si la demande pour cette monnaie s'accroît et il diminue si c'est l'offre de cette monnaie qui s'accroît. Mais nous savons déjà en quoi consistent la demande et l'offre de dollars canadiens. La demande est constituée de tous les postes de la balance des paiements qui portent le signe +, i.e. les exportations de biens et de services, l'investissement direct au Canada et les emprunts auprès de l'étranger. L'offre de dollars canadiens est constituée de son côté, par tous les postes de la balance des paiements qui portent le signe —, i.e. les importations de biens et de services, l'investissement direct à l'étranger et les prêts à l'étranger. Il s'ensuit que le taux de change de la monnaie varie sous l'influence de tous les facteurs qui agissent sur chacun des postes de la balance des paiements. Une hausse de prix des produits par exemple, en réduisant les exportations et en augmentant les importations, a pour effet d'abaisser le taux de change, une hausse des taux d'intérêt, en attirant le capital étranger, a tendance à relever le taux de change; enfin, une augmentation du revenu national, qui se traduit d'ordinaire par une augmentation des importations, fait baisser le taux de change.

Dans la section 1d, nous nous sommes donné beaucoup de mal pour expliquer que la balance des paiements était toujours en équilibre. La notion du taux de change permet d'envisager la chose sous un autre aspect. Si les courbes d'offre et de demande pour le produit (le dollar) ont une allure normale, et si le prix fluctue librement, il y a toujours un niveau de prix qui égalise les quantités offertes et demandées. Quand le taux de change baisse à la suite d'un déficit sur les transactions courantes, les produits et les services étrangers coûtent plus cher d'une part et les produits domestiques coûtent moins cher pour les étrangers d'autre part. Par conséquent, les importations sont réduites et les exportations sont accrues. En règle générale, la baisse du taux de change a pour effet de corriger le déséquilibre initial de la balance des comptes courants. Il existe une tendance analogue en ce qui concerne les mouvements de capitaux.

Il suit que non seulement la balance des paiements est toujours en équilibre au sens comptable de l'expression (les achats des uns sont les ventes des autres), mais qu'elle tend vers l'équilibre au sens économique du terme. Par là nous entendons exclure par exemple le cas d'un pays qui serait toujours en excédant ou toujours en déficit envers l'étranger. Cette éventualité ne peut être que passagère (1) parce qu'il existe des mécanismes de correction inhérents au système des échanges.

Parfois cependant l'influence de ces mécanismes n'est pas suffisamment rapide et l'Etat se voit dans l'obligation d'intervenir. Il n'y a rien d'exceptionnel en cela, puisque l'Etat le fait déjà sur plusieurs autres marchés. Qu'il suffise de mentionner les produits agricoles et l'habitation. Dans le domaine qui nous occupe, l'Etat établit le plus souvent un contrôle du taux de change (c'est un contrôle de prix), ce qui l'entraîne souvent ensuite à adopter des mesures complémentaires pour modifier les composantes de la demande ou de l'offre de la monnaie nationale, i.e. pour agir directement sur la balance des paiements. *Quand l'Etat fixe d'autorité le taux de change de la monnaie, on se trouve en régime de taux de change fixe;* quand au contraire le taux de change varie au gré des forces du marché, *on dit que le taux est libre ou fluctuant* (2).

b) Faits divers

Le Canada est un des rares pays à avoir connu les deux régimes depuis la fin de la guerre. Conformément aux statuts du Fonds Monétaire International dont le Canada est un membre, le taux de change du dollar canadien n'a pas été libéré à la fin de la

(1) Passager tient lieu ici de théorique. En pratique, le passager peut durer cent ans comme l'expérience canadienne en témoigne.

(2) Ces notions font déjà comprendre que le dollar canadien, expression de l'évolution économique d'ensemble du Canada et des pays étrangers, ne peut s'échanger au pair contre le dollar américain que par accident. Une fois l'unité monétaire définie (en 1858, au Canada), il n'y a aucune raison, mise à part celle du coeur, pour que ce taux particulier s'impose de préférence à d'autres.

guerre. En décembre 1946, sa valeur a été fixée à 100 cents américains. A la suite de la dévaluation de la livre sterling, le dollar a été dévalué à son tour en septembre 1949 et ramené à 90.9 cents des Etats-Unis. Les restrictions qui ont été imposées à ce moment-là ainsi que d'autres circonstances favorables du côté des capitaux, ont poussé le dollar canadien à la hausse au cours de l'année qui suivit. Comme il n'était pas pratique de devoir changer les parités aussi souvent, le gouvernement a décidé d'abandonner le régime de taux de change fixe en septembre 1950 et de laisser par conséquent le dollar fluctuer suivant les pressions du marché. En dépit des déficits croissants que le Canada allait accuser sur les transactions courantes, le dollar se raffermit très tôt après la décision de 1950, atteignit le pair en mars 1952 et se maintint sans défaillance au-dessus du pair jusqu'en 1961.

Nous savons que le dollar canadien a conservé un cours aussi élevé à cause de l'importation massive de capitaux à long terme. Jusqu'en 1956, personne ne s'est préoccupé, ni de l'élévation du taux de change, ni de l'importation des capitaux. Au contraire, on voyait dans l'appréciation du dollar, une preuve que les ajustements et les adaptations s'opéraient dans le sens voulu. En 1956 et 1957, les experts et les membres de la Commission Royale sur les Perspectives Economiques considérèrent assez longuement la question du capital étranger, mais dans une perspective de longue durée, à la lumière de laquelle les avantages pour l'économie canadienne compensent très aisément les inconvénients provisoires que la situation comporte. Par la suite, de semestre en semestre, la persistance du chômage a appelé des commentaires de moins en moins favorables sur l'épargne étrangère qui permettait aux Canadiens de « vivre au-dessus de leurs moyens » (gouverneur de la Banque du Canada). Des polémiques virulentes se sont engagées.

A la fin de 1960, le gouvernement prend les premières mesures touchant directement l'importation de capital (hausse de l'impôt de rétention sur les dividendes). Puis il annonce que le Fonds des changes se procurera des devises américaines, de façon à faire baisser le taux de change du dollar canadien. Au cours des deux premiers trimestres de 1961, le Fonds achète ainsi pour une somme de 156 millions. Ces mesures, jointes à une diminution des emprunts à l'étranger, ont fait fléchir le dollar de façon très marquée au printemps de 1961. Il baisse de près de 5 points entre avril et juin, comme le montre le graphique ci-dessous. Malgré l'abaissement des taux d'intérêt, qui décourage assez nettement l'entrée de capitaux à court terme dans la seconde moitié de l'année, le taux de change semble vouloir remonter en octobre. De nouveau le Fonds des changes résiste à la tendance en achetant des devises étrangères pour une somme nette de 186 millions. En fait, le marché est maintenant déréglé, instable. Le taux de change recommence aussitôt à descendre. En janvier 1962, il vaut 95.7 cents américains.

GRAPHIQUE

Dollar canadien en cents des Etats-Unis moyenne des taux à midi

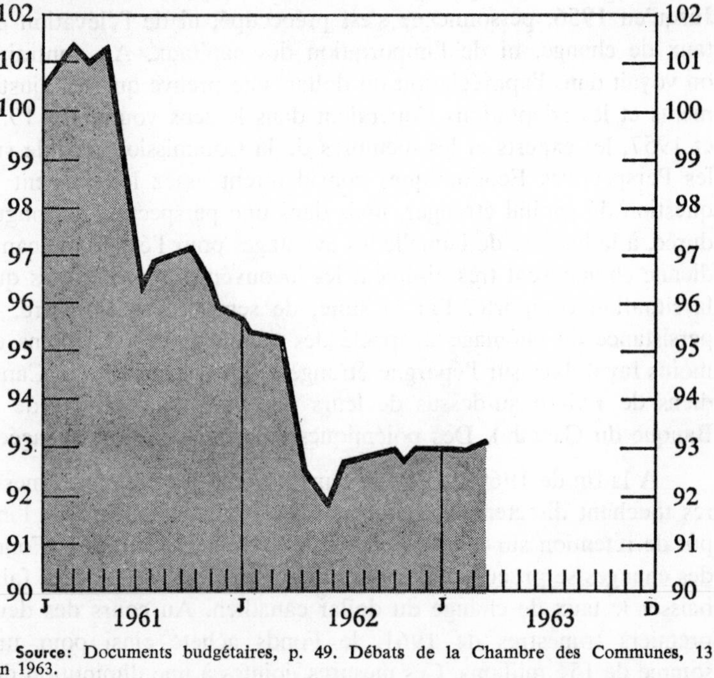

Source: Documents budgétaires, p. 49. Débats de la Chambre des Communes, 13 juin 1963.

Ouvrons une parenthèse ici et disons que si le taux de change avait pu être maintenu à ce niveau sans difficultés graves, la plupart au Canada eurent été satisfaits, car le taux de .95 américains était l'objectif qu'avait poursuivi le gouvernement pendant toute l'année 1961. Ses efforts semblaient donc alors, avoir obtenu un certain succès. Malheureusement il n'en était rien. Les capitaux étrangers ont cessé d'entrer au Canada au premier trimestre de 1962, de sorte que le déficit courant a dû être financé à même les réserves en devises étrangères du Fonds des changes. Les réserves ont baissé de 364 millions. Le deuxième trimestre a été celui de la débâcle. Au déficit courant (362 millions) s'est ajouté une véritable fuite des capitaux: sortie nette de 14 millions au chapitre des capitaux à long terme, sortie nette de 217 millions au chapitre des capitaux à court terme. Le besoin de financement par le Fonds des changes s'élevait donc à près de 600 millions. Le 24 juin, le Fonds ne disposait plus que de la moitié de ses réserves habituelles, compte non tenu des engagements qu'il devait encore honorer.

A la fin d'avril, il était devenu évident que l'exode des capitaux allait entraîner l'effondrement du taux de change. Le 2 mai, le gouvernement prit donc la décision d'abaisser le taux de change à 92.5 cents américains et de le fixer à ce niveau entre des limites de 1% à la hausse et à la baisse. Ce taux représentait une légère dévaluation par rapport à ce que valait le dollar à la fin d'avril. Au surplus il mettait fin au régime de taux de change libre que le Canada avait adopté en 1950. On aurait pu penser que cette décision, en abaissant le prix du dollar et en affirmant la volonté gouvernementale de maintenir celui-ci coûte que coûte, eût suffi à enrayer l'exode des capitaux. Après une brève période d'attente, les capitaux ont cependant repris leur course vers la frontière à la fin de mai et les pressions atteignirent le point de l'avalanche à la suite du résultat incertain des élections fédérales. Le 24 juin, le gouvernement dut prendre des mesures d'urgence très énergiques pour renflouer le Fonds des changes et stopper la spéculation contre le dollar. En un mot, ces mesures ont consisté dans un emprunt de plus d'un milliard de devises étrangères, une hausse des taux d'intérêt, une diminution des dépenses gouvernementales et l'imposition des droits supplémentaires à l'importation. Une amélioration très sensible s'est immédiatement produite dans les mouvements de capitaux: le troisième trimestre de l'année s'est soldé par une rentrée aussi spectaculaire des capitaux que la sortie antérieure avait été précipitée.

Telles sont, réduites à l'essentiel, les péripéties qui ont donné lieu aux changements dans le régime du taux de change au Canada depuis la fin de la guerre.

Achevé d'imprimer
par les ateliers de la Librairie Beauchemin Limitée
à Montréal, le vingt-huitième jour du mois de septembre
mil neuf cent soixante-huit